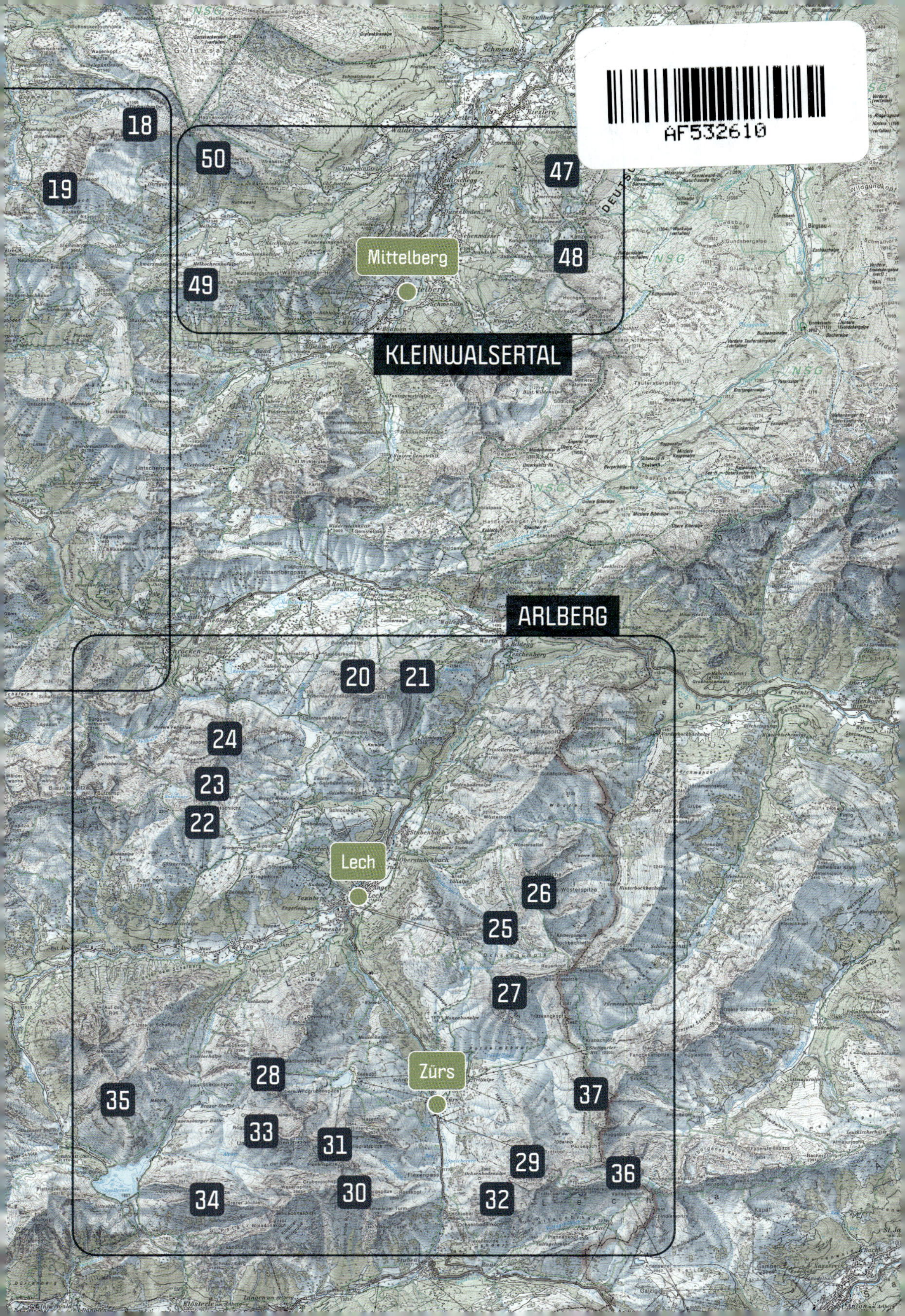

AF532610
18
19
50
47
48
49
Mittelberg
KLEINWALSERTAL
ARLBERG
20
21
24
23
22
Lech
26
25
27
Zürs
28
35
33
31
37
29
36
34
30
32

Simon
Wohlgenannt

FREERIDE
Bucket List
VORARLBERG

DIE **50** SPANNENDSTEN
FREERIDE-TOUREN

im Montafon,
am Arlberg und im Klostertal,
im Bregenzerwald und
im Kleinwalsertal

Tyrolia-Verlag · Innsbruck-Wien

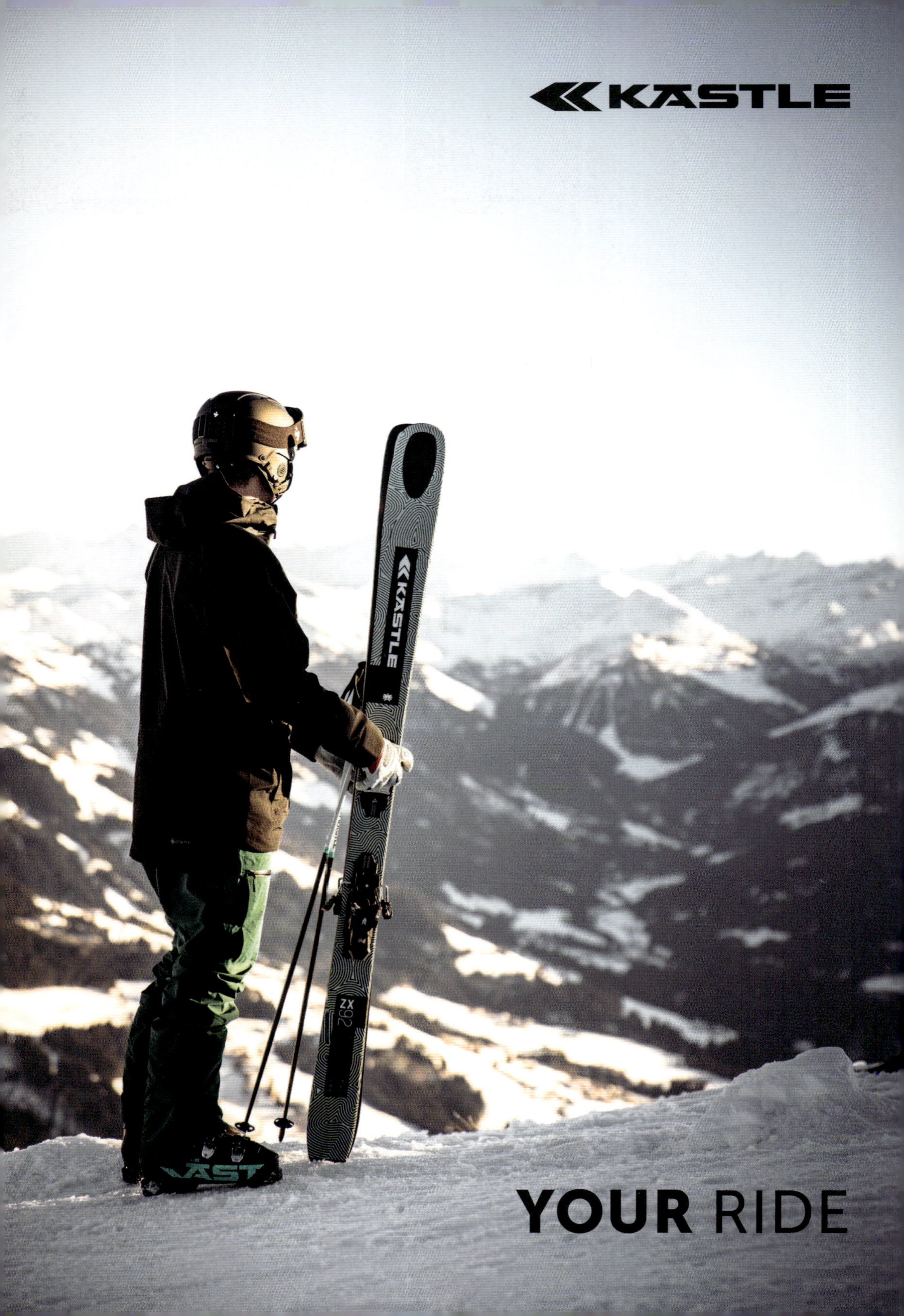

VORWORT

Dieses Guidebook will Wintersportler:innen dazu inspirieren, Vorarlberg mit Freeride-Augen zu sehen und damit das „Ländle" neu zu entdecken. Als leidenschaftlicher Freerider und Guide habe ich in den letzten Jahren nicht nur unzählige schöne Freeride-Tage mit Gästen, Freunden und Familie in der Bergwelt Vorarlbergs erlebt, sondern auch immer öfter davon geträumt, eine eigene Freeride Bucket List für Vorarlberg zusammenzustellen. Denn das Ländle ist als Freeride-Region Weltklasse. Meine Freeride-Leidenschaft hat mich in die ganze Welt gebracht: Ich bin Steilhänge in Alaska gefahren, habe mit Ski Vulkankrater in Chile bestiegen, bin in Norwegen bis zu den schönsten Fjorden abgefahren und habe in Neuseeland Nachwuchstalente trainiert. All das waren wunderbare Erlebnisse, durch die ich die unterschiedlichsten Skikulturen kennengelernt habe. Dadurch ist mir bewusst geworden: Als Wintersportler und Freerider lebe ich in Vorarlberg in einem Paradies.
Vorarlberg ist eines der komplettesten Freeride-Gebiete weltweit, in dem wir auf engem Raum alles vorfinden, was das Freeriden ausmacht: die meist großen Neuschneemengen im Kleinwalsertal, Bregenzerwald und Großen Walsertal; hohe und alpinistisch anspruchsvolle Ziele mit teilweise langen Aufstiegen und noch längeren Abfahrten im Montafon und Klostertal; dazu der aus gutem Grund weltberühmte Arlberg, wo oft große Neuschneemengen auf alpine Aufstiege und Abfahrten treffen. Und das alles steht dank hervorragender und beeindruckender Infrastruktur uns allen offen. Die Tourenvorschläge in diesem Buch wollen daher auch dazu animieren, das Schöne nicht immer nur in der Ferne zu suchen, sondern hier: direkt vor unserer Haustüre!
Unser Klima und damit die Plätze, die wir lieben, befinden sich derzeit in einem großen Wandel. Wir alle sind verantwortlich dafür, dass auch zukünftige Generationen noch eine intakte Natur vorfinden, in der wir uns so gerne bewegen. Auch dafür möchte dieses Guidebook Bewusstsein schaffen und dazu inspirieren, zum Beispiel öfters mal mit öffentlichen Verkehrsmitteln ins nächste Freeride-Abenteuer zu starten, denn damit eröffnen sich oft ganz

neue Freiheiten und Möglichkeiten. In diesem Buch finden sich daher nur Tourenvorschläge, die gut mit öffentlichen Verkehrsmitteln erreichbar sind. Anhand der Tourenauswahl kannst du deine ganz persönliche Touren-Wunschliste zusammenstellen und losziehen, um die schönsten Freeride-Spots im Ländle zu entdecken.

Alle vorgestellten Touren befinden sich im ungesicherten freien Skiraum, sind somit alpine Unternehmungen und benötigen eine eigenständige Beurteilung der alpinen Gefahren. Manche der vorgestellten Touren sind nur an wenigen Tagen im Jahr möglich, da gilt es, geduldig zu sein und die Grenzen des Möglichen zu akzeptieren. Dennoch war es mein Ziel, mit dieser Tourenauswahl Freeride-Möglichkeiten für quasi jeden Tag im Winter und für verschiedenste Ansprüche und Verhältnisse anzubieten. Aufgrund der regionalen Verteilung und der unterschiedlichen Charakteristiken der Tourentipps sollte es jederzeit möglich sein, eine schöne, zu den aktuellen Verhältnissen und der eigenen Gruppe passende Tour zu finden.

Ich wünsche allen Leser:innen dieses Guidebooks viele erlebnisreiche und unfallfreie Freeride-Touren in den Vorarlberger Bergen. Und denkt daran: Ein erfolgreicher Freeride-Tag hängt nicht an Abfahrten mit klingendem Namen oder an der Höhe und Anzahl der erreichten Gipfel, sondern an der Freude, mit der man im freien Gelände unterwegs ist – und das möglichst viele Jahre lang!

In diesem Sinne: Ride on & stay safe!

Simon

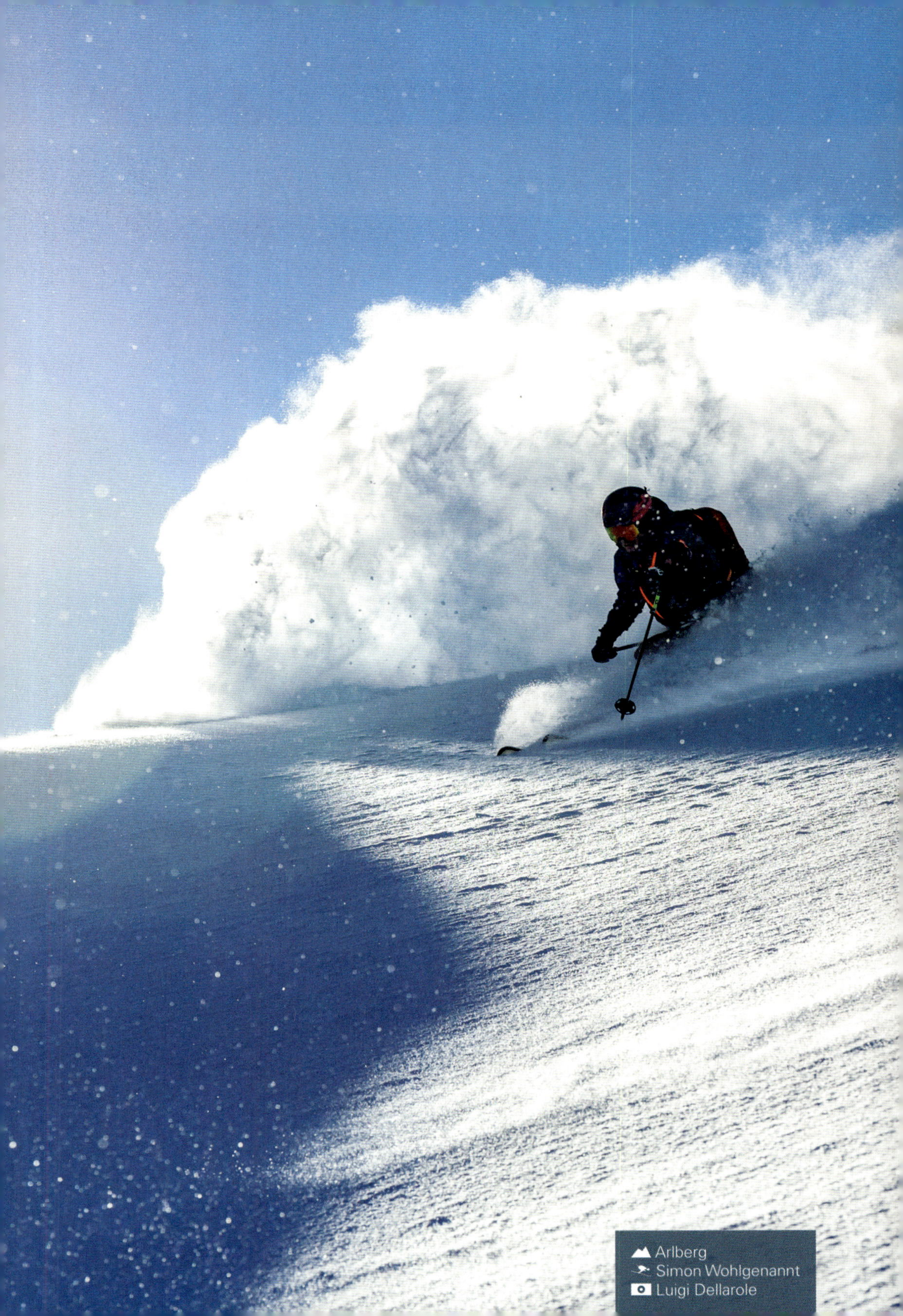
Arlberg
Simon Wohlgenannt
Luigi Dellarole

INHALT

LIVE TO RIDE ANOTHER DAY

Wenn man anfängt, eigene Touren zu planen und durchzuführen, ist es, als ob sich ein neues Universum auftut. Dabei müssen zunächst die Grundlagen erlernt und trainiert sowie Erfahrungen gesammelt werden. Sobald man die Zusammenhänge von Wetter, Schnee, Gelände, Temperatur und dem eigenen Handeln begreift, steht einem die neue Welt des Freeride-Tourings offen – es ist, als ob man eine neue Sprache gelernt hat. Auf einmal zeichnen sich vor dem inneren Auge im Gelände oder auf Bergen, die man schon hundertmal angeschaut hat, mögliche Routen und Lines ab. Vormals unmöglich scheinende Gipfelziele werden plötzlich greifbar. Man fühlt sich beinahe wie ein Künstler, der mit einem Pinsel auf einem weißen Blatt seine Linien plant und zeichnet.

Und umso erfahrener wir werden, desto leichter vergessen wir manchmal, dass Freeriden, Variantenfahren und Skitouren Outdoor-Sportarten sind, die lebensbedrohliche Risiken bergen. Eine einzige falsche Entscheidung kann eine ganze Reihe von korrekt getroffenen Entscheidungen in einer Sekunde vergessen machen. Daher ist es bei jeder Unternehmung im winterlichen Gebirge wichtig, eine große Portion Vorsicht und Vernunft walten zu lassen. Neben der Absturzgefahr ist die Lawinengefahr die größte Gefahr. Im Gegensatz zur Absturzgefahr ist die Lawinengefahr aber meist nicht offensichtlich und eine sich ständig verändernde Größe.

Neben der Aneignung von grundlegendem Lawinenwissen und den gängigen Risikostrategien (z. B. Stop or Go, 3 x 3 oder Snowcard) ist es daher unabdingbar, mittels Lawinenlagebericht vor jeder Tour Informationen zu den aktuellen Verhältnissen einzuholen. Das A und O der Tourenplanung sind die Interpretation und Beurteilung dieser Informationen und die daraus zu schließenden Konsequenzen für die geplante Tour. Bei jeder Tour müssen die Gefahren selbstständig aufs Neue eingeschätzt und die entsprechenden Entscheidungen getroffen werden. Daneben spielt der „Faktor Mensch" eine Schlüsselrolle. Daher sind Aspekte wie Gruppengröße, Fähigkeiten der Teilnehmer:innen, Gruppenerwartung und Kommunikation in der Gruppe wichtige Entscheidungskriterien bei der Auswahl des Tourenziels und bei der Tourenplanung. Bei all dem sollte man immer beachten, dass das eigene Handeln auch andere gefährden kann. Umso wichtiger ist ein respektvoller Umgang: mit der eigenen Freeride-Gruppe, mit anderen Gruppen, mit der Natur und nicht zuletzt mit sich selbst.

Das Motto „No friends on a powder day" sollte mittlerweile ausgedient haben. Die persönliche Einstellung, das eigene Mindset, hat wohl den größten Einfluss auf das Gefahrenpotenzial während der Tour. Die Lawine wartet nicht auf uns, sondern wir lösen sie mit unserem Verhalten aus. Die Zahl der Lawinenopfer spricht übrigens eine eindeutige Sprache: 17 der 18 Lawinen-

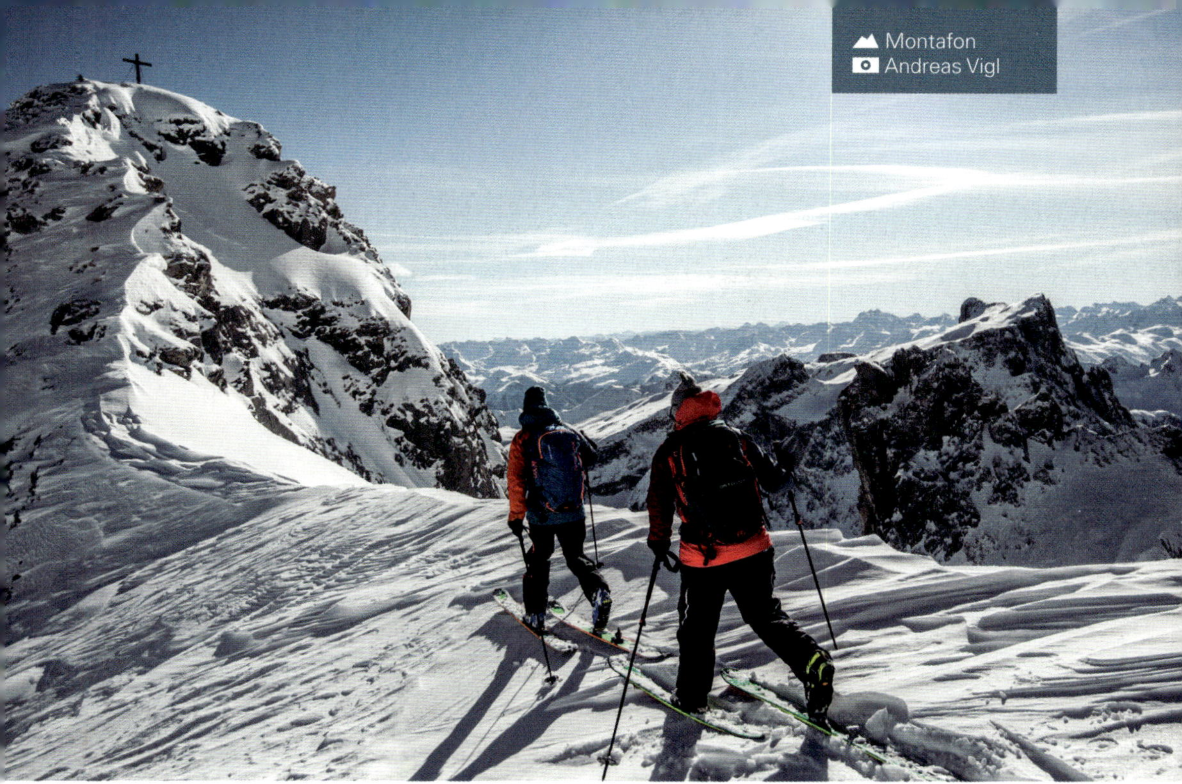

toten in Österreich im Winter 21/22 waren männlich (Lawinen-Update ÖAV 22/23). Dies ist nicht dadurch zu erklären, dass generell mehr Männer als Frauen im Gelände unterwegs sind, sondern diese Todesopfer sind vorrangig männlichem Risikoverhalten geschuldet, das wiederum stark von gesellschaftlichen Rollenbildern beeinflusst wird. Das sollte uns zu denken geben.
Aber wie die richtigen Entscheidungen treffen? – Über die Jahre hat sich für mich die Checkliste auf der folgenden Seite als sehr hilfreich erwiesen. Ich gehe sie vor jeder Tour Punkt für Punkt durch, sie bildet die Grundlage meiner Entscheidungen. Damit man selbst mit einer solchen Checkliste arbeiten kann, ist es jedoch notwendig, zunächst die Grundlagen zu lernen und zu trainieren. Diese Bücher können dabei nützlich sein:

- Rudi Mair/Patrick Nairz: lawine. Die entscheidenden Probleme und Gefahrenmuster erkennen. Das Standardwerk zur Schnee- und Lawinenkunde
- Michael Larcher u. a.: Sicher am Berg. Skitouren. Risikomanagement Stop or Go und Notfall Lawine, herausgegeben vom Österreichischen Alpenverein
- Jeremy Jones: The Art of Shralpinism. Lessons from the Mountains

Doch kein Buch der Welt kann den praktischen Umgang mit der Ausrüstung im Gelände ersetzen. Also nicht vergessen: immer wieder das eigene Lawinen-Knowhow erweitern und den Umgang mit der Ausrüstung trainieren – am besten in einem professionellen Kurs (Kurse von allen Berg- und Skiführern sowie Skischulen in Vorarlberg: https://www.vorarlberg.bergfuehrer.at/ & https://www.skischulen.at/).

SIMONS CHECKLIST

1. Mindset: „Ride another day"
Die wichtigste Voraussetzung für alles Weitere ist es, mit dem richtigen Mindset – Ride another day – in den Tag zu starten. Was nützt die Befahrung einer steilen Rinne oder eines besonderen Berggipfels, wenn man den ganzen Tag angespannt unterwegs ist oder im ungünstigsten Fall gar nicht mehr nach Hause kommt? Höre daher gut auf dein Bauchgefühl und lass dich nicht allein von äußeren Faktoren leiten!

2. Bleib flexibel
Die entscheidende Frage bei der Tourenplanung ist: Passt das Tourenziel zu den aktuellen Verhältnissen? Und zur Gruppe, mit der du unterwegs bist? Dabei ist die Planung ein theoretischer Entwurf, der in der praktischen Umsetzung laufend überprüft werden muss. Die sorgfältigste Planung ist wertlos, wenn die Fixierung auf ein Ziel so groß ist, dass neue Erkenntnisse während des Tages unberücksichtigt bleiben. Plane daher unbedingt vor jeder Tour Alternativrouten und Alternativziele mit ein. Das erleichtert es enorm, bei ungünstigen Verhältnissen flexibel zu reagieren.

3. Know your line
Karten, Guidebooks, Internet und Expert:innen informieren über Routenverlauf, Länge, Höhendifferenz, Letztere manchmal auch über die aktuellen Verhältnisse. Daneben verdient der Wetterbericht während der Planung besondere Beachtung, da ungünstige Wetterverhältnisse das Unfallrisiko stark erhöhen. Beobachte während der Tour auch selbst ständig die Verhältnisse – schnapp dir dein Fernglas und sieh nach, ob du Warnzeichen findest, und sieh dir den Hang aus verschiedenen Blickwinkeln an. Plane alles so sorgfältig wie möglich, damit du den besten Eindruck der Abfahrt bekommst.

4. Respektiere Schutzgebiete
Während wir in unserer Freizeit Ruhe und Freiheit in den Bergen suchen, sollten wir nicht vergessen, dass sie der Lebensraum für Tiere und Pflanzen sind, die im Winter unter extremen Bedingungen überleben müssen. Informiere dich bereits vorab zu Hause, wo sich Schutzgebiete befinden (siehe Infos und QR-Code Seite 12), und respektiere diese.

5. Check your risk
Hole vor jeder Tour den aktuellen Lawinenlagebericht (https://vorarlberg.at/-/lawinenwarndienst) ein und informiere dich eingehend über die Lawinengefahr. Achte besonders auf Informationen zur Gefahrenstufe, zu den Gefahrenstellen und zu den Gefahrenmustern (Wie? Wo? Was?). Beobachte auf Tour die Situation vor Ort und frage dich ständig selbst, ob du dich gerade in

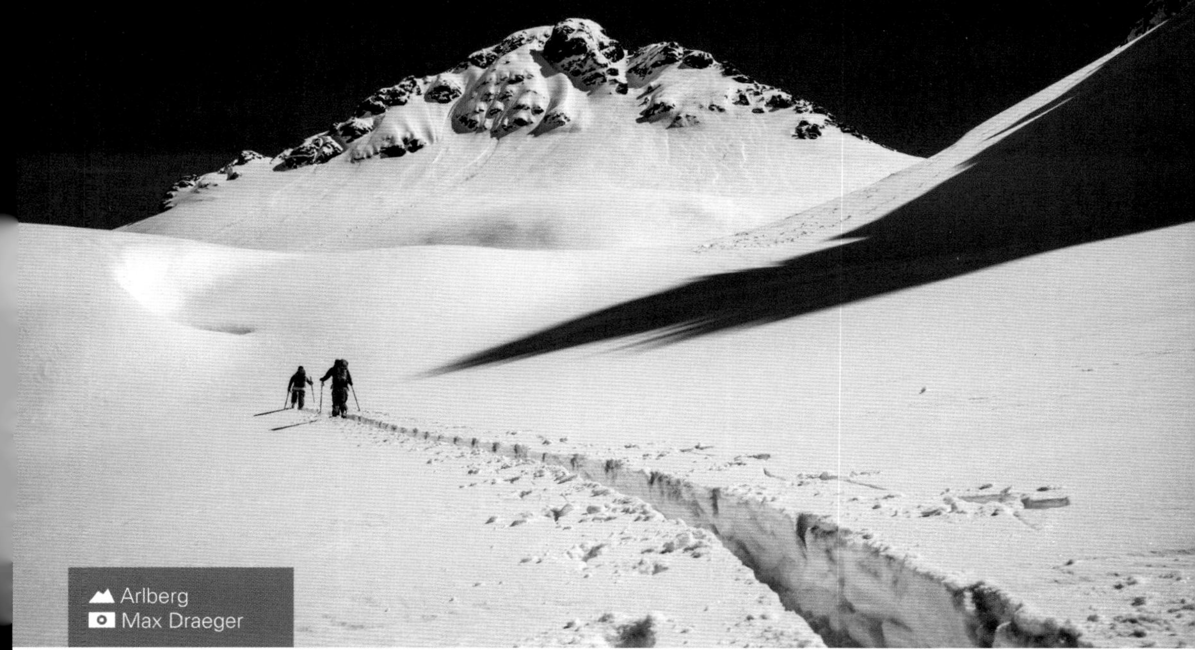
Arlberg
Max Draeger

einem dieser Gefahrenpotenziale befindest. Die Lawinengefahr ist nicht eindeutig erkennbar. Daher ist es wichtig, Entscheidungen auf strategische Methoden der Risikoeinschätzung (Reduktionsmethoden wie zum Beispiel Stop or Go, 3 x 3 oder Snowcard) zu stützen. Lerne Gefahrenzeichen im Gelände zu erkennen und weiche Gefahrenstellen, so gut es geht, aus.

6. Vollständige Ausrüstung

Passe deine Ausrüstung den winterlichen Verhältnissen und dem konkreten Tourenziel an. Die Standardausrüstung für den Notfall besteht aus Lawinen-Verschütteten-Suchgerät (LVS), Sonde und Schaufel, Erste-Hilfe-Paket, Biwaksack und Mobiltelefon. Ein Airbag-System erhöht die Überlebenschancen. Die Ausrüstung allein hilft aber nichts – lerne und trainiere den Umgang mit ihr!

7. Fahre mit System

- Lawinenlagebericht zum Frühstück
- Nie ohne LVS-Ausrüstung aus dem Haus und insbesondere ins Gelände
- Beim Aufsteigen in steilem Gelände große Abstände einhalten
- In der Gruppe nie alle auf einmal in den Hang fahren
- Sehr steile Hänge immer einzeln abfahren
- Vor dem Losfahren immer schauen: Wer/was ist über mir – wer/was ist unter mir?
- Sichere Sammelpunkte wählen
- Kontrolliertes Fahren in Gefahrenbereichen

8. Was passiert im Worst Case?

Auch wenn du alles gut geplant und berücksichtigt hast, überlege dir die Konsequenzen.

9. Lerne, nein zu sagen

Hört sich banal an, ist aber eventuell gar nicht so leicht, wenn man in einer hochmotivierten Gruppe unterwegs ist oder der nächste Instagram Post schon im Hinterkopf geplant wird. Wenn es sich nicht gut anfühlt, warum und wann auch immer, verzichte – und „ride another day".

NATURVERTRÄGLICH UNTERWEGS

in Zusammenarbeit mit der Initiative „Respektiere deine Grenzen", Vorarlberg

Als Wintersportler:innen haben wir gegenüber den Wildtieren eine besondere Verantwortung, da die Wintermonate für Schneehühner, Birkhühner, Gämsen, Rehe, Hirsche und andere Alpenbewohner eine große Herausforderung darstellen. Die Tiere müssen einen großen Aufwand betreiben, um ausreichend Nahrung zu finden und die durch die Kälte höheren Energieverluste zu kompensieren. Viele Arten reduzieren deshalb ihre Aktivität und verbringen mehr Zeit in vermeintlich geschützten Bereichen wie Schneehöhlen oder im Wald. Werden sie nun von uns Wintersportlern während der Nahrungssuche oder in Ruhephasen gestört, verbrauchen die Tiere zusätzliche Energie, um zu fliehen. Dies kann dazu führen, dass ihre Energiereserven schneller aufgebraucht werden und sich die Überlebenschancen der Tiere drastisch verringern.

Den Wildtieren genügend Freiraum zu geben, kommt auch uns Menschen unmittelbar zugute, denn von ihren Futterplätzen aufgescheuchte Tiere naschen in der Folge mit Vorliebe an den Trieben junger Bäume des Schutzwaldes. Dieser sollte unsere Siedlungen eigentlich vor Steinschlag, Erdrutschen und Schneelawinen schützen, wird so aber massiv geschwächt.

Um den Wildtieren den erforderlichen Raum zu geben, sind in Vorarlberg besonders sensible Gebiete als Schutzgebiete ausgewiesen und mit Hinweistafeln im Gelände sowie entsprechenden Markierungen in Wander- und Skikarten gekennzeichnet. Mit einer gewissenhaften Planung zu Hause und der Orientierung anhand von Lenkungspfeilen und -bojen im Gelände können wir sicherstellen, dass wir die Schutzgebiete nicht betreten. So leisten wir ohne großen Aufwand einen wichtigen Beitrag dazu, zusätzliche Stresssituationen für die Wildtiere zu vermeiden.

In den Kartentools von „Respektiere deine Grenzen" sind alle Schutzgebiete online einsehbar und mit allen wichtigen Informationen für eine naturverträgliche Tourenplanung versehen. Auch auf den digitalen Plattformen Outdooractive und Alpenvereinaktiv finden sich alle relevanten Informationen zu den Schutzgebieten in Vorarlberg sowie Verlinkungen zur Plattform von „Respektiere deine Grenzen". Damit die Links funktionieren, muss lediglich die zusätzliche Ebene „Hinweise & Sperrungen" aktiviert werden.

Danke, dass du dich mit Bedacht im Naturraum bewegst und so dafür sorgst, dass unsere sensible Landschaft auch noch für nachfolgende Generationen unbeschadet erhalten bleibt!

www.respektiere-deine-grenzen.at

Checkliste „Naturverträgliche Tourenplanung"

- Prüfe unter: www.respektiere-deine-grenzen.at/schutzgebiete, ob die geplante Tour durch eine Wildruhezone oder ein Schutzgebiet verläuft. Wenn ja, so musst du dich an die ausgewiesenen Routen und Wege halten.
- Wenn du im Montafon oder im Kleinwalsertal unterwegs bist, prüfe unter: www.montafon.at/de/Bergerlebnisse/Schnee/Naturvertraeglicher-Bergsport oder www.kleinwalsertal.com/schongebiete, ob es in deinem Tourengebiet ein Lenkungsprojekt gibt, und halte dich an die entsprechenden Korridore.
- Die erlaubten bzw. empfohlenen Routen und Wege sind auf der Karte im Internet unter: www.respektiere-deine-grenzen.at/atlas oder in den Touren-Apps Outdooractive und alpenvereinaktiv.com dargestellt. Überprüfe, ob deine gedruckte Karte noch dem aktuellen Stand entspricht. Auch ältere Tourenführer-Literatur ist oft nicht mehr aktuell.
- Klickst du in der digitalen Karte auf das jeweilige Schutzgebiet, so werden Detailinformationen angezeigt (zum Beispiel zu den Bestimmungen oder Schutzzeiten).
- Es ist möglich, den Kartenausschnitt abzuspeichern oder von der Website auszudrucken und mitzunehmen, damit du auch unterwegs den Überblick nicht verlierst.

Checkliste „Naturverträglich unterwegs"

- Achte auf Markierungen im Gelände und Informationstafeln an den Ausgangspunkten von Touren.
- Halte dich an folgende fünf Regeln:
  1. Touren in der Dämmerungszeit vermeiden.
  2. Wildruhezonen und Schutzgebiete beachten.
  3. Im Wald auf Wegen und bezeichneten Routen bleiben.
  4. Waldränder und schneefreie Flächen meiden.
  5. Hunde an der Leine führen – insbesondere im Wald.
- Wenn du Tiere siehst, weiche ihnen nach Möglichkeit aus. Wenn du den Tieren nicht ausweichen kannst, beobachte sie aus der Distanz und lasse ihnen genügend Zeit, sich in Ruhe zu entfernen.

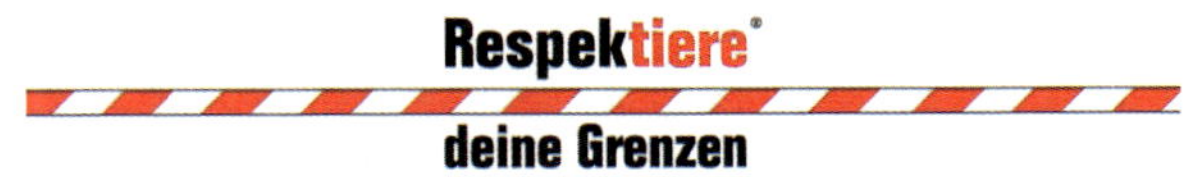

SCHÜTZE, WAS DU LIEBST

Im Gespräch mit Moritz Nachtschatt und Christoph Mörtl von POW Austria

Moritz, was macht POW Austria überhaupt?

POW steht für **P**rotect **O**ur **W**inters und versteht sich als Stimme der Outdoor-Gemeinschaft für den Klimaschutz. Wir sind eine Community aus Outdoor-Enthusiast:innen, Athlet:innen, Wissenschaftler:innen, Kreativschaffenden und engagierten Unternehmen, die an Lösungen für die Klimakrise arbeiten und daran, einen Wandel in Gesellschaft, Wirtschaft und Politik zu bewirken. Speziell für Österreich als die Wintersportnation! Die Bedeutung des Wintersports zeigt sich nicht nur in der eindrucksvollen Statistik der gewonnenen Skirennen, sondern auch in der wirtschaftlichen Abhängigkeit vieler Alpentäler vom Wintertourismus. Es sind ja nicht nur Hotels und Skigebiete, die davon leben, sondern indirekt auch fast alle anderen Betriebe. Aber mittlerweile spürt man die Auswirkungen des Klimawandels in den österreichischen Alpen bereits ganzjährig. So sind neben vielen Skirouten auch Kletter- und Hochtouren immer öfter nicht mehr begehbar. Durch die extremer werdenden Wetterlagen werden Ereignisse wie Muren, Lawinen und Felsstürze oder auch Waldbrände wahrscheinlicher und zu einer immer größeren Gefahr. Deswegen gibt es Protect Our Winters. Wir arbeiten daran, unsere Jobs, unsere Hobbys und die Orte, die wir lieben, zu schützen und auch noch für unsere Kinder und Enkelkinder zu erhalten.

Können wir überhaupt gleichzeitig unseren Leidenschaften nachgehen und schützen, was wir lieben?

Anstatt unerreichbarer Perfektion hinterherzulaufen, glauben wir an Fortschritt. Wir haben die Möglichkeiten, jetzt etwas zu verändern. Die Rahmenbedingungen muss allerdings die Politik schaffen, und zwar in Form von Gesetzen, Steuern und Subventionen, wie zum Beispiel einem ambitionierten Klimaschutzgesetz oder einer CO_2-Steuer. Wir als Bürger:innen müssen uns so weit informieren, dass wir bei Wahlen die wählen, die Klimaschutz an oberste Stelle stellen.

Auf individueller Ebene können wir die meisten Emissionen am Weg in die Berge einsparen. Die An- und Abreise ins Skigebiet ist für bis zu 80 % der Emissionen eines durchschnittlichen Skitags verantwortlich, und zwar inklusive Kunstschnee, Liftanlagen, Hüttenbesuch, Präparieren der Pisten. Das bedeutet, dass wir unseren Outdoor-Tag schon weitaus klimafreundlicher gestalten, wenn wir mit öffentlichen Verkehrsmitteln anreisen. Und wenn es keine öffentliche Anbindung gibt, dann können zumindest Fahrgemeinschaften gebildet werden.

Die Vorteile, die die Anreise mit öffentlichem Verkehrsmittel beim Freeriden mit sich bringt, sind einfach unschlagbar:

Kosten: Keine Spritkosten und kein Wertverlust des eigenen Fahrzeugs, auch eventuelle Parkgebühren fallen weg. Oft ist im Vorfeld bereits der Erwerb von Kombitickets (Transport zum/vom Skigebiet und Liftkarte) möglich und die sind in Summe meist auch günstiger.

Zeit: Man steht nicht genervt im Stau oder sucht eine gefühlte Ewigkeit nach einem möglichst nahe der Talstation gelegenen Parkplatz, um dann doch irgendwo weit hinten zu stehen.

Sicherheit: Beim Aufbruch in der Früh ist man noch müde und kämpft noch mit dem Schlaf, während eventuelle Mitfahrer:innen einfach wieder ins Land der Träume abtauchen. Am Abend auf der Heimfahrt wiederholt sich das dann alles wieder, und man hätte als Fahrer:in vielleicht auch gern noch ein Bier getrunken. Bequemer ist es allemal, nicht selbst am Steuer zu sitzen.

Neues entdecken: Ob es der Blick aus dem Bus- oder Zugfenster ist, ein Frühstück im Speisewagen oder das Kennenlernen von Mitreisenden – wenn man mit offenen Augen öffentlich unterwegs ist, entdeckt man immer etwas Neues. Und es bleibt Zeit für Spaß, Spiele oder gute Gespräche.

Umwelt: 75–80 % des CO_2-Ausstoßes an einem Skitag werden bei der An- und Abreise generiert. Skifahren hat an sich eine gute Ökobilanz: Ein gesamter Skitag verursacht gleich viel CO_2-Emissionen wie nur 20 km mit einem Diesel- Pkw zu fahren.

Flexibilität: Teilweise haben Skigebiete mehrere Talabfahrten und Haltestellen. Somit muss der Ausgangspunkt des Tages nicht auch der Endpunkt sein. Dies ist besonders für Skitouren und beim Freeriden interessant, denn so können spannende Routenvarianten besser geplant werden.

ZU DEN TOURENBESCHREIBUNGEN

Bei den Tourenbeschreibungen wird in der Regel keine gesonderte Angabe zur **Lawinengefahr** gemacht, da sich diese ständig ändert und daher nicht generell beschreiben lässt. An einem Tag ist die Tour unbedenklich und kann mit geringem Risiko durchgeführt werden, am nächsten Tag ist sie unter Umständen eine sehr riskante Unternehmung. Es ist auch nicht möglich, pauschal zu sagen, dass gewisse Touren ab einer bestimmten Lawinenwarnstufe möglich sind. Die Lawinenwarnstufe stellt nur einen allgemeinen Richtwert dar, der in der einen oder der anderen Hangexposition gesondert gedeutet werden muss. Zudem gibt es in den Gefahrenstufen selbst oft noch recht große Schwankungsbreiten.

Für die persönliche **Tourenplanung** ist das Einholen des aktuellen **Lawinenlageberichtes** (https://vorarlberg.at/-/lawinenwarndienst) und von Informationen über die aktuellen lokalen Verhältnisse eine selbstverständliche Pflicht.

Auch die Angaben zu den skitechnischen **Schwierigkeiten** können aufgrund der Schneeverhältnisse variieren. So sind Abfahrten bei lockerem Schnee in der Regel leichter zu bewältigen als bei Hartschnee.

Anreise: Alle im Buch beschriebenen Touren-Ausgangspunkte sind sehr gut mit öffentlichen Verkehrsmitteln erreichbar. Oftmals enden die Abfahrten auch wieder an einer öffentlichen Haltestelle. Daher ist die An- und Heimreise mit öffentlichen Verkehrsmitteln sicherlich die angenehmste Variante. Durch die Unabhängigkeit vom geparkten Auto lassen sich auch schöne Routenvarianten erstellen, die ansonsten nur umständlich möglich wären. Für die ideale Reiseplanung mit öffentlichen Verkehrsmitteln vor Ort empfehlen wir die App CleVVVer vom Verkehrsverbund Vorarlberg oder Scotty (ÖBB). Die Apps zeigen überall die aktuellen Abfahrtszeiten, besten Verbindungen, Alternativrouten und Störungen an. Außerdem ist es möglich, sich eine Verbindung ab jeder beliebigen Adresse oder ab dem aktuellen Standort anzeigen zu lassen.

Aufstiege erfolgen im Normalfall mit Fellen an den Ski oder am Splitboard. Aufstiege, die in den allermeisten Fällen zu Fuß bzw. im Schnee stapfend zu gehen sind, sind spezifisch benannt.

Richtungsangaben: Wenn in den Tourenbeschreibungen von rechts oder links die Rede ist, ist dies immer in Fahrt- oder Gehrichtung gemeint.

Steilheit: Die Klassifizierung der Hangneigung gibt an, wie steil die Abfahrt maximal ist. Diese Angaben dienen dazu, den Gesamtcharakter der Tour darzustellen, sodass man auf den ersten Blick sieht, was einen erwartet. Sie sind dabei als Richtwerte zu verstehen, um die Beschaffenheit des Geländes zu verdeutlichen. Die Einteilung orientiert sich an den Gepflogenheiten der Lawinenwarndienste. Die Gradangaben

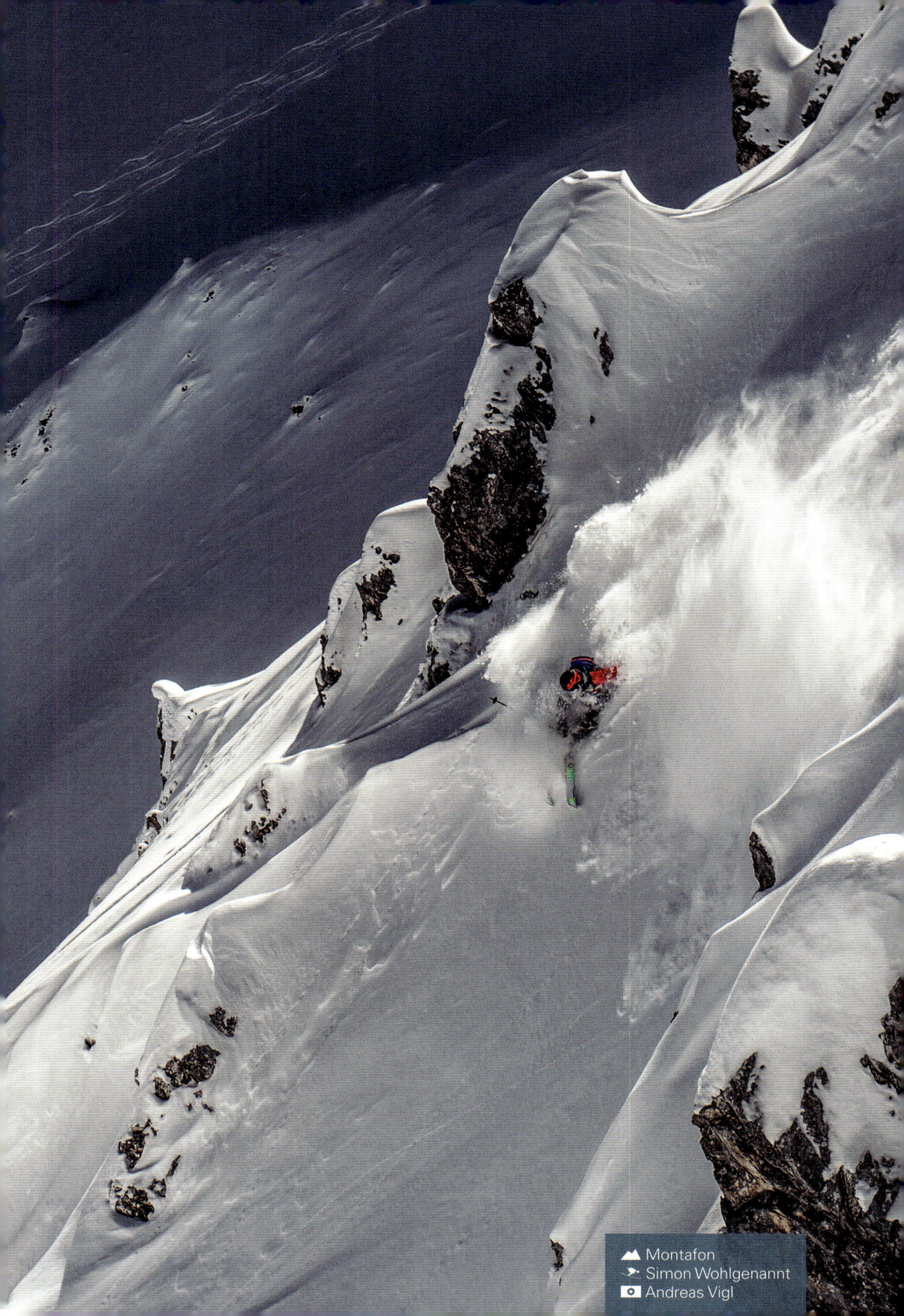

Montafon
Simon Wohlgenannt
Andreas Vigl

sind dabei nicht exakt nachgemessen, da dies aufgrund der unterschiedlichen Schneemächtigkeit weder sinnvoll noch möglich ist. Die Angaben zur Steilheit sind so eingeteilt:
0–29° = mäßig steil
30–34° = steil
35–39° = sehr steil
40–44° = extrem steil

Schwierigkeiten: Die Touren sind in fünf Schwierigkeitsstufen von L (leicht), über WS (wenig schwierig), ZS (ziemlich schwierig), S (schwierig) bis SS (sehr schwierig) unterteilt und mithilfe einer Farbskala grafisch dargestellt. Die Klassifizierung orientiert sich dabei an der Skitourenskala des Schweizer Alpen Clubs (SAC). Die angegebene Schwierigkeit bezieht sich immer auf die im Text beschriebene Hauptvariante. Die beschriebenen alternativen Abfahrten können mitunter von dieser Schwierigkeit stark abweichen, was entsprechend im Text erwähnt wird. Falls für eine Tour eine erweiterte **Freeride-Ausrüstung** (Steigeisen, Leichtpickel) notwendig ist, wird das in der Tourenbeschreibung kurz erwähnt.

Grün – L (leicht). Hierbei handelt es sich um unkomplizierte Abfahrten in moderatem Gelände. Aufstieg und Abfahrt führen durch mäßig steiles Gelände, das an der steilsten Stelle nicht steiler als 30° ist. Es besteht keine Abrutschgefahr.

Gelbgrün – WS (wenig schwierig). Aufstieg und Abfahrt führen überwiegend über offenes Gelände, in dem sich Hindernisse (Bäume, Felsblöcke u. Ä.) oder kurze Steilstufen befinden können, in denen auch Spitzkehren nötig sind. Die Hänge sind nie steiler als 35°.

Gelb – ZS (ziemlich schwierig). Aufstieg und Abfahrt führen durch steiles bis teils sehr steiles Gelände (bis 39°), das auch kurze unausweichliche Steilstufen und steile Engpässe beinhaltet. Eine sichere Spitzkehren- und Fahrtechnik sowie Orientierungssinn sind vorausgesetzt. Bei Abrutschen in diesem Gelände besteht Verletzungsgefahr.

Orange – S (schwierig). Aufstieg und Abfahrt führen größtenteils durch sehr steiles Gelände über 35°, stellenweise kann es bis 44° steil, eng und exponiert sein. In Steilstufen besteht Absturzgefahr mit Lebensgefahr. Absolut sichere Spitzkehren- und Fahrtechnik sind notwendig. Diese Touren sind anspruchsvolle alpine Unternehmungen.

Rot – SS (sehr schwierig). Diese Touren sind sehr anspruchsvolle alpine Unternehmungen. Sie führen teils durch extrem steiles Gelände über 45° Hangneigung. Engpässe können lang und sehr steil sein und gegebenenfalls auch seitliches Abrutschen oder Quersprünge erfordern. Es besteht in Steilstufen Absturzgefahr mit Lebensgefahr. Absolut sichere Spitzkehren- und Fahrtechnik sind ebenso nötig wie Trittsicherheit in Passagen, die zu Fuß (Steigeisen) bewältigt werden müssen. Besondere Gefahrenstellen sind im Text extra erwähnt.

Gefahr: Dieses Symbol beschreibt besondere Gefahrenstellen, z. B. Absturzgefahr, Wechten oder Ähnliches. Achtung: Mögliche Lawinengefahr wird nicht gesondert genannt, sie muss immer berücksichtigt werden!

Exposition: Dieses Symbol in den Karten gibt die Ausrichtung der Hänge an, die während der Hauptabfahrt befahren werden. Die Exposition des Aufstiegs bleibt dabei unberücksichtigt.

Höhenunterschied: Dieses Symbol gibt die Höhenmeter an, die im Aufstieg (Pfeil nach oben) und in der Abfahrt (Pfeil nach unten) überwunden werden.

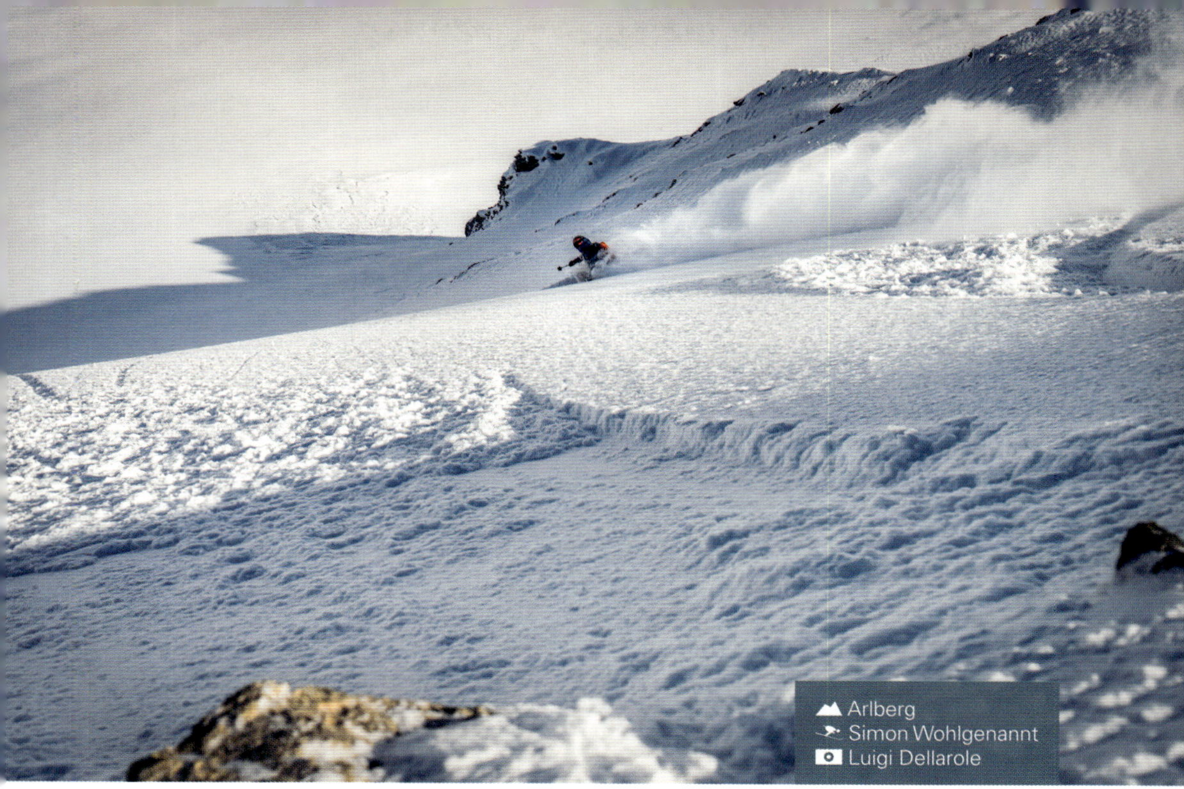

Zeitangabe: Das Symbol zeigt, wie lange ein durchschnittlich fitter Freerider für die Tour braucht – notwendige Pausen sind nicht mit eingerechnet. Als Berechnungsbasis wird bei mittlerer Schwierigkeit von 300 Höhenmetern Aufstieg pro Stunde ausgegangen und 15 Minuten pro Kilometer. Die Zeitangabe wird immer ab dem Ausgangspunkt der Tour gerechnet. Erfolgt der Aufstieg zum Ausgangspunkt mit einem Lift ist diese Zeit also nicht mit eingerechnet.

Ausgangspunkt: Mit diesem Symbol wird der Ausgangspunkt der jeweiligen Tour genannt. Zusätzlich findet sich in den Übersichtskarten ein QR-Code mit den GPS-Daten zum Ausgangspunkt. Den Code einfach mit dem Smartphone scannen (funktioniert mit einer QR-Reader-App), dann öffnet sich eine Karte mit dem markierten Ausgangspunkt.

Übersichtskarte: Alle Tourenbeschreibungen sind mit Kartenausschnitten aus den Karten im Maßstab 1:50.000 des Bundesamtes für Eich- und Vermessungswesen (BEV) versehen, in welche die Routenverläufe und Schutzgebiete (rot schraffiert) eingezeichnet wurden. Die Kartenausschnitte sind eingenordet, der Maßstab variiert jedoch leicht und einige Detailinformationen fehlen. Die Routen sind so eingetragen:

— Abfahrtsroute
— Aufstiegsroute
- - - Abfahrtsvariante (im Text erwähnt)
- - - Aufstiegsvariante (im Text erwähnt)
······ vom Gelände verdeckte Abfahrtsroute
······ vom Gelände verdeckte Aufstiegsroute
▸ Ausgangspunkt
■ Endpunkt

Zur detaillierten und verantwortungsvollen Tourenplanung gehört zusätzlich der Gebrauch einer eigenen Karte.

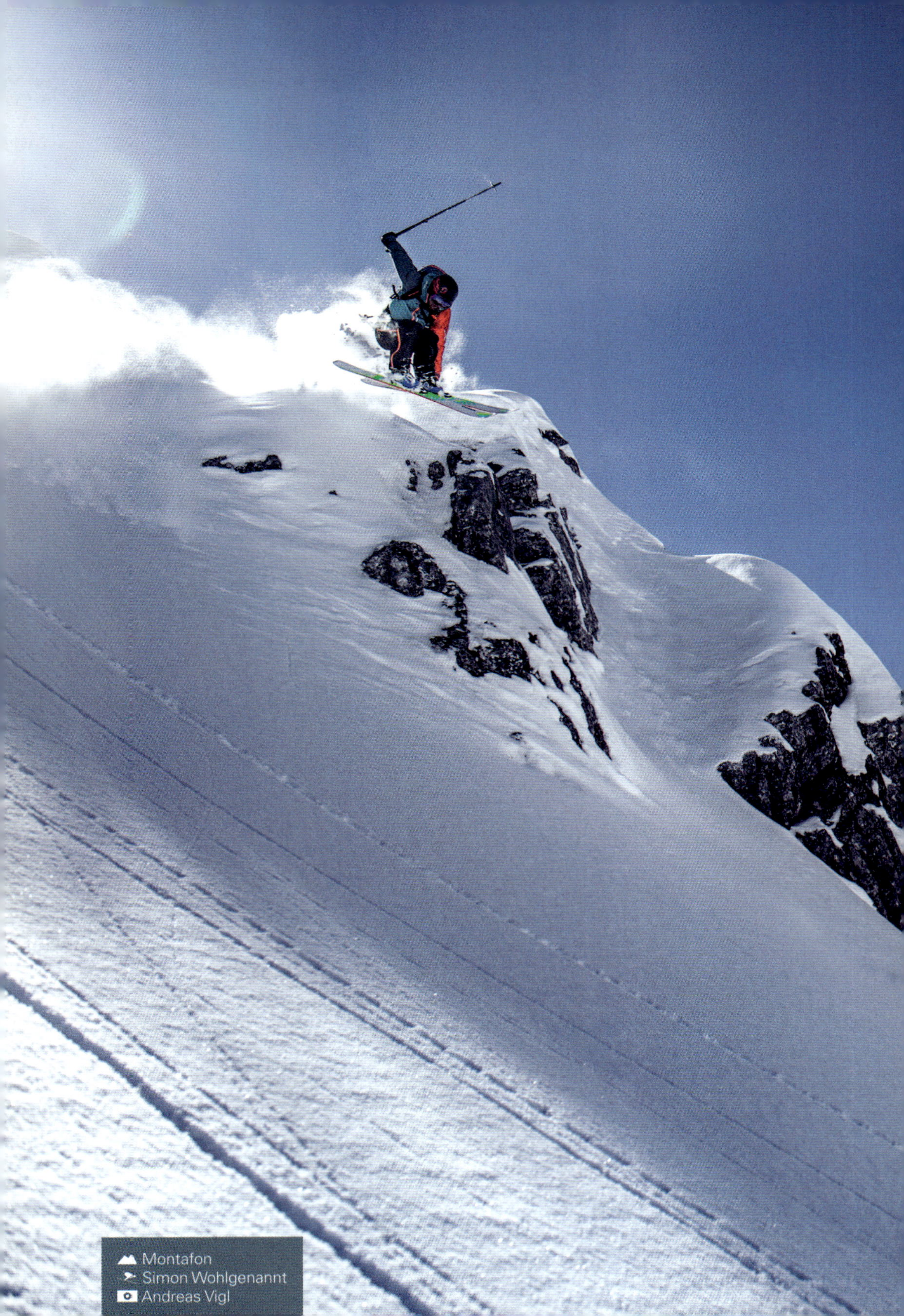

Montafon
Simon Wohlgenannt
Andreas Vigl

REGION MONTAFON

Das Montafon ist bekannt für seine alpine Bergwelt mit dem höchsten Gipfel Vorarlbergs, dem Piz Buin (3312 m). Das 39 km lange Tal liegt im Süden Vorarlbergs und reicht von Bludenz bis zur Bielerhöhe. Es ist geprägt durch seine schroffen und vielfältigen Gebirgszüge, das Verwall im Norden, die Silvretta im Osten und das Rätikon im Süden.
Für aufstiegsfreudige Freerider:innen ist das Montafon daher ein Paradies: Ausgehend von allen Montafoner Skigebieten lassen sich mit kurzen oder auch längeren Aufstiegen landschaftlich und abfahrtstechnisch wunderschöne Abfahrten erreichen, zudem sind auch interessante Kombinationsmöglichkeiten der Skigebiete möglich. Die Möglichkeiten sind riesig für Freerider:innen, die sich nicht vor Aufstiegen zu Abfahrten scheuen. Aktuelle Informationen zum Freeriden im Montafon wie zum Beispiel zu Events und oder zu Sperrgebieten findest du hier:

https://www.montafon.at/freeride

Anreise

Zielbahnhof: Bludenz mit Direktverbindungen von Wien, Frankfurt und Zürich. Weiter mit der Montafonerbahn nach Schruns oder Vandans. Direkte Zugverbindungen nach Schruns und Vandans ab Lindau.

Skigebiet Golm

Vom Bahnhof Vandans bzw. Schruns zur Haltestelle Golmerbahn Vandans bzw. Golmerbahn Latschau und über die Lifte des Skigebietes zum Ausgangspunkt.

Skigebiet Silvretta Montafon (Hochjoch)

Vom Bahnhof Schruns mit dem Landbus zur Haltestelle Zamang Bahn und über die Lifte des Skigebietes zum Ausgangspunkt.

Skigebiet Silvretta Montafon (Nova)

Vom Bahnhof Schruns mit dem Landbus zur Haltestelle Valisera Bahn und über die Lifte des Skigebietes zum Ausgangspunkt.

Skigebiet Gargellen

Vom Bahnhof Schruns mit dem Landbus zur Haltestelle Gargellen Schafbergbahn und über die Lifte des Skigebietes zum Ausgangspunkt.

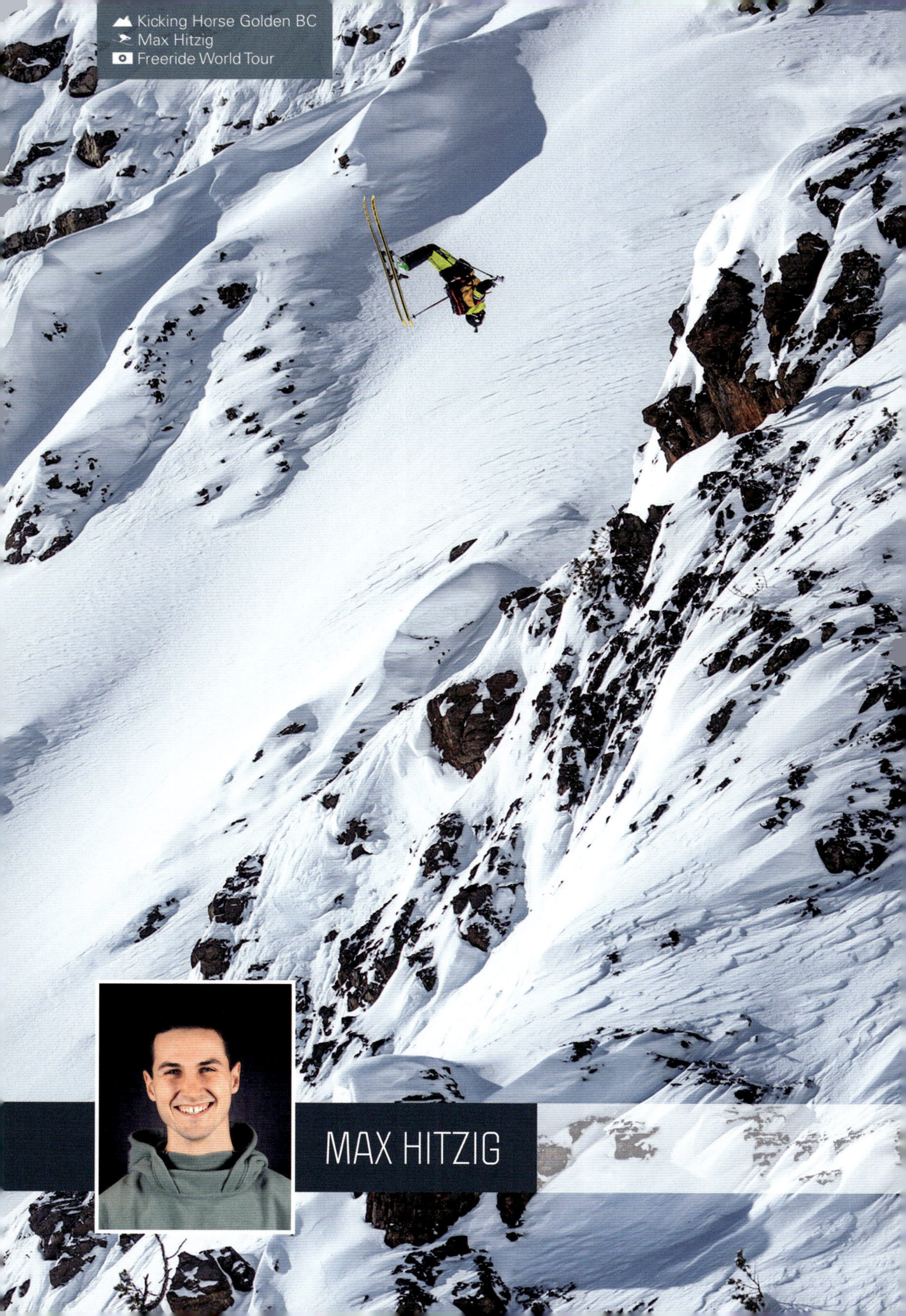
Kicking Horse Golden BC
Max Hitzig
Freeride World Tour
MAX HITZIG

Anders als viele andere ist Max nicht über den Rennsport zum Freeriden gekommen. Er hat von Anfang an die Freiheit abseits der Pisten gesucht, denn ihm ist die Liebe zum Geländefahren quasi schon in die Wiege gelegt worden. Sein Vater ist Bergführer und hat dieselbe Leidenschaft fürs Skifahren und fürs Ausloten des Machbaren wie sein Sohn. Aufgewachsen in St. Gallenkirch, wo er heute noch lebt, ist Max schon immer mit einem großen motorischen Talent aufgefallen, sei es beim Fußball oder im Freeride-Team des Skiclubs Montafon. Und deshalb überrascht es Insider auch nicht, dass Max gerade dabei ist, die Freeride-Welt auf den Kopf zu stellen. Als absoluter Newcomer gewann er bei der Freeride World Tour in Fieberbrunn 2022 sofort seinen ersten Contest, und das mit einer Wild Card (= Einladung des Veranstalters). Für die internationale Freeride-Welt war es eine Sensation, dass ein 19-jähriger Rookie bei seinem ersten Antreten sofort gewinnt. Aber wer Max ein wenig kennt, weiß, dass dies eigentlich genau sein Stil und typisch für seinen bisherigen Weg ist. 2023 konnte er mit einem massiven Backflip wieder einen Stopp der Freeride World Tour gewinnen, er wurde von der Freeride World Tour zum „Rider of the Year" gewählt, und wir sind alle gespannt, wie Max seinen Freeride-Weg weitergehen wird.

Max, was macht für dich das Freeriden in den Bergen vor deiner Haustüre so besonders?
In meinem Home Resort Silvretta Montafon, aber auch in allen anderen Vorarlberger Skigebieten haben wir die besten Trainingsmöglichkeiten fürs Freeriden. Die verschiedensten Arten von Terrain machen diesen Sport bei uns so interessant. Von unendlich vielen Tourenmöglichkeiten bis hin zu den feinsten Powderruns direkt im Skigebiet findet man bei uns alles.

Was macht für dich eine coole Freeride-Abfahrt aus?
Sie sollte möglichst viele Sprünge und abwechslungsreiche Passagen beinhalten. Technisch anspruchsvolles Skifahren mit hohen Cliffdrops und spielerisches Gelände zu kombinieren, das mache ich am allerliebsten. Und natürlich macht es umso mehr Spaß, wenn man das Erlebnis mit einem Powderbuddy teilen kann.

Welchen Freeride-Run muss man unbedingt einmal gemacht haben?
Da fällt mir so spontan eigentlich keiner ein. Es gibt so viele coole Abfahrten, die alle auf ihre eigene Art und Weise wahnsinnig schön und interessant sind.

Du hast die letzten zwei Jahre einen kometenhaften Aufstieg auf der Freeride World Tour hingelegt. Was hat sich dadurch für dich verändert und was sind deine nächsten Ziele?
Dadurch konnte ich mein Hobby endlich zum Beruf machen, was ich schon sehr lange im Hinterkopf überlegt hatte. Nun kann ich jede freie Minute dem Skifahren widmen, um mich möglichst gut weiterzuentwickeln. Momentan möchte ich Teil der Freeride World Tour bleiben und mich auf weitere Wettbewerbe konzentrieren, aber sobald ich eine spannende Idee für ein Filmprojekt habe, wäre ein eigenes Ski Movie mein nächstes Ziel. Da kann sich aber noch so einiges in der Zukunft ändern.

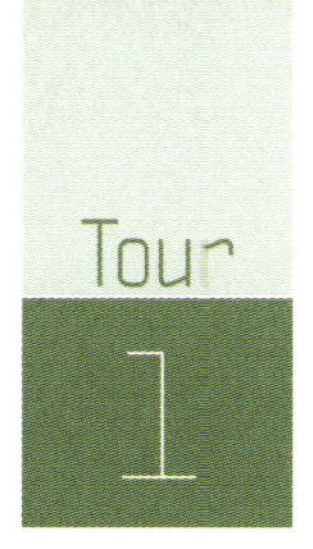

GEISSSPITZE 2334 m

Die Geißspitze ist ein eher ruhiges Gipfelziel im Montafon und bietet neben einem traumhaften Blick auf die Drei Türme und die Drusenfluh weite und teilweise steile Abfahrtshänge in verschiedenen Himmelsrichtungen. Bei der hier beschriebenen Tour wird zusätzlich das Golmer Kreuzjoch als Zwischengipfel erreicht, was einen abwechslungsreichen Aufstieg ergibt. Freerider:innen werden auf dem Gipfel mit verschiedenen Abfahrtsmöglichkeiten sowohl in südliche als auch in nördliche Richtung belohnt. Somit eignet sich diese Tour sowohl für Firn- als auch für Powderabfahrten und liefert eine hohe Garantie für guten Schnee. Wenn man direkt vom Golmer Kreuzjoch abfährt und die Geißspitze auslässt (siehe Variante A), eignet sich diese Tour ideal für Freeride-Einsteiger:innen.

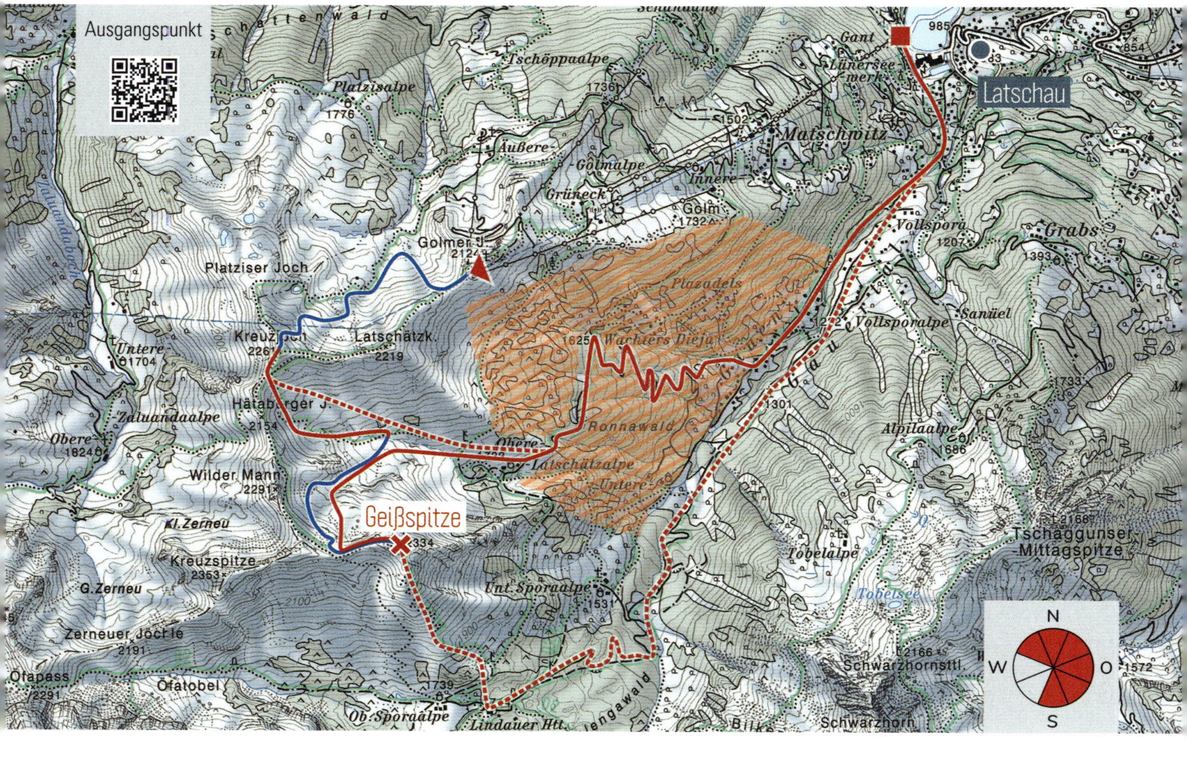

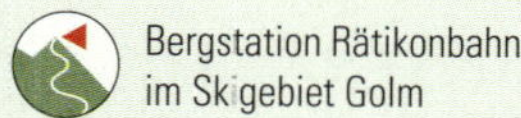
Bergstation Rätikonbahn im Skigebiet Golm

keine

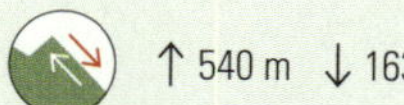
↑ 540 m ↓ 1630 m

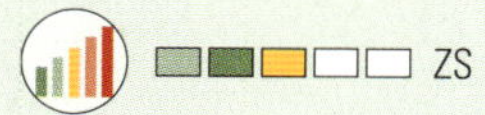
ZS

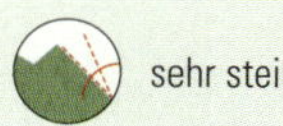
sehr steil

2.45 Std.

Zugang Vom Ausgangspunkt bei der Bergstation der Rätikonbahn kurz entlang des Kammes in südwestliche Richtung in den Sattel zwischen Golmer Joch und Latschätzkopf. Vom Sattel in nordwestliche Richtung über eine breite, mittelsteile Mulde mit meist gutem Pulverschnee bis in die flachen Böden zum Fellanlegeplatz abfahren.

Aufstieg 1 **Kreuzjoch:** Vom Fellanlegeplatz zunächst direkt und zum Schluss, das Gelände gut ausnützend, in wenigen Kehren über den nordostexponierten Gipfelhang zum Kreuzjoch aufsteigen.
Alternativ kann auch gleich im Sattel zwischen Golmer Joch und Latschätzkopf aufgefellt und weiter in südwestliche Richtung entlang des Kamms in

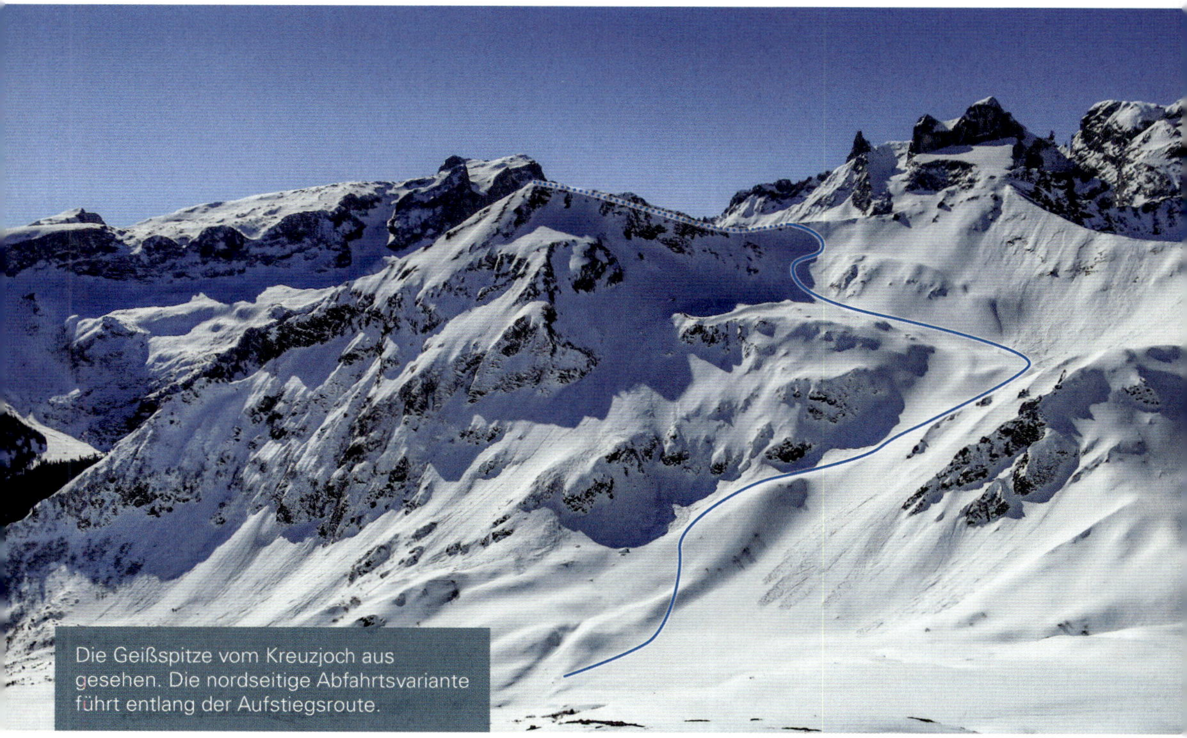

Die Geißspitze vom Kreuzjoch aus gesehen. Die nordseitige Abfahrtsvariante führt entlang der Aufstiegsroute.

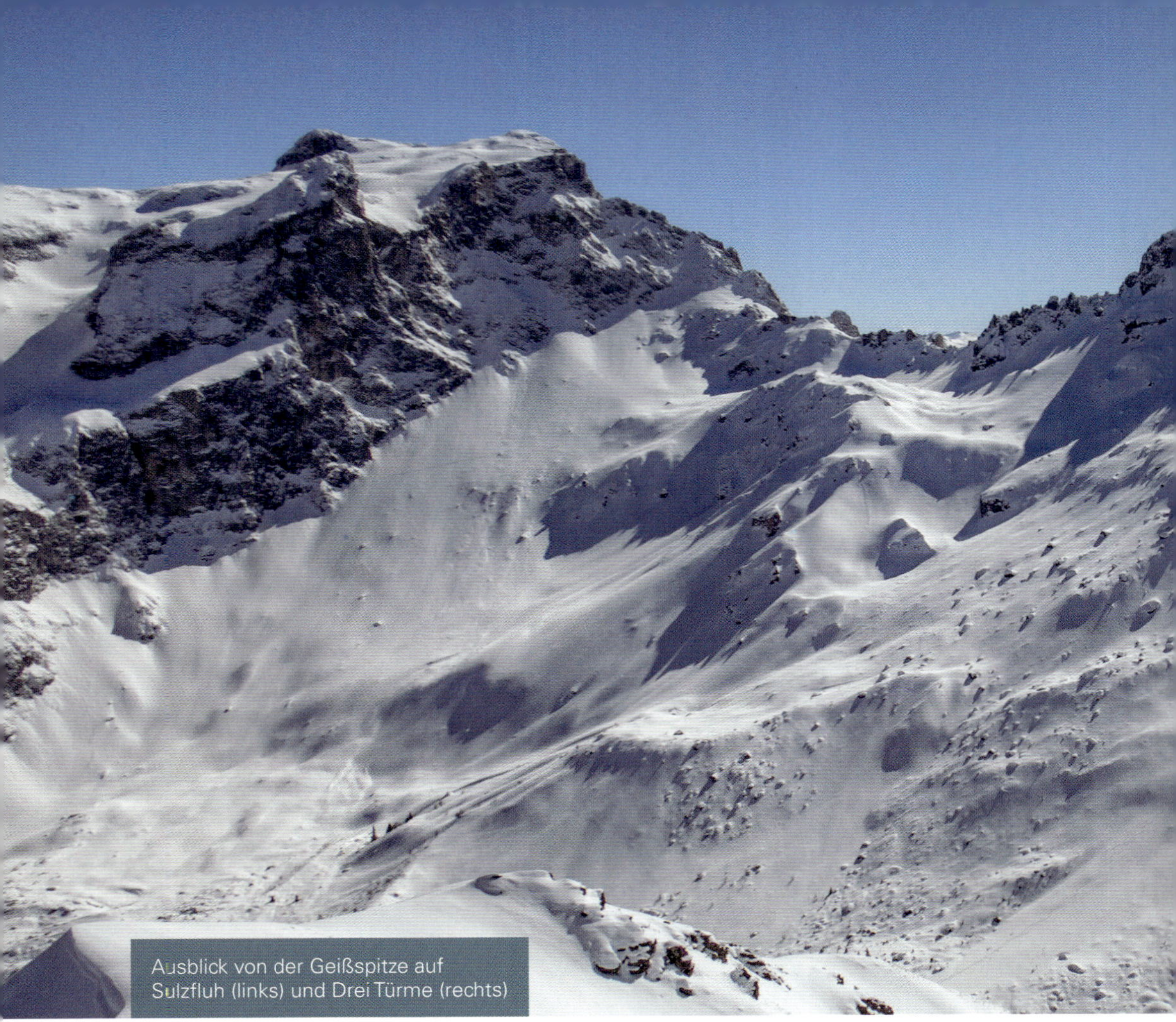
Ausblick von der Geißspitze auf Sulzfluh (links) und Drei Türme (rechts)

ständigem Bergauf und Bergab bis zum Kreuzjoch aufgestiegen werden. Dieser Kamm ist leicht exponiert und erfordert teilweise steile und enge Spitzkehren, daher ist er für nicht so geübte Geher:innen nicht zu empfehlen.

Abfahrt 1 Vom Kreuzjoch startet die erste kurze Abfahrt über die gestuften und flach geneigten Hänge in südöstliche Richtung bis auf eine Höhe von 1940 m.

Aufstieg 2 **Geißspitze:** Auf 1940 m Höhe startet der zweite Aufstieg. In südwestliche Richtung durch eine Mulde, bis man auf 2140 m in eine Senke gelangt. Von dort steigt man weiter über einen steilen Hang oder entlang einer Rippe in die Einsattelung zwischen Wildem Mann und Geißspitze auf. Von der Einsattelung geht es nach links (Osten) über den Gipfelgrat, je nach Verhältnissen zu Fuß oder mit Ski, bis auf den Gipfel.

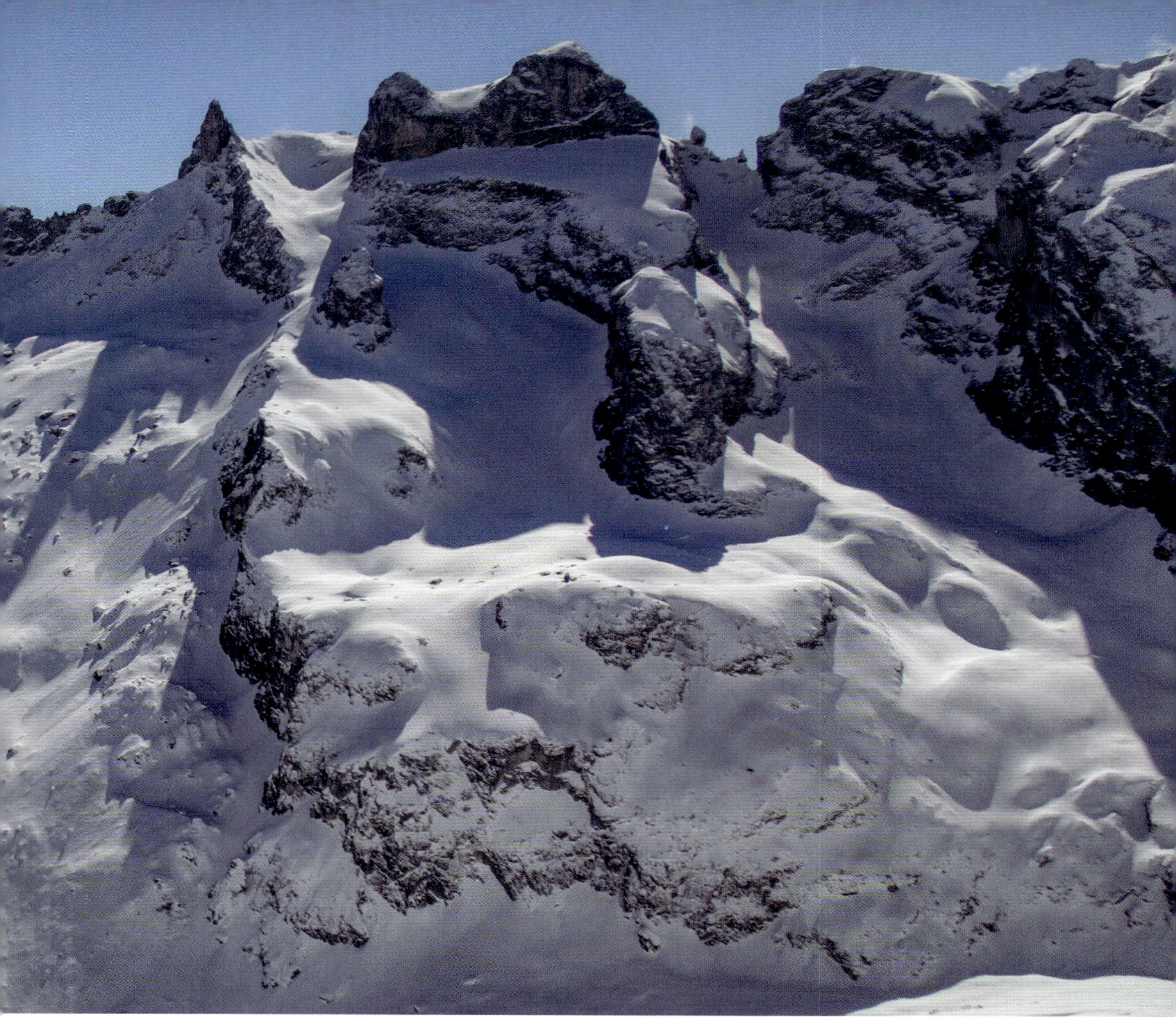

Abfahrt 2 Vom Gipfel bis auf eine Höhe von 1940 m entlang der Aufstiegsspur und danach weiter bis zur Latschätzalpe abfahren. Von der Latschätzalpe entlang des Forstweges bis ins Gauertal hinab (unbedingt das Schutzgebiet beachten!) und weiter entlang des Güterweges und der Skiroute bis nach Latschau und zurück ins Golmer Skigebiet.

Variante A Man kann die sehr steilen Hänge zur Geißspitze auslassen und direkt vom Kreuzjoch über die Latschätzalpe ins Gauertal abfahren. So ergibt sich eine leichte, einsteigerfreundliche und schöne Variante – insbesondere bei Firnverhältnissen!

Variante B Bei gutem Firn kann über die Südhänge der Geißspitze direkt bis zur Lindauer Hütte abgefahren werden. Über den Sommerweg durch das Gauertal gelangt man wieder zurück ins Skigebiet Golm in Latschau.

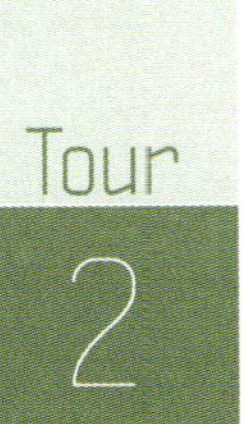

ZAMANGSPITZE 2387 m

Alpines Freeride-Gelände für Könner:innen. Die Kombination aus kurzem, aber spannendem, da teils exponiertem Aufstieg, traumhafter Aussicht und vielen lohnenden Abfahrtsmöglichkeiten haben die Zamangspitze zum Klassiker werden lassen. Auf der Nordostseite hält sich lange guter Schnee, dort finden sich steile Abfahrtsmöglichkeiten und interessantes Gelände mit Möglichkeiten für Sprünge (Cliff Drops). Die Südseite ist nicht minder interessant, da sie eine der längsten Abfahrten im Montafon bietet. Allerdings hält sie nur ganz selten günstige Schneeverhältnisse bereit. Wenn man aber den richtigen Zeitpunkt erwischt, ist die Abfahrt ein besonderes Erlebnis.

Zugang Von der Bergstation der Hochalpila Bahn zunächst entlang der Skipiste vorbei an der Bergstation der Panorama Bahn. In einer offensichtlichen Linkskehre

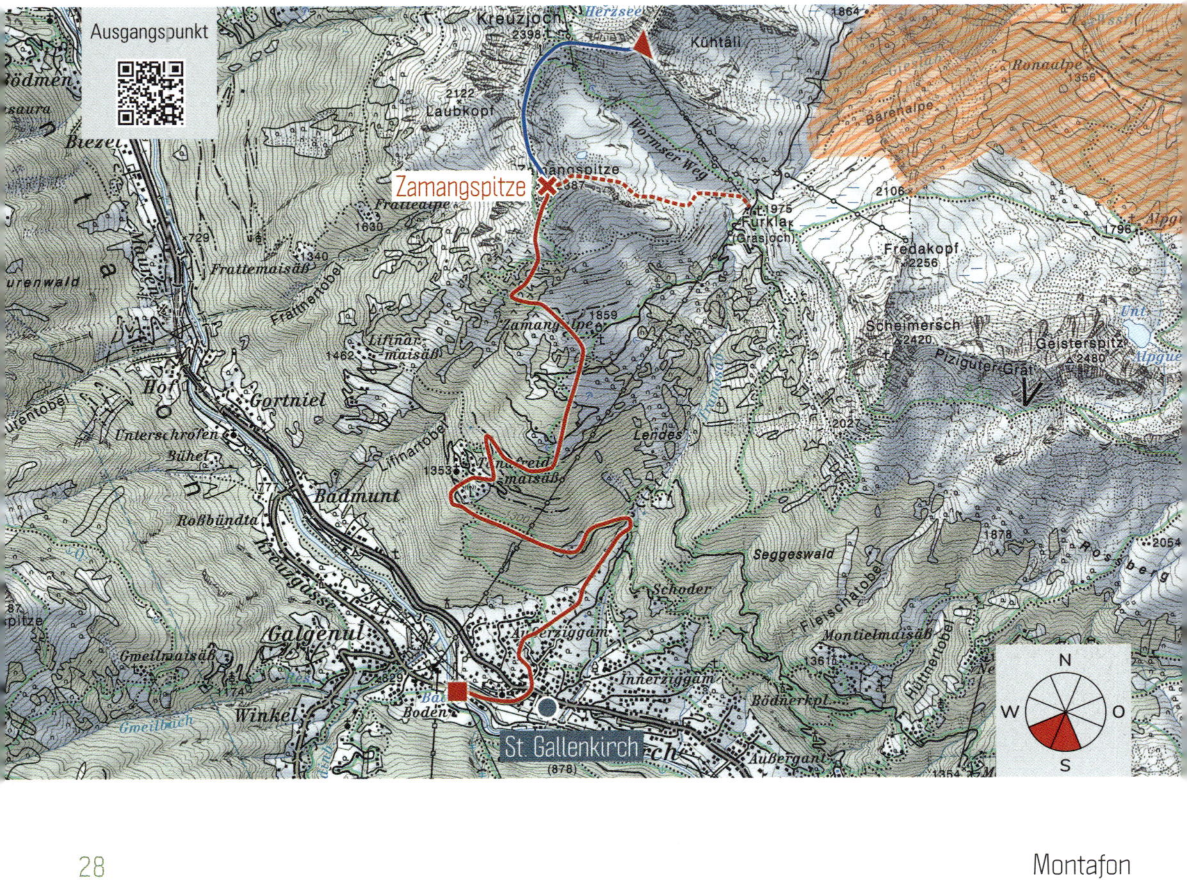

Ausgangspunkt

Zamangspitze

St. Gallenkirch

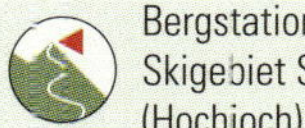
Bergstation Hochalpila Bahn im Skigebiet Silvretta Montafon (Hochjoch)

exponierter Gipfelgrat, Wechten am Gipfelgrat

↑ 80 m ↓ 1660 m

S

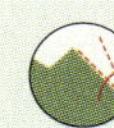
sehr steil

1.15 Std.

der Skipiste weiter in südöstliche Richtung dem Zamangergrat zur Zamangspitze folgen (zu Beginn als Skiroute beschildert). Dem Gratrücken entlang bis in ein Joch am Fuß des deutlichen Gipfelaufschwungs.

Aufstieg Im Joch die Ski auf den Rucksack schnallen und in leichter Kletterei, je nach Schneelage den Markierungen des Sommerweges folgend, den teils exponierten Grat empor. Über eine kurze drahtseilversicherte Rinne und eine letzte luftige Gratpassage erreicht man den Gipfel.

Abfahrt Zunächst dem teilweise etwas exponierten Gipfelgrat nach Süden folgen und oftmals seitlich abrutschend bis auf eine Höhe von 2250 m abfahren. Nachdem man den steilen Gipfelbereich und die Lawinenverbauungen hinter sich gelas-

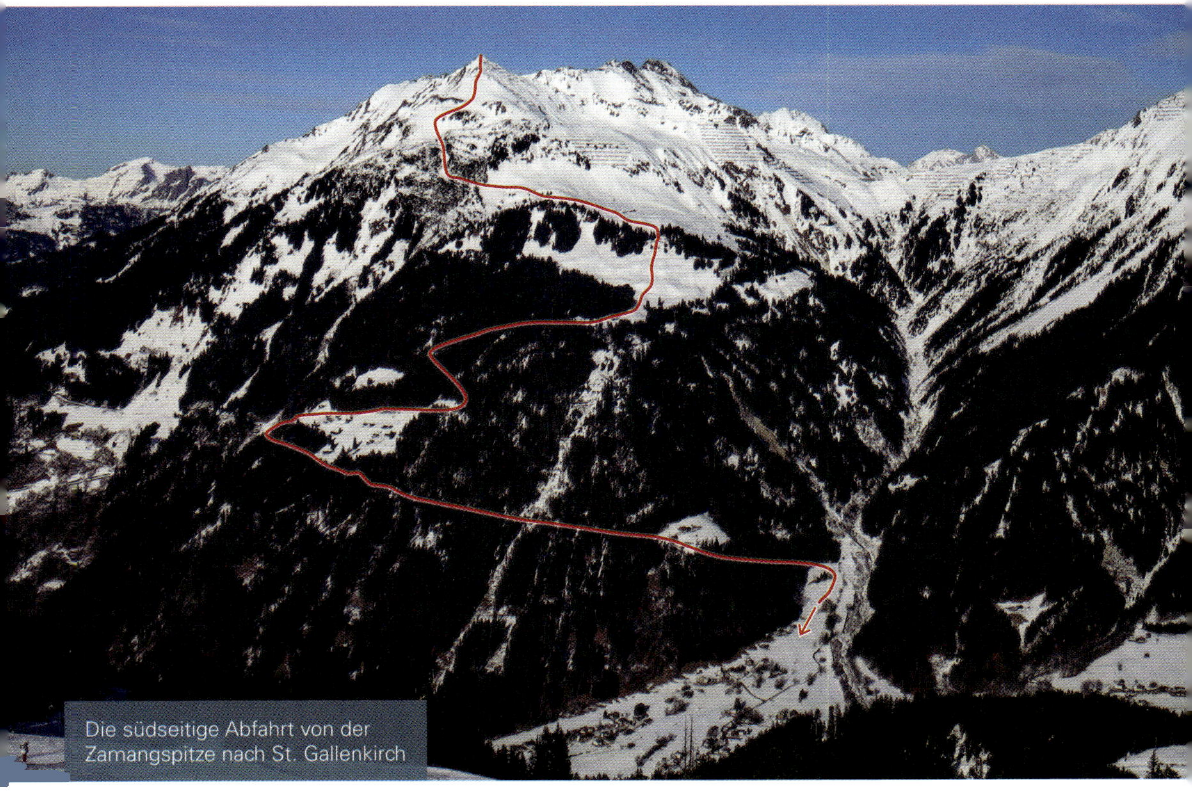

Die südseitige Abfahrt von der Zamangspitze nach St. Gallenkirch

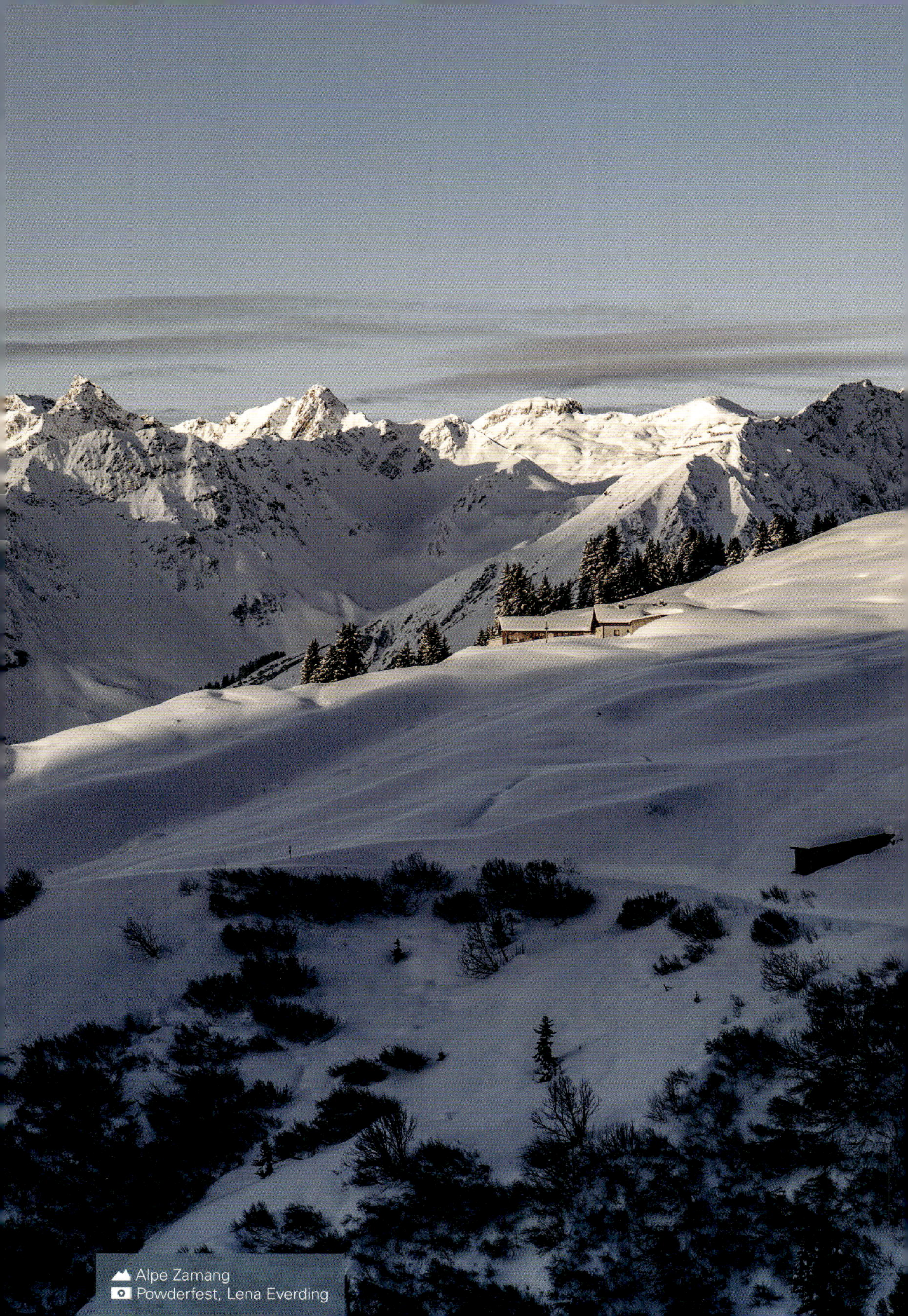

Alpe Zamang
Powderfest, Lena Everding

sen hat, öffnet sich das Gelände. Es folgen schöne Abfahrtshänge, in denen die Orientierung jedoch nicht ganz einfach ist. Am besten orientiert man sich am Geländerücken und hält sich gefühlt ständig leicht rechts, bis man eine Höhe von 2050 m erreicht. Hier folgt die Schlüsselstelle: eine steile Mulde, die durch Latschen hindurchführt und je nach Schneelage unterschiedlich breit bzw. verwachsen ist. Nach der Mulde nach links queren und weiter über den Sommerweg zur Zamangalpe. Ab der Zamangalpe geht es über offene und sanfte Hänge hinab bis auf ca. 1600 m. Hier bitte die Wildruhezone beachten! Ab 1600 m gibt der Güterweg die Spur vor bis auf eine Höhe von 1100 m. Ab dort über flache Hänge an Wohnhäusern vorbei in den Ortskern von St. Gallenkirch. Von dort zu Fuß oder neben der L86 abfahrend zur Talstation der Grasjoch Bahn.

Variante Wenn die Verhältnisse die südseitige Abfahrt nicht erlauben, kann alternativ die steile Variante über die Nordostseite gewählt werden. Dazu vom Gipfel zuerst in nördliche Richtung zurück bis auf eine Gratschulter. Von dort entlang der ostseitigen Hauptrinne, sich ständig leicht rechts haltend, in Richtung Skigebiet abfahren. Es kommen wiederholt kurze felsdurchsetzte Steilstufen, auf die mit einer vernünftigen Linienwahl geachtet werden muss. Nach dem Verlassen der Hauptrinne hält man sich rechts und folgt dem flachen Rücken, um so zu moderat steilen und schönen Tiefschneehängen zu gelangen. Über diese hinab zur Talstation der Hochalpila Bahn.

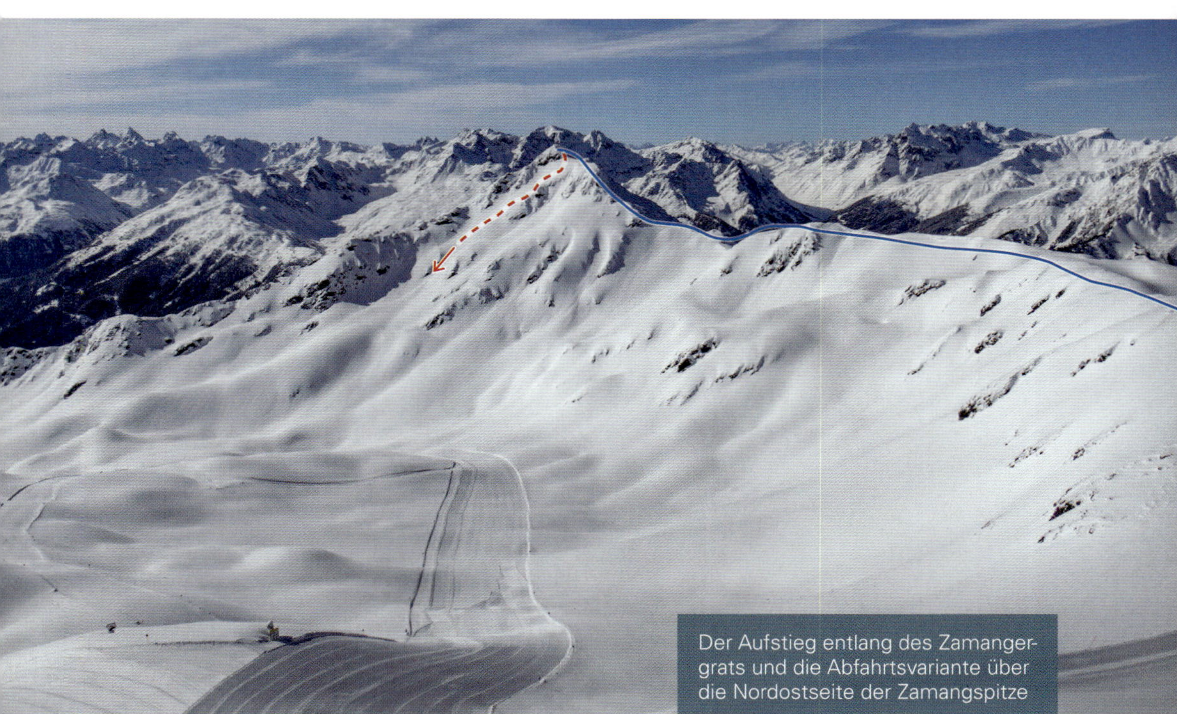

Der Aufstieg entlang des Zamangergrats und die Abfahrtsvariante über die Nordostseite der Zamangspitze

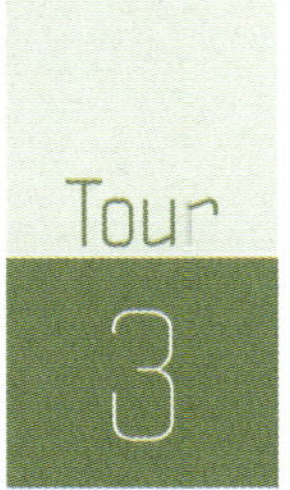

HOCHALPILA 2413 m

ABFAHRT KUHTÄLI

Ein Freeride-Leckerbissen, bei dem man schnell sein sollte! Diese Abfahrt zählt sicherlich zu den Highlights am Hochjoch im Skigebiet Silvretta Montafon, sichere Lawinenverhältnisse vorausgesetzt.
Durch die Hochalpila Bahn ist die Abfahrt leicht erreichbar. Da heißt es früh aufstehen, wenn man an einem Powdertag noch unverspurtes Gelände vorfinden möchte. Für erfahrene Freerider:innen ein traumhafter Spielplatz in einem großen Kessel mit vielen unterschiedlichen und interessanten Abfahrtsmöglichkeiten.

Zugang Direkt beim Ausstieg der Hochalpila Bahn (2420 m) ein je nach Schneelage erstes unangenehmes Stück zuerst in südliche Richtung kurz abrutschen und dann sofort nach links unterhalb der Hochalpila Bahn hindurch auf eine Geländeschulter (2400 m) zum Einstieg in das Kuhtäli.

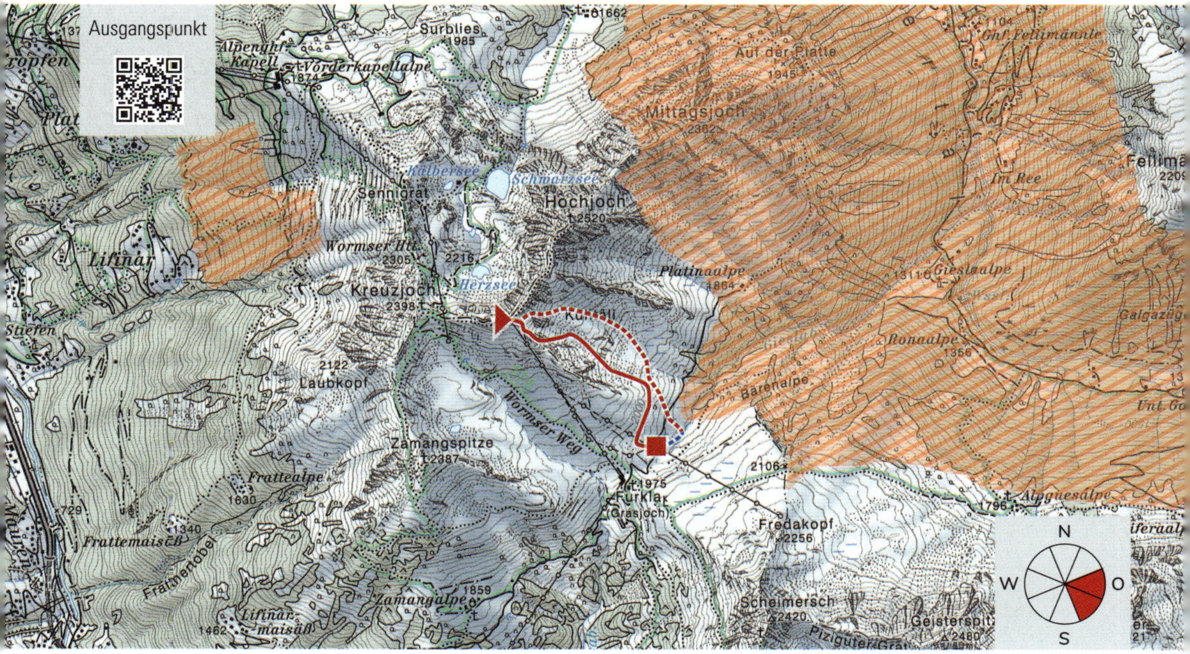

FACTS

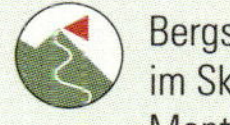
Bergstation Hochalpila Bahn im Skigebiet Silvretta Montafon (Hochjoch)

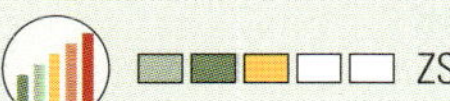
ZS

keine

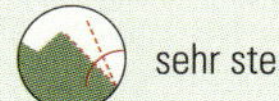
sehr steil

↑ 0 m ↓ 490 m

0.15 Std.

Abfahrt Zunächst kurz der Schulter entlang in südöstliche Richtung fahren. Sobald nach links eine breite ostexponierte Mulde sichtbar wird, über diese zunächst steil und in weiterer Folge immer weniger steil bis in die flachen Böden abfahren. Danach, sich immer leicht rechts haltend, über gestufte Hänge hinab bis auf eine Höhe von 2000 m und unterhalb von einem Rücken nach rechts hinausqueren zur Fredakopf Bahn (1910 m). Ein Abfahren in das hintere Silbertal ist aufgrund des steilen Geländes und wegen einer Naturschutzzone nicht möglich!

Variante Von der Geländeschulter (2400 m) mit möglichst wenig Höhenverlust in östliche Richtung weiterqueren zum Einstieg in eine ostsüdostexponierte Rinne. Über diese hinab und weiter über wunderschöne, mäßig steile Südosthänge. Ab einer Höhe von 2100 m sich leicht rechts halten und weiter bis zum Gieslabach (1870 m) abfahren. Stapfend oder mit Fellen in westliche Richtung und über einen markanten Rücken zurück zur Talstation der Freda Bahn (1910 m).

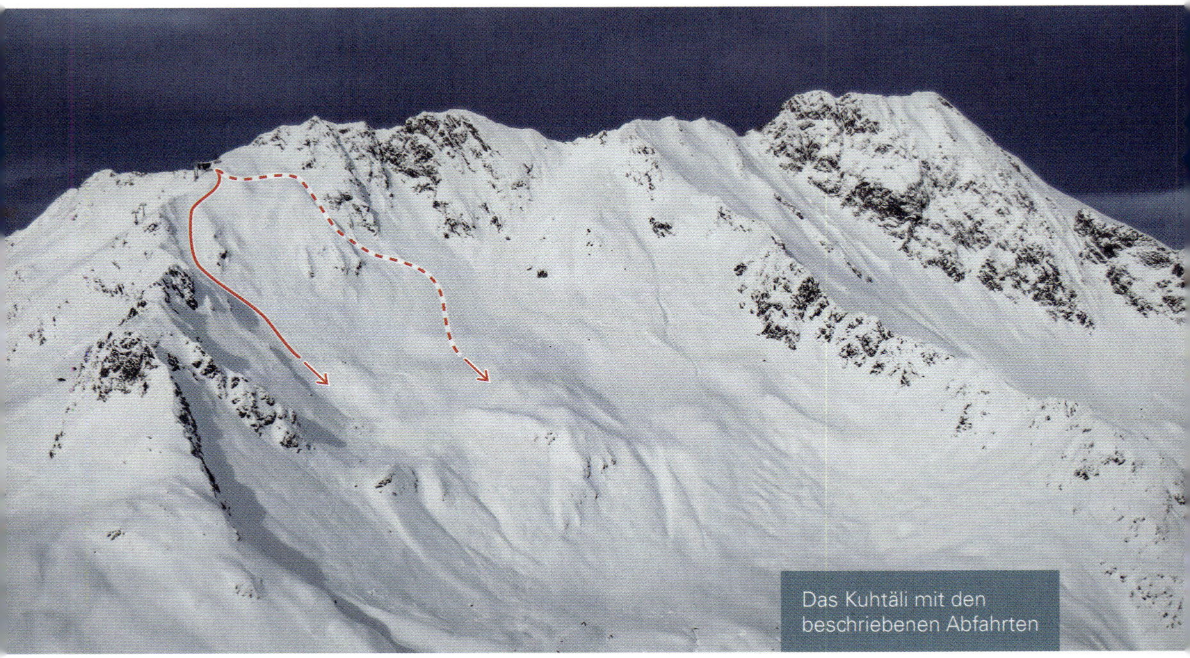

Das Kuhtäli mit den beschriebenen Abfahrten

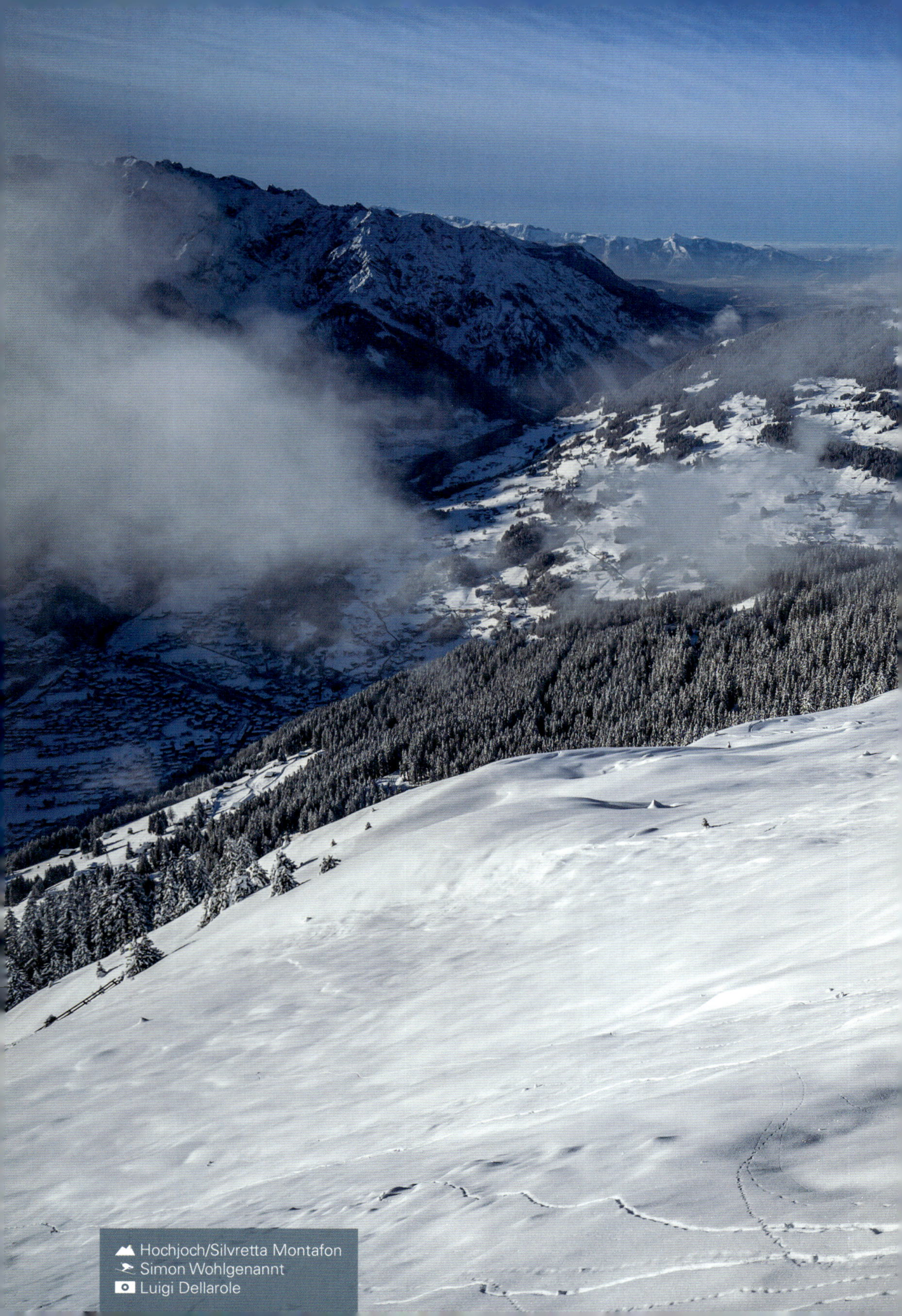

Hochjoch/Silvretta Montafon
Simon Wohlgenannt
Luigi Dellarole

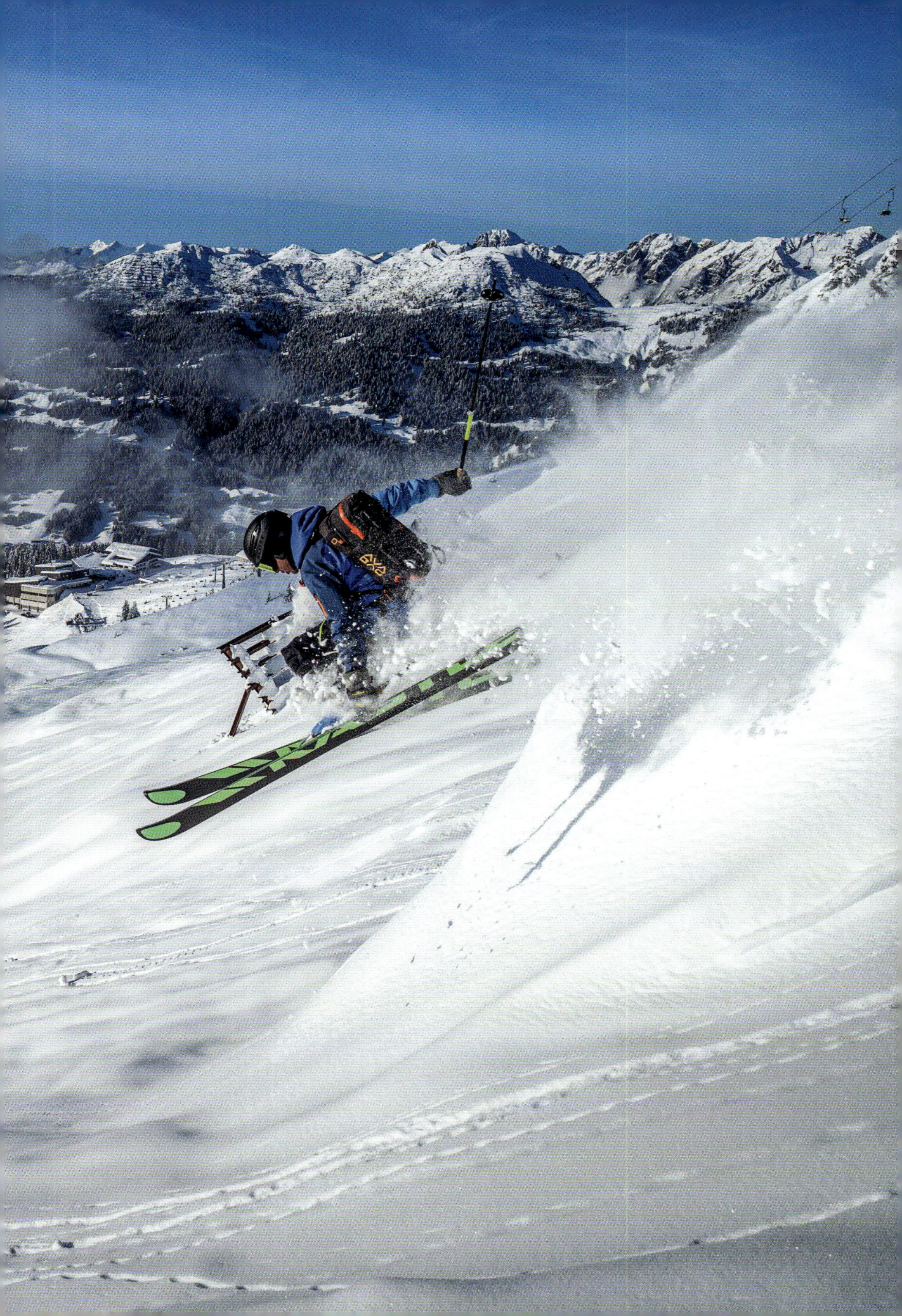

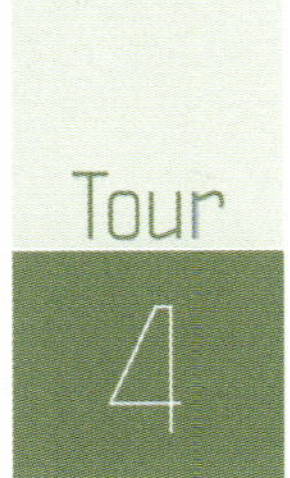

MADRISELLA 2466 m

Die Madrisella ist ein spannendes Gipfelziel für Freerider:innen. Sie ist einfach aus dem Skigebiet Silvretta Montafon zu erreichen und bietet drei Abfahrtsvarianten, die sich vom Charakter her jeweils komplett unterscheiden. Von der anspruchsvollen Abfahrt durch ein sehr steiles nordseitiges Couloir, das nur für Profis mit umfangreichem Lawinenwissen und sicherer Fahrtechnik in sehr steilem Gelände empfehlenswert ist, bis zu einer eher sanften Abfahrt mit gestuften Hängen – an der Madrisella bleiben eigentlich keine Freeride-Wünsche offen. Egal welche Abfahrt man wählt: Vorher wird man am Gipfel mit einem beeindruckenden Blick über die gesamte Bergwelt der Silvretta verwöhnt.

Aufstieg Vom Fellanlegeplatz auf der linken Seite des Ausstieges des Burgliftes mit möglichst wenig Höhengewinn nach Osten bis zur Ostschulter der Burg. Man geht um die Schulter herum und hat nun eine steile, südostseitige Querung zu einem kleinen Sattel vor sich. Diese Querung ist oft heikel, da in der Früh

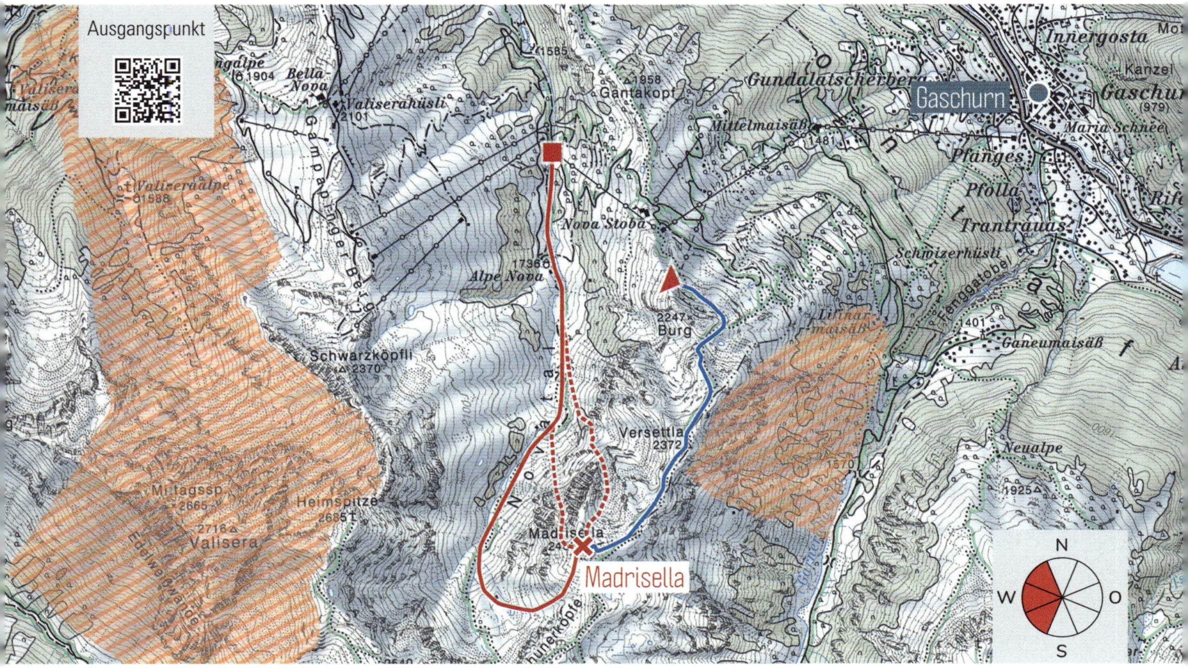

FACTS

 Bergstation Burg Schlepplift im Skigebiet Silvretta Montafon (Nova-Seite)

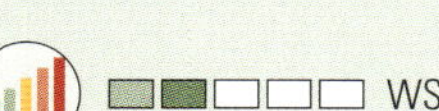 WS

 südostseitige Querung um die Burg

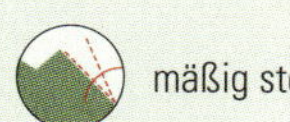 mäßig steil

 ↑ 400 m ↓ 831 m

 2 Std.

häufig hart gefroren. Mit der tageszeitlichen Erwärmung wiederum ist sie am Nachmittag von Nassschneelawinen bedroht. Weiters muss auf dem Sattel oftmals eine Wechte überwunden werden.

Vom Sattel geht es dem Kamm entlang bis zur ersten Erhebung, der Versettla (2372 m). Von hier ist die Madrisella bereits zu sehen. Man folgt dem Grat bis vor den Nordhang der Madrisella. Je nach Schneeverhältnissen kann mit steilen und leicht exponierten Spitzkehren direkt über den Nordostrücken zum Gipfel aufgestiegen werden. Eine leichtere Alternative ist es, unterhalb des Gipfels zum Südrücken der Madrisella zu queren und über diesen einfach bis zum Gipfel aufzusteigen.

Abfahrt Die Abfahrt von der Madrisella erfolgt zunächst nach Süden und danach über schöne westseitige und gestufte Hänge weiter in das obere Novatal. Entlang des Novatales gelangt man unschwierig zurück zur Nova Bahn im Skigebiet Silvretta Montafon.

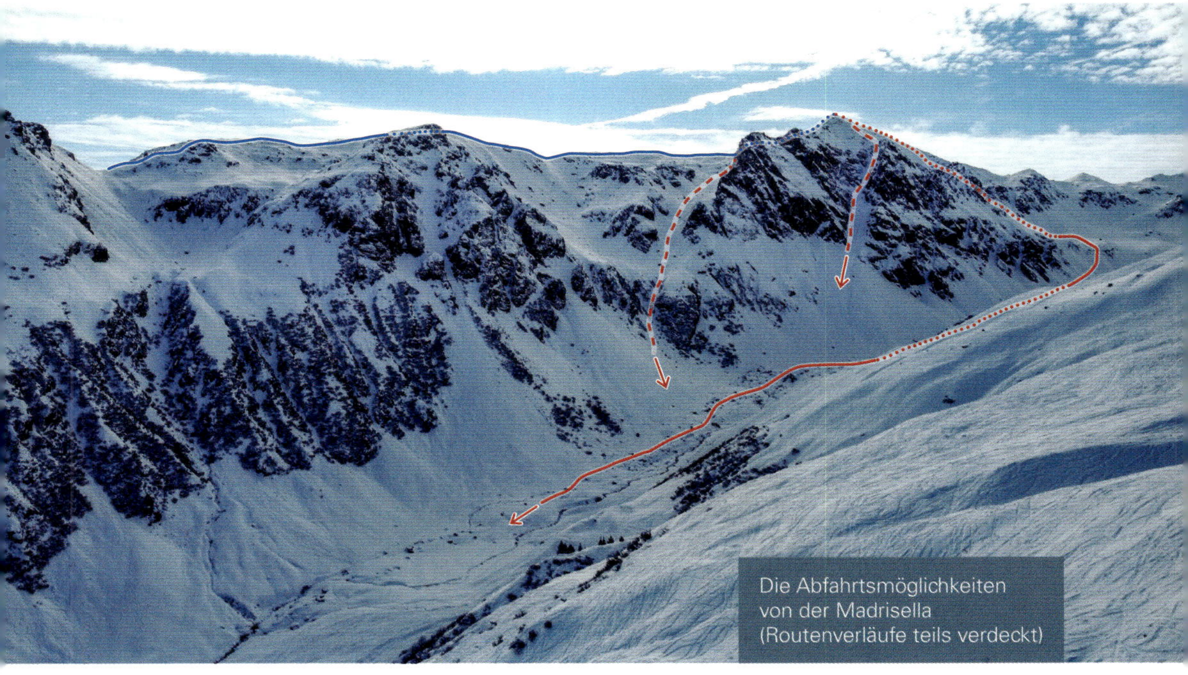

Die Abfahrtsmöglichkeiten von der Madrisella (Routenverläufe teils verdeckt)

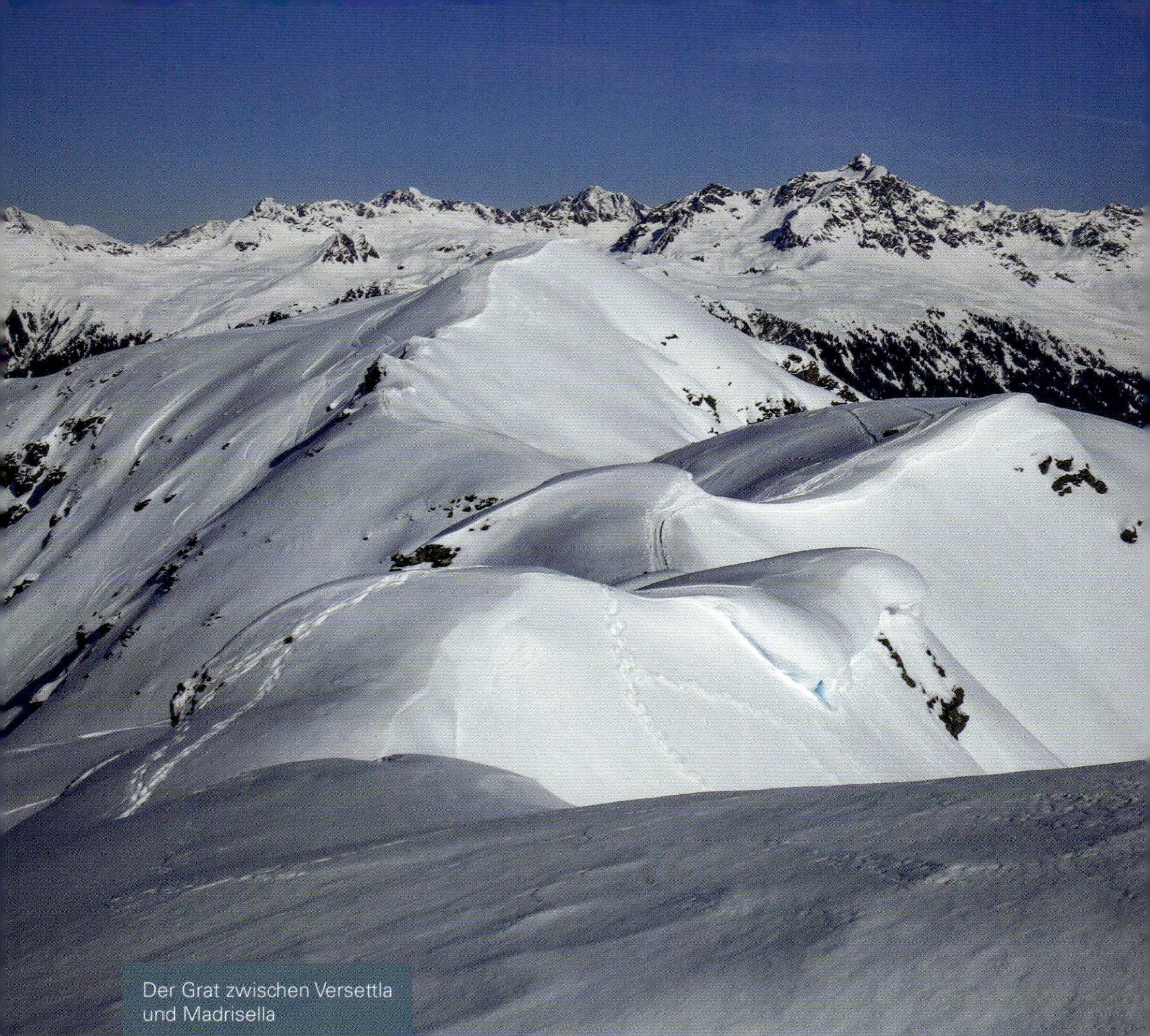

Der Grat zwischen Versettla und Madrisella

Variante A Von der Madrisella zunächst über den Nordostrücken abrutschen und nach wenigen Metern in den sehr steilen Nordosthang der Madrisella queren und über diesen direkt hinab. Durch eine breite Mulde weiter abfahren. Sobald sich die Mulde öffnet, hält man sich leicht rechts zur Einfahrt in eine steile und schmale Rinne. Über diese steile Rinne gelangt man in den Talboden des hinteren Novatales. Hier sind sichere Verhältnisse zwingend notwendig! Entlang des Novatales gelangt man unschwierig zurück zur Nova Bahn im Skigebiet Silvretta Montafon.

Variante B **Madrisella-Rinne:** Direkt vom Gipfel den westlichen Gratrücken 100 Hm hinab in ein kleines Joch. Nun zunächst über eine Engstelle in das nordseitige Couloir einfahren und über dieses in ca. 40–45° steilem Gelände abfahren.

Tour 5

SCHWARZKÖPFLI 2370 m

Das Schwarzköpfli bietet schönes, sanft geneigtes und sehr verspieltes Freeride-Gelände, das gegen Ende der Abfahrt immer steiler wird. Die vielen natürlichen Mulden und Kanten laden bei ausreichend Geschwindigkeit dazu ein, um diese für Sprünge zu nutzen. Ein schöner Aufwärm-Run und perfekt, um das Gelände im Nova-Gebiet (Silvretta Montafon) kennenzulernen oder um erste Erfahrungen im Tiefschnee zu sammeln.

Zugang Direkt beim Ausstieg aus der Rinderhütten Bahn (2270 m) die Ski tragend in südwestliche Richtung entlang eines Zaunes auf die Gratschulter (2285 m) des Schwarzköpflis aufsteigen.

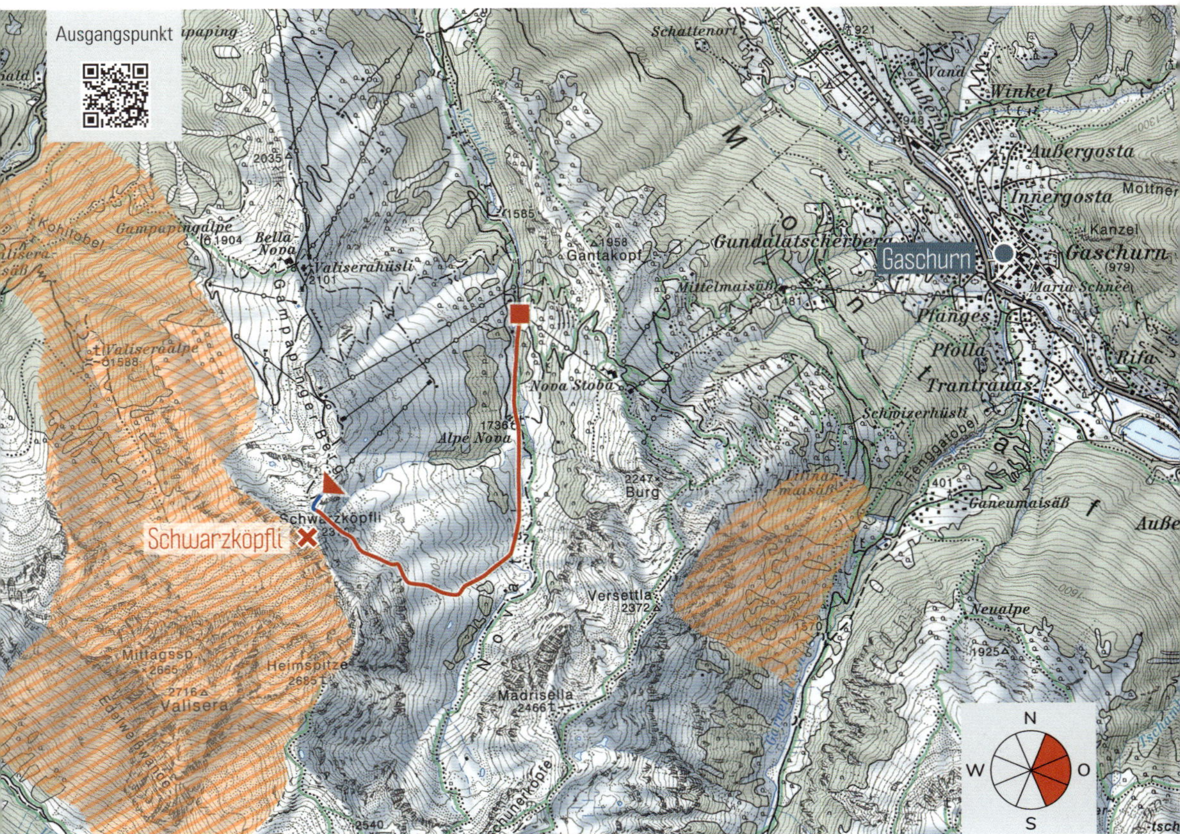

FACTS

Bergstation Rinderhütten Bahn, Skigebiet Silvretta Montafon (Nova-Seite)

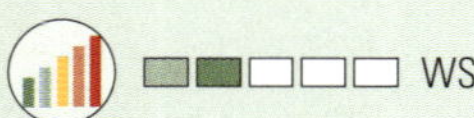

WS

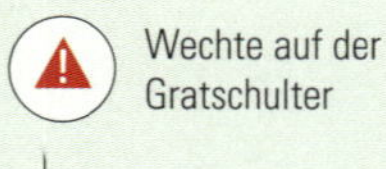

Wechte auf der Gratschulter

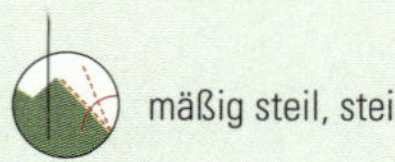

mäßig steil, steil

↑ 15 m ↓ 610 m

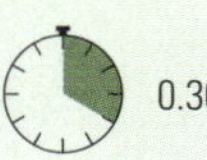

0.30 Std.

Abfahrt Von der Gratschulter zunächst den ersten, steilen Südosthang bis unterhalb der Felsen des Schwarzköpflis abfahren. Unter den Felsen nach rechts in südliche Richtung queren bis unterhalb der Ostflanke der Kleinen Heimspitze. Von hier zunächst flach in östliche Richtung in direkter Falllinie und später über eine steilere, nordostexponierte Mulde ins Novatal abfahren. Über das Novatal talauswärts, an der Alpe Nova (1736 m) vorbei und über die Skipiste zurück zu den Liften des Skigebiets Silvretta Montafon.

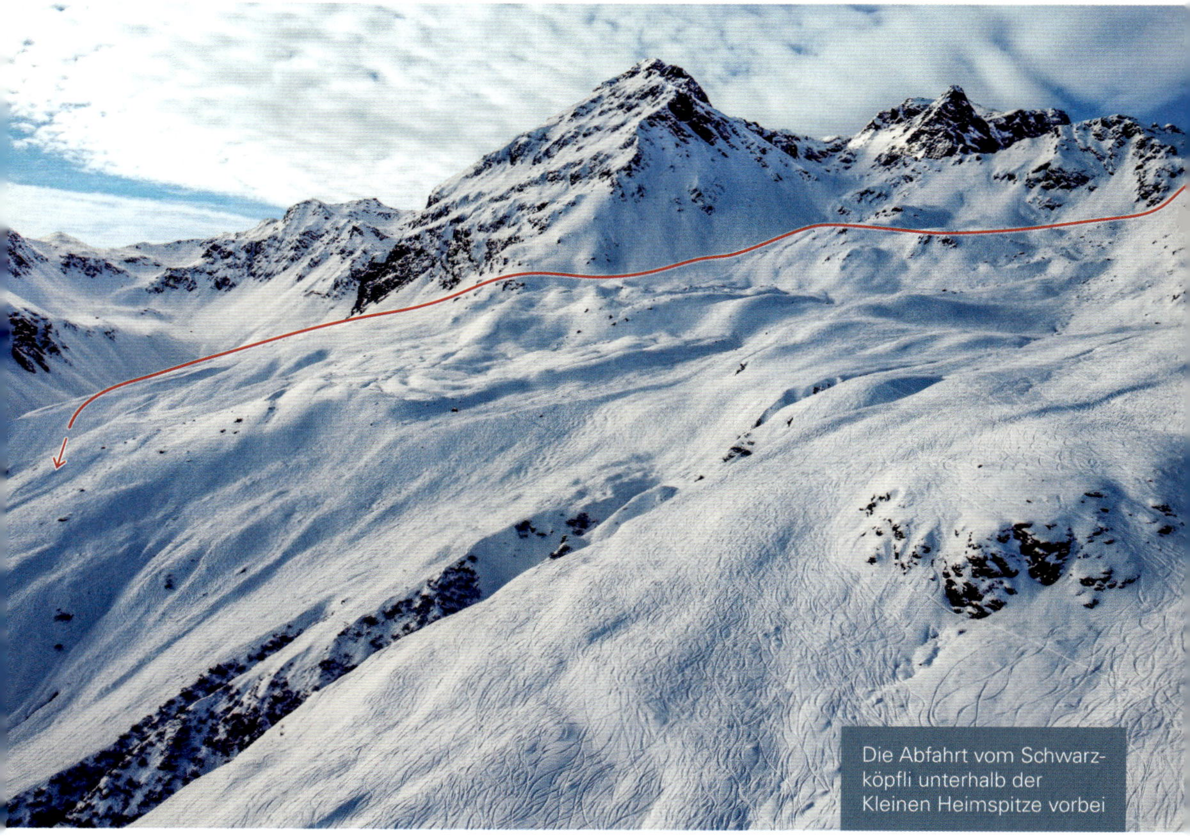

Die Abfahrt vom Schwarzköpfli unterhalb der Kleinen Heimspitze vorbei

Tour

6

VERSETTLA 2372 m

Die Versettla ist ein lohnendes Ziel für erfahrene Freerider:innen. Sie ist schnell aus dem Skigebiet Silvretta Montafon zu erreichen, bietet aufgrund ihrer Exposition meist lange Zeit gute Schneeverhältnisse und zwei sehr anspruchsvolle Abfahrtsvarianten durch steile Couloirs, die nur für Profis mit umfangreichem Lawinenwissen geeignet sind.

Aufstieg Vom Fellanlegeplatz (2110 m) auf der linken Seite des Ausstieges des Burgliftes mit möglichst wenig Höhengewinn nach Osten bis zur Ostschulter der Burg. Man geht um die Schulter herum und hat nun eine steile, südostseitige Querung zu einem kleinen Sattel vor sich. Diese Querung ist oft heikel, da in

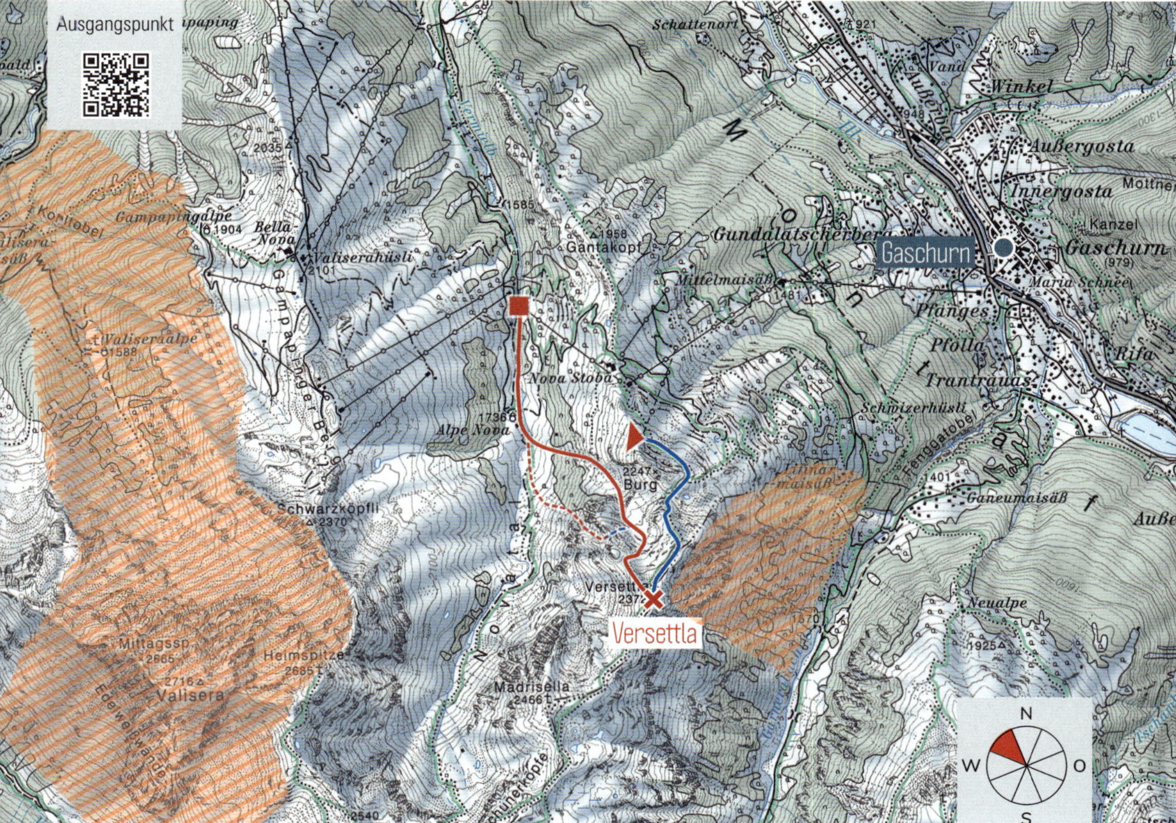

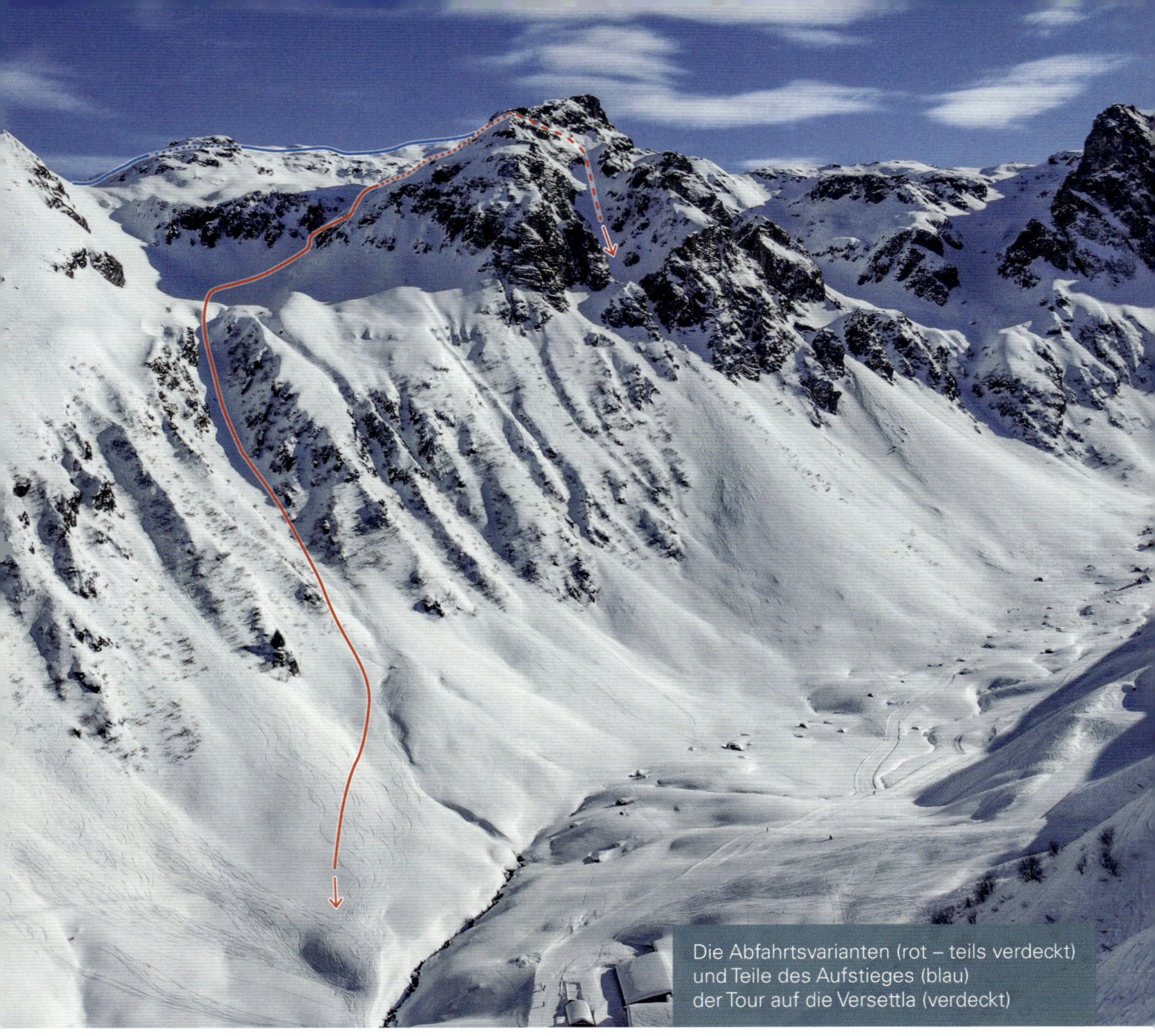

Die Abfahrtsvarianten (rot – teils verdeckt) und Teile des Aufstieges (blau) der Tour auf die Versettla (verdeckt)

der Früh oftmals hart gefroren und mit der tageszeitlichen Erwärmung am Nachmittag von Nassschneelawinen gefährdet. Weiters muss auf den Sattel oftmals eine Wechte überwunden werden. Vom Sattel geht es dem Kamm entlang bis zur ersten Erhebung, der Versettla (2372 m).

Abfahrt Von der Versettla (2372 m) fährt man zunächst nach Nordwesten über einen flachen und breiten Bergrücken bis zu einer kleinen Einsattelung ab (2289 m). Danach weiter nach rechts durch eine weite Mulde abfahren und dieser bis auf eine Höhe von 2180 m folgen. Hier befindet sich die Schlüsselstelle – ein ca. 40° steiles Couloir. Durch dieses, kurz spektakulär, hinab in die flachen Böden. Man hält sich nun rechts und fährt über die äußerst rechte Rinne (im oberen Abschnitt sehr steil) weiter ab bis zur Alpe Nova. Von dort gelangt man über die Skipisten wieder zurück ins Skigebiet.

FACTS

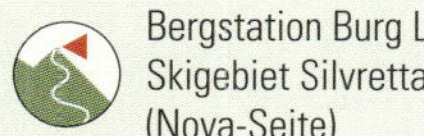
Bergstation Burg Lift im Skigebiet Silvretta Montafon (Nova-Seite)

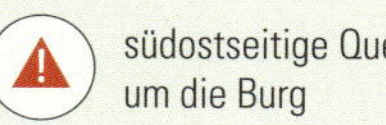
südostseitige Querung um die Burg

↑ 260 m ↓ 710 m

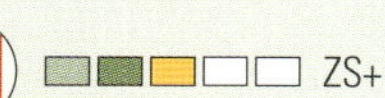
ZS+

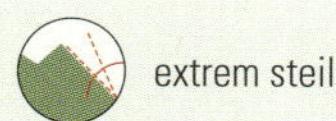
extrem steil

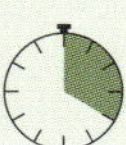
1.15 Std.

Variante Von der Versettla (2372 m) fährt man zunächst gleich wie bei der beschriebenen Abfahrt bis zur kleinen Einsattelung ab (2289 m). Von dort nach rechts kurz die Mulde abfahren und unter einem markanten Felsen nach links queren, bis man sich auf einer Höhe von 2230 m unterhalb eines kleinen Sattels im Bergrücken befindet.

Direkt und steil, die Ski tragend, in den kleinen Sattel aufsteigen. Nun zunächst sehr exponiert (Absturzgefahr!) in die Rinne abrutschen. Danach die nordexponierte, breite und extrem steile Rinne ins Novatal zur Alpe Nova abfahren.

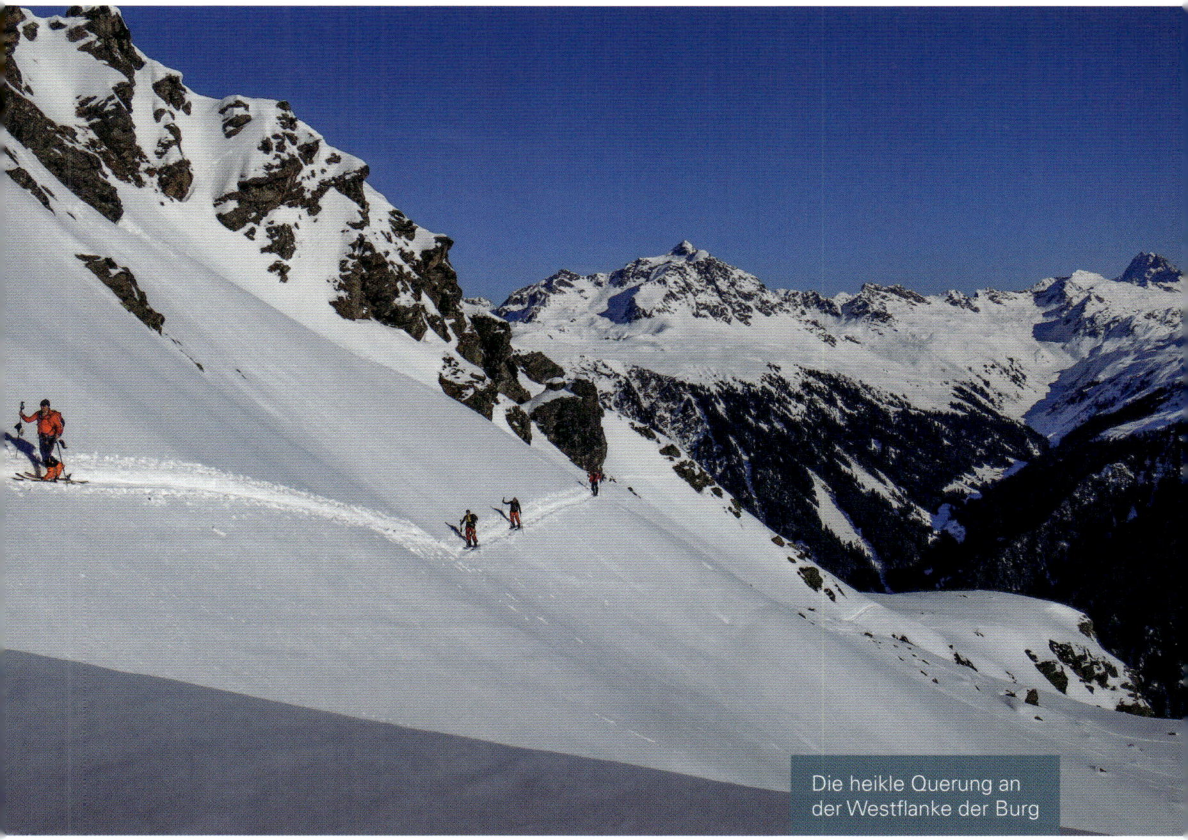

Die heikle Querung an der Westflanke der Burg

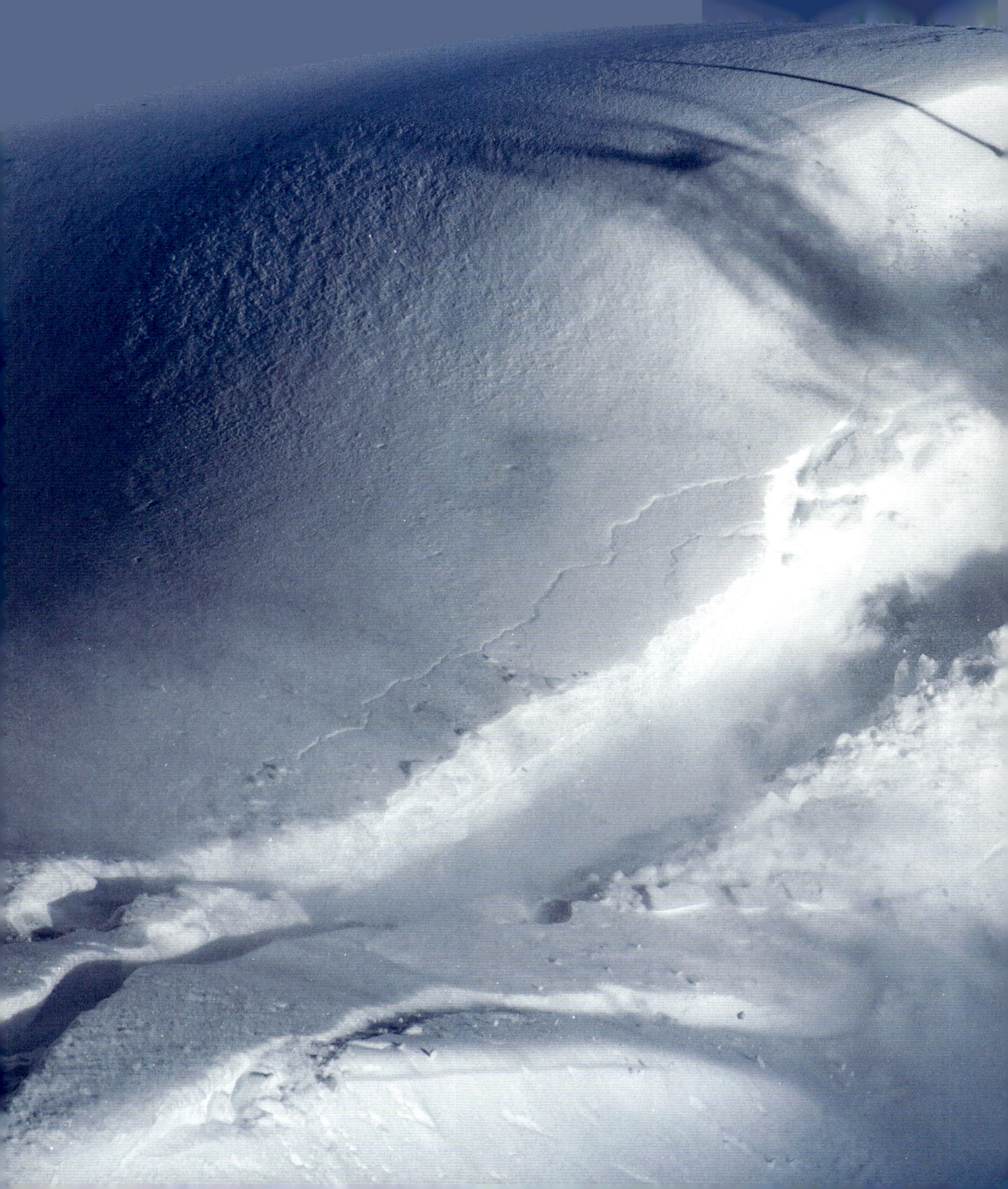

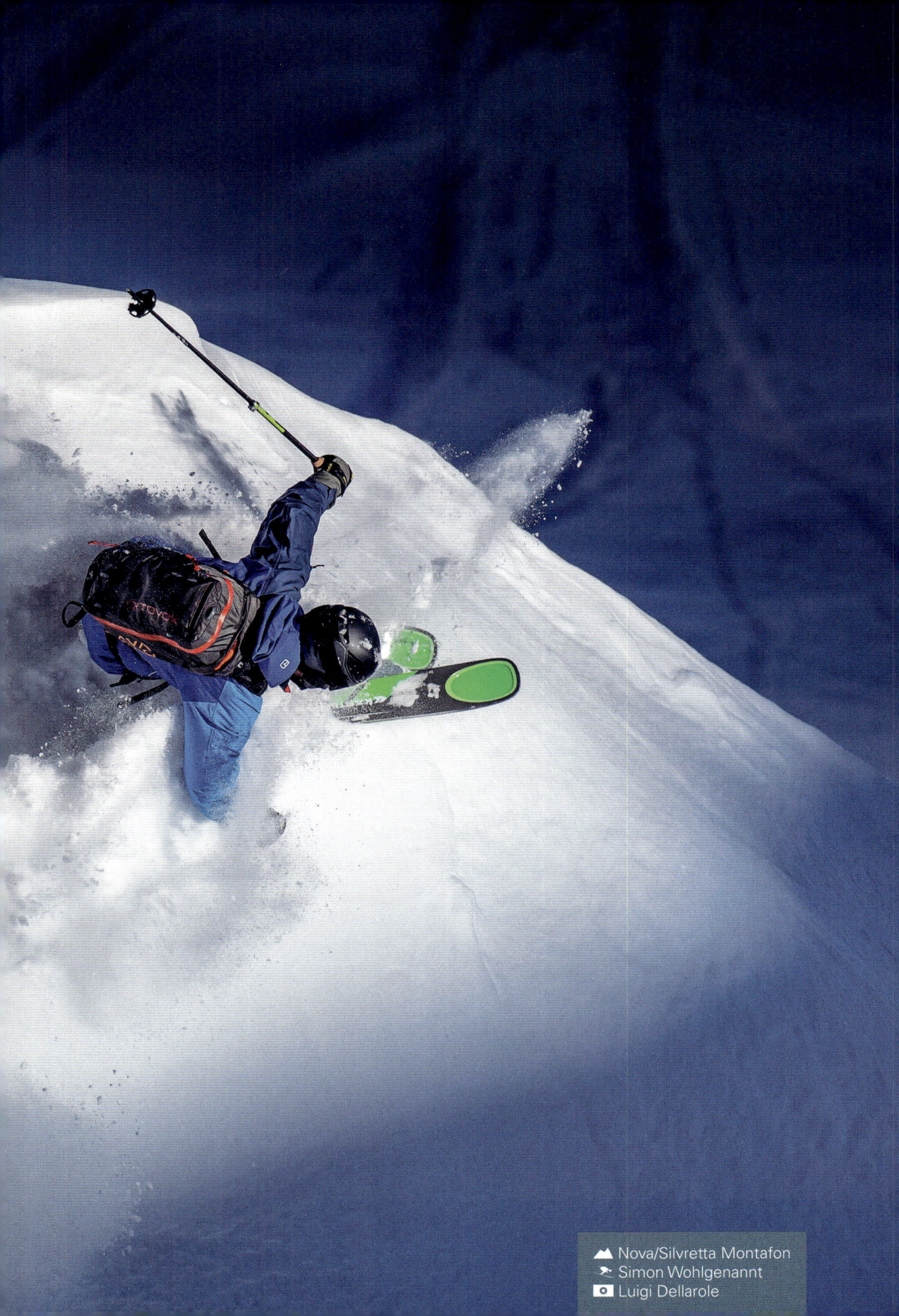

Nova/Silvretta Montafon
Simon Wohlgenannt
Luigi Dellarole

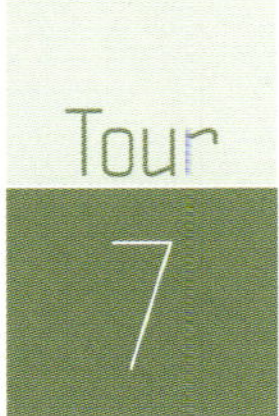

Tour

7

HEIMSPITZE 2685 m

Die Heimspitze liegt zwar etwas versteckt, sie ist jedoch der höchste Gipfel, der aus dem Skigebiet Silvretta Montafon zu erreichen ist. Für Freerider:innen ist sie vor allem als Übergang nach Gargellen attraktiv. Insbesondere im Frühjahr bieten die schönen Südhänge ins Vergaldatal oft perfekte Firnverhältnisse. Aber auch im Frühwinter oder während einer Kälteperiode ist diese Abfahrt aufgrund der weiten Hänge ein schönes Ziel. Wenn die Schneeverhältnisse ins Vergaldatal nicht ideal sind, bietet die Variante über den Heimbühel mit dem langen und steilen Nordosthang eine überaus lohnende Alternative – günstige Lawinenverhältnisse vorausgesetzt!

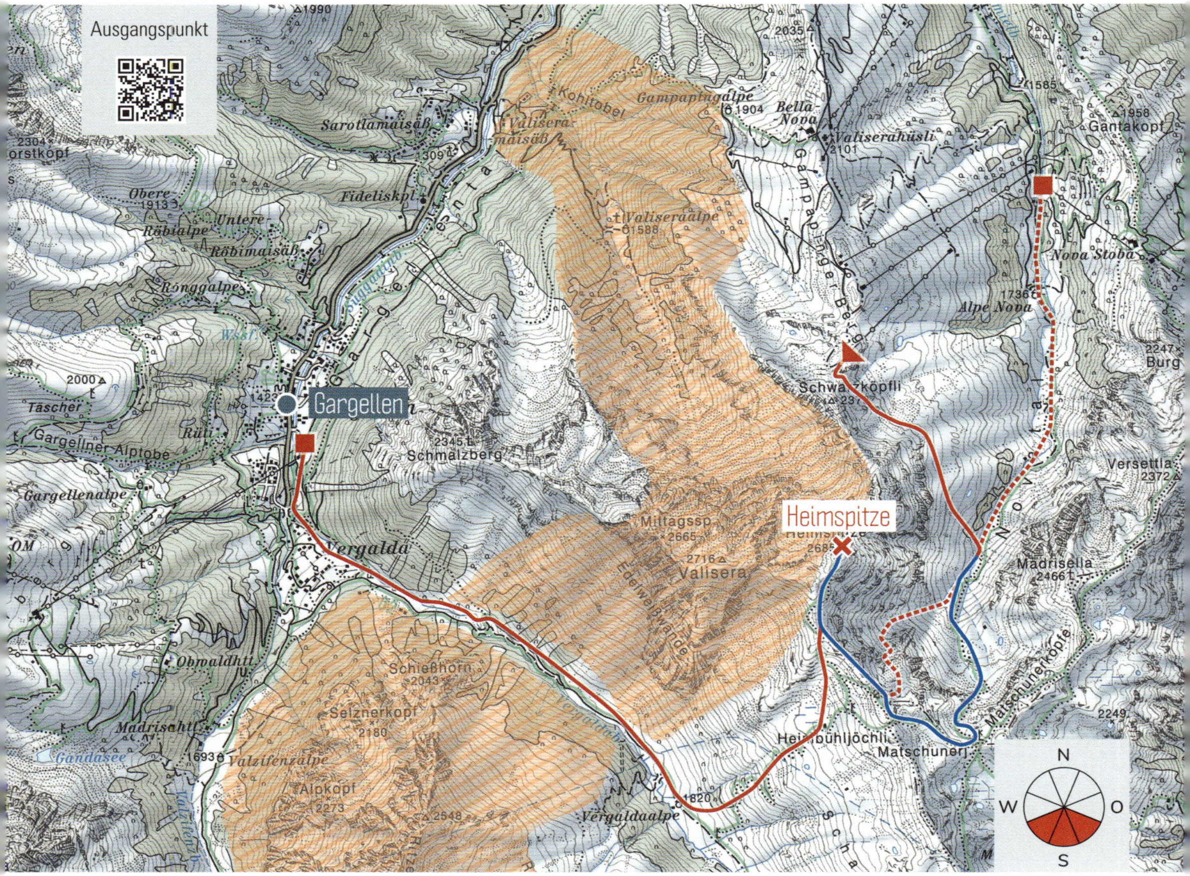

FACTS

Rinderhütten-Bahn-Bergstation im Skigebiet Silvretta Montafon (Nova-Seite)

Gleitschneeaktivität im Vergaldatal

↑ 720 m ↓ 1570 m

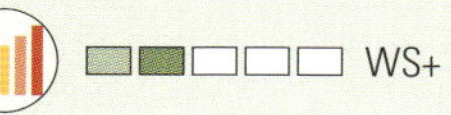

WS+

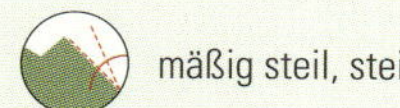

mäßig steil, steil

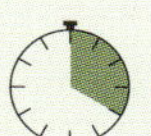

4.00 Std.

Zugang Direkt beim Ausstieg aus der Rinderhütten Bahn die Ski tragend in südwestliche Richtung entlang eines Zaunes auf die Gratschulter des Schwarzköpflis aufsteigen.

Abfahrt 1 Von der Gratschulter zunächst seitlich abrutschend in den steilen Südhang. In weiterer Folge beginnt unterhalb der Felswände des Schwarzköpflis eine lange Querfahrt in südliche Richtung. Man quert mit möglichst wenig Höhenverlust unter der Kleinen Heimspitze vorbei bis in das obere Novatal.

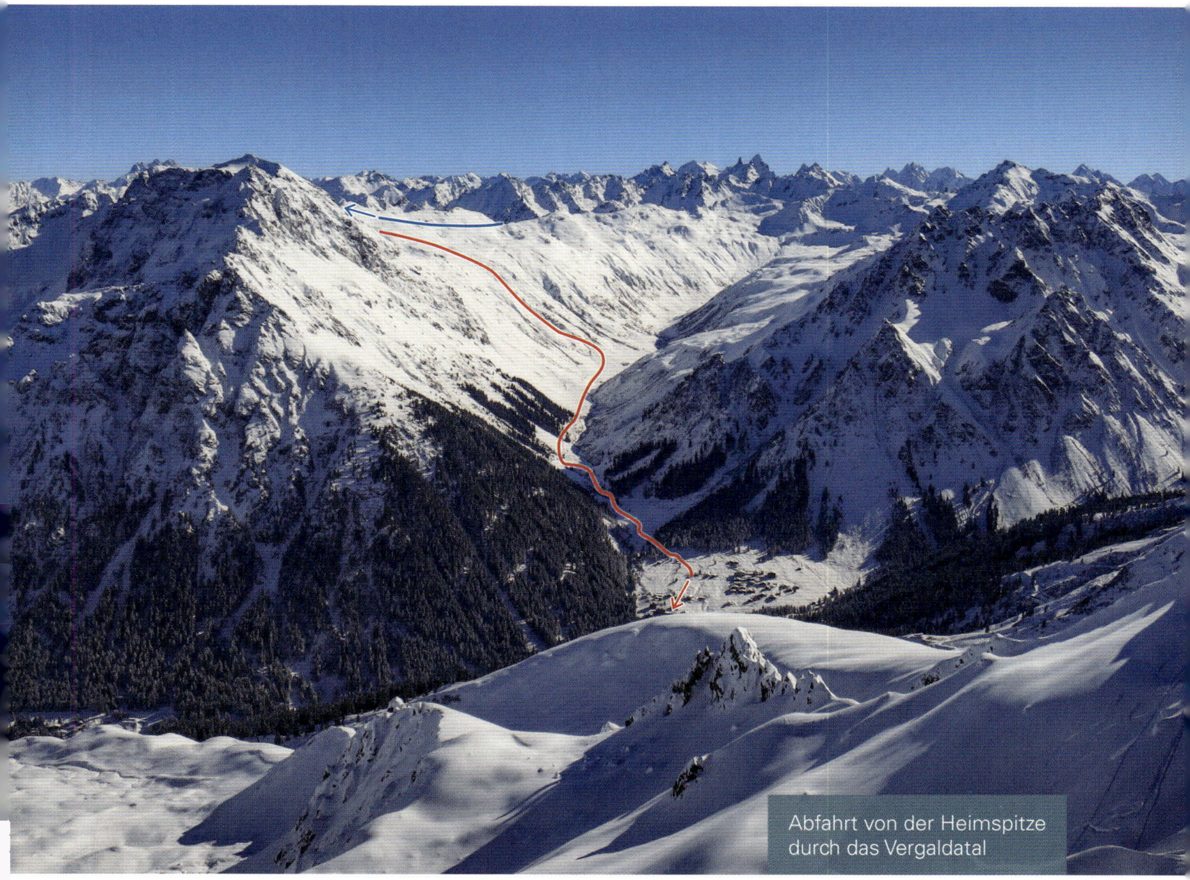

Abfahrt von der Heimspitze durch das Vergaldatal

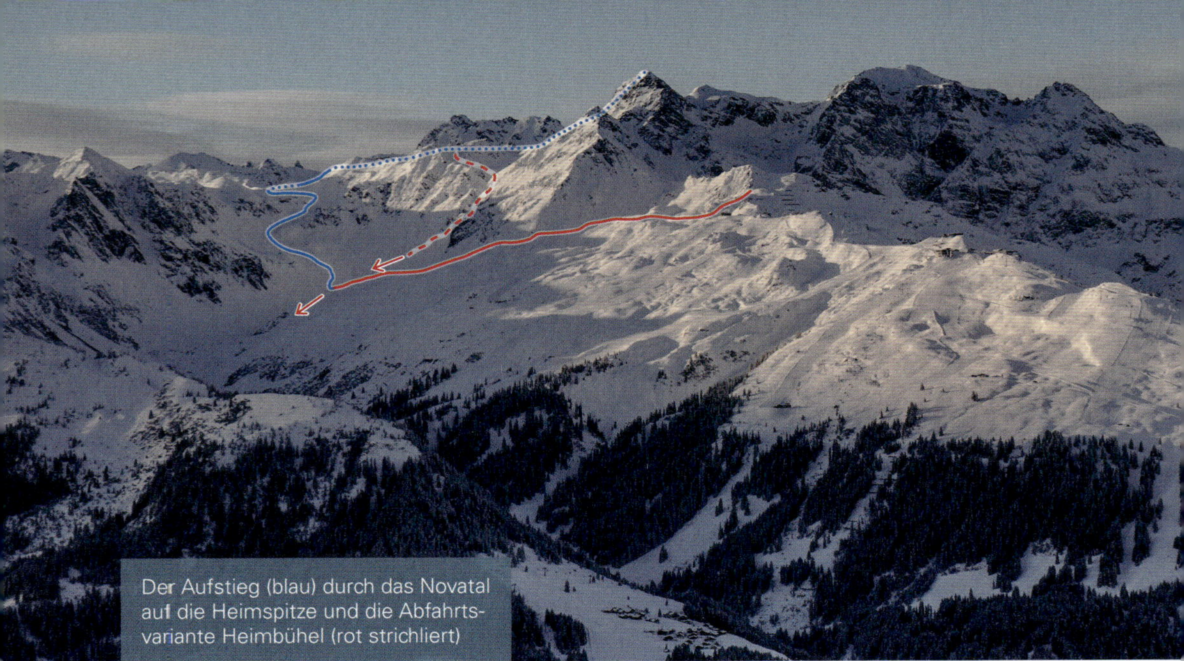
Der Aufstieg (blau) durch das Novatal auf die Heimspitze und die Abfahrtsvariante Heimbühel (rot strichliert)

Aufstieg Im Novatal anfellen und in Kehren, immer auf den Talschluss zuhaltend, in das Matschuner Joch aufsteigen. Vom Matschuner Joch geht es entlang des Kammes nach Westen in das Heimbühljöchli (2490 m). Von hier entlang des Grates teilweise etwas unangenehm über den Heimbühel (2540 m) bis zu einem kleinen Kopf (2575 m). Alternativ kann man auch kurz westseitig abfahren, unter dem Heimbühel nach Nordwesten queren und über eine Rinne zum kleinen Kopf aufsteigen. Von dort entlang des Grates ostseitig an der Zwischenspitze vorbei und über den steilen Gipfelhang auf die Heimspitze ansteigen.

Abfahrt 2 Vom Gipfel zunächst entlang der Aufstiegsroute bis zum kleinen Kopf (2575 m) und von dort über eine Rinne in südliche Richtung in die Schafbergböden (2308 m) abfahren. Weiter über gestufte Hänge hinab zur Vergaldaalpe. Über den Güterweg das Vergaldatal talauswärts fahren bis zur Talstation der Schafbergbahn in Gargellen. Von der Schafbergbahn gelangt man mit dem Skibus zurück nach St. Gallenkirch und zum Ausgangspunkt.

Hinweis Die Lawinengefahr, insbesondere in den steilen Südhängen der Edelweißwände, ist bei der Talausfahrt unbedingt zu beachten.

Variante **Heimbühel:** Vom Gipfel der Heimspitze über die Aufstiegsspur zurück bis zum Heimbühel (2540 m). Vom Heimbühel in nördliche Richtung in die breite Mulde hinab, in einer Schleife um eine Felsstufe herum und danach den steilen, langen Nordosthang hinab ins obere Novatal abfahren. Über das Novatal talauswärts zurück in das Skigebiet Silvretta Montafon.

Tour 8

GAFIERJÖCHLE 2415 m

Bei dieser Abfahrt handelt es sich um eine schöne Freeride-Variante aus dem Gargellner Skigebiet. Im Vergleich zu den anderen Freeride-Abfahrten in Gargellen ist das Gafierjöchle ein ruhiges Ziel. Dadurch hat man mit einem kurzen Aufstieg eine große Chance auf eine freie Spurwahl mit guter Schneequalität.

Neben dem beeindruckenden Blick in die Nordflanke der Madrisa besticht diese Abfahrt durch kupiertes und verspieltes Freeride-Gelände. Cliff Drops, weite Mulden und ein offener Hang lassen Freeride-Herzen höherschlagen.

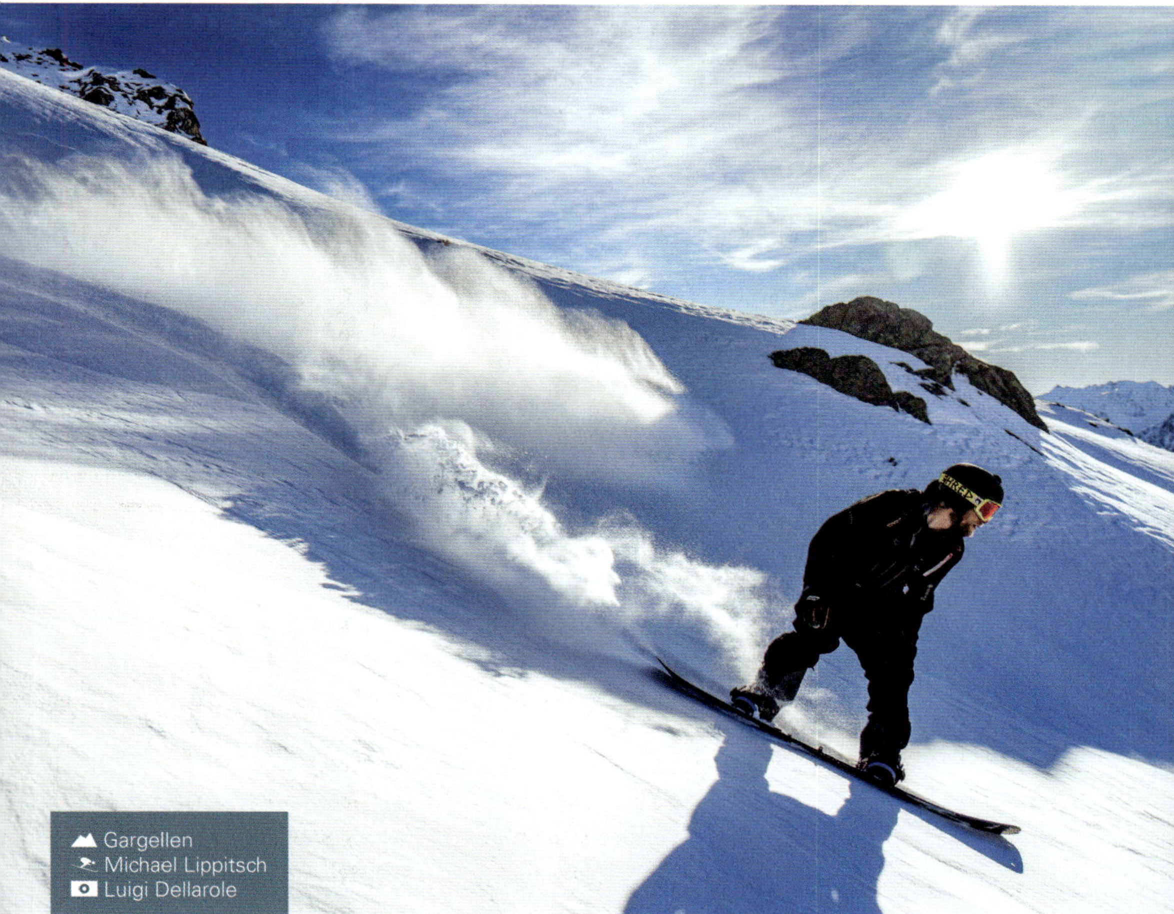

Gargellen
Michael Lippitsch
Luigi Dellarole

FACTS

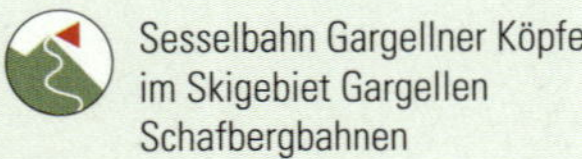
Sesselbahn Gargellner Köpfe im Skigebiet Gargellen Schafbergbahnen

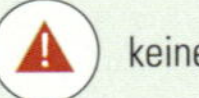
keine

↑ 220 m ↓ 1050 m

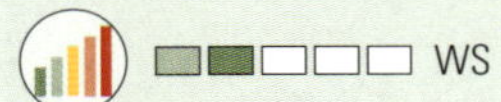
WS

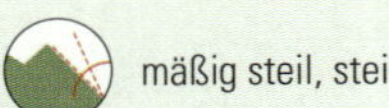
mäßig steil, steil

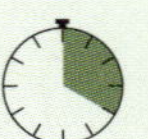
1.15 Std.

Zugang Bei der Sesselbahn Gargellner Köpfe nach links aussteigen und ohne Höhenverlust in südliche Richtung zu einer steilen Rinne queren. Zunächst seitlich abrutschend die Rinne hinab. Sobald sich die Rinne öffnet, mit möglichst wenig Höhenverlust zum Fellanlegeplatz beim Speichersee (2200 m) queren.

Aufstieg Zunächst entlang des Speichersees in südwestliche Richtung ohne großen Höhengewinn aufsteigen. Danach unterhalb eines oftmals lawinengefährdeten, steilen Osthanges vorbei und in Kehren über das gestufte Gelände weiter ins Gafierjöchle (2415 m) aufsteigen. Vom Gafierjöchle nach rechts entlang des Bergrückens bis zum höchsten Punkt (2435 m) aufsteigen.

Abfahrt Vom höchsten Punkt in nordöstliche Richtung durch einen steilen, nicht sofort einsehbaren nordostexponierten Kessel abfahren. Oberhalb der Speicherseen nach rechts über einen breiten Graben hinweg. Unterhalb der Nordseite der Madrisa hinausqueren und über einen weiteren nordostexponierten, mä-

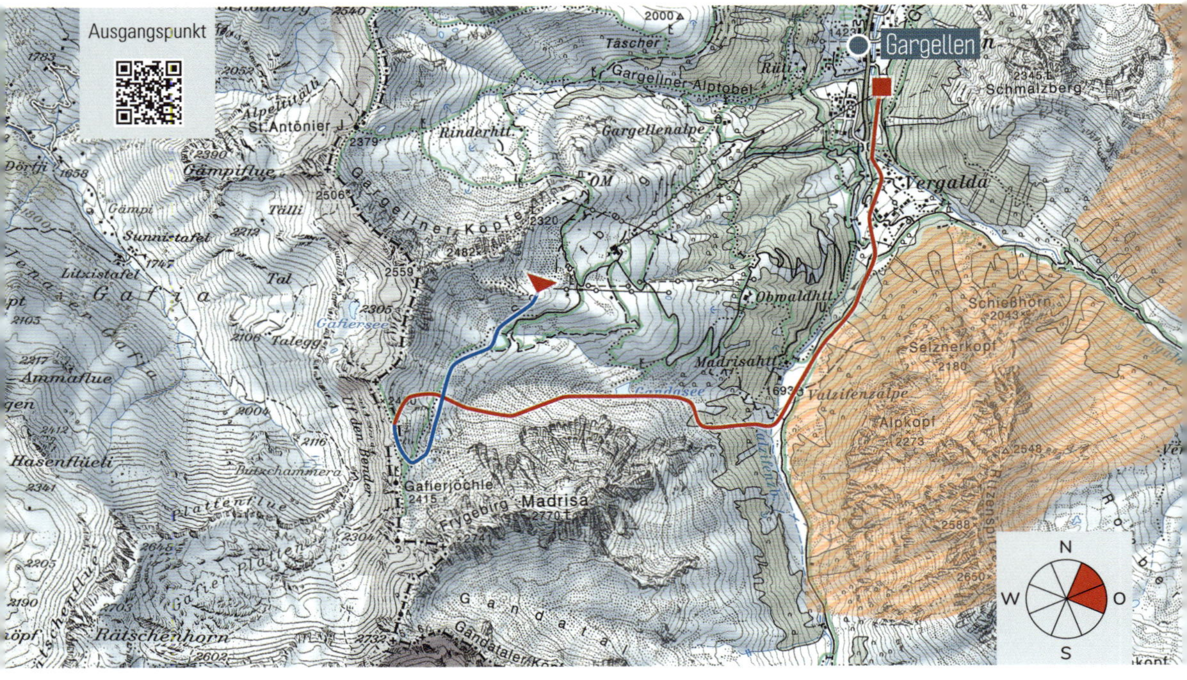

Ausgangspunkt

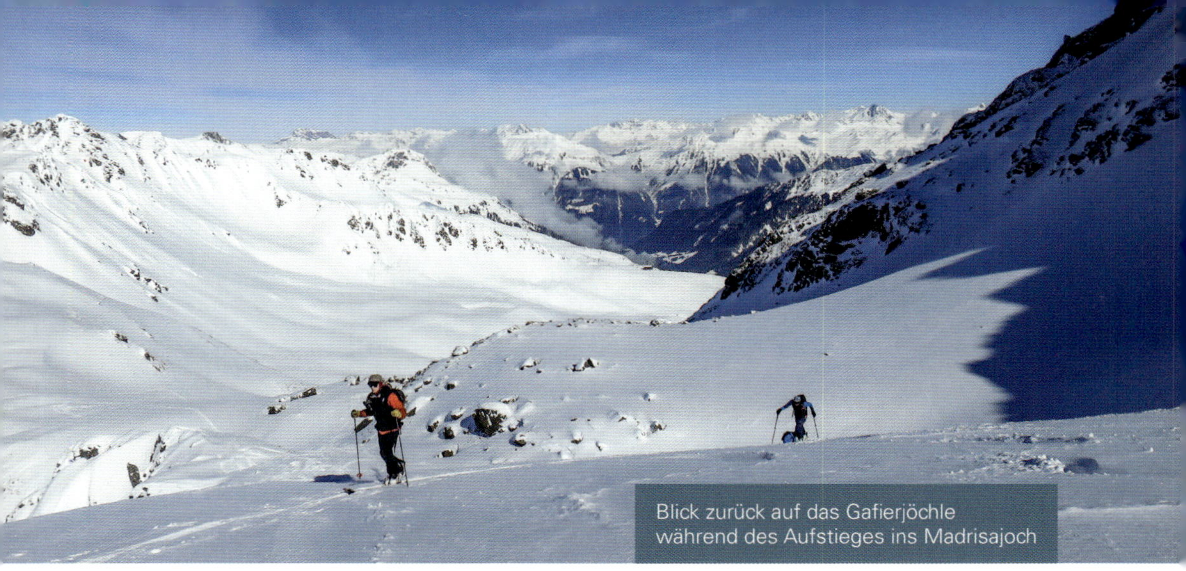

Blick zurück auf das Gafierjöchle während des Aufstieges ins Madrisajoch

ßig steilen Hang hinab zum Gandasee (1965 m). Das Flachstück beim Gandasee lässt sich mit wenigen Treppenschritten talauswärts überwinden. An vielen großen Felsblöcken vorbei nach rechts queren auf die Ostseite der Madrisa, bis sich ein schöner freier Hang öffnet. Über diesen in meist tollem Pulverschnee hinab ins Valzifienztal und nach links zur Skipiste. Über die Skipisten des Gargellner Skigebietes zurück zur Talstation der Schafbergbahn (1430 m).

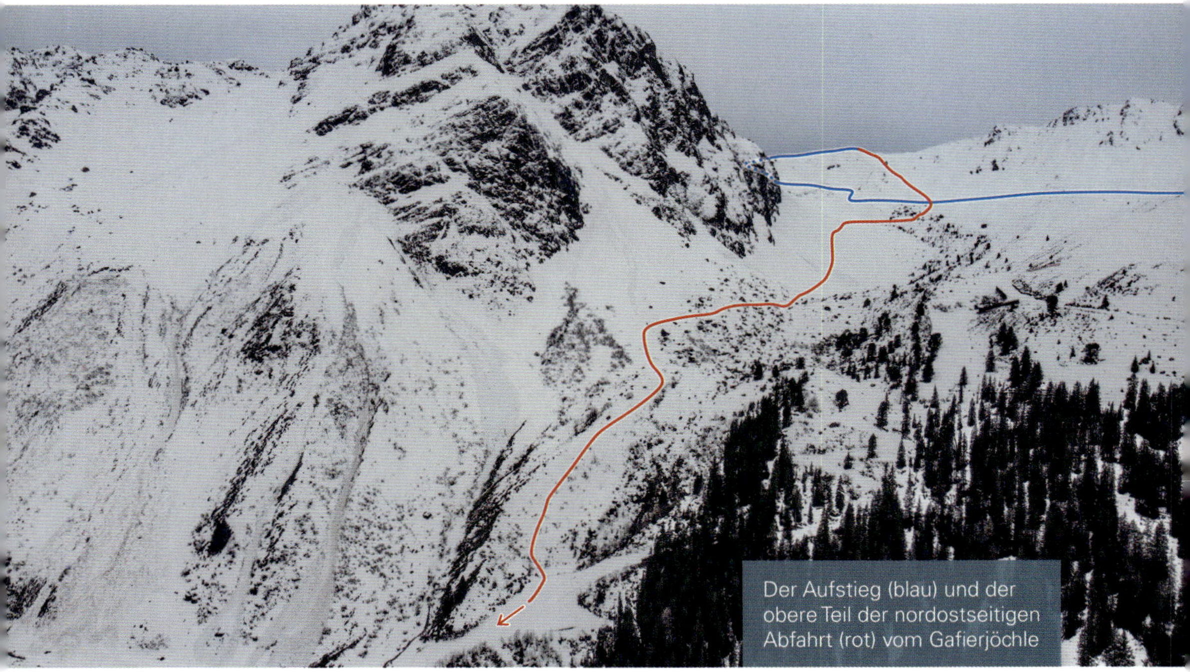

Der Aufstieg (blau) und der obere Teil der nordostseitigen Abfahrt (rot) vom Gafierjöchle

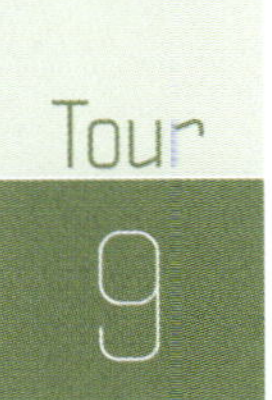

RIEDKOPF 2551 m

Der Riedkopf ist ein unscheinbares, aber tolles Gipfelziel, das man vom Skigebiet Gargellen aus erreichen kann. Der Blick zur Aufstiegsspur verrät, dass der Riedkopf recht beliebt ist.
Es gibt jedoch unzählige Abfahrtsvarianten, auch weniger bekannte bzw. versteckte (wie die hier beschriebene), so dass man trotzdem fast immer schönes Gelände für die eigene Spur findet. Aufgrund der weiten Hänge und ihrer überwiegend ost- und nordostseitigen Exposition hält diese Variante lange schönen Schnee bereit.

Zugang Von der Bergstation der Kristallbahn zunächst der Piste in das Täli folgen. Auf einer Höhe von ca. 2150 m die Piste verlassen zum Fellanlegeplatz gleich neben der Piste.

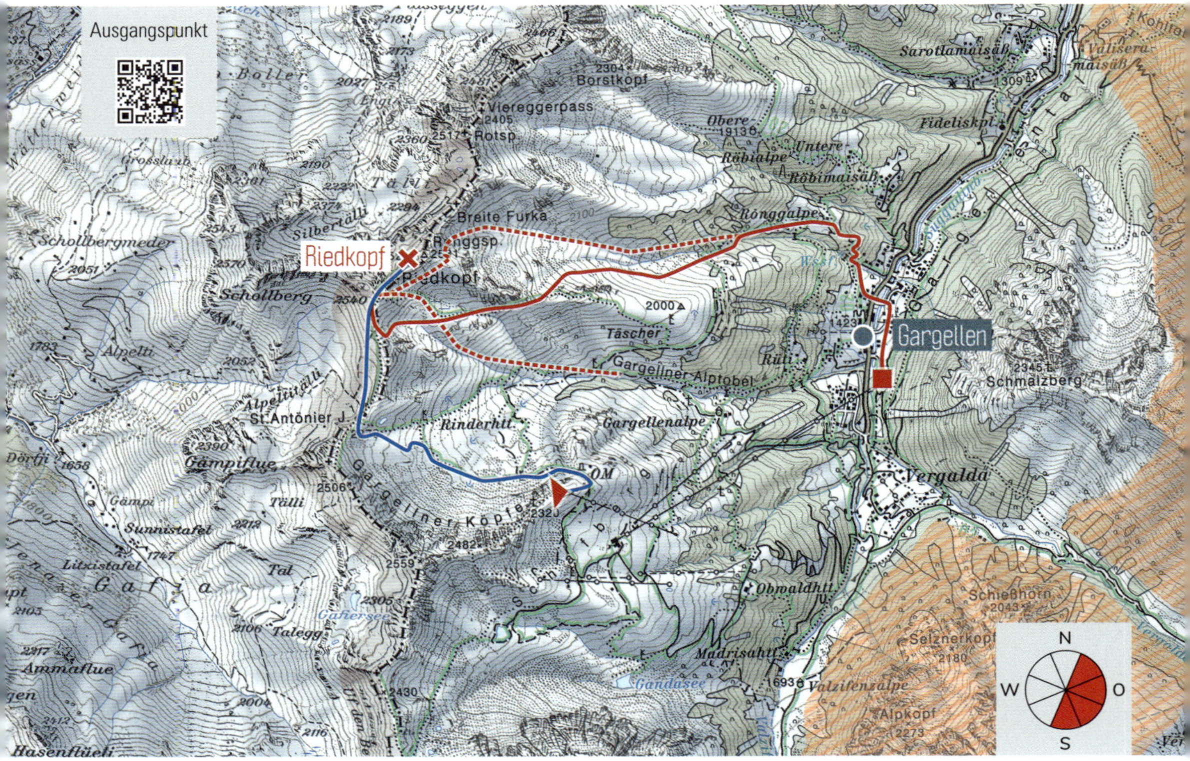

FACTS

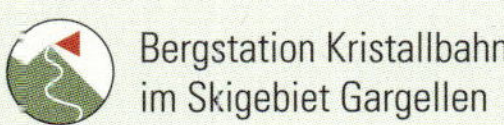
Bergstation Kristallbahn im Skigebiet Gargellen

Querung Südhang

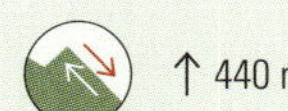
↑ 440 m ↓ 1280 m

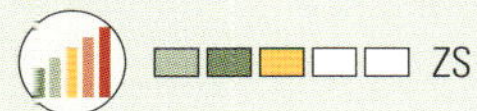
ZS

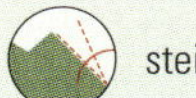
steil

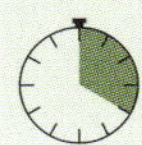
2.15 Std.

Aufstieg In südwestliche Richtung auf das bereits sichtbare Sankt Antönier Joch (2371 m) aufsteigen. Bei der Spurwahl sind mögliche Lawinenausläufer von den Gargellner Köpfen zu beachten – es heißt also auf ausreichend Abstand zu diesen achten. Vom Joch auf die Westseite des Rückens wechseln und in einer meist unangenehmen, leicht abfallenden Querung in eine weite Mulde und über diese zum Skidepot auf den Vorgipfel des Riedkopfes aufsteigen. Vom Skidepot entlang des leicht exponierten Gipfelgrates auf den Riedkopf.

Abfahrt Vom Skidepot an der linken Begrenzung der Mulde bis in eine kleine Einsattelung auf 2460 m Höhe abfahren und weiter durch die nordostexponierte Mulde. Weiter entlang eines steilen Südosthanges mit möglichst wenig Höhenverlust in nordöstliche Richtung in einen kleinen Sattel auf dem markanten

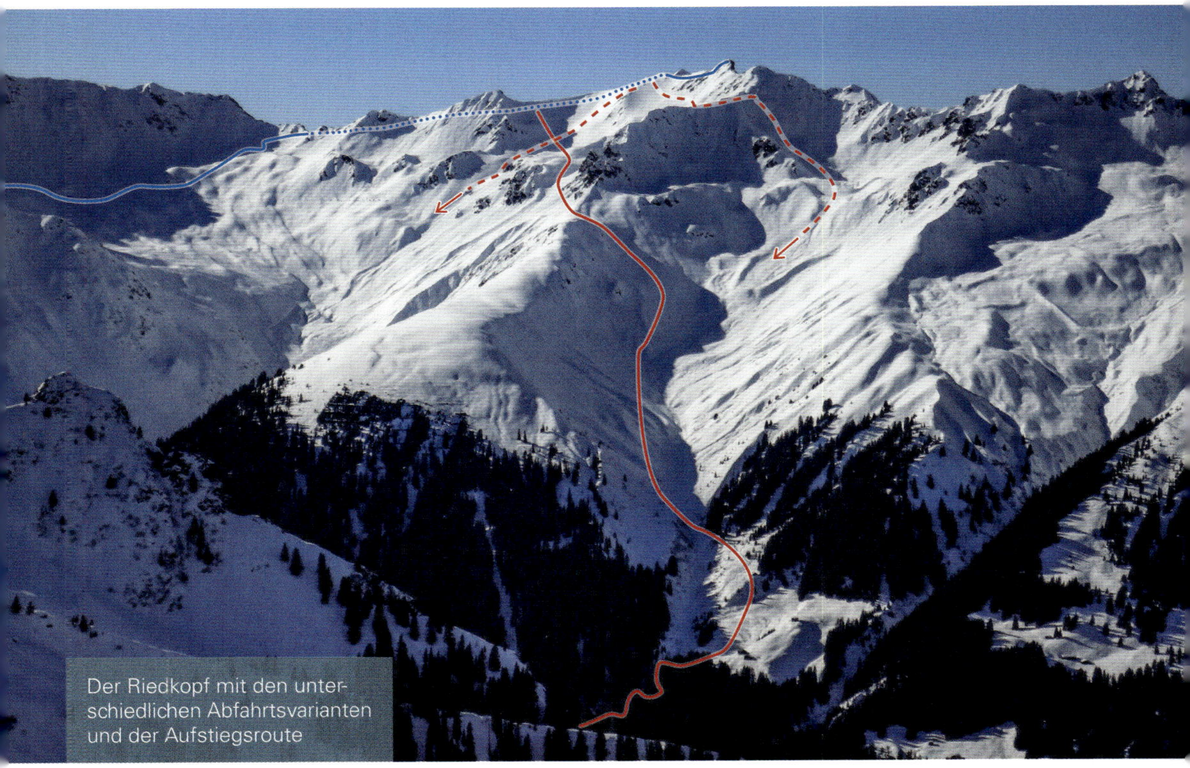

Der Riedkopf mit den unterschiedlichen Abfahrtsvarianten und der Aufstiegsroute

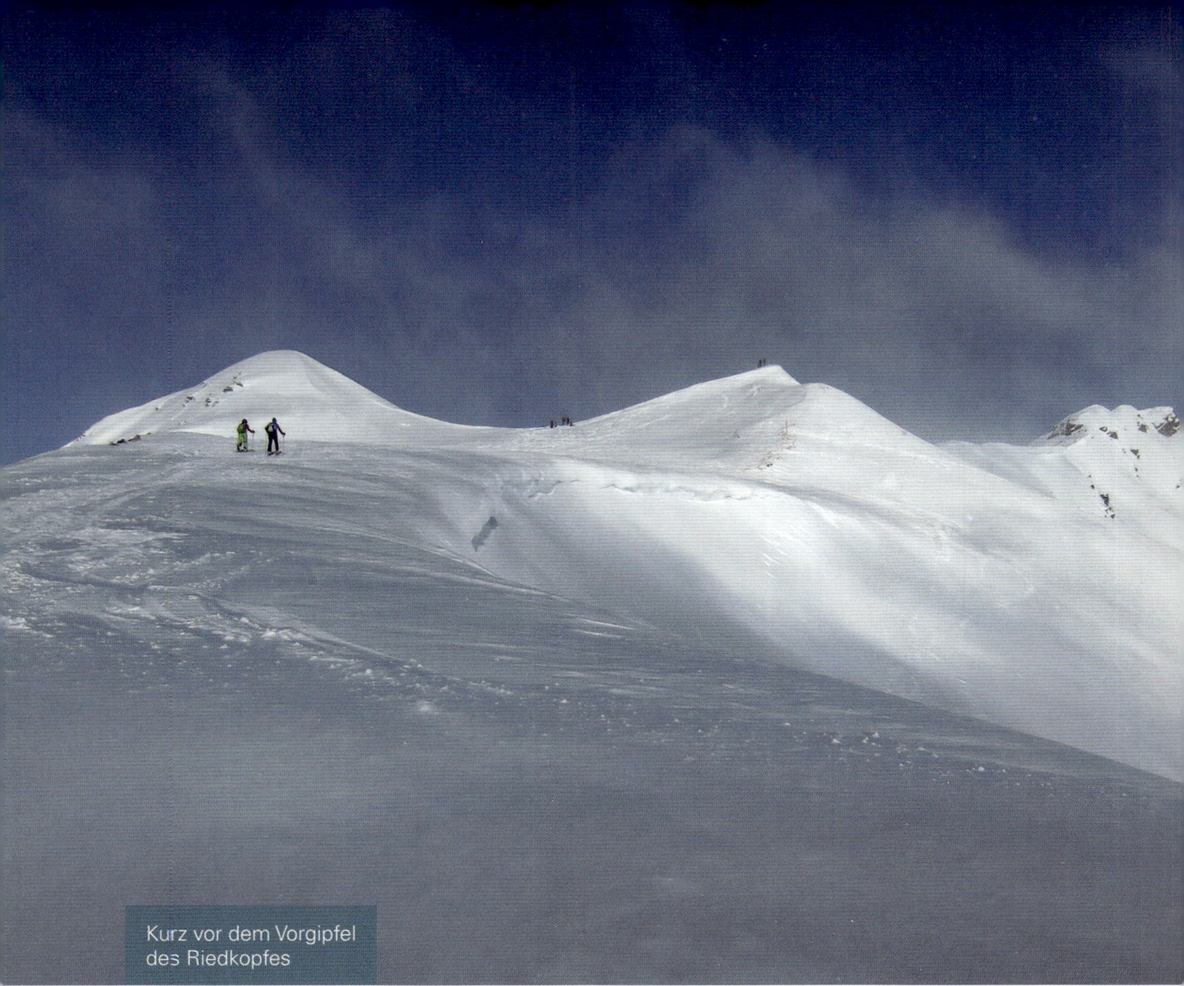
Kurz vor dem Vorgipfel des Riedkopfes

Bergrücken queren. Hier sind unbedingt Nassschneerutsche zu beachten! Über eine schöne und breite nordostexponierte Mulde hinab in das Ronggtal und diesem talauswärts folgen.
Spätestens auf einer Höhe von 1860 m den Ronggbach überqueren und auf der linken Talseite hinab zur Ronggalpe. Von der Ronggalpe über einen eindeutigen, steilen und unangenehm zu fahrenden Karrenweg hinab nach Gargellen. Entlang der Straße zurück ins Skigebiet.

Variante A **Alptobel:** Bei sicheren Verhältnissen kann direkt über die Südosthänge in den Gargellner Alptobel und ins Täli bis auf die Skipiste abgefahren werden.

Variante B Vom Skidepot die steilen Südosthänge queren und mit einem kurzen Gegenanstieg auf den Bergrücken östlich der Ronggspitze aufsteigen. Über die steilen Nordosthänge (unbedingt Lawinenverhältnisse beachten!) hinab ins Ronggtal und wie in der Hauptvariante beschrieben weiter nach Gargellen.

MADRISA RUNDTOUR

FREERIDE-VARIANTE

Die imposante Madrisa ist in Gargellen allgegenwärtig und bietet vielfältige Möglichkeiten für lohnende Touren. Von einer kleinen bis zur großen Rundtour und Umrundungen mit viel oder weniger Aufstieg – alles ist möglich. Mit dem Skigebiet Gargellen auf österreichischer Seite und dem Skigebiet Madrisa auf Schweizer Seite sowie der Rhätischen Bahn stehen für die hier beschriebene

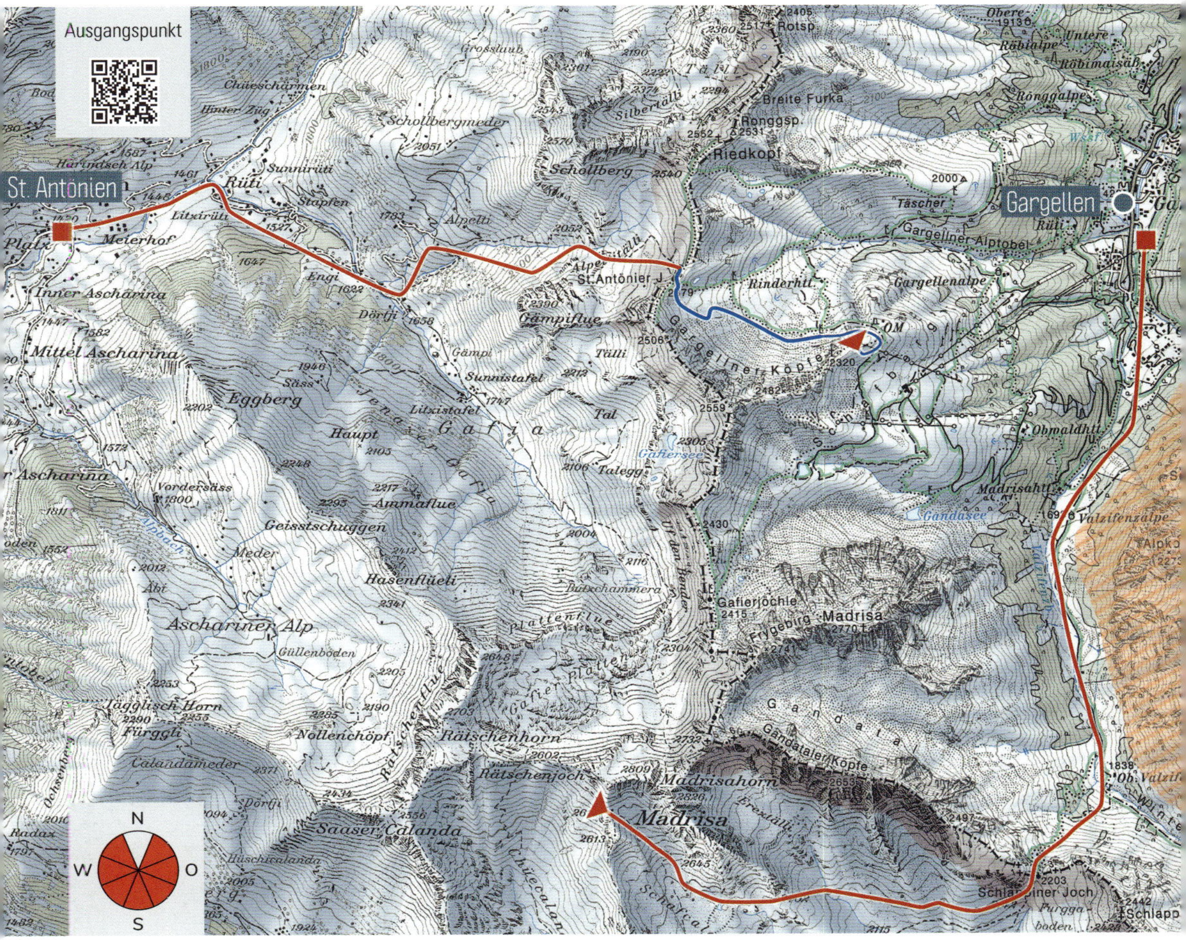

Variante Aufstiegshilfen und Verkehrsmittel zur Verfügung, die einen erlebnisreichen Freeride-Tag mit wenig Aufstiegs-Höhenmetern und schönen, langen Abfahrten ermöglichen.

Tipp Vor dem Start der Tour unbedingt den Bus- und Zugfahrplan studieren, da die Bergfahrt mit der Madrisabahn auf der Schweizer Seite nicht verpasst werden sollte (sonst steht man vor einem größeren logistischen Problem). Für die Benützung der beiden Skigebiete (Madrisa und Gargellen) ist ein spezielles Skiticket bei den jeweiligen Bergbahnkassen erhältlich.

Zugang Von der Bergstation der Kristallbahn zunächst der Piste in das Täli folgen. Auf einer Höhe von ca. 2150 m die Piste verlassen zum Fellanlegeplatz gleich neben der Piste.

Aufstieg In südwestliche Richtung auf das bereits sichtbare Sankt Antönier Joch (2371 m) aufsteigen. Bei der Spurwahl sind mögliche Lawinenausläufer von den Gargellner Köpfen zu beachten – es heißt also auf ausreichend Abstand zu diesen achten.

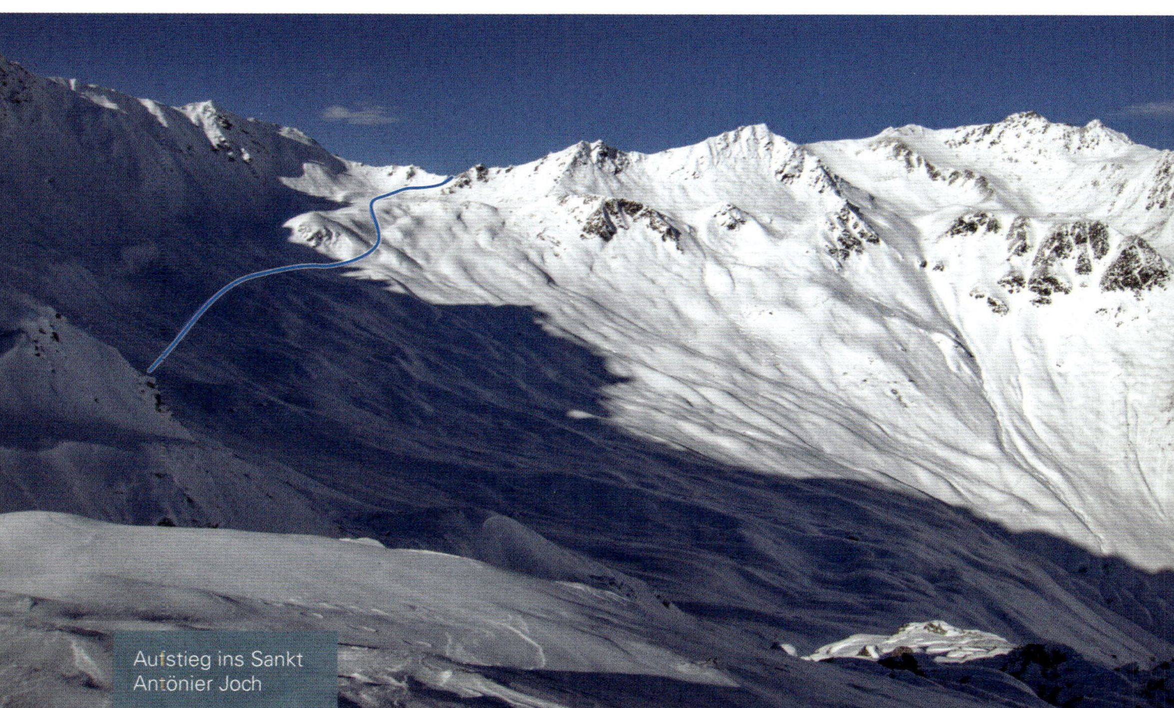

Aufstieg ins Sankt Antönier Joch

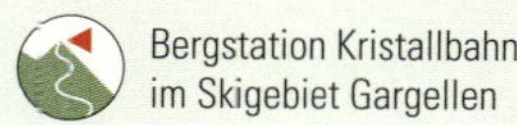
Bergstation Kristallbahn im Skigebiet Gargellen

keine

↑ 170 m ↓ 2185 m

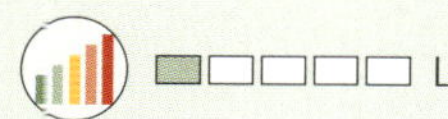
L+

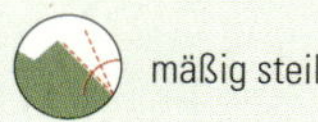
mäßig steil

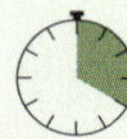
ca. 6.00 Std., je nach Busverbindung

Abfahrt 1 Vom Sankt Antönier Joch (2379 m) zunächst über Nordwesthänge und später über Westhänge durch das Alpeltitälli hinab nach Dörfli (1658 m) und weiter talauswärts bis nach Sankt Antönien Rüti (1500 m) abfahren. Je nach Schneelage kann man auch weiter bis nach Sankt Antönien (1420 m) fahren.

Transfer Mit dem Bus zum Bahnhof Küblis und weiter mit der Rhätischen Bahn bis nach Klosters-Dorf zur Talstation der Madrisabahn (1120 m). Von Klosters-Dorf mit der Gondelbahn in das Skigebiet, weiter mit dem Schaffürggli Sessellift und dem Schlepplift Madrisa (2500 m) zur Bergstation.

Abfahrt 2 Über die Skipiste zunächst bis auf ca. 2400 m abfahren, danach links in Richtung Osten flach zum Schlappiner Joch (2203 m) queren. Vom Schlappiner Joch fährt man über schöne Nordhänge hinab ins Valzifenztal. Über den flachen Talgrund gelangt man zurück zur Talstation der Schafbergbahn in Gargellen.

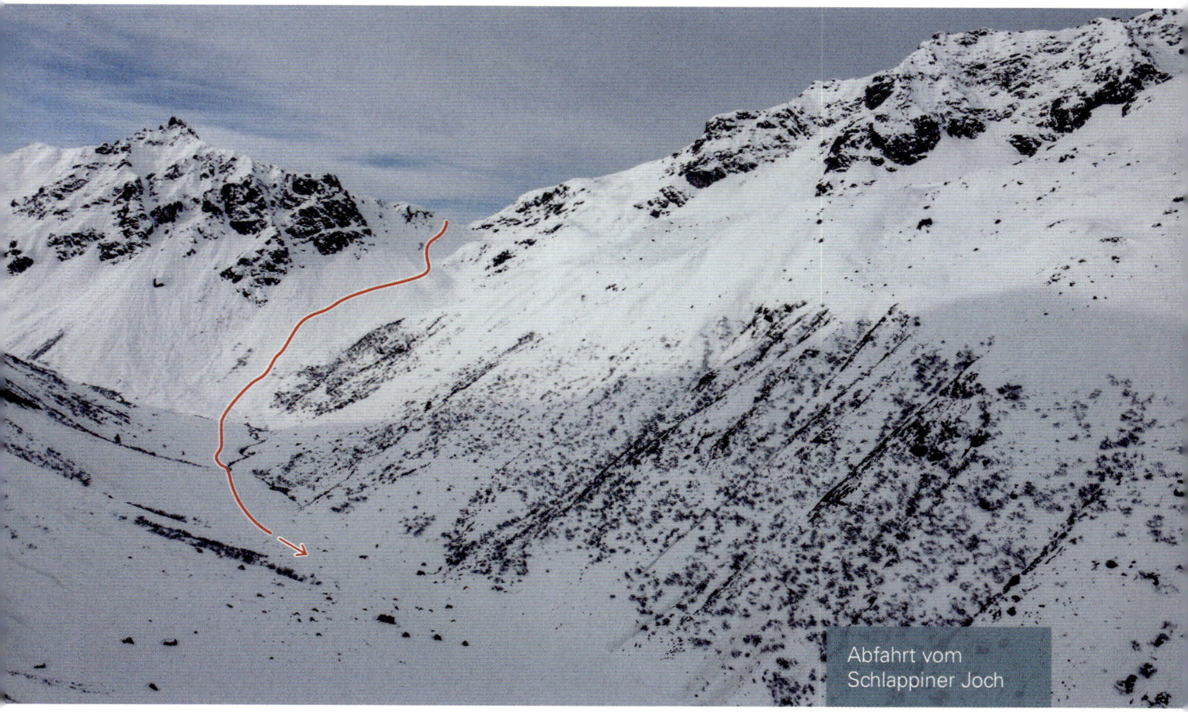

Abfahrt vom Schlappiner Joch

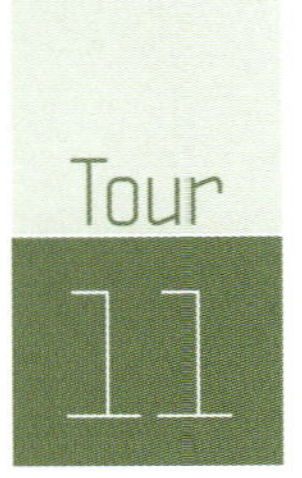

RÄTSCHENHORN 2703 m

Das Rätschenhorn ist ein etwas unscheinbarer Gipfel, bei dem das enorme Abfahrtspotenzial nicht auf den ersten Blick ersichtlich ist. Von Osten gesehen bildet es eher eine flache Hochfläche, nach Westen und Norden bricht es jedoch mit senkrechten Felswänden ab. Man kann es fast nicht glauben, dass es hier einen Durchschlupf für eine tolle Skiabfahrt gibt. Mit einem weiteren Aufstieg in Richtung Gampiflue (2390 m) und Riedkopf (2552 m) ergibt sich eine einzigartige Rundtour mit großartigen und vielfältigen Abfahrten – eine günstige Lawinensituation vorausgesetzt.

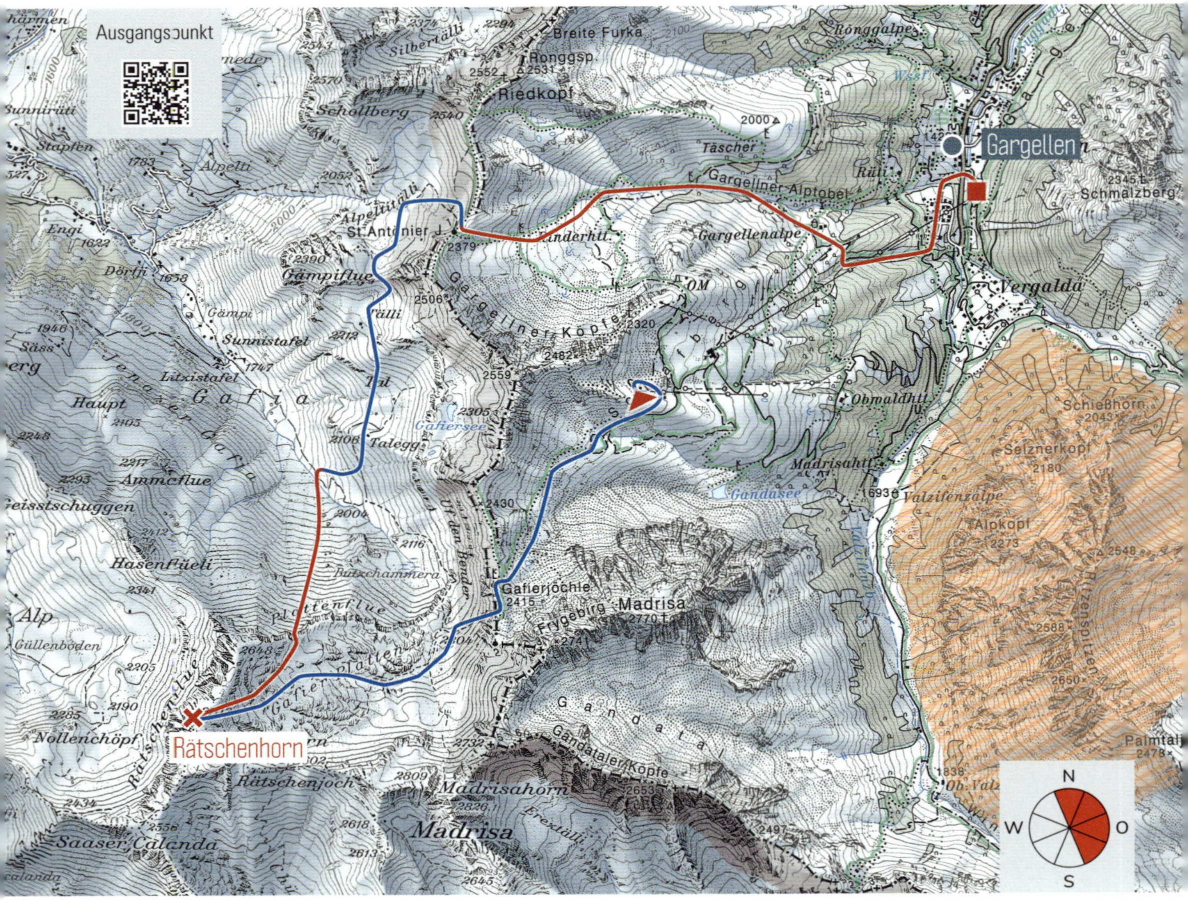

FACTS

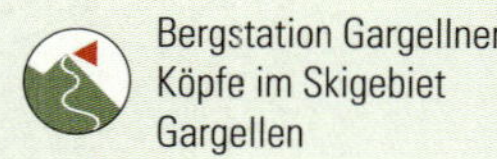

Bergstation Gargellner Köpfe im Skigebiet Gargellen

keine

↑ 1210 m ↓ 2100 m

 S–

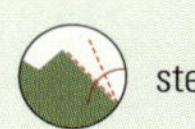

steil

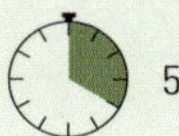

5.30 Std.

Zugang Bei der Sesselbahn Gargellner Köpfe nach links aussteigen und ohne Höhenverlust in südliche Richtung zu einer steilen Rinne queren. Zunächst seitlich abrutschend die Rinne hinab. Sobald sich die Rinne öffnet, mit möglichst wenig Höhenverlust nach rechts zum Fellanlegeplatz bei den Speicherseen (2200 m) queren.

Aufstieg 1 Vom Fellanlegeplatz zunächst entlang des Speichersees in südwestliche Richtung ohne großen Höhengewinn aufsteigen. Danach unterhalb eines oftmals lawinengefährdeten, steilen Osthanges vorbei und in Kehren über das gestufte Gelände ins Gafierjöchle (2415 m) weiter aufsteigen. Von dort noch kurz dem Rücken in Richtung Süden bis zu einem Wegweiser folgen. Hier kurz nach Westen zu den Gafier Platten abfahren (ca. 2300 m). Von dort weiter in südwestliche Richtung in einem großen Rechtsbogen über das kupierte Gelände der Gafier Platten bis zum Gipfel des Rätschenhorns (2703 m) aufsteigen. Der Gipfel ist mit einer Stange markiert.

Abfahrt 1 Vom Gipfel zunächst in Richtung Nordost abfahren bis zu einer Verflachung im Nordgrat des Rätschenhorns. Auf 2500 m Höhe kann durch eine Schwachstelle in der Felsflucht, die sogenannte Chammerastäga, in die tollen Nordhänge unterhalb der Felswände eingefahren werden. Die Einfahrt ist etwas über 40° steil. Danach folgt ein herrlich offener Nordhang. Über diesen bis in den Talgrund auf ca. 1900 m abfahren. Hier wird nochmals angefellt.

Aufstieg 2 Zunächst in Richtung Osten und weiter in Richtung Norden über Talegg (2106 m) in das Joch zwischen Gampiflue (2390 m) und Gargellner Köpfen (2506 m) aufsteigen. Der Gipfel der Gampiflue kann „mitgenommen" werden. Alternativ fährt man vom Joch kurz mit Fellen ab und quert danach weiter in nördliche Richtung zum Sankt Antönier Joch (2379 m).

Abfahrt 2 Vom Sankt Antönier Joch über die schönen und einfachen Osthänge ins Täli abfahren und über die Skipisten zur Talstation der Schafbergbahn in Gargellen.

Tipp Wer konditionell noch nicht ganz ausgelastet ist, kann weiter in Richtung Riedkopf aufsteigen und dort aus einer der beschriebenen Abfahrtsmöglichkeiten auswählen (siehe Tour 9).

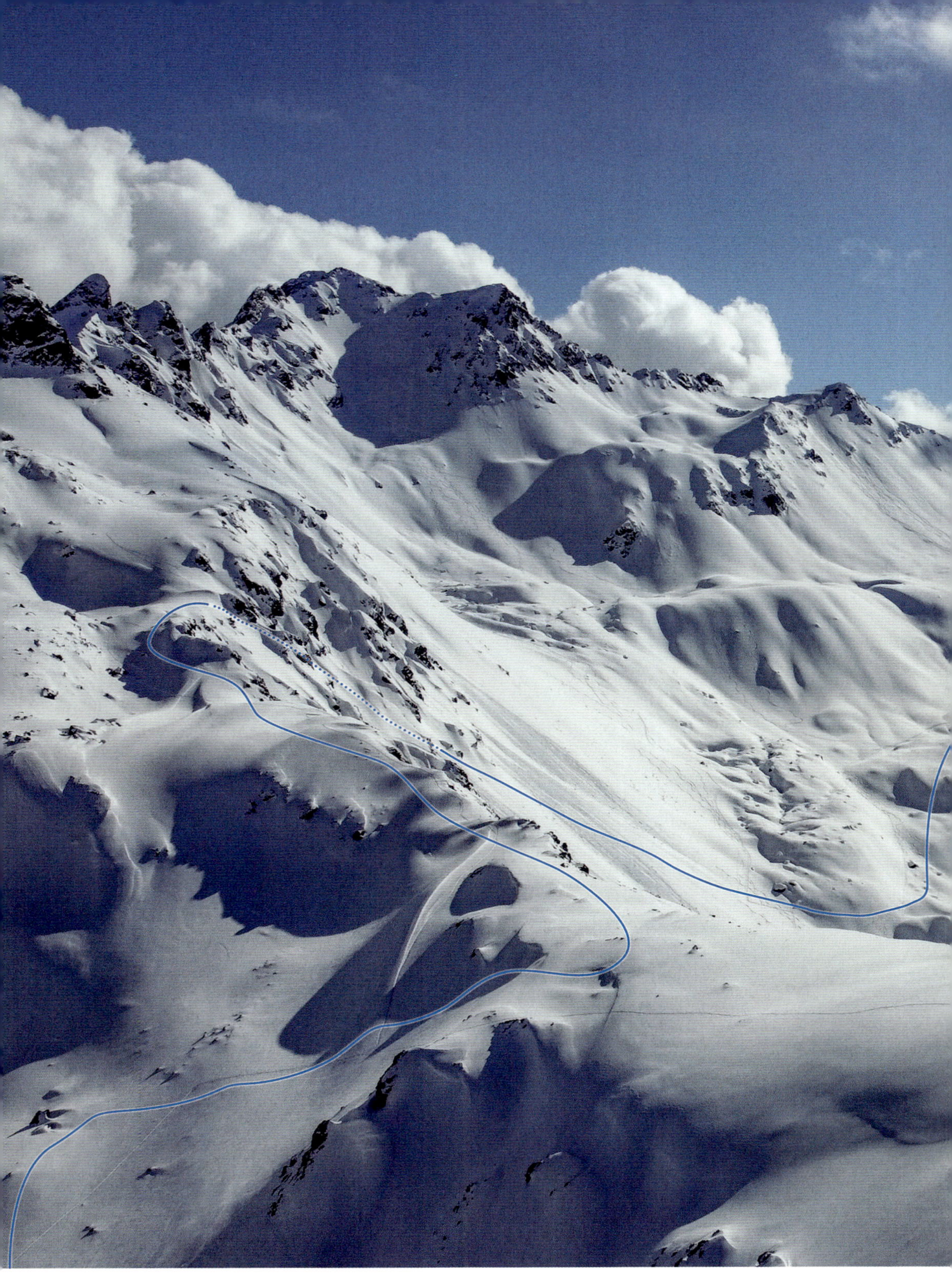

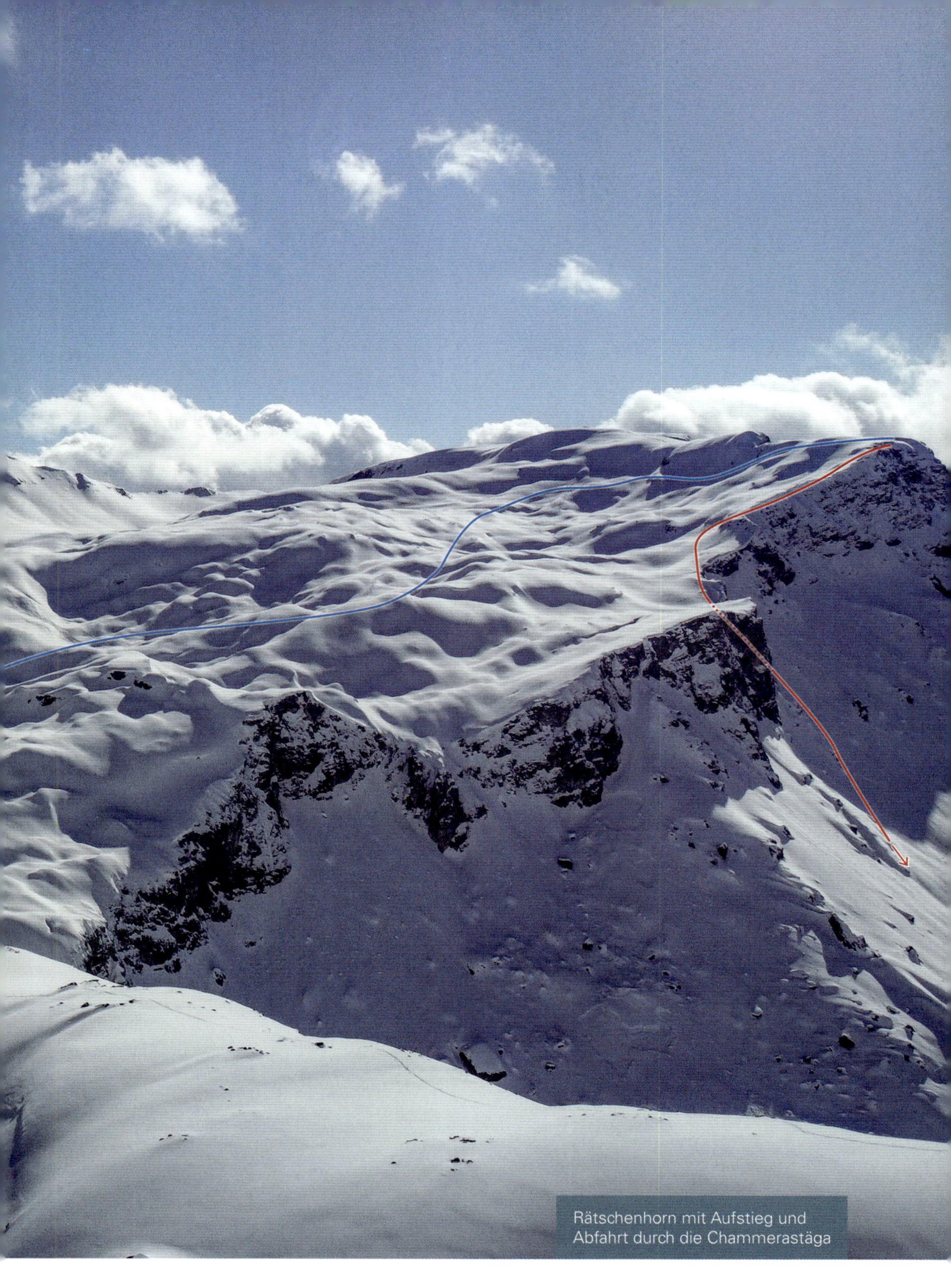

Rätschenhorn mit Aufstieg und Abfahrt durch die Chammerastäga

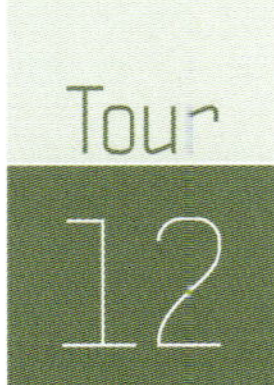

MADRISAHORN 2826 m

Die kleine Skitourenrunde um die Madrisa führt aus dem Skigebiet Gargellen über das Gafierjöchle zum Madrisajoch und durch das Gandatal zurück nach Gargellen und besticht mit toller Aussicht und vielen Varianten. Für geübte und trainierte Freerider:innen ist die hier beschriebene Schleife über das Madrisahorn ein Muss – vorausgesetzt die Lawinenverhältnisse lassen die Begehung des steilen Nordhangs zu.
Die Besteigung dieses imposanten Skigipfels mit seinem tollen Rundumblick und den steilen und schneetechnisch günstig exponierten Abfahrtsmöglichkeiten ist jedenfalls ein absolutes Highlight.

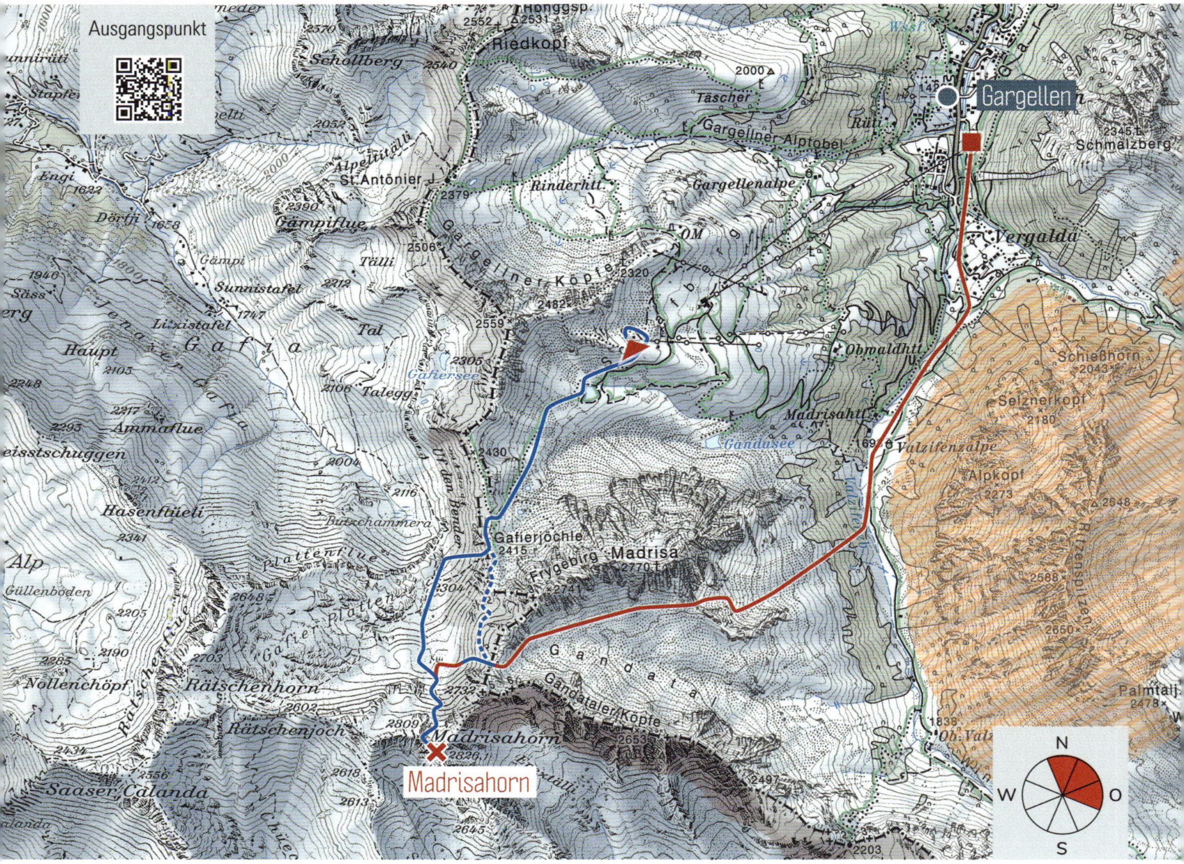

Ausgangspunkt

Gargellen

Madrisahorn

FACTS

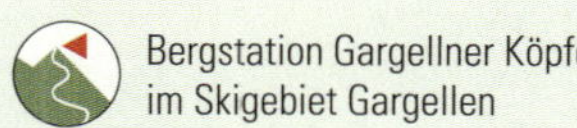
Bergstation Gargellner Köpfe im Skigebiet Gargellen

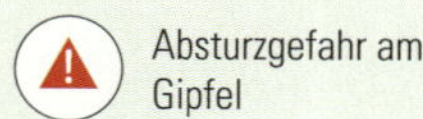
Absturzgefahr am Gipfel

↑ 930 m ↓ 1760 m

S

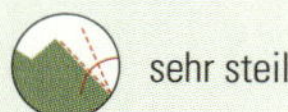
sehr steil

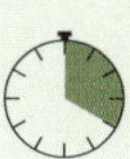
4.00 Std.

Zugang Bei der Sesselbahn Gargellner Köpfe nach rechts aussteigen und zunächst auf der Piste und danach über die Skiroute Gandasee abfahren, bis man auf 2220 m nach Südwesten zum Fellanlegeplatz bei den Beschneiungsseen (2200 m) queren kann.

Aufstieg 1 Mit den Fellen entlang des Speichersees in südwestliche Richtung ohne großen Höhengewinn weiter, unterhalb eines lawinengefährdeten steilen Hanges vorbei und danach in Kehren über das gestufte Gelände hinauf ins Gafierjöchle (2415 m). Von dort noch kurz dem Rücken in Richtung Süden bis zu einem

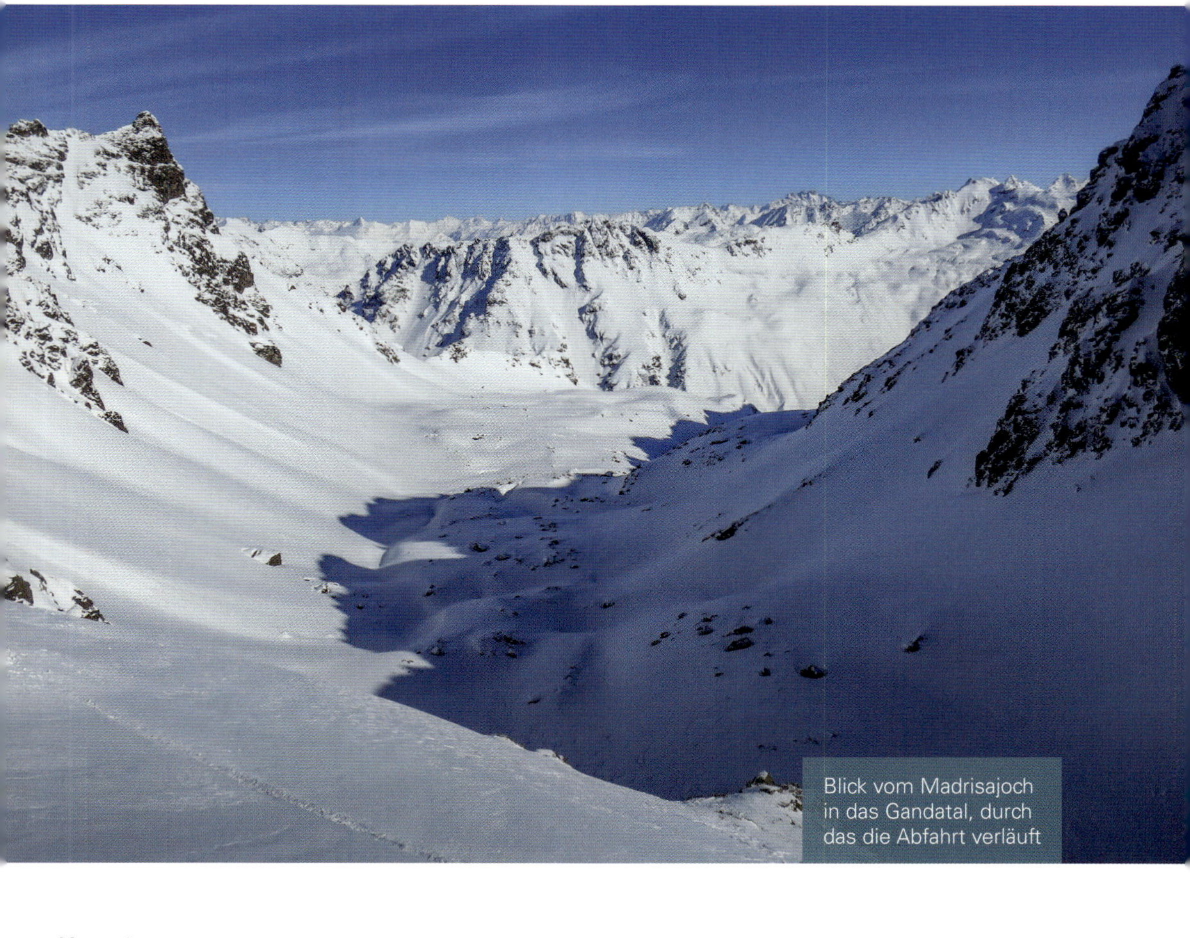

Blick vom Madrisajoch in das Gandatal, durch das die Abfahrt verläuft

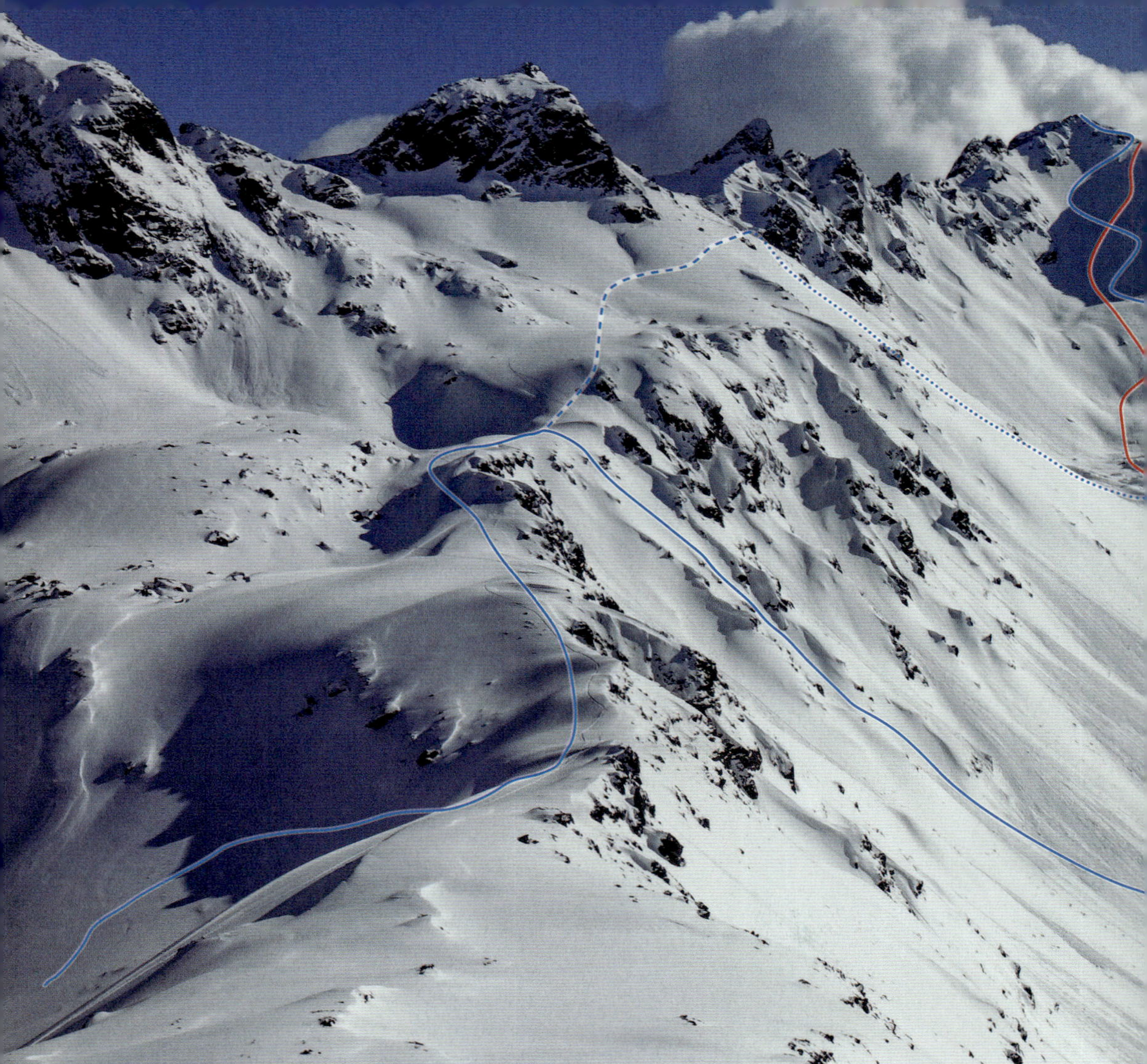

Wegweiser folgen. Hier kann man nach Westen zu den Gafier Platten abfahren und weiter in südliche Richtung über gestufte Hänge zum bereits sichtbaren Gipfelhang des Madrisahorns aufsteigen. Der nun folgende nordseitige Gipfelanstieg zum Madrisahorn ist über lange Strecken über 35° steil und erfordert viele Spitzkehren. Zuletzt steigt man nach rechts auf die Schulter hoch zum Skidepot. In leichter Kletterei gelangt man über den Grat auf den Gipfel.

Variante Alternativ kann vom Gafierjöchle auch weiter in südliche Richtung aufgestiegen und westlich des Oswaldkopfes zum Madrisajoch gequert werden. Nach einer kurzen Abfahrt gelangt man zum Fuß des Gipfelanstieges. Diese Variante ist insbesondere dann sinnvoll, wenn die Schneeverhältnisse vom Gafierjöchle hinab zu den Gafier Platten nicht gut sind.

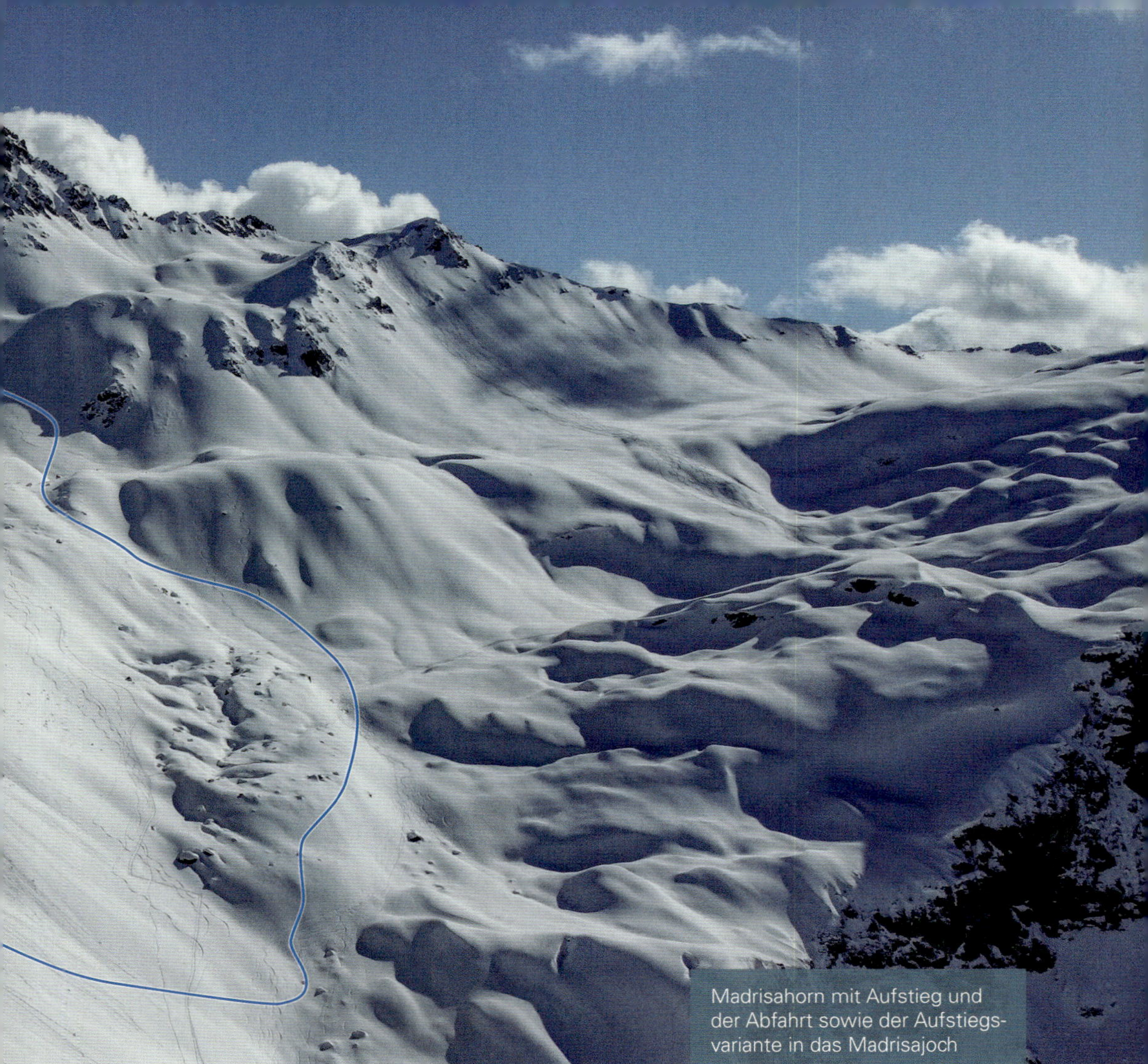

Madrisahorn mit Aufstieg und der Abfahrt sowie der Aufstiegsvariante in das Madrisajoch

Abfahrt 1 Zunächst entlang der Aufstiegsroute über den steilen und wunderbar zu fahrenden Nordhang bis auf eine Höhe von 2500 m abfahren.

Aufstieg 2 Dort nochmals anfellen und in östliche Richtung in das Madrisajoch (2611 m) kurz aufsteigen.

Abfahrt 2 Vom Madrisajoch nach Osten, zunächst steil, dann über eine längere Flachpassage, in der man sich ständig an der rechten Talseite hält, das Gandatal hinaus. Ab einer Höhe von 2200 m direkt über den breiten und mäßig geneigten Osthang hinab in das Valzifienztal. Im Valzifienztal talauswärts und über die Skipisten des Gargellner Skigebiets zurück zum Parkplatz der Gargellner Schafbergbahnen.

ROTSPITZE 2517 m

Die Rotspitze wird oft von der Schweizer Seite her bestiegen. Die Abfahrt über das Röbimaisäß ist dagegen eine eher ruhige Freeride-Variante vom Skigebiet Gargellen aus. Sie verläuft über lange und weite Hänge und ist bei guten Verhältnissen eine der schönsten Abfahrten in Gargellen.

Zugang Von der Bergstation der Kristallbahn zunächst der Piste in das Täli folgen. Auf einer Höhe von ca. 2150 m die Piste verlassen zum Fellanlegeplatz gleich neben der Piste.

Aufstieg 1 In südwestliche Richtung auf das Sankt Antönier Joch (2371 m) aufsteigen. Bei der Spurwahl sind mögliche Lawinenausläufer von den Gargellner Köpfen zu beachten – es heißt also auf ausreichend Abstand zu diesen achten. Vom

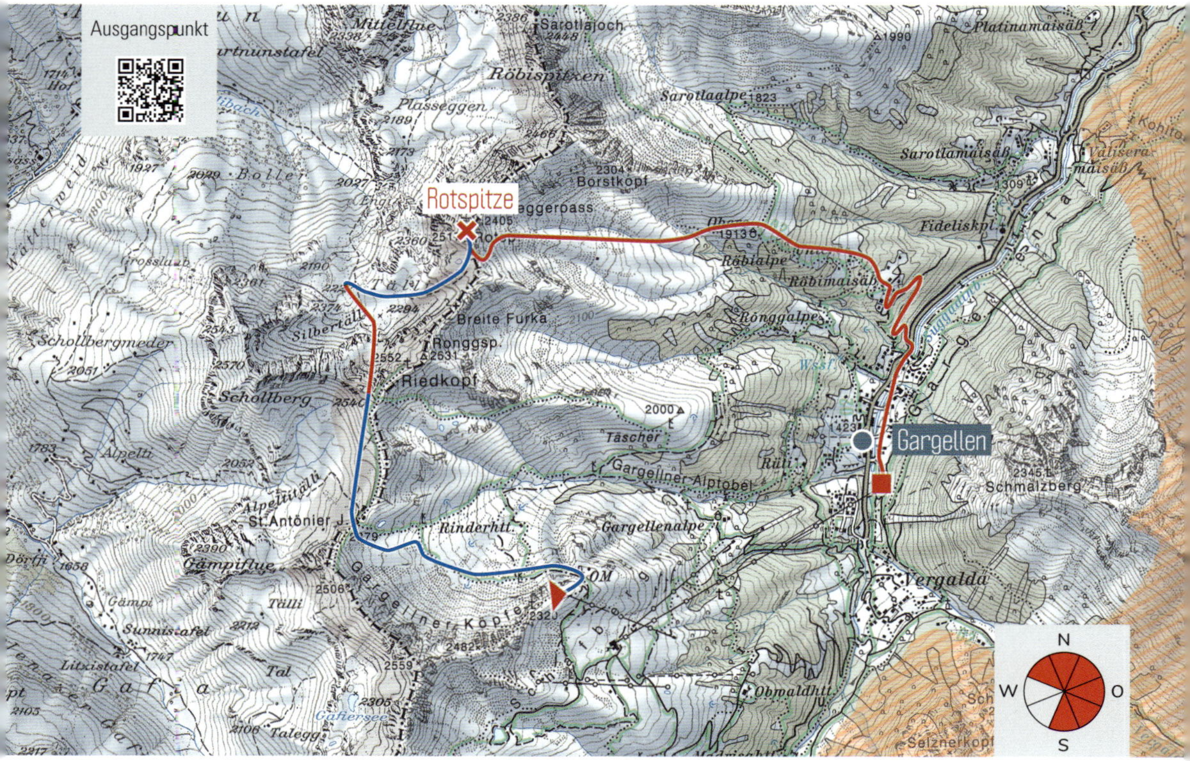

Ausgangspunkt

Rotspitze

Gargellen

N
W
O
S

FACTS

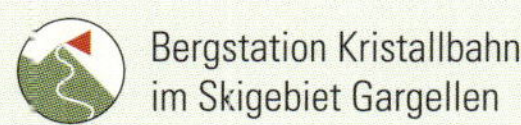
Bergstation Kristallbahn im Skigebiet Gargellen

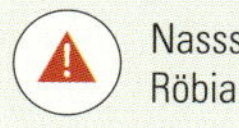
Nassschneelawinen Röbialpen

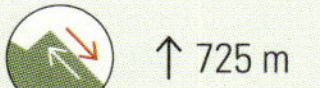
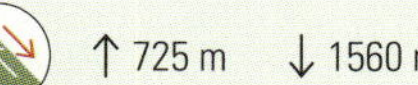
↑ 725 m ↓ 1560 m

WS+

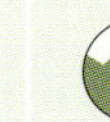
mäßig steil, steil

3.30 Std.

Joch wendet man sich nach rechts und gelangt mit etwas Höhenverlust in einer kurzen, aber oft unangenehmen Querung auf die Schweizer Seite. Der weitere Weg führt unschwierig über die freien Südhänge in die Einsattelung (2510 m) zwischen dem Vorgipfel des Riedkopfes und des Schollberges. Hier hat man einen guten Blick auf die Rotspitze und den weiteren Weg.

Abfahrt 1 Jetzt über das Riedtäli, eine schmale nordseitige Mulde, abfahren, die sich aber bald öffnet und schöne Hänge bereithält.

Aufstieg 2 Spätestens in einer Höhe von ca. 2200 m sollte man mit dem Aufstieg über die sanften und breiten Südwesthänge zur Rotspitze beginnen. Der Aufstieg ist unschwierig. Erst zum Schluss am Bergrücken wird das Gelände ein wenig

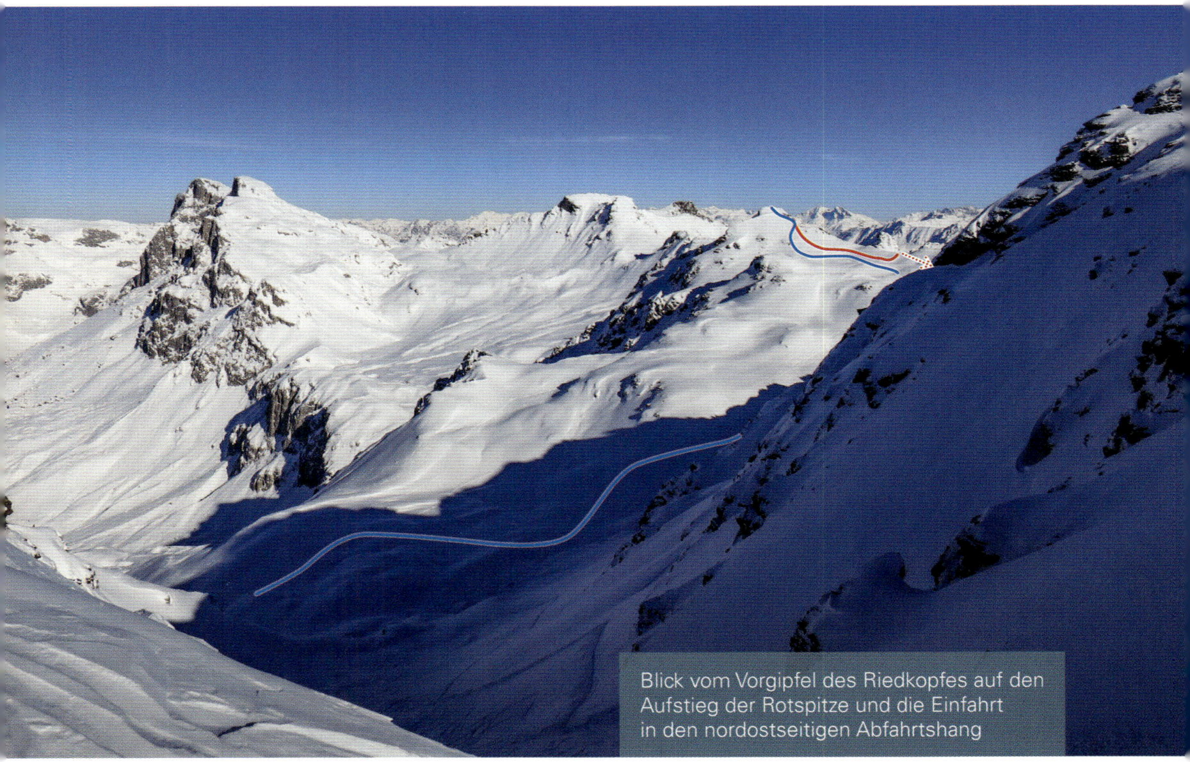

Blick vom Vorgipfel des Riedkopfes auf den Aufstieg der Rotspitze und die Einfahrt in den nordostseitigen Abfahrtshang

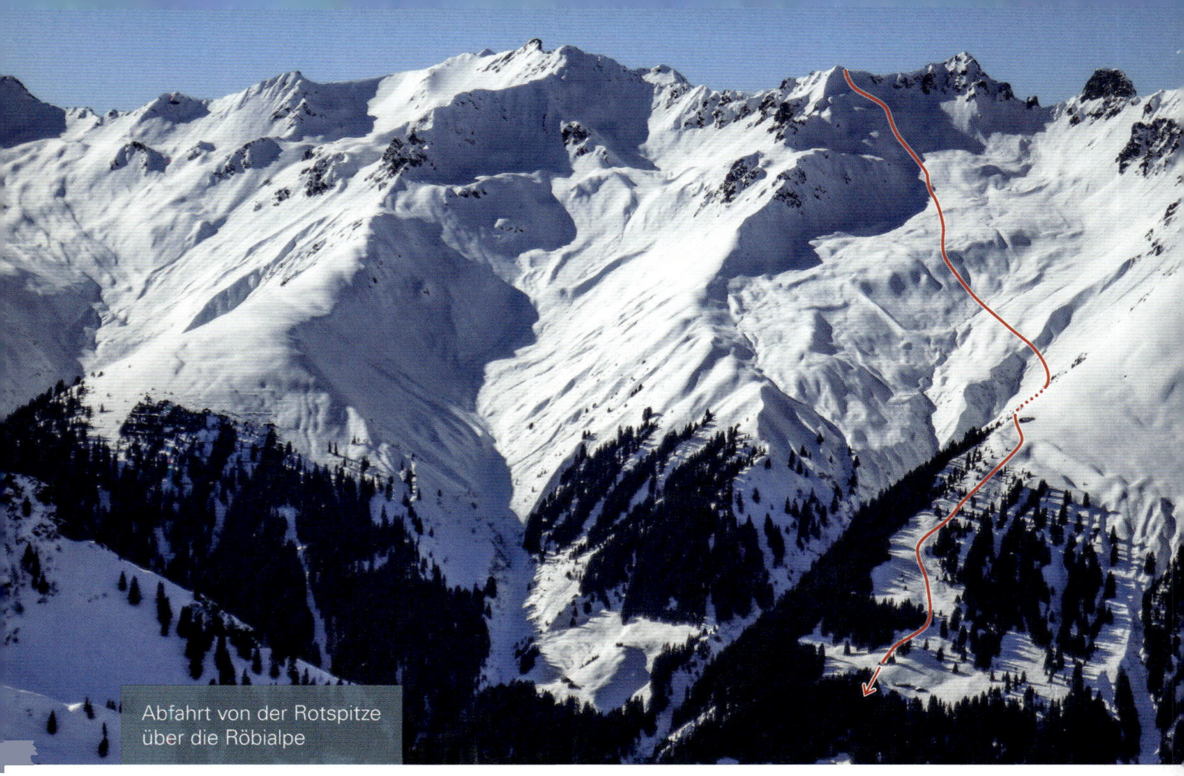

Abfahrt von der Rotspitze über die Röbialpe

steil. Man besteigt den Gipfel (2517 m) meist ohne Ski (Skidepot rechts vom Gipfel).

Abfahrt 2 Vom Skidepot zunächst kurz den Kamm entlang abfahren und dann in Treppenschritten nach links in eine kleine Einsattelung (2470 m) aufsteigen. Dort muss meistens eine Wechte abrutschend überwunden werden. So gelangt man in den steilen Nordosthang und fährt über diesen ab. Die Ronggschrofen in einer Höhe von 2300 m links umfahren und weiter, sich ständig links haltend, talauswärts hinab bis zur Oberen Röbialpe. Von dort über die südostseitige Waldschneise zur Unteren Röbialpe. Kurz durch ein Waldstück zum Röbimaisäß und danach über den Güterweg zum Ortseingang von Gargellen und zu Fuß zurück ins Skigebiet.

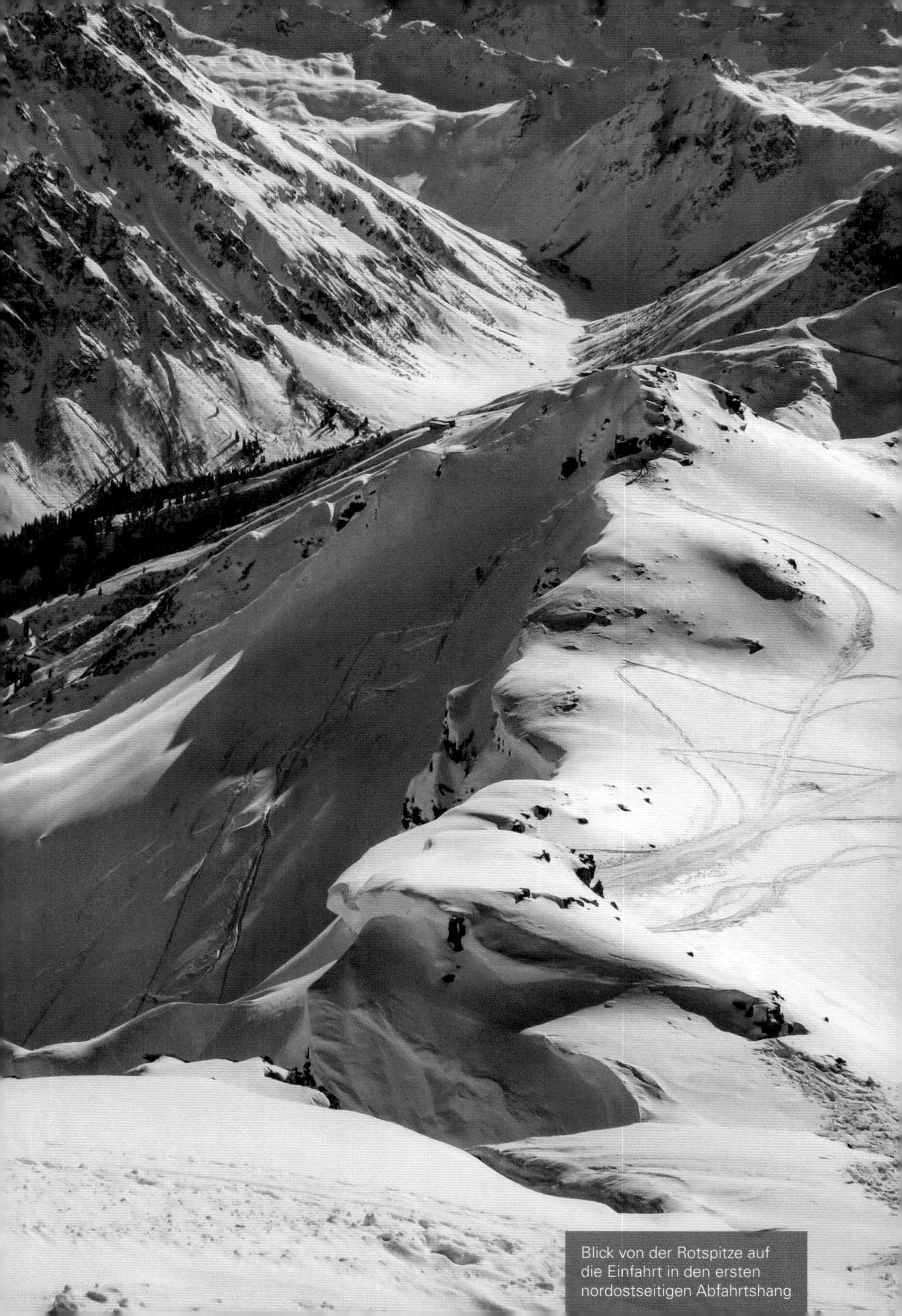

Blick von der Rotspitze auf die Einfahrt in den ersten nordostseitigen Abfahrtshang

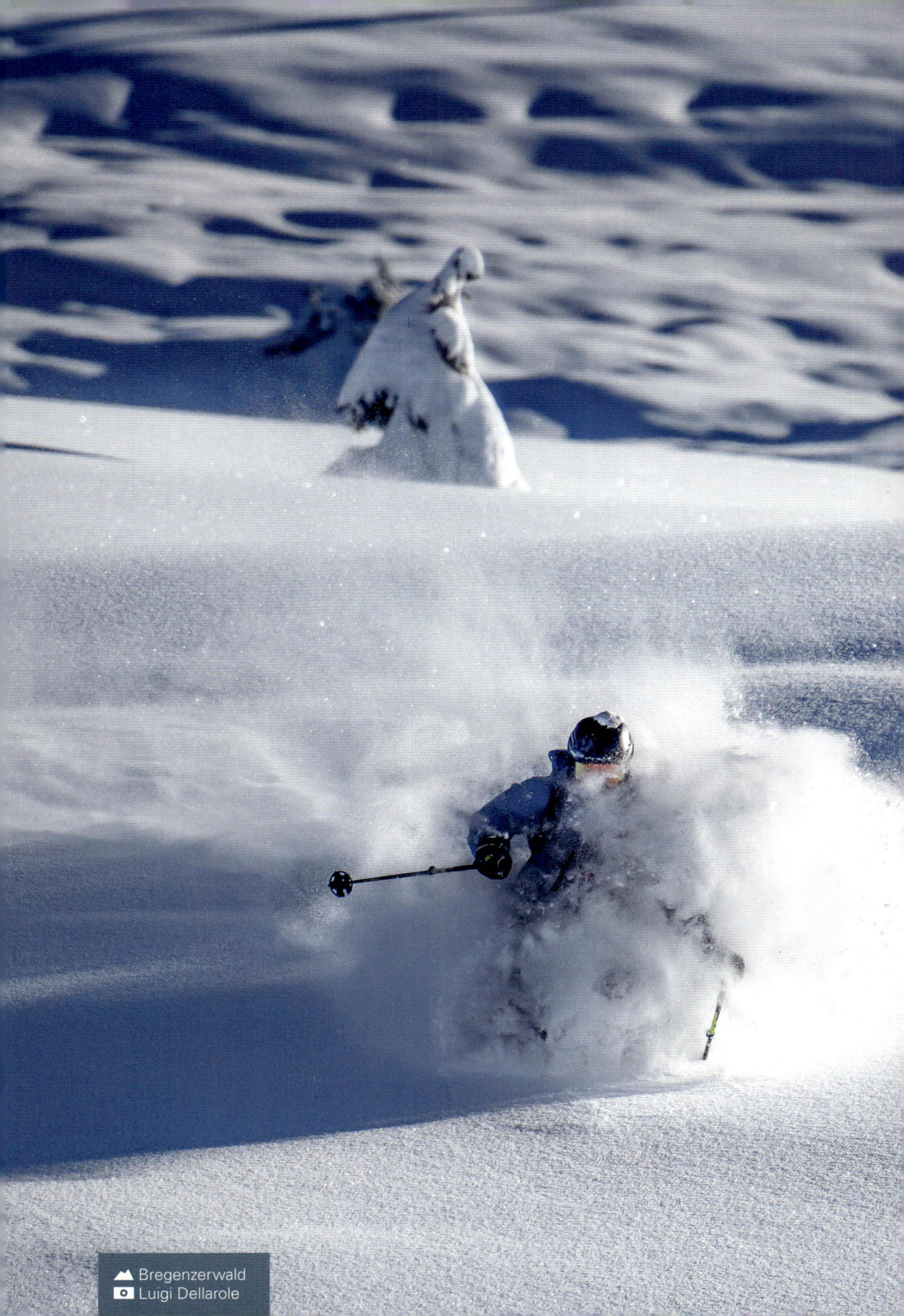

Bregenzerwald
Luigi Dellarole

REGION BREGENZERWALD UND GROSSES WALSERTAL

Der Bregenzerwald ist ein Powder-Paradies. Mit 2000 mm Niederschlag im Jahr – in höheren Lagen sind es bis zu 3000 mm – zählt der Bregenzerwald zu den niederschlagsreichsten Regionen in Österreich. Alle, die hier schon mal bei Nordstaulage Powdern waren, wissen, dass die exponierte Staulage entlang der Nordalpen ein Garant für viel Neuschnee ist. Daher ist der Bregenzerwald mit seiner eher sanften Topografie bei dieser Wetterlage im Hochwinter das ideale Powder-Ziel. Dasselbe gilt für das Große Walsertal. Dieses Nachbartal des Bregenzerwaldes ist normalerweise eher bei Skitourengeher:innen beliebt. Die schönen Varianten von Faschina nach Damüls sind allerdings ein tolles Erlebnis für Freerider:innen.

Anreise

Zielbahnhöfe: Bregenz und Dornbirn mit Direktverbindungen von Wien oder Frankfurt. Aus der Schweiz von Zürich mit Umstieg in Feldkirch.

Skigebiet Mellau

Ab dem Bahnhof Bregenz oder Dornbirn mit dem Landbus zur Haltestelle Mellau Bergbahnen direkt beim Skigebiet.

Skigebiet Diedamskopf

Ab dem Bahnhof Bregenz nach Schoppernau zur Haltestelle Diedamskopfbahn direkt beim Skigebiet.

Skigebiet Faschina

Ab dem Bahnhof Bregenz oder Dornbirn mit dem Bus nach Mellau zur Haltestelle Bergbahnen und über das Skigebiet zur Haltestelle Uga Talstation bei der gleichnamigen Talstation der Uga Seilbahn. Weiter mit dem Bus nach Faschina.

Juppenspitze
Gigi Rüf
Antonius Cramer

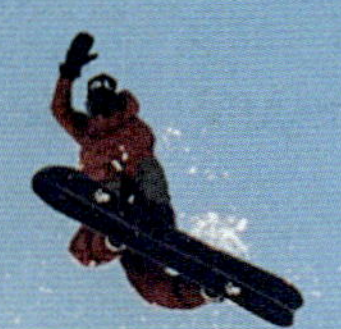

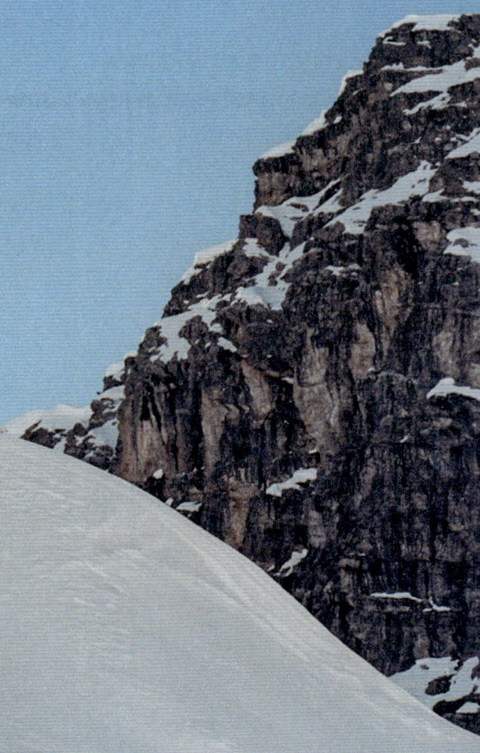

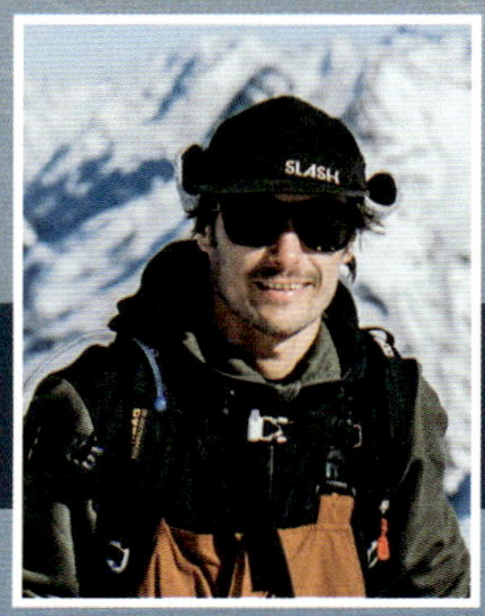

GIGI RÜF

Gigi Rüf gehört zum Snowboarden wie der Schnee zum Freeriden. Wie kaum ein anderer hat der Bregenzerwälder Coverage in Magazinen und Filmproduktionen rund um den Globus produziert und verkörpert damit das Snowboarden nun schon seit zwei Jahrzehnten. Mit seinem Talent und Unternehmergeist wurde er zur Snowboard-Legende und er entwickelt das Snowboarden heute noch weiter, unter anderem mit seiner eigenen Snowboardmarke Slash. Er selbst ist beim Snowboarden am liebsten im Pulverschnee unterwegs, da er hier seiner Kreativität freien Lauf lassen kann. Mittlerweile lebt er mit seiner Familie in Vorarlberg, wo er viele Menschen für das Snowboarden begeistern will.

Gigi, du beschreibst dein Slash-ATV-Board, das du selbst am liebsten fährst, als das ultimative All-Mountain-Board. Wo bist du damit am liebsten? Wie würdest du deinen Riding Style beschreiben?

Mein Riding Style ist spielerisch und unvoreingenommen. Über die vielen Jahre als professioneller Snowboarder habe ich unsagbar viele Erfahrungen und Situationen erlebt und mir dabei ein Repertoire an Tricks angeeignet, die ich immer abrufen kann. Im unverspurten Gelände fahren und dabei mein Riding zu entfalten, das ist mir am liebsten.

Viele kennen deine Alaska-Lines aus unzähligen Videoparts. Was geht dir vor dem Drop-in alles durch den Kopf?

Es muss Bock machen. Was dabei nach Spontanität ausschaut, wurde – ausgehend vom Schlimmsten, was passieren könnte – in meinem Kopf bereits mehrmals durchgespielt und auf ein managebares Restrisiko reduziert. So halte ich die süße Vorfreude stetig am Laufen. Dazu kommt, dass ich mich auf den Bergführer und meinen Filmer verlassen kann.

Du lebst mit deiner Familie in Vorarlberg. Hat sich dein Zugang zum Risiko mit deiner Verantwortung verändert?

Ich bin durch und durch dem Naturerlebnis ergeben. Verantwortung hat jeder, eine Gruppe orientiert sich am schwächsten Glied und muss dabei Abstriche machen. Da mein fahrerischer Output das Spielerische widerspiegelt, muss ich mich nicht notgedrungen mit den Extremsten messen.

In einem Interview erzählst du, dass dir Alaska als ultimativer Spielplatz zum Austoben die Augen geöffnet hat. Wo tobst du dich am liebsten in Vorarlberg mit deinem Snowboard aus?

Ich bin im Bregenzerwald aufgewachsen, daher ist es mir am wichtigsten, die Berge dort zu erkunden – es gibt noch so viel zu entdecken. Der größte Unterschied zwischen Alaska und den Alpen ist, dass es hier aufgrund der vielen Geländefallen viel schwieriger ist, sich überhaupt raus ins Steile zu wagen.

Tour

14

GLATTHORN 2134 m

Das zwischen Bregenzerwald und Großem Walsertal gelegene Faschinajoch gilt als Schneeloch. Das Glatthorn als Hausberg von Faschina ist daher für den meist wunderbaren Pulverschnee in seinen Nordhängen bekannt. Als Freeride-Variante ist es aus dem Skigebiet Faschina schnell und bis zum Gipfelaufbau auch unkompliziert erreichbar. Die letzten Meter über den Grat werden zum Schluss dann aber doch noch sportlicher, so dass der Gipfel als Ziel nur für schwindelfreie Freerider:innen zu empfehlen ist.

Aufstieg Von der Talstation des Sessellifts Glatthorn (1670 m) in Richtung Süden aufsteigen. Hinter einem kleinen Geländerücken am Stafelalpsee vorbei und über eine sichtbare Schneise problemlos einen mit Sträuchern bewachsenen Hang queren. Nach der Querung öffnet sich eine Rampe, die nach rechts hinauf an den Fuß des Glatthorns führt. Entlang des Südostkammes so weit wie möglich mit Ski bis zum Skidepot (ca. 2000 m) aufsteigen. Ab dem Ski-

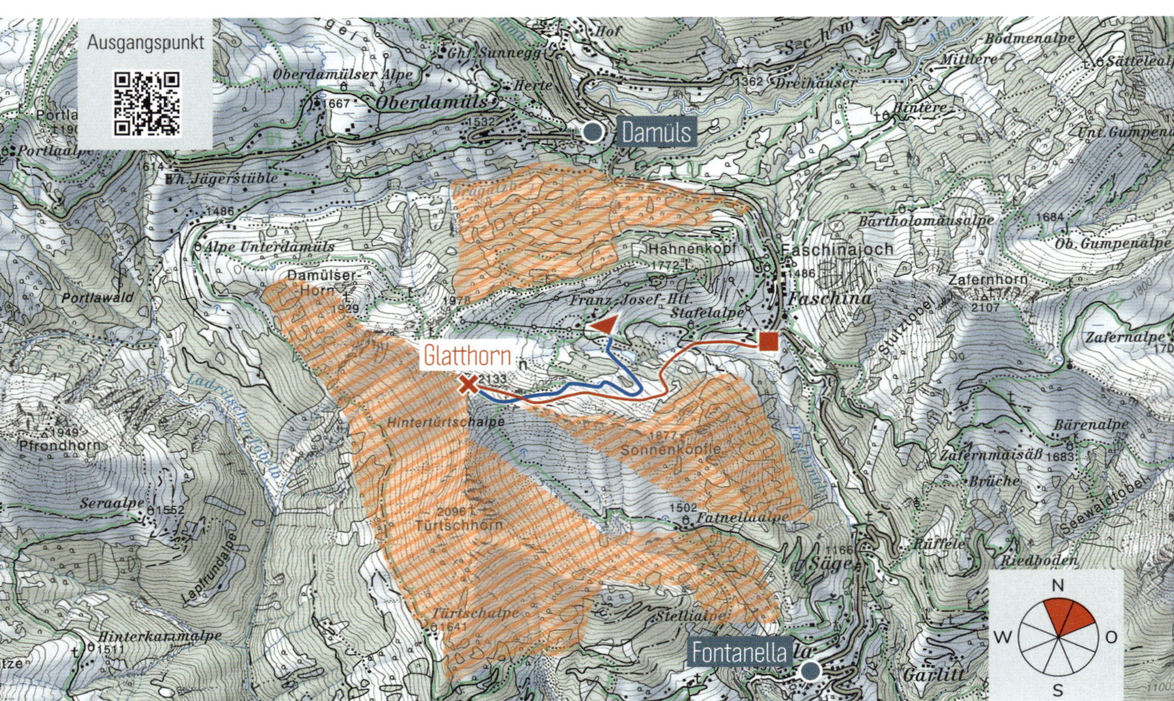

FACTS

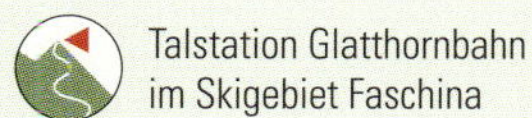
Talstation Glatthornbahn im Skigebiet Faschina

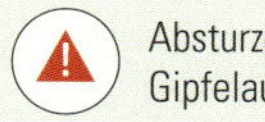
Absturzgefahr beim Gipfelaufstieg

↑ 470 m ↓ 690 m

WS+

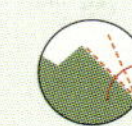
mäßig steil, steil

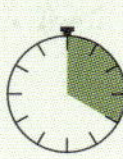
1.50 Std.

depot zu Fuß über den steilen und exponierten Grat (Stahlseil, je nach Schneelage nutzbar oder eingeschneit) auf den Gipfel.

Abfahrt Entlang der Aufstiegsroute, wobei man bei ausreichend Schnee die teilweise mit Erlengebüsch bewachsenen Hänge noch ein Stück weiter abfahren kann und erst auf halber Strecke der Talabfahrt, noch oberhalb eines tief eingeschnittenen Grabens, ins Skigebiet quert. Von der Talstation des Schlepplifts Guggernülli wartet am Ende ein kurzer Gegenanstieg entlang der Straße zum Faschinajoch.

Tipp Das Glatthorn mit seinem relativ kurzen Aufstieg (470 Höhenmeter), seiner nordseitigen Exposition und seinem hohen Ausgangspunkt am Faschinajoch (1486 m) ist als Freeride-Tour auch noch lange nach Saisonschluss der Skilifte durchführbar und ein gutes Ziel nach einem Wintereinbruch im Frühling.

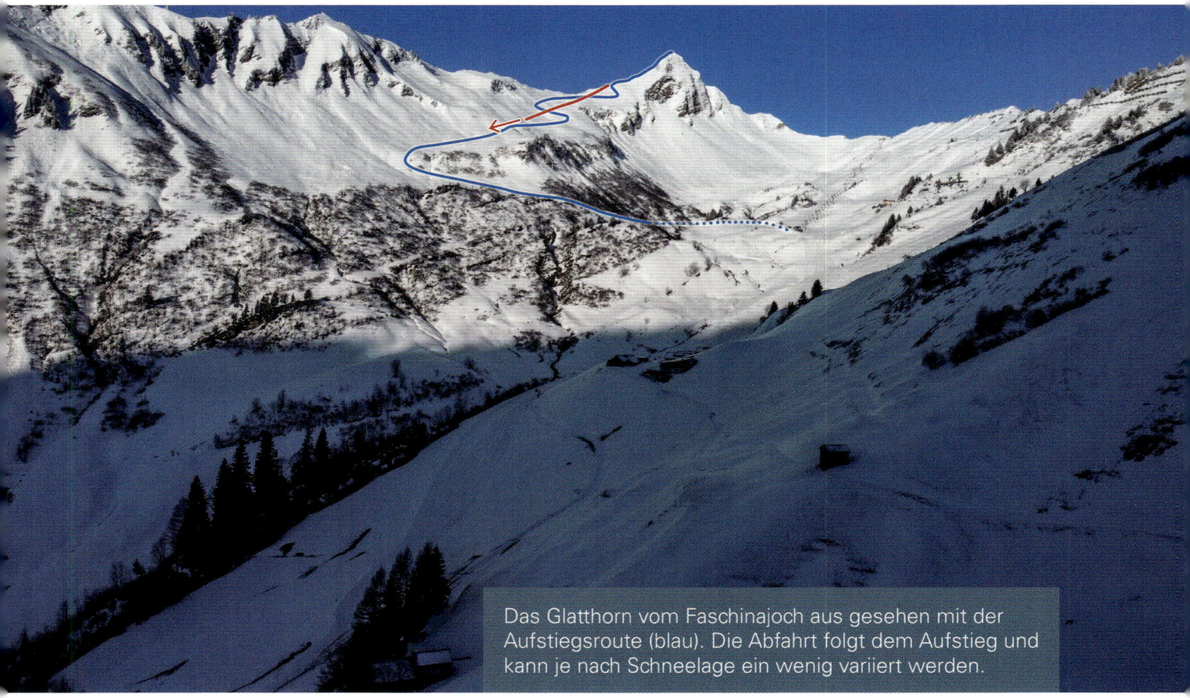

Das Glatthorn vom Faschinajoch aus gesehen mit der Aufstiegsroute (blau). Die Abfahrt folgt dem Aufstieg und kann je nach Schneelage ein wenig variiert werden.

Tour 15

DREI WANNEN – GLATTHORN 2134 m

Die Nordflanke des Damülser Horns mit ihren drei namensgebenden Wannen belohnt die kurzen Aufstiegsmühen mit einer schönen nordseitigen Abfahrt, in der man oft traumhaften Pulverschnee vorfindet. Trotzdem sieht man nicht allzu oft Spuren in diesem tollen Gelände. Das liegt zum einen daran, dass man absolut sichere Verhältnisse für diese Abfahrt benötigt, zum anderen muss man vom Damülser Skigebiet nach Faschina wechseln und wieder zurück. Am besten natürlich mit dem Skibus. Wer diesen Aufwand nicht scheut, wird mit einer schönen Abfahrt belohnt.

Aufstieg Von der Bergstation der Glatthornbahn (1950 m) in südwestliche Richtung auf den Bergkamm aufsteigen, der zum Glatthorn führt, und weiter entlang des Bergkammes bis zu einem meist sichtbaren Wegweiser beim Schluchtensattel (1990 m).

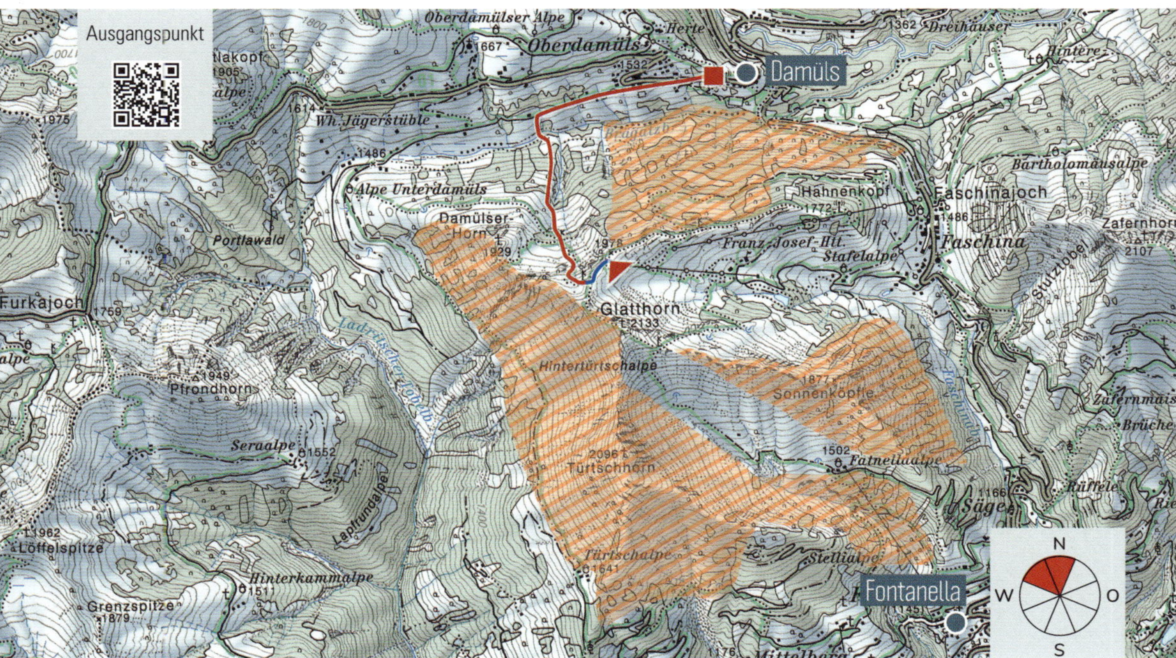

FACTS

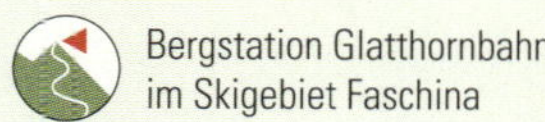
Bergstation Glatthornbahn im Skigebiet Faschina

keine

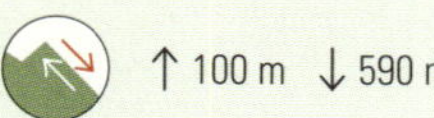
↑ 100 m ↓ 590 m

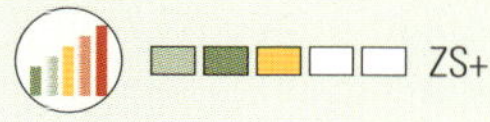
ZS+

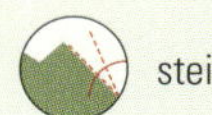
steil

1.50 Std.

Abfahrt Vom Schluchtensattel (1990 m) in nordwestliche Richtung durch die erste große Wanne abfahren. Über eine kurze Steilstufe in die zweite Wanne und durch diese sich leicht links haltend abfahren. Durch eine Schneise in einem etwas steileren Staudengürtel gelangt man in die dritte Wanne. Am Ende dieser Wanne oberhalb eines steilen Tobels nach links queren zu einer Waldschneise. Durch diese in der bestmöglichen Linie hinab zum Brägatzbach (1430 m). Diesen überqueren und in südliche Richtung zum Winterwanderweg aufsteigen (ca. 50 Hm). Über den Winterwanderweg zurück nach Damüls und zur Talstation der Oberdamülsbahn.

Transfer Über die Lifte des Damülser Skigebiets zur Bushaltestelle der Uga-Talstation und mit dem Bus zurück nach Faschina und zum Ausgangspunkt.

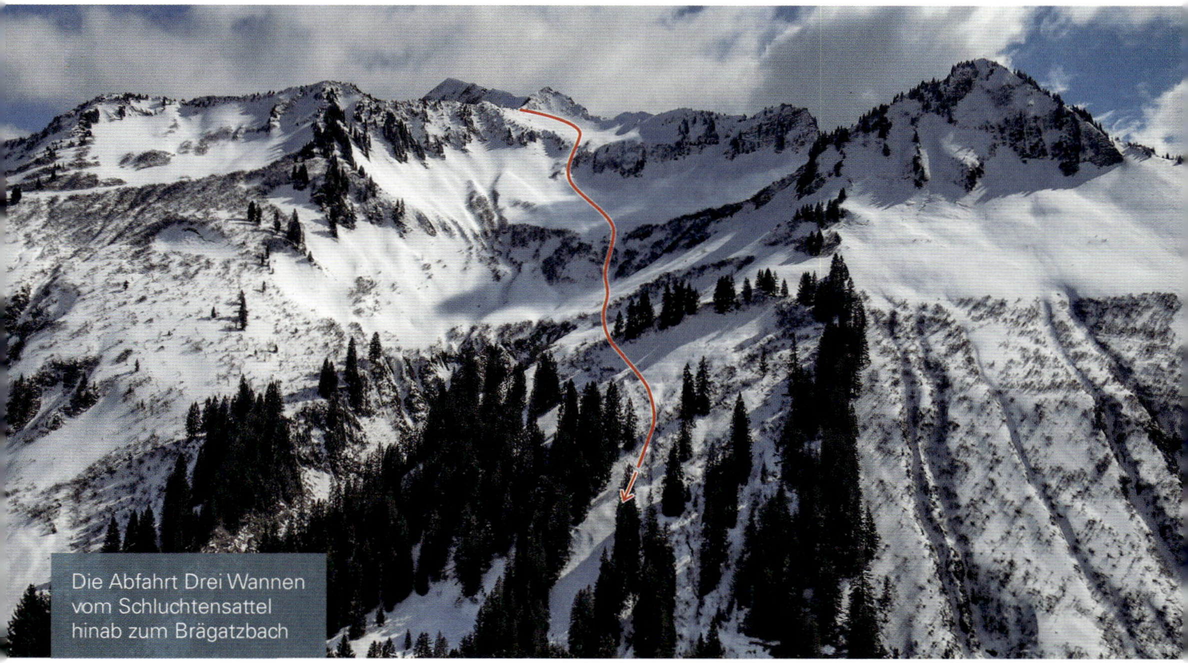

Die Abfahrt Drei Wannen vom Schluchtensattel hinab zum Brägatzbach

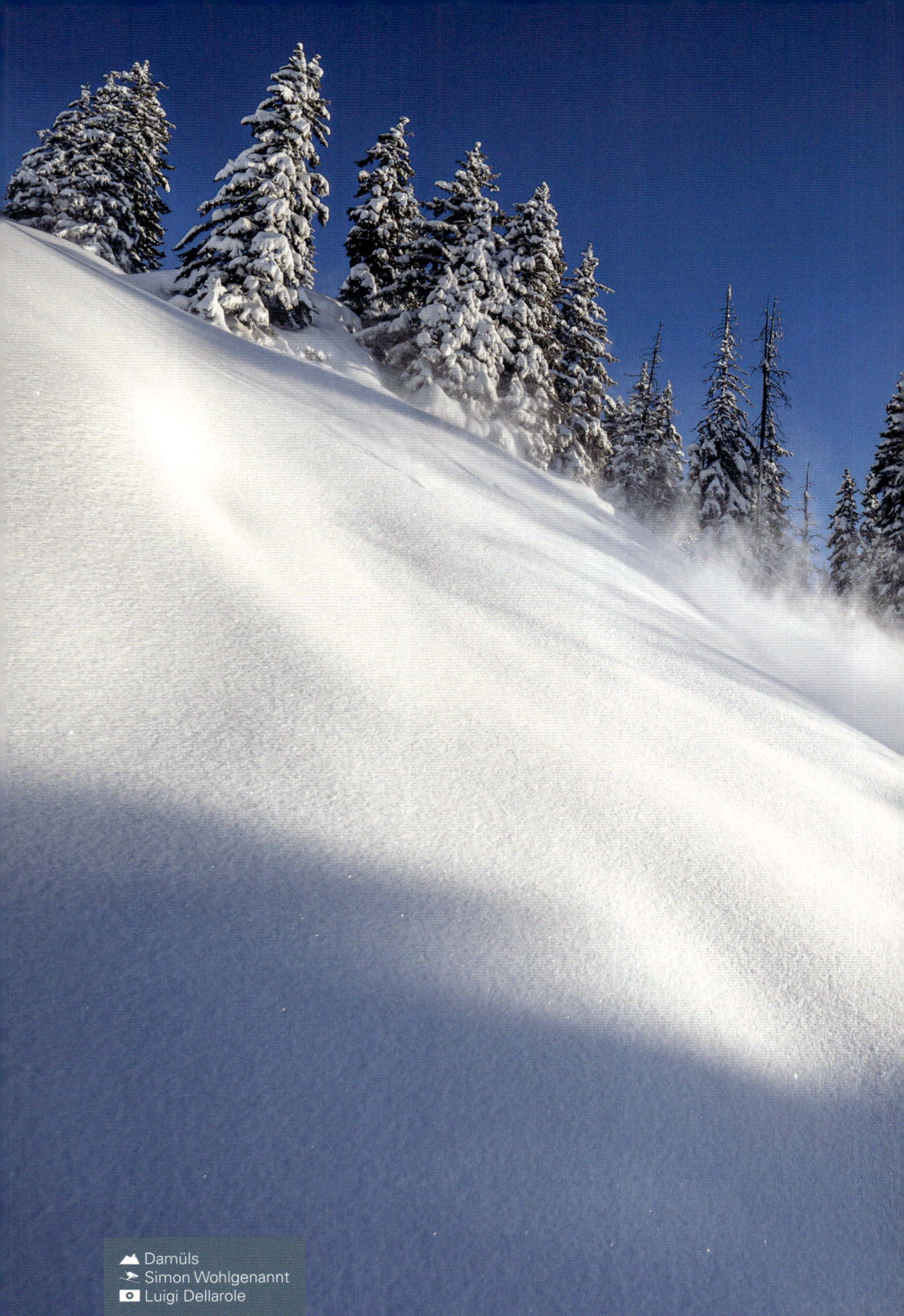

Damüls
Simon Wohlgenannt
Luigi Dellarole

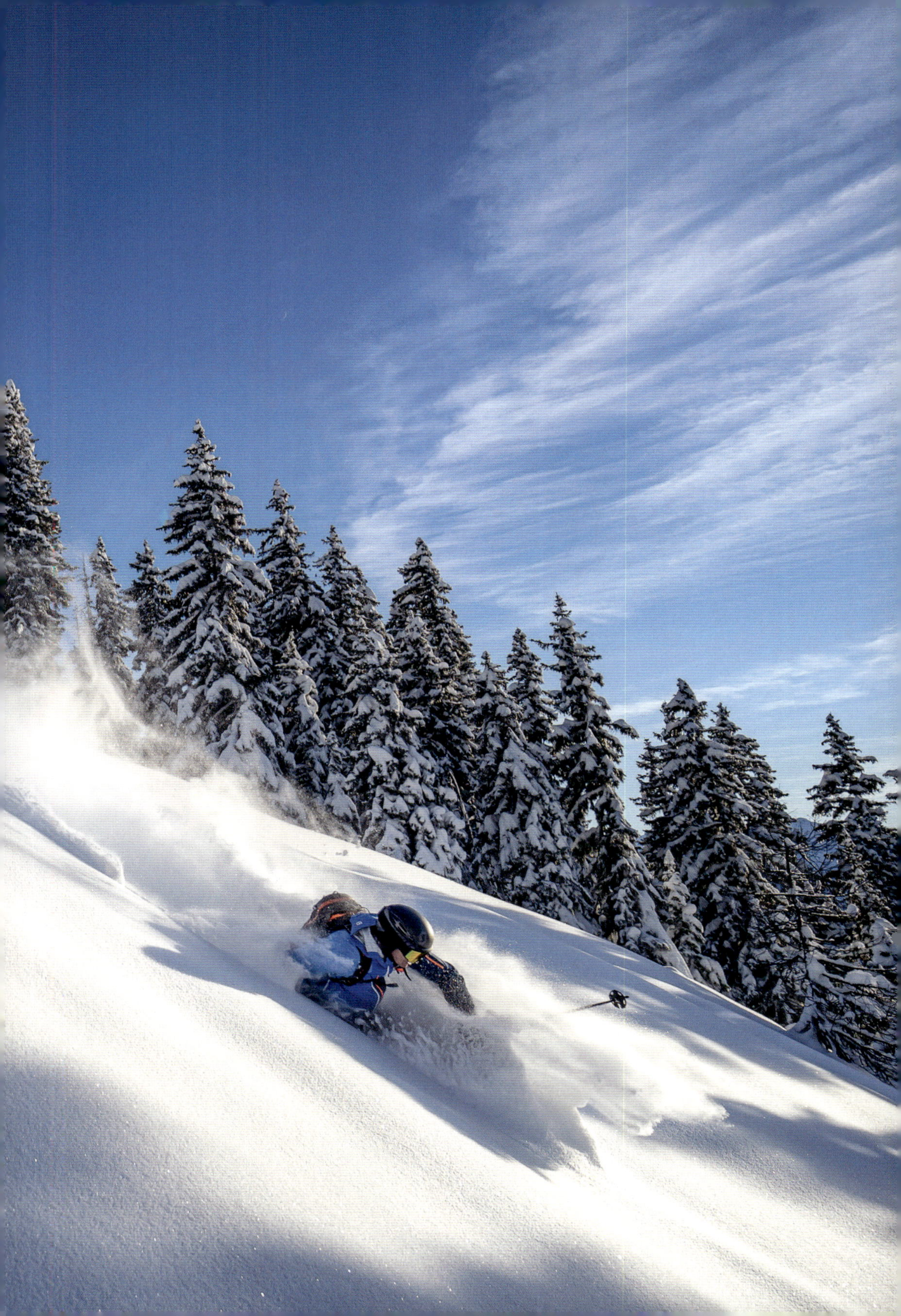

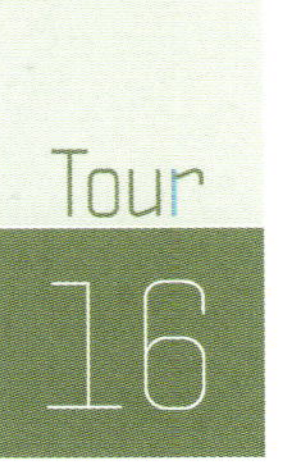

PORTLAHORN 2010 m

Das Portlahorn ist ein unauffälliger, aber beliebter Skigipfel, der mit einem kurzen Aufstieg aus dem Skigebiet Damüls bestiegen werden kann. Es bietet vielfältige Abfahrtsvarianten und ist vor allem zum Abschluss eines Powdertages im Skigebiet ein tolles Ziel. Die hier beschriebene Variante ist auch für Touren- und Freeride-Anfänger:innen möglich und bietet eine genussvolle Abfahrt von einem aussichtsreichen Gipfel.

Aufstieg Von der Bergstation der Sunnegg Bahn (1780 m) dem flachen und breiten Bergrücken bis in eine Höhe von 1850 m folgen. Ab hier über den steiler werdenden Südwesthang auf den Kamm und diesem bis zum Gipfel (2010 m) folgen. Alternativ kann auch vom Sünser Joch (1902 m) entlang des Bergkammes aufgestiegen werden.

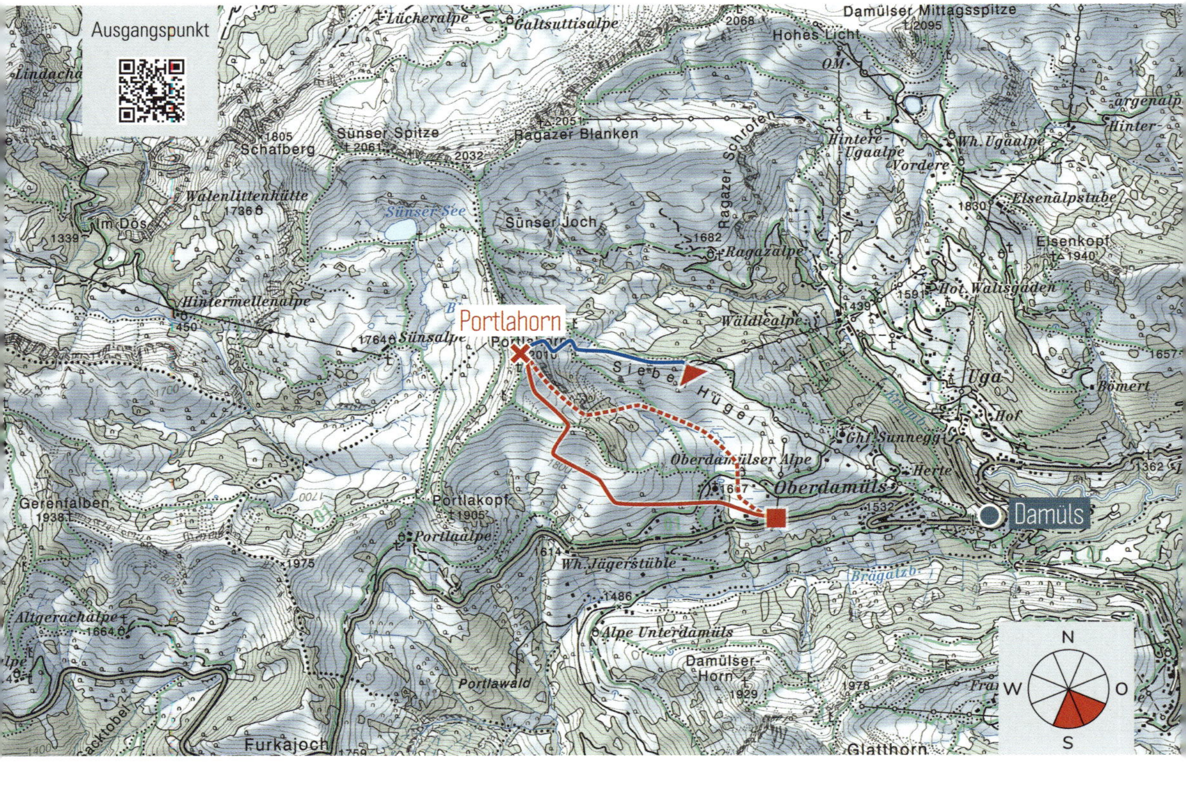

FACTS

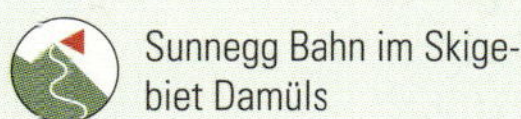

Sunnegg Bahn im Skigebiet Damüls

keine

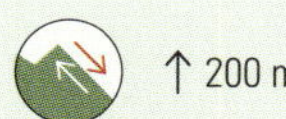

↑ 200 m ↓ 420 m

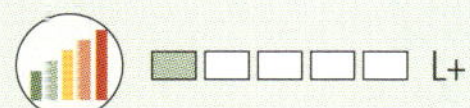

L+

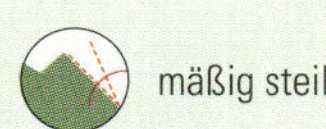

mäßig steil

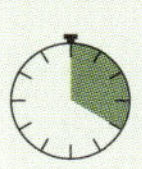

1.15 Std.

Tipp Das Portlahorn ist sogar ganz ohne Aufstiegshilfen vom Parkplatz nach dem Gasthof Zimba mit gemütlichen 390 Höhenmetern Anstieg einfach zu erreichen.

Abfahrt Vom Gipfel (2010 m) in südliche Richtung zunächst über schöne flache Böden und eine leichte Senke abfahren. Auf einer Höhe von 1900 m direkt über einen etwas steileren Südhang hinab. Am Ende dieses Hanges nach links und zur Talstation des Furkaliftes (1590 m).

Variante Wer während des Aufstieges vom Bergkamm eine Linie durch die ostexponierte kurze Steilstufe des Portlahorns entdeckt hat, kann auch über diese abfahren. Ein guter Orientierungssinn ist hier aber Voraussetzung.

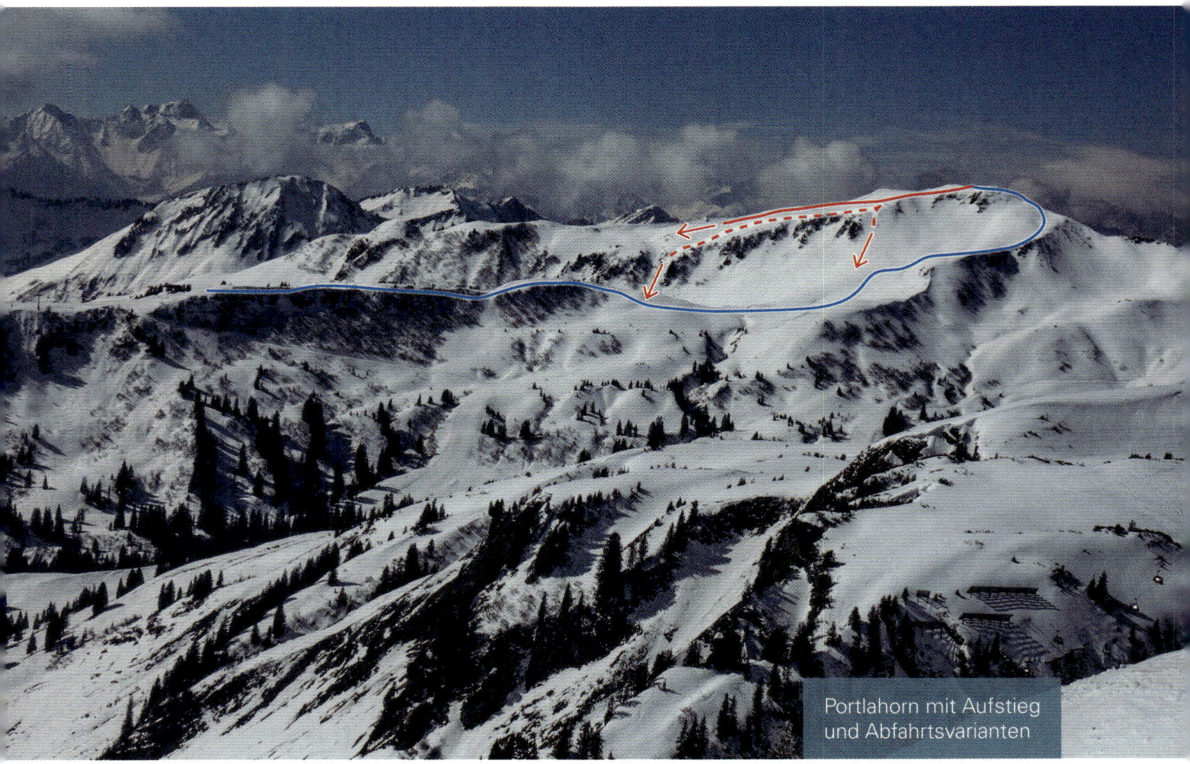

Portlahorn mit Aufstieg und Abfahrtsvarianten

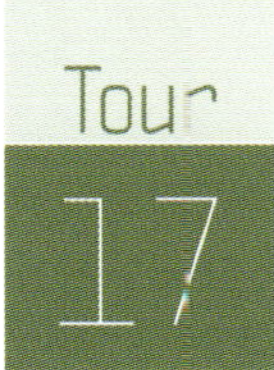

KLIPPERN 2066 m

Der Klippern ist ein Berg mit verschiedenen Gesichtern. Auf drei Seiten zeigt er steile Abbrüche, nur die Südflanke präsentiert sich als großer und breiter Rücken und bietet ideales Skigelände für Genießer. Das weitläufige Wiesengelände nach der Mittelargenalpe erlaubt eine lange und genussvolle Abfahrt bis hinab zur Faschinastraße.

Zugang Direkt beim Ausstieg der Hohe Wacht Bergstation (1980 m) nach rechts und mit möglichst wenig Höhenverlust unterhalb des Wannenkopfs in östliche Richtung queren. Hinter einer kleinen Baumgruppe öffnet sich eine breite, südostexponierte Mulde. Über diese hinab bis zum Fellanlegeplatz kurz oberhalb der Mittelargenalpe (1700 m).

Aufstieg Vom Fellanlegeplatz in die große Mulde zwischen Gungern und Klippern aufsteigen. In ca. 1850 m Höhe nach rechts über eine kurze Steilstufe zum südexponierten Gipfelhang queren und über diesen weiter bis zum Gipfel aufsteigen.

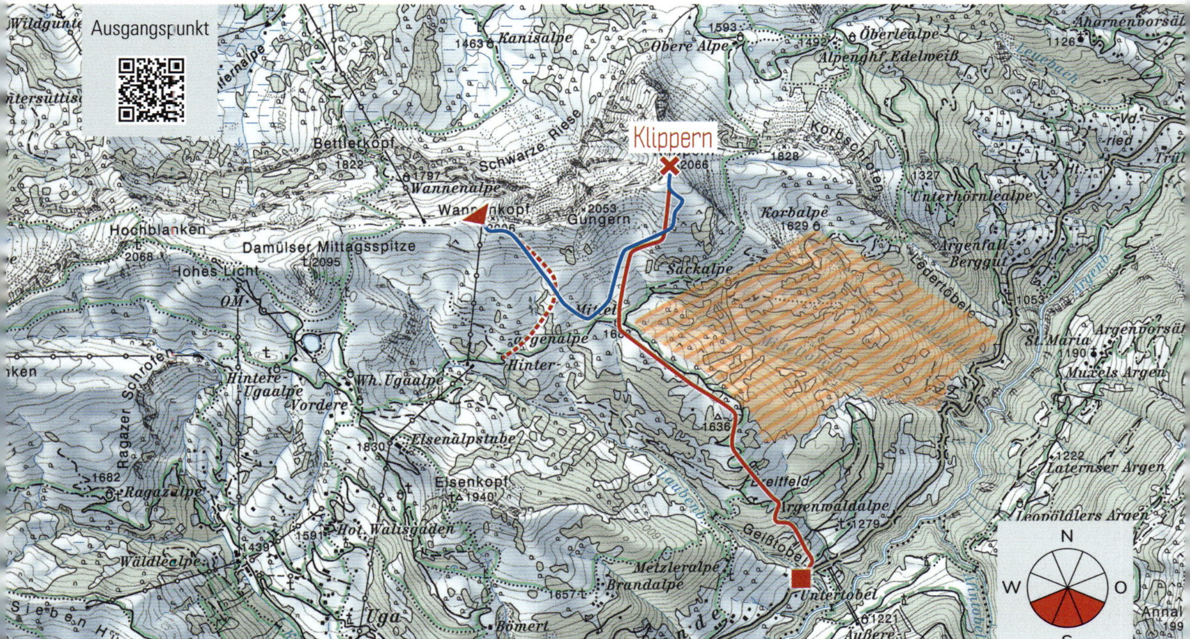

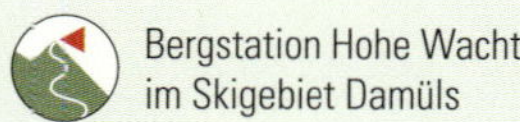
Bergstation Hohe Wacht im Skigebiet Damüls

keine

↑ 350 m ↓ 1090 m

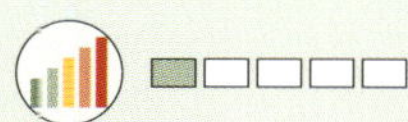
L

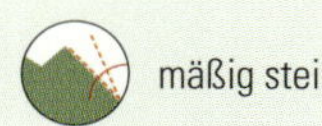
mäßig steil

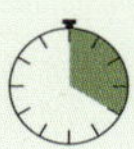
2.00 Std.

Abfahrt Bis zur Mittelargenalpe (1700 m) entlang der Aufstiegspur. Danach zunächst flach entlang des Alpweges in südöstliche Richtung, bis man wieder auf offenes Alpgelände trifft. Über dieses Wiesengelände und im weiteren Verlauf durch eine Waldschneise direkt hinab. Hier befindet man sich in einem Schongebiet, deshalb nur entlang der hier vorgestellten Route abfahren! Zum Schluss kurz auf einem Weg bis zur Lauterbachbrücke und mit dem Bus zurück nach Damüls.

Variante Kurz vor dem Erreichen der Mittelargenalpe kann auch in südwestliche Richtung zur Alpe Hinterargen und weiter über die Skipiste direkt ins Skigebiet Damüls abgefahren werden.

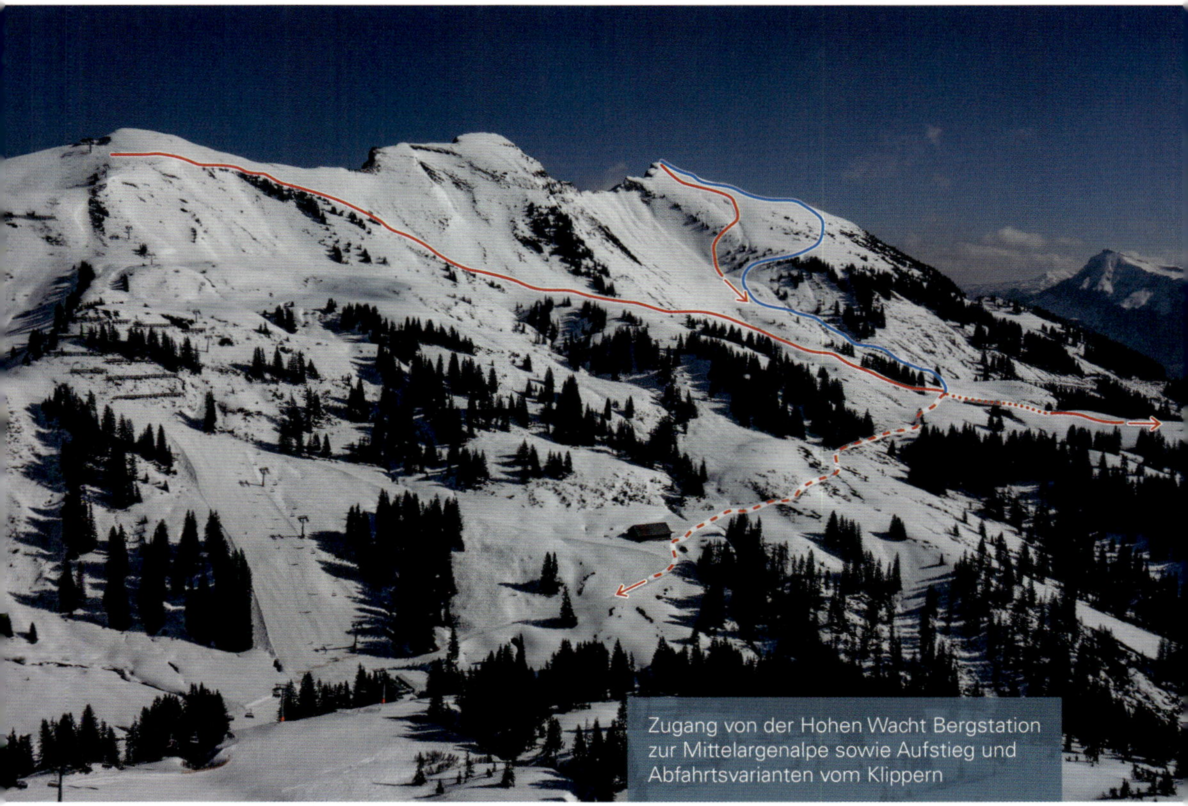

Zugang von der Hohen Wacht Bergstation zur Mittelargenalpe sowie Aufstieg und Abfahrtsvarianten vom Klippern

Tour 18

HOHER IFEN 2230 m

FREERIDE-RUNDE

Der Hohe Ifen sticht mit seiner markanten Gestalt als Tafelberg sofort ins Auge. Dieser besondere Berg kann in einer schönen und tagesfüllenden Freeride-Tour umrundet werden – für alle Freerider:innen ein spezielles Erlebnis. Zudem kann diese Tour auch als Zustiegsroute für ein verlängertes Freeride-Wochenende im Kleinwalsertal dienen. Es gibt aus Vorarlberg definitiv keine schönere Art und Weise, das isoliert liegende Kleinwalsertal zu erreichen, als mit dieser Tour.

Es muss jedoch allen klar sein, dass der Hohe Ifen ein Naturjuwel darstellt und man sich hier in einem sehr sensiblen Ökosystem befindet, Wildruhezonen und Sperrgebiete sind daher unbedingt zu beachten.

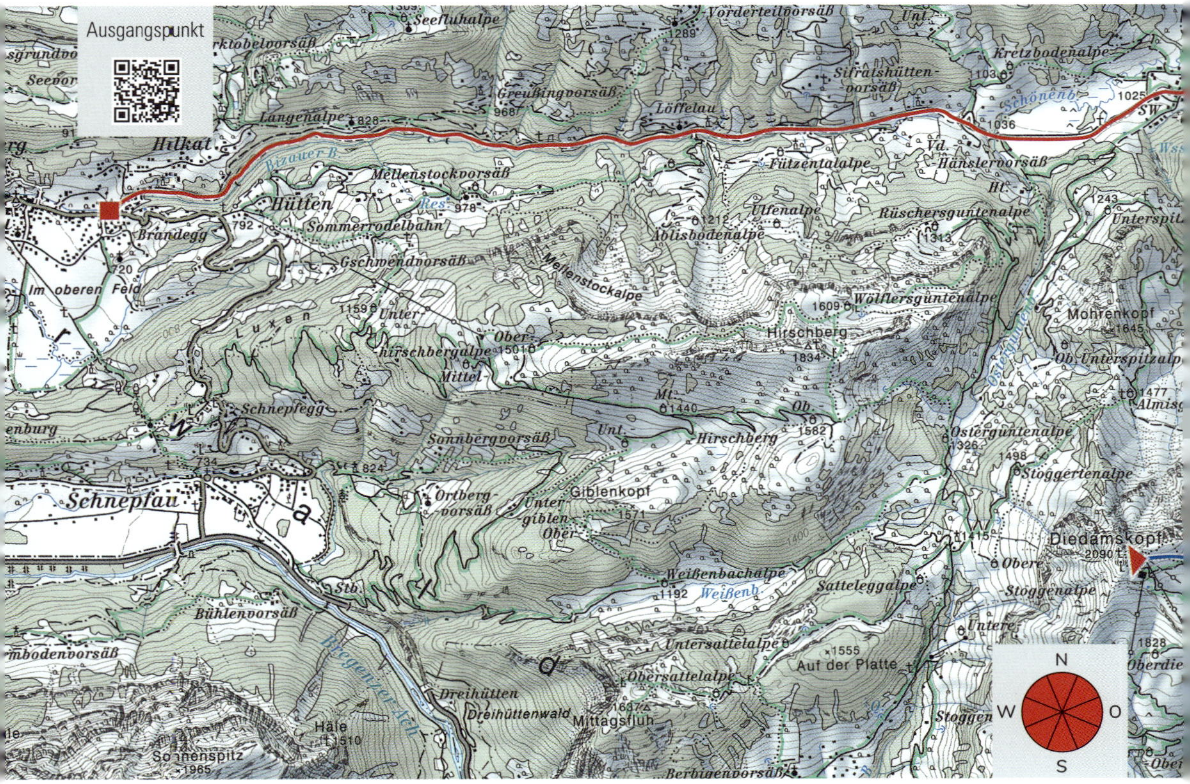

FACTS

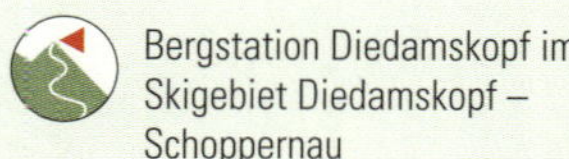

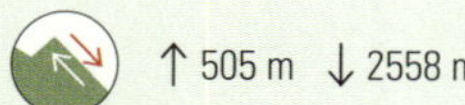

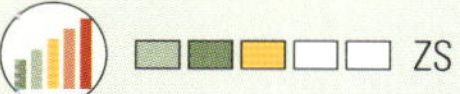

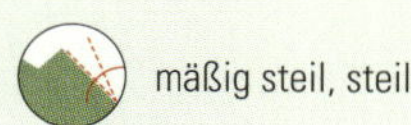

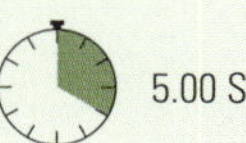

Zugang Von der Bergstation in Richtung Westen zur Skipiste Nr. 9 queren, über diese hinab und weiter über die Skipiste Nr. 10 – Skiweg Krüzle bis zum nicht mehr betriebenen Krüzlelift (Stand März 23). Kurz vor dem Krüzlelift die Ski tragend in Richtung Osten auf den Bergrücken, der vom Falzer Kopf (1968 m) herunterzieht, aufsteigen. Weiter mit den Ski in Richtung Gerachsattel (1752 m) queren und kurz vor diesem in nördliche Richtung an den Fuß des Hählekopfes zum Fellanlegeplatz abfahren.

Aufstieg 1 **Hählekopf:** Vom Fellanlegeplatz kann in Richtung Norden, das Gelände der Hochgerach ausnützend, unkompliziert auf den Hählekopf (2058 m) aufgestiegen werden.

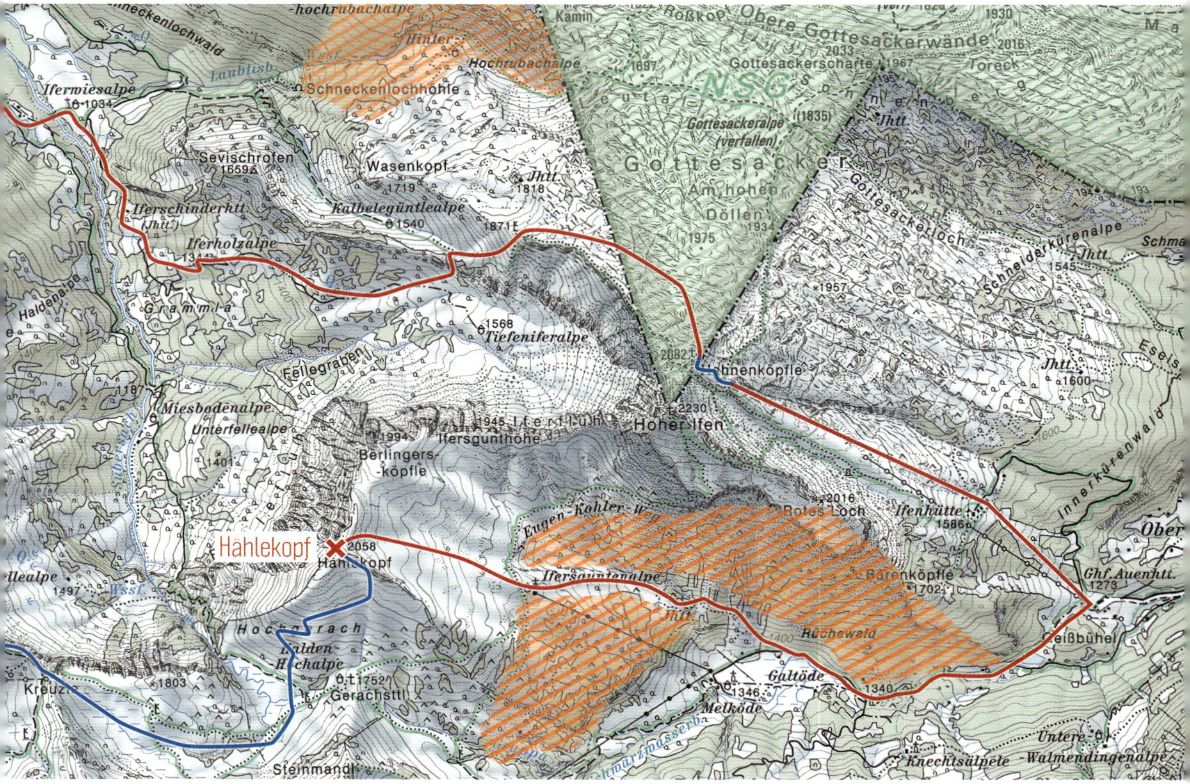

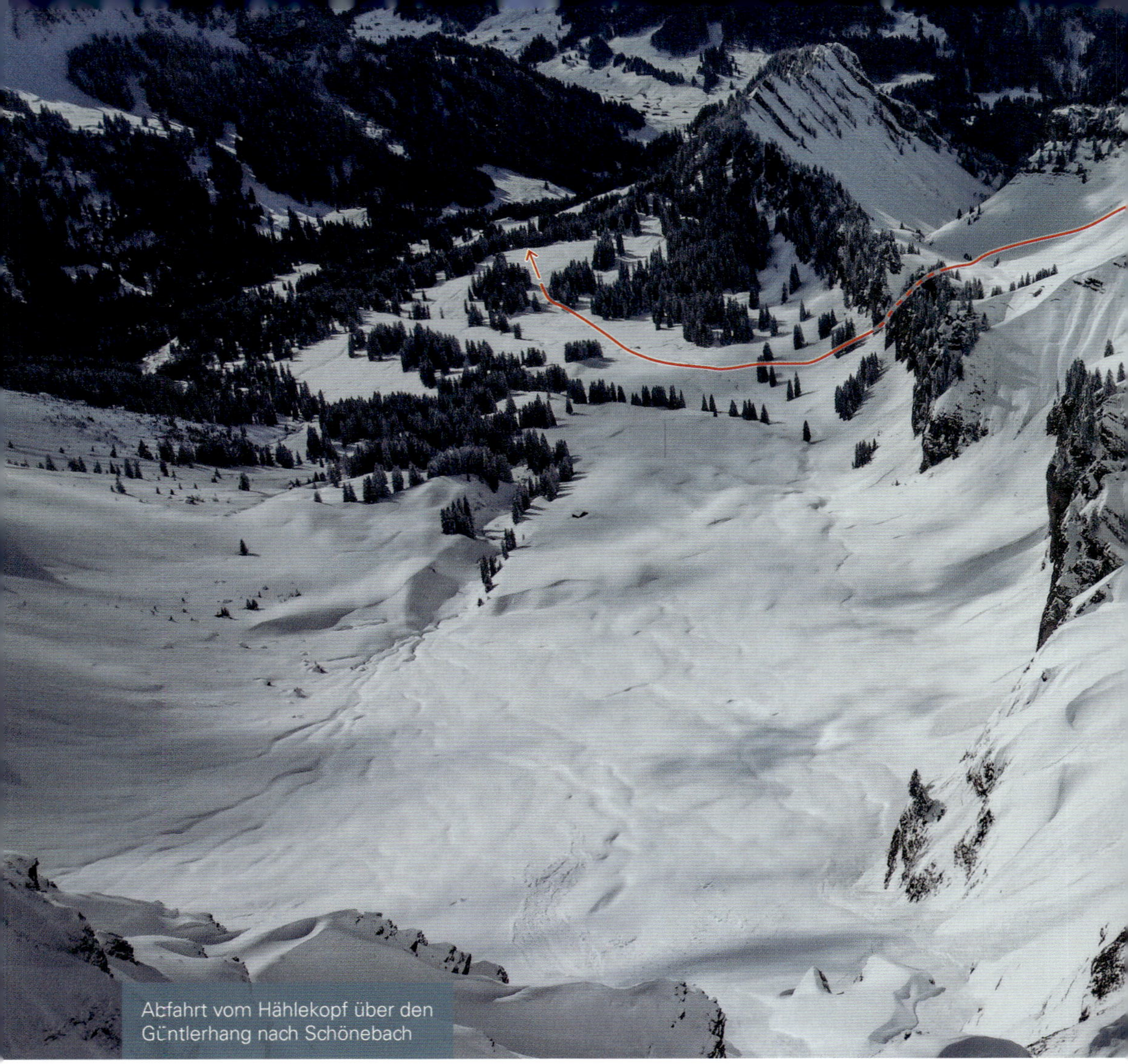

Abfahrt vom Hählekopf über den Güntlerhang nach Schönebach

Abfahrt 1 Vom Gipfel über die mäßig steilen Osthänge bis zur Ifersguntenalpe (1751 m) abfahren. Von der Ifersguntenalpe unbedingt das Sperrgebiet beachten und dem markierten Skitourenweg durch das Schutzgebiet folgen. Zunächst über den kurzen, offenen Osthang hinab. Weiter entlang der beschilderten Route durch den Wald bis zu einer Jagdhütte und von dieser nach links zu einem freien Südhang queren. Über diesen hinab zur Alpe Melköde (1350 m). Auf dem meist gewalzten Winterwanderweg das Schwarzwassertal auswärts bis zur Talstation der Ifenbahn (1270 m).

Variante Es kann auch bis zum Gerachsattel (1752 m) gequert werden und von diesem in südwestliche Richtung an der Schwarzwasserhütte vorbei zur Alpe Melköde (1350 m) abgefahren werden.

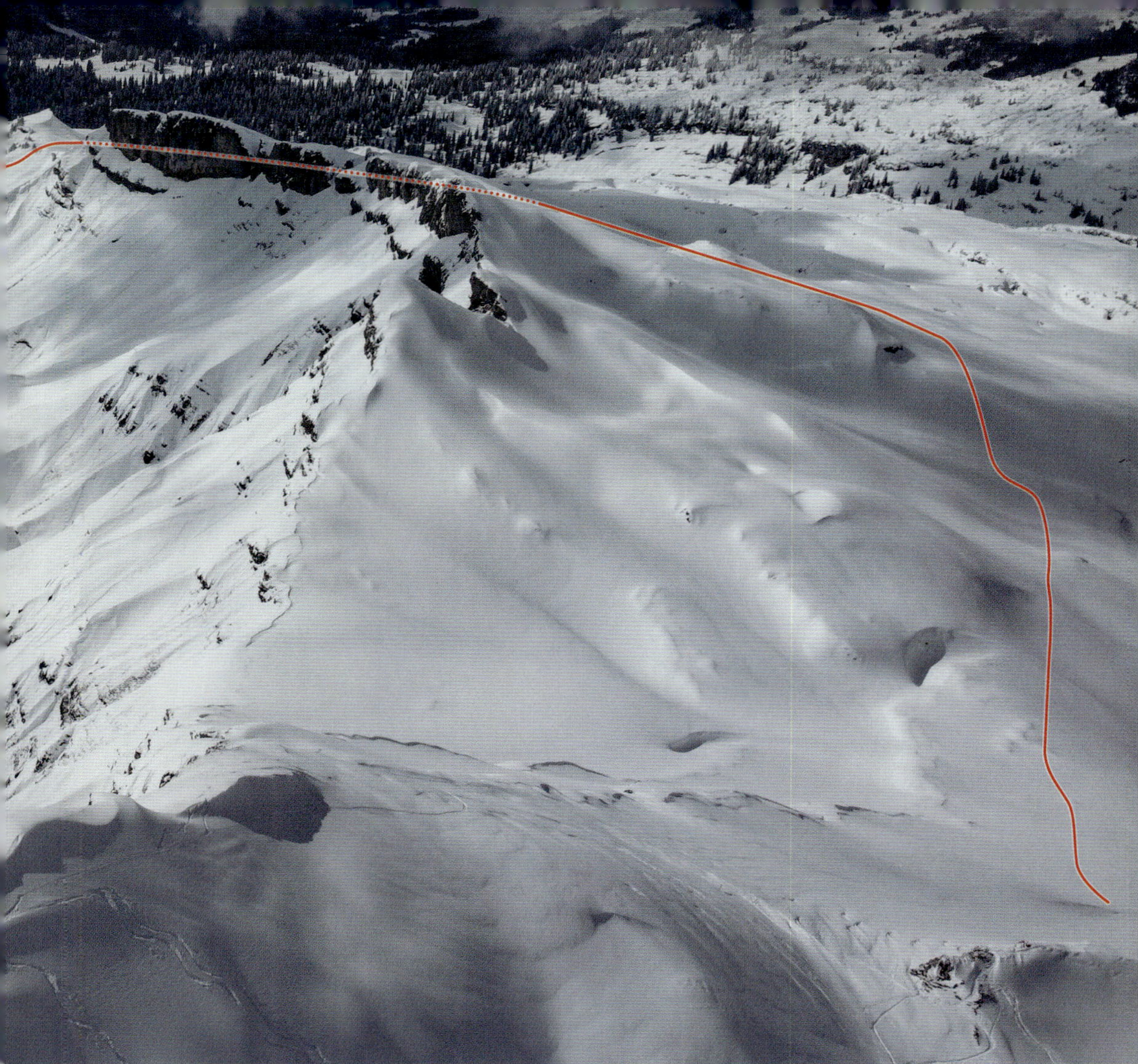

Aufstieg 2 **Hahnenköpfle:** Mit der Ifenbahn zur Bergstation (2030 m). Von der Bergstation in Richtung Nordwesten in wenigen Minuten auf den sichtbaren Gipfel des Hahnenköpfles (2082 m) aufsteigen.

Abfahrt 2 Vom Hahnenköpfle zunächst direkt in nördliche Richtung über einen flachen Boden hinweg und weiter am linken Rand des Gottesacker-Plateaus bis auf etwa 1900 m Höhe (hier endet der Felsgrat) abfahren. Dann nach Westen den steilen Güntlerhang hinab und durch eine Lücke zwischen Felsen (1645 m) über eine zweite Steilstufe auf die unteren, sanften Hänge. Auf einem Güterweg und über freie Alpflächen über die Iferwiesalpe (1034 m) hinab nach Schönenbach (1025 m) und weiter nach Bizau (681 m). Mit dem Postbus zurück zum Parkplatz der Diedamskopfbahn.

HÄHLEKOPF 2058 m STEINMANDL 1982 m FALZER KOPF 1968 m

Die drei Gipfel Hählekopf, Steinmandl und Falzer Kopf lassen sich aus dem Skigebiet Diedamskopf leicht erreichen und je nach Lust und Laune mit vielen Varianten zu einer lohnenden Freeride-Runde verbinden. Unkomplizierte Aufstiege und tolle, teils auch anspruchsvolle Abfahrten sind Garanten für einen unvergesslichen Freeride-Tag.

Zugang Von der Bergstation der Diedamskopfbahn in Richtung Westen zur Skipiste Nr. 9 queren, über diese hinab und weiter über die Skipiste Nr. 10 – Skiweg Krüzle bis zum nicht mehr betriebenen Krüzlelift (Stand März 23). Kurz vor dem Krüzlelift die Ski tragend in Richtung Osten auf den Bergrücken, der vom

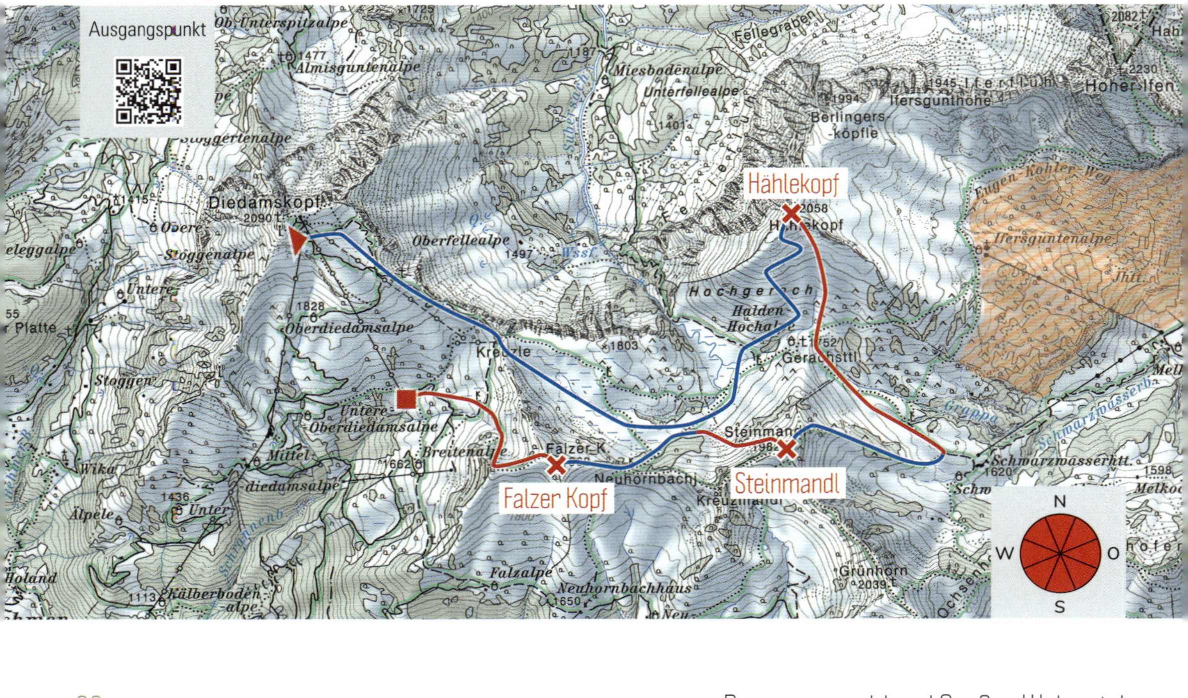

FACTS

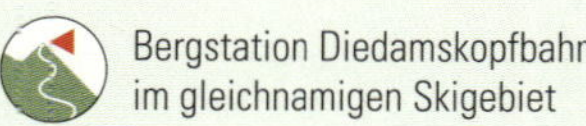
Bergstation Diedamskopfbahn im gleichnamigen Skigebiet

keine

↑ 1040 m ↓ 1400 m

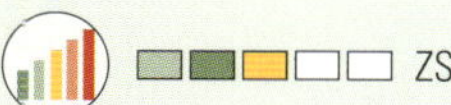
ZS

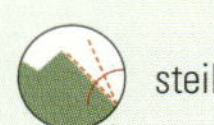
steil

4.00 Std.

Falzer Kopf (1968 m) herunterzieht, aufsteigen. Weiter mit den Ski in Richtung Gerachsattel (1752 m) queren und kurz vor diesem in nördliche Richtung an den Fuß des Hählekopfes zum Fellanlegeplatz abfahren.

Tipp Während des Zugangs wird unterhalb der steilen Nordflanke des Steinmandls gequert. Wenn man da bereits sieht, dass die Befahrung am heutigen Tag zu heikel ist, kann das Steinmandl auch ausgelassen und direkt zum Falzer Kopf aufgestiegen werden.

Aufstieg 1 **Hählekopf:** Vom Fellanlegeplatz kann in Richtung Norden, das Gelände der Hochgerach ausnützend, unkompliziert auf den Hählekopf (2058 m) aufgestiegen werden.

Abfahrt 1 Die Abfahrt erfolgt entlang der Aufstiegsspur zum Gerachsattel und von diesem in südöstliche Richtung weiter bis zum Fellanlegeplatz kurz oberhalb der Schwarzwasserhütte (1620 m).

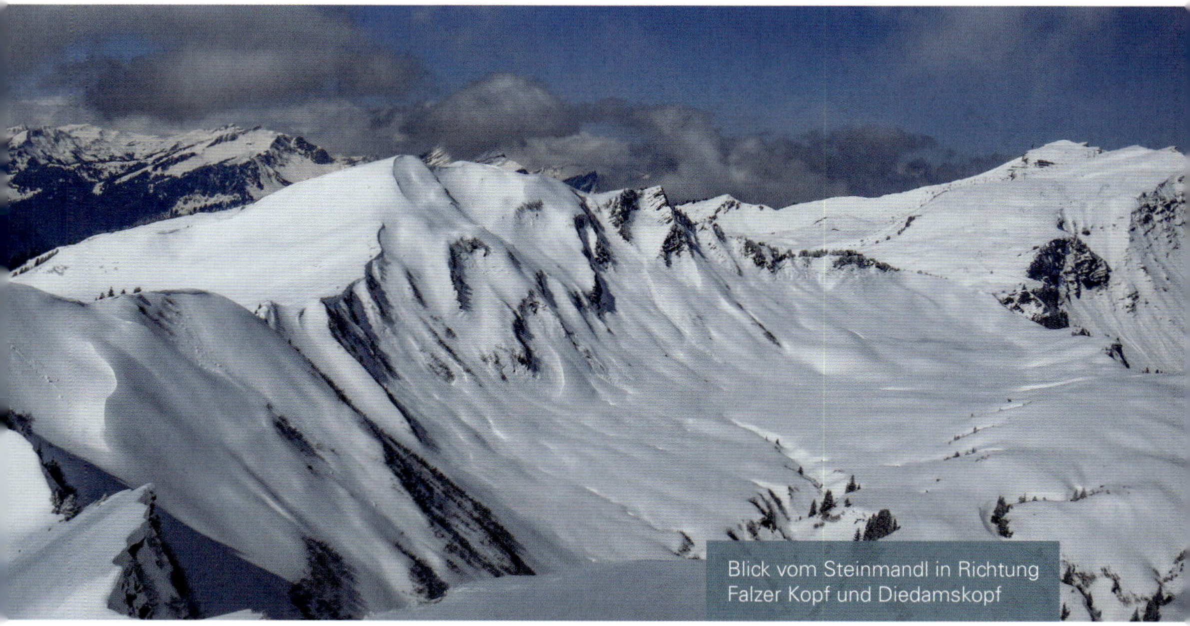

Blick vom Steinmandl in Richtung Falzer Kopf und Diedamskopf

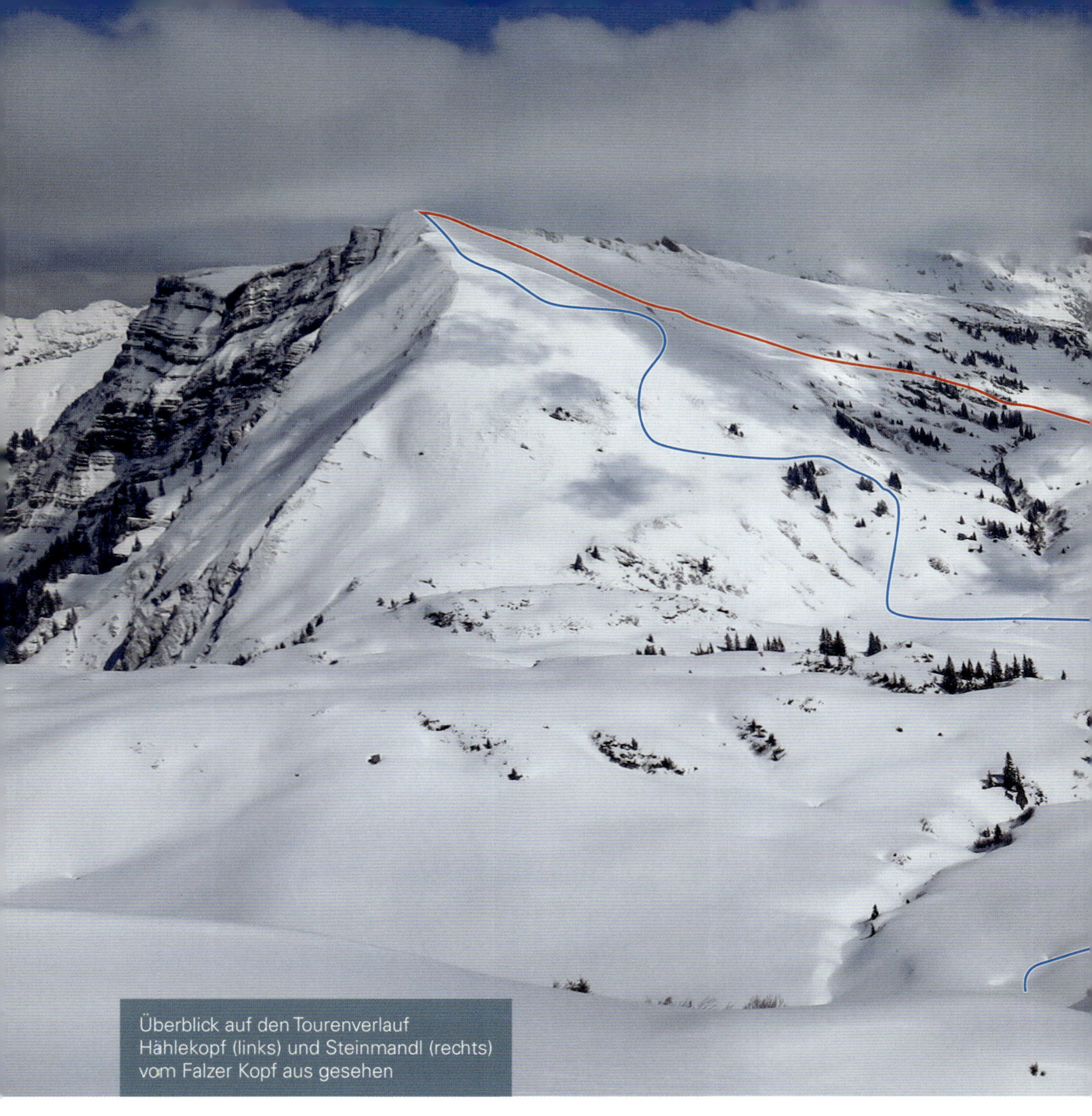

Überblick auf den Tourenverlauf Hählekopf (links) und Steinmandl (rechts) vom Falzer Kopf aus gesehen

Aufstieg 2 **Steinmandl:** Vom Fellanlegeplatz wird in westliche Richtung über den markanten Rücken zum Steinmandl (1982 m) aufgestiegen.

Abfahrt 2 Vom Gipfel (vorausgesetzt die Lawinenverhältnisse lassen es zu) kurz die sehr steile Gipfelrinne abfahren, danach nach links queren und in die flachen Böden zum Fellanlegeplatz abfahren. Wenn es die Lawinenverhältnisse nicht zulassen, kann rechts der Aufstiegsspur über den weiten Südosthang zur Schwarzwasserhütte abgefahren und über den Gerachsattel zum Fellanlegeplatz für den Aufstieg zum Falzer Kopf aufgestiegen werden.

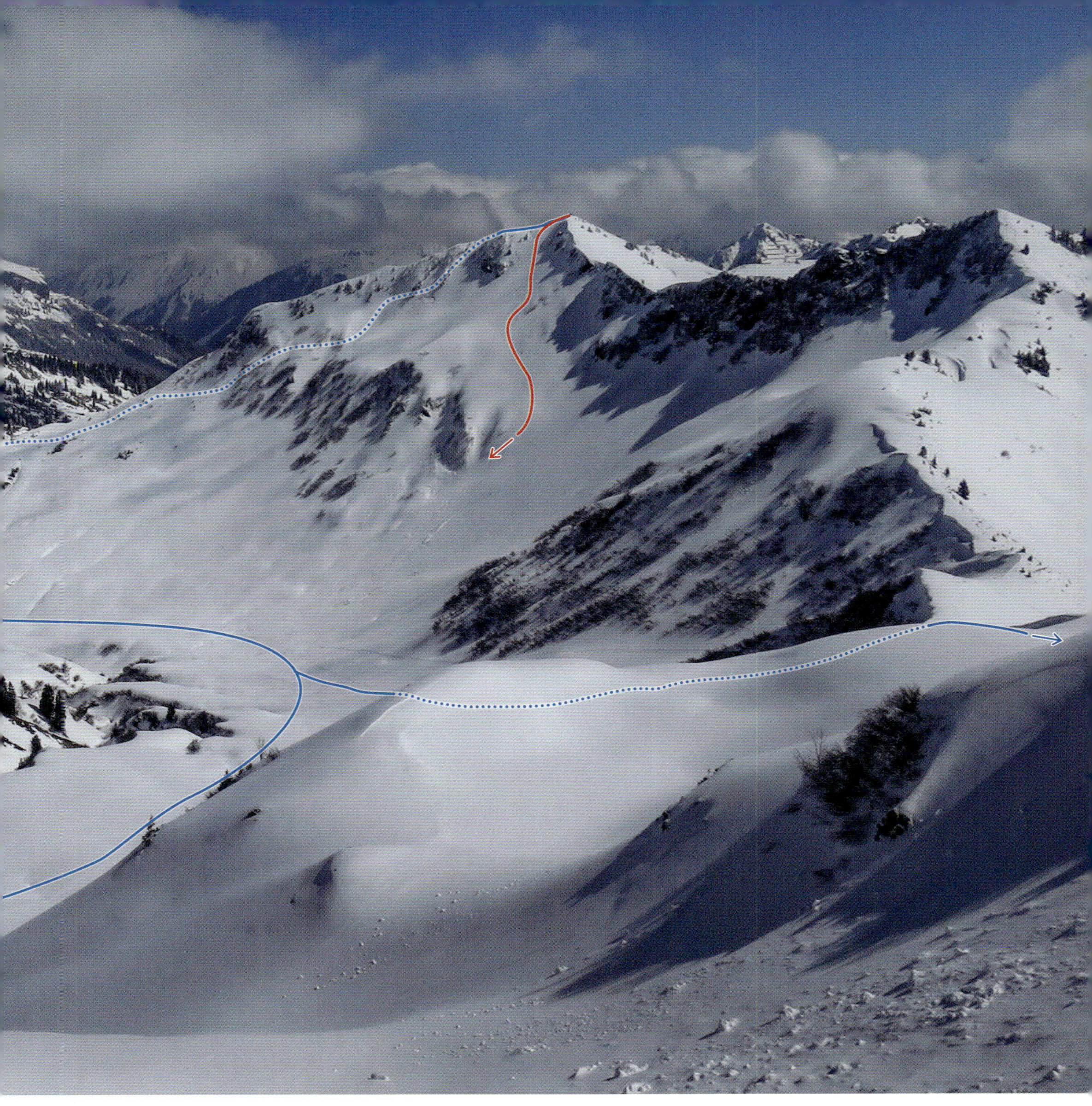

Aufstieg 3 **Falzer Kopf:** Vom Fellanlegeplatz in südwestliche Richtung in das Neuhornbachjoch (1844 m) aufsteigen. Über den breiten Bergrücken geht es in westliche Richtung unkompliziert auf den Falzer Kopf (1968 m).

Abfahrt 3 Vom Gipfel zunächst in westliche Richtung bis zu einem kleinen Vorgipfel abfahren. Danach in nördliche Richtung kurz steil in die große Mulde abfahren und weiter zurück in das Skigebiet Diedamskopf.

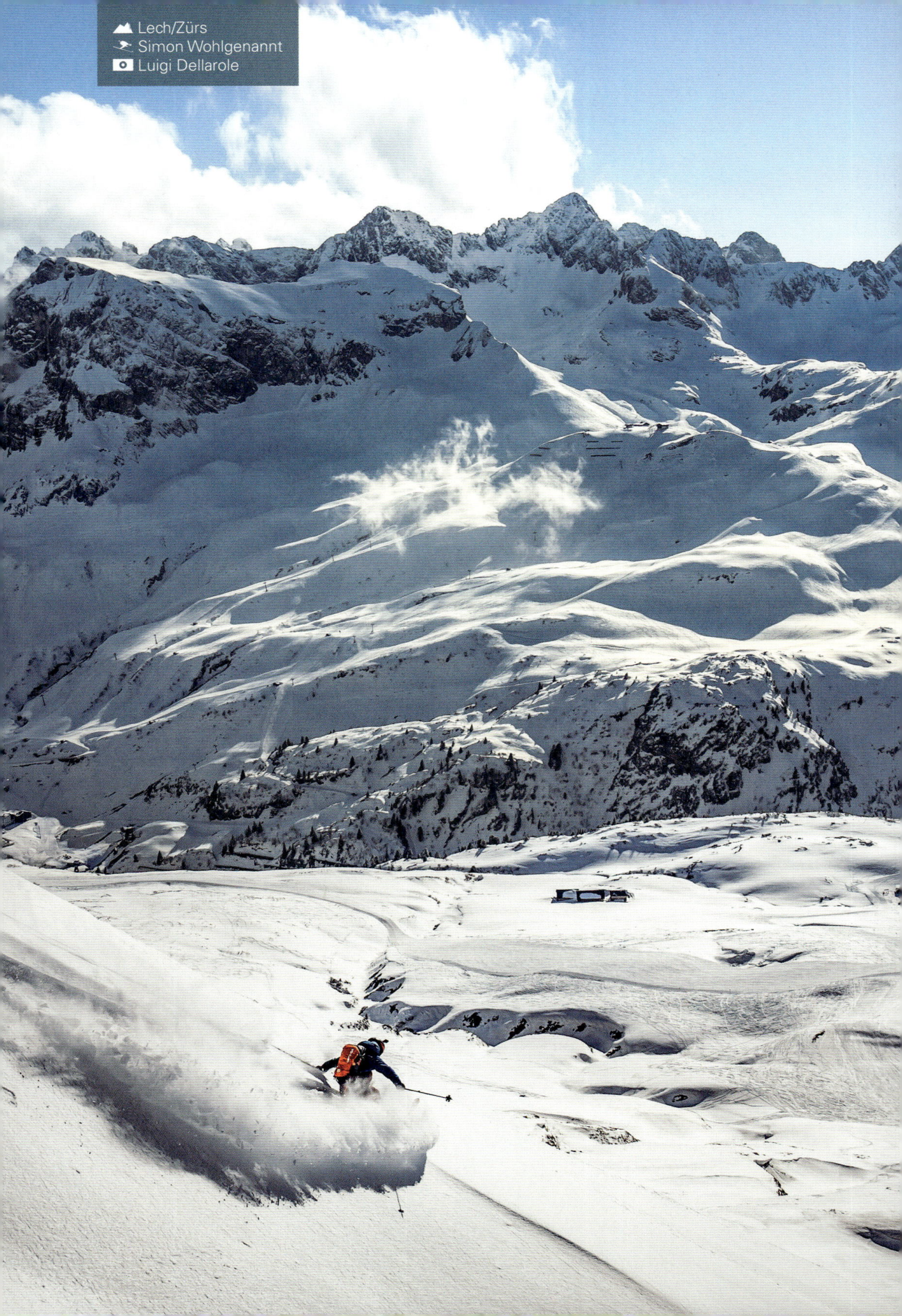
Lech/Zürs
Simon Wohlgenannt
Luigi Dellarole

REGION ARLBERG

Der Arlberg wirbt nicht nur damit, er gilt zu Recht als Wiege des alpinen Skilaufs. Freeriden war am Arlberg schon in, als es einfach noch Skifahren hieß. Wer kennt sie nicht, die Abfahrtssequenzen mit Hannes Schneider aus dem Filmklassiker „Der weiße Rausch", der bis heute Kultstatus genießt. Der aus Stuben am Arlberg stammende Skipionier wurde damit weltberühmt – und der Arlberg zum Mekka des Skisports. Aufgrund seiner Lage ist das Gebiet sehr schneesicher und dank der beeindruckenden Infrastruktur sowie der Weitläufigkeit und Vielseitigkeit des Geländes ein international bekannter Freeride-Hotspot. Die vielen Möglichkeiten am Arlberg würden für sich genommen schon gut und gern ein eigenes Guidebook füllen, daher werden in diesem Buch nur Touren aus der Region Arlberg-West, also von der Vorarlberger Seite, beschrieben.

Anreise nach Zürs, Lech und zur Alpe Rauz

Zielbahnhof: Langen am Arlberg oder St. Anton am Arlberg mit Direktverbindungen von Bregenz, Wien, Frankfurt und Zürich. Weiter mit dem Landbus zur Alpe Rauz oder nach Zürs und Lech.

Anreise nach Warth

Zielbahnhöfe: Bregenz und Dornbirn mit Direktverbindungen von Wien oder Frankfurt. Aus der Schweiz von Zürich mit Umstieg in Feldkirch.
Vom Bahnhof Dornbirn oder Bregenz mit dem Landbus zur Haltestelle Saloberlifte direkt am Skigebiet.

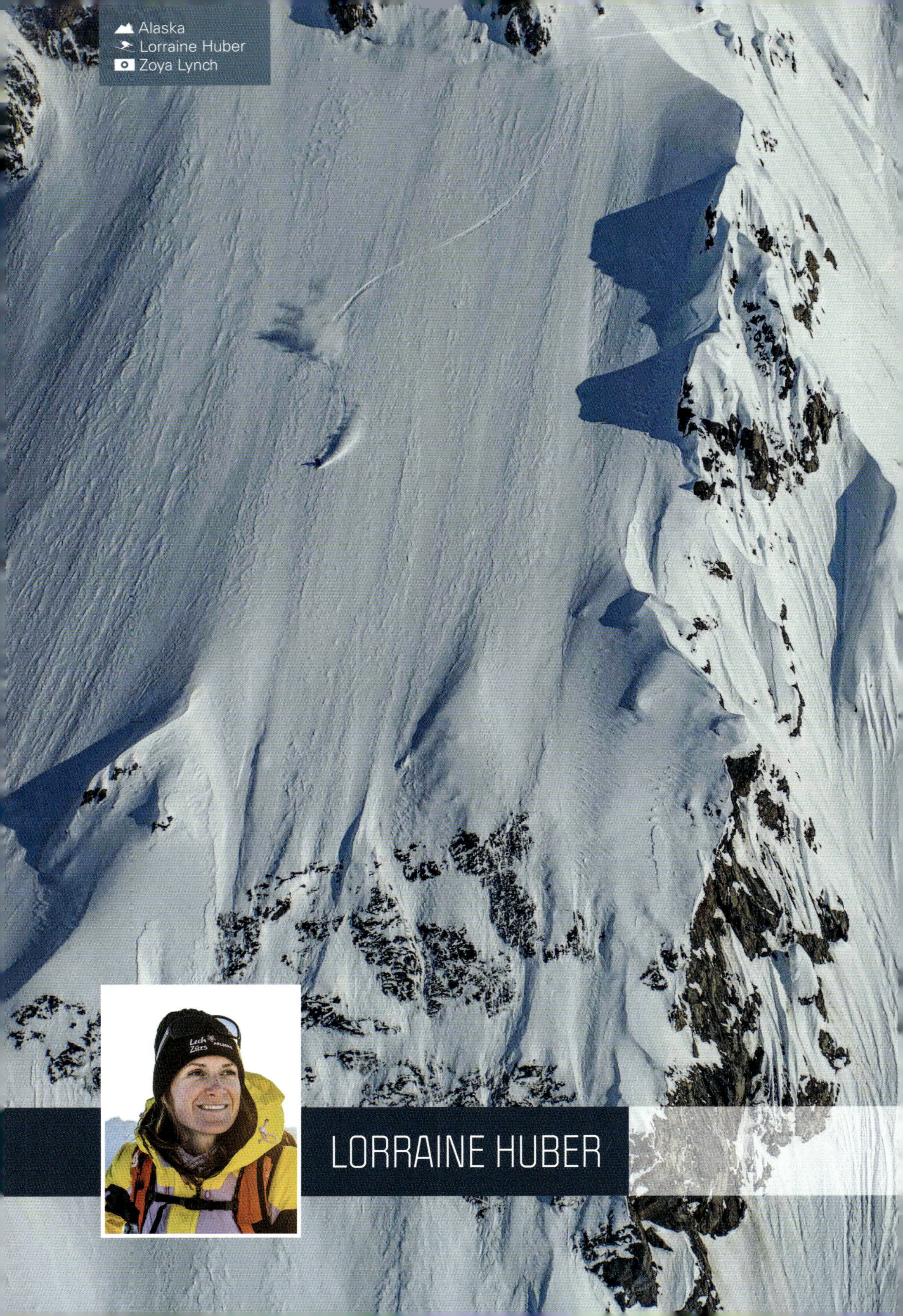

Alaska
Lorraine Huber
Zoya Lynch

LORRAINE HUBER

Lorraine Huber ist eine Pionierin des modernen Freeride-Sports in Österreich und gehört weltweit zu jener kleinen Anzahl an Freeriderinnen, die den Sprung zum Profi geschafft haben. Aufgewachsen in Lech am Arlberg, fuhr die Tochter eines Skilehrers schon in frühen Jahren abseits der Pisten – dennoch war ihr Weg zum Freeriden untypisch. Im Alter von acht Jahren zog sie vom Arlberg ans Meer, nämlich nach Torquay in Australien, dem Heimatland ihrer Mutter, wo sie bis zu ihrem Schulabschluss lebte. Allerdings nicht ohne sechs Wochen pro Jahr zum Skifahren heim nach Lech zu kommen. Mit knapp 18 Jahren zog sie wieder nach Österreich und kam zum ersten Mal mit dem Freeriden in Kontakt. Mit 23 schloss sie die Ausbildung zur staatlich geprüften Skilehrerin und Skiführerin ab und gründete mit anderen das Freeride Center Sölden, wo sie während der nächsten vier Jahre Freeride-Camps leitete. Nach einer schweren Knieverletzung und nach Abschluss ihres BWL-Studiums widmete sich Lorraine Huber dann voll dem Freeriden. Sie war fast zehn Jahre Mitglied der Freeride World Tour, im Alter von 37 Jahren wurde sie Freeride-Weltmeisterin. 2017 wurde sie zur Vorarlberger Sportlerin des Jahres sowie zur Ehrenbürgerin der Gemeinde Lech ernannt. Lorraine trat in zahlreichen Dokumentar- und Skifilmen in Erscheinung. Seit 2008 veranstaltet sie jährlich die „Women's Progression Days" in Lech am Arlberg, Freeride- und Skitouren-Camps für Frauen. 2020 schloss Lorraine ein Masterstudium in Mentalcoaching an der Universität Salzburg ab.

2022 bist du Mama geworden – hat sich dadurch in Bezug auf das Freeriden oder deine Ziele etwas verändert?

Ja sicher – und ich finde es auch gut so. Während meiner Wettkampfkarriere war das Skifahren die Nummer 1 für mich: Der Großteil meiner Entscheidungen und Pläne im Leben hat sich immer um meine Entwicklung als Freeriderin gedreht. Das hat sich jetzt als Ehefrau und Mama klar verändert die Prioritäten sind jetzt anders gesetzt, und das ist für mich und meine persönliche Entwicklung ein ganz wichtiger Schritt. Gleichzeitig weiß ich, dass das Skifahren immer meine große Leidenschaft im Leben bleiben wird.

Was macht für dich das Freeriden in den Bergen vor deiner Haustüre besonders?

Unser Freeride-Gelände ist durch die hochmodernen Liftanlagen sehr leicht zugänglich und doch geht es oft voll zur Sache, sobald man die Pisten verlässt. Durch das komplexe und teils verwinkelte Gelände findet man fast immer einen guten Schnee. Und die Möglichkeiten sind schier endlos.

Was macht für dich eine coole Freeride-Abfahrt aus?

Ich liebe verspieltes und abwechslungsreiches Gelände, aber auch steiles, technisches Gelände. Die besten Freeride-Runs bieten immer eine gewisse Herausforderung und sehen für mich daher ganz anders aus als ein langer, offener und gleichmäßig steiler Tiefschneehang.

Welchen Freeride-Run muss man unbedingt einmal gemacht haben?

Ein echtes Highlight bei uns am Arlberg ist bei sehr sicheren Verhältnissen die Valluga-Nordabfahrt. Da ist alles dabei: eine außergewöhnliche Liftfahrt bzw. ein anspruchsvoller Aufstieg, alpines Ambiente, gewisse Konsequenzen in der Abfahrt, die den vollen Fokus verlangen, spannendes Gelände und oft gute Schneeverhältnisse.

AUENFELDER HORN 2292 m

Um gleich korrekt zu sein: Die hier beschriebene Route führt nicht auf das Auenfelder Horn, sondern endet 150 Höhenmeter unterhalb des Gipfels an der Schulter des Auenfelder Horns.
Die Abfahrt über die weiten Hänge ist sehr beliebt, da sie ein schönes Panorama bietet und sich perfekt in eine der vielen Rundtouren von Lech nach Warth oder umgekehrt integrieren lässt.

Aufstieg Von der Bergstation des Salober Jets (2035 m) kurz rechts hinab zum Beginn des Gratrückens des Auenfelder Horns. Über diesen Gratrücken, die Ski am Rucksack tragend, hinauf bis zu einem großen, markanten Felsblock (2140 m). Bei diesem Felsblock die Ski anschnallen und unterhalb des Auenfelder Horns hinausqueren bis zu den breiten Hängen des Arlenberges.

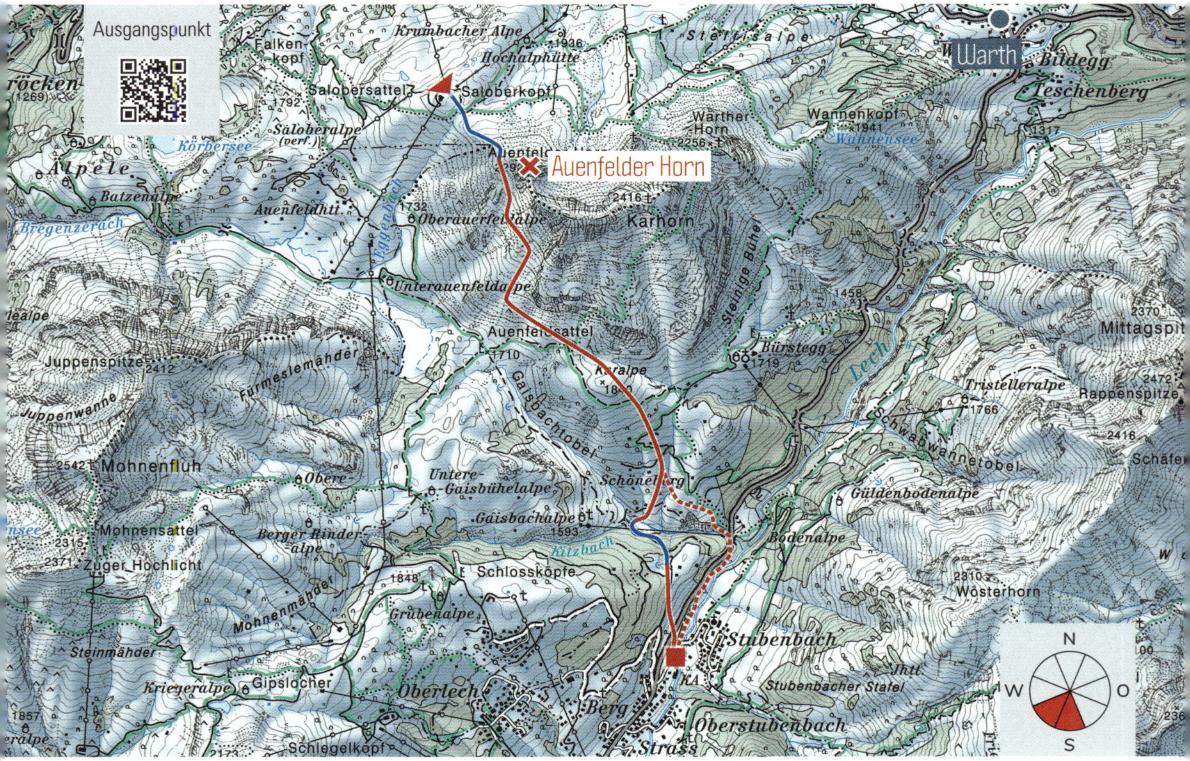

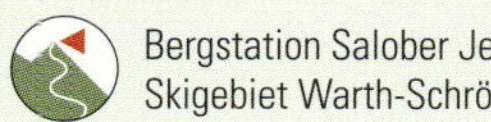
Bergstation Salober Jet im Skigebiet Warth-Schröcken

keine

↑ 170 m ↓ 780 m

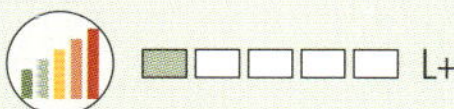
L+

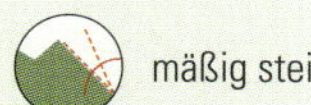
mäßig steil

1.30 Std.

Abfahrt In direkter Linie bis auf eine Höhe von 1900 m abfahren, dann gleich links halten und unter einem markanten Felsriegel in südwestliche Richtung hinausqueren. Kurz in Treppenschritten über ein Joch, links am Karbühel vorbei und über Schöneberg über schöne, mäßig steile Hänge hinab. Auf einer Höhe von 1520 m auf dem ersichtlichen Güterweg hinab zum Gaißbach und diesen überqueren. Auf dem Forstweg, die Ski schulternd, für zehn Minuten aufsteigen bis zu zwei schönen Stadeln. Von diesen direkt nach Stubenbach abfahren und mit dem Skibus zurück nach Lech.

Variante Statt den Gaißbach zu überqueren, kann über eine breite Waldschneise auch direkt zur Bodenalpe abgefahren werden. Über die im Winter nicht geräumte Straße von Warth nach Lech geht man nach Stubenbach zurück (ca. 15 Min.).

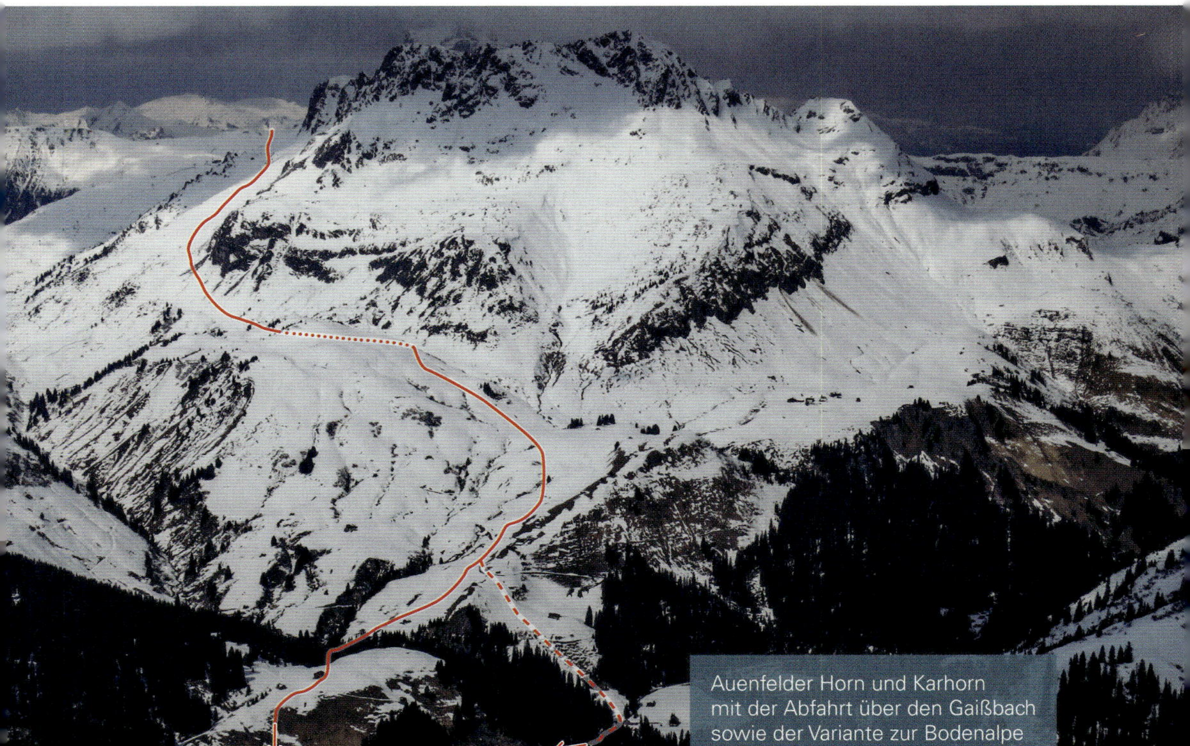

Auenfelder Horn und Karhorn mit der Abfahrt über den Gaißbach sowie der Variante zur Bodenalpe

WARTHER-HORN-SATTEL 2193 m

Aufgrund der südwestseitigen Exposition und der schön gestuften Hänge ist die Abfahrt vom Sattel des Warther Horns besonders bei Firnverhältnissen ein Highlight.

Diese Abfahrt wird oftmals im Rahmen einer Rundtour mit einer weiteren Abfahrt von Lech nach Warth oder umgekehrt kombiniert. Neben dem Abfahrtsvergnügen verwöhnt diese Tour auch mit einem herrlichen Blick auf Lech mit dem markanten Omeshorn sowie auf die malerische Alpsiedlung Bürstegg, die einst die höchstgelegene ganzjährig bewohnte Walsersiedlung in Vorarlberg war.

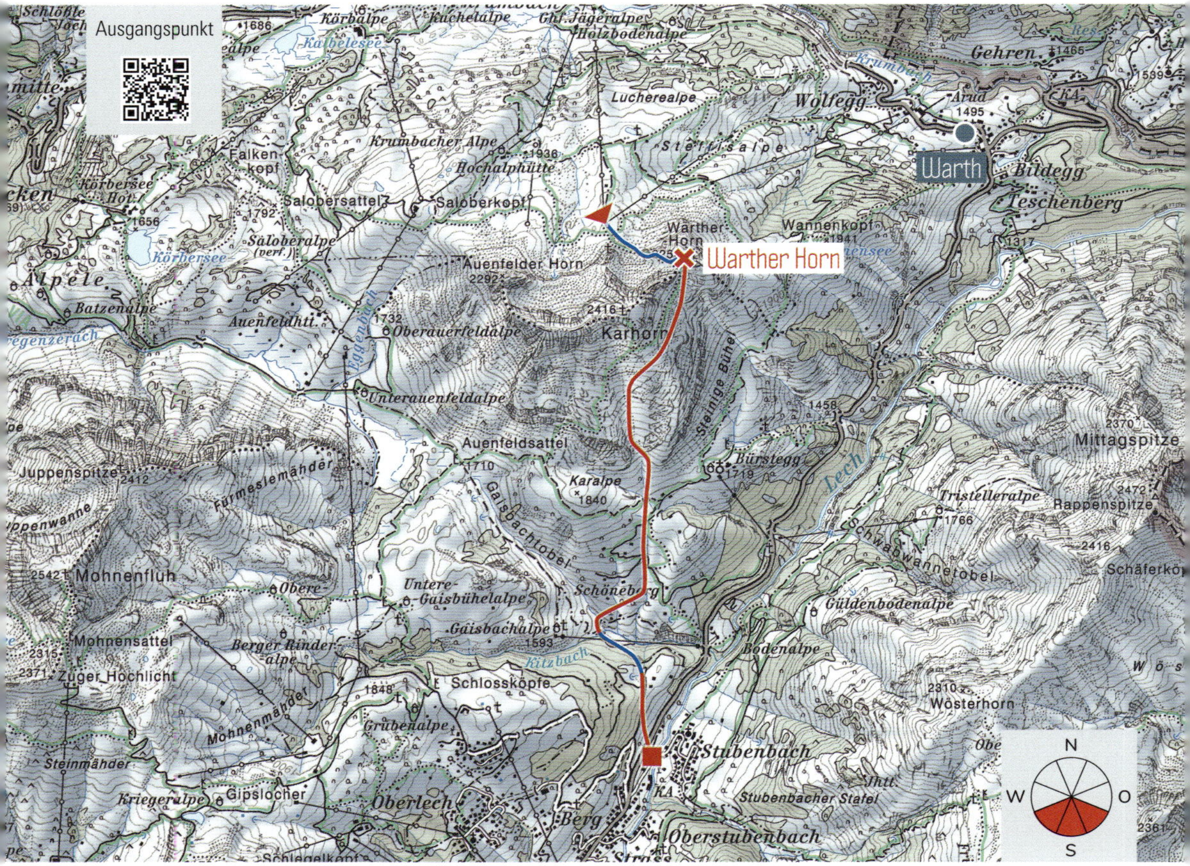

Ausgangspunkt

Warth

Warther Horn

FACTS

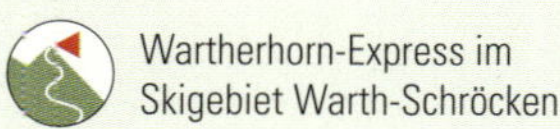
Wartherhorn-Express im Skigebiet Warth-Schröcken

Wechten am Warther-Horn-Sattel

↑ 195 m ↓ 820 m

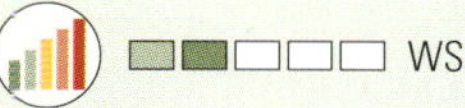
WS

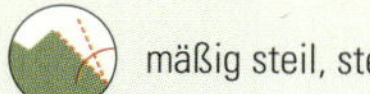
mäßig steil, steil

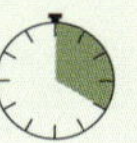
1.45 Std.

Aufstieg Hinter der Bergstation des Wartherhorn-Express (2038 m) traversiert man den steilen Nordosthang in die große Wanne zwischen Warther Horn und Karhorn. In dieser großen Wanne mit ein paar Spitzkehren weiter aufsteigen bis zum Sattel zwischen Warther Horn und Karhorn, dem Warther-Horn-Sattel (2193 m). Achtung vor den Wechten am Sattel.

Abfahrt Vom Sattel zunächst in die linke, südexponierte Flanke des Warther Hornes einfahren und wenige Meter hinab. Unterhalb der meist vorhandenen Wechte des Warther-Horn-Sattels in einer langen Querung unterhalb des Karhornes

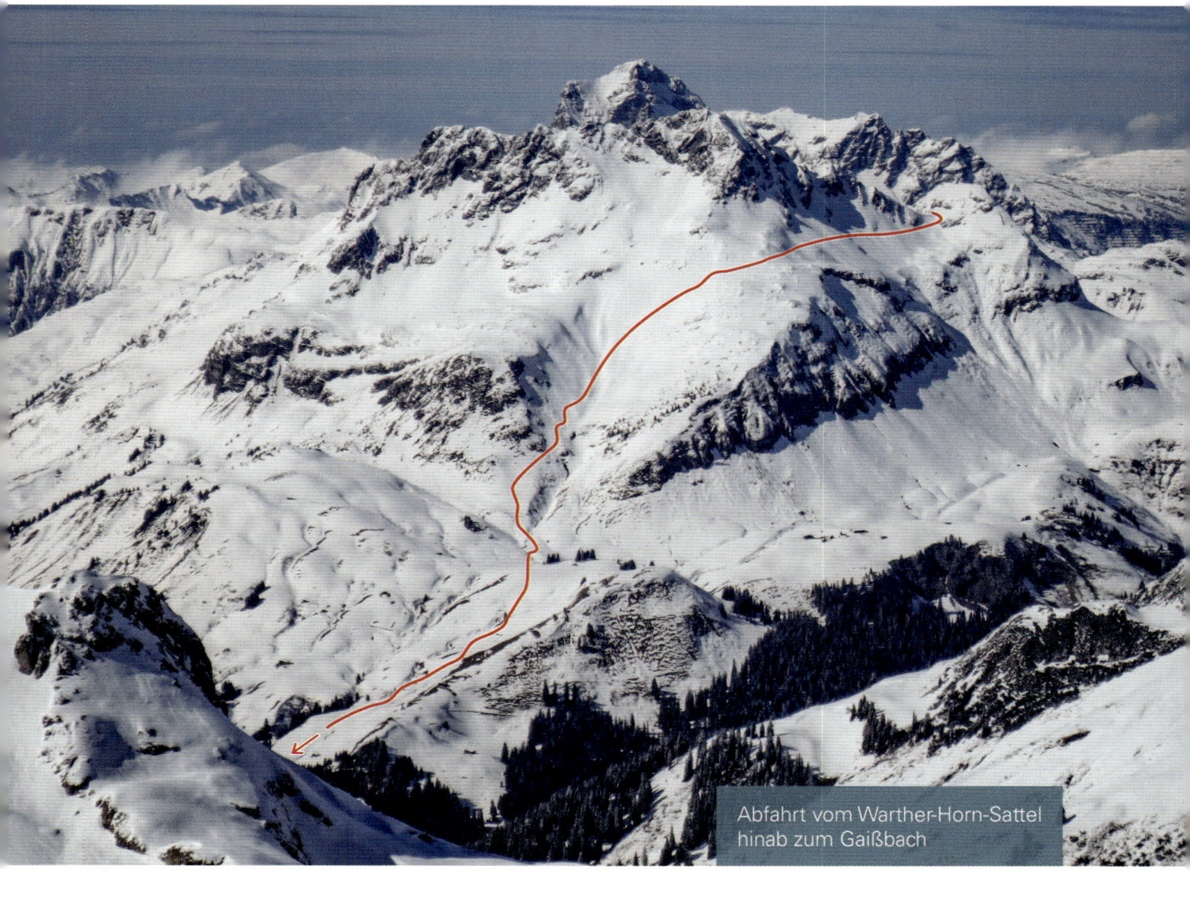

Abfahrt vom Warther-Horn-Sattel hinab zum Gaißbach

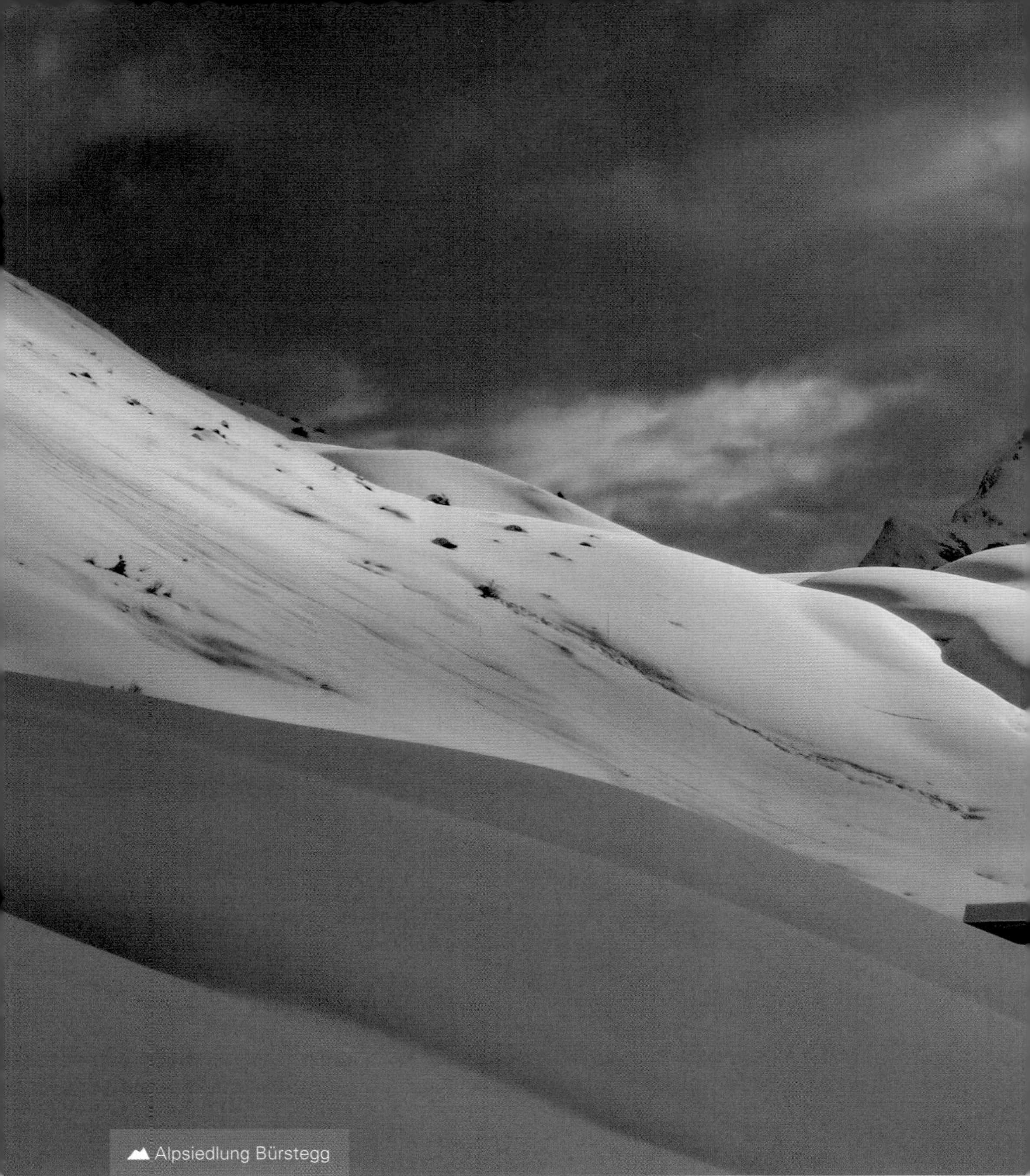

Alpsiedlung Bürstegg

nach rechts in das Karegg (2130 m) hinausqueren. Vorsicht vor Nassschneerutschen! Vom Karegg die breite Mulde in südliche Richtung hinab. Die Mulde verengt sich an ihrem unteren Ende. Hier müssen häufig Gleitschneemäuler, am besten nach rechts, umfahren werden. Weiter über die schönen, sanften Hänge hinab in Richtung Gaißbach. Gegen Ende hält man sich rechts und ge-

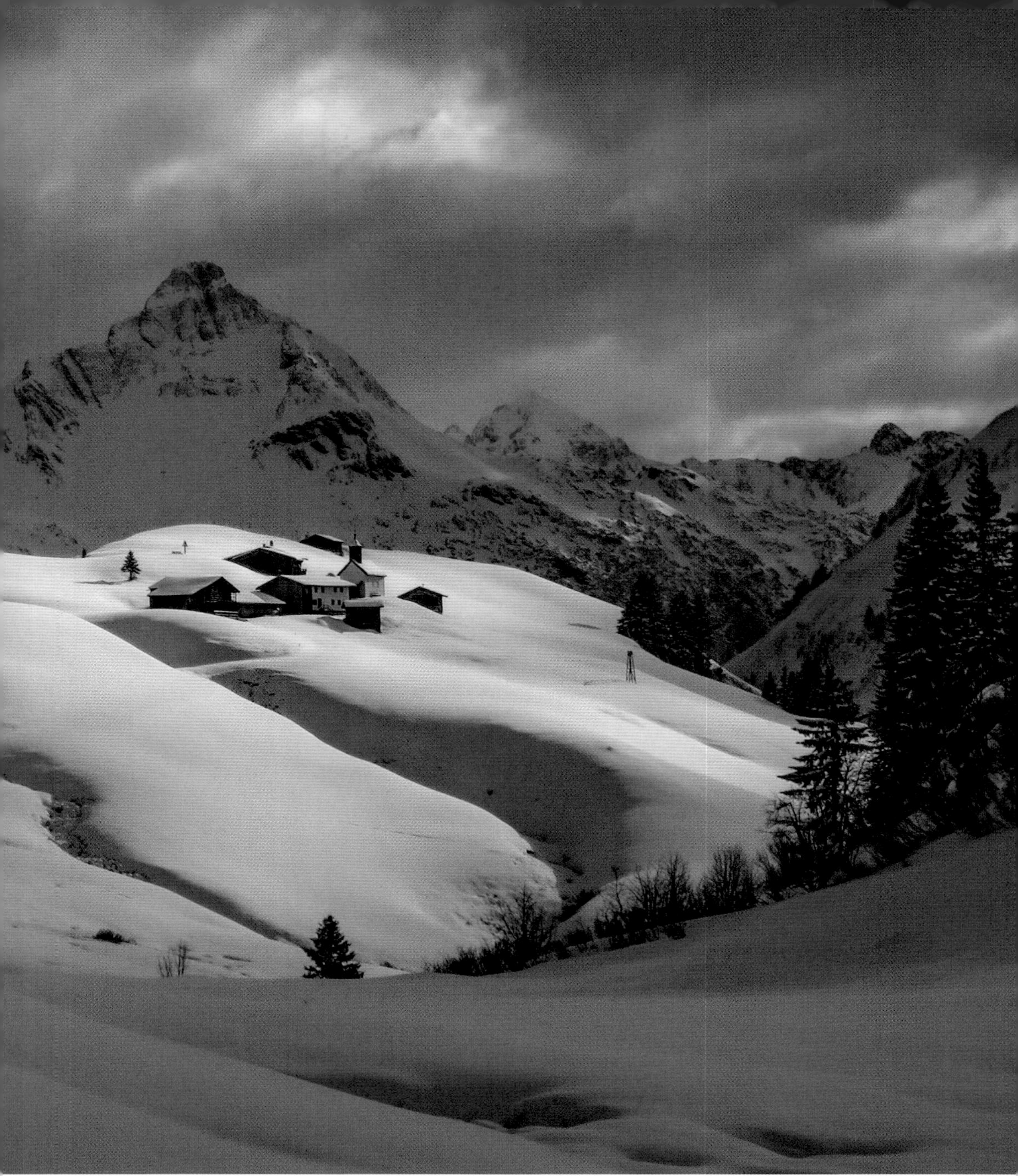

langt über den Sommerweg hinab zum Gaißbach (1480 m). Den Bach überqueren. Nun folgt ein etwa zehnminütiger Gegenaufstieg (Ski tragen) durch den Wald, bis man eine offene Fläche mit schönen Heustadeln erreicht. Von hier kann man rechts haltend nach Lech-Stubenbach abfahren und gelangt mit dem Skibus zurück nach Lech.

HOCHBERG 2324 m

Eine großartige Freeride-Tour, die durch das steile Schwarze Loch und über das Fürggele- und das Schafalpjoch in einer beeindruckenden Gebirgslandschaft nach Schoppernau-Landsteg führt. Die nordseitige Exposition sorgt lange für gute Schneequalität, aber Achtung: In Kombination mit dem steilen Gelände erfordert es auch eine günstige Lawinensituation, um diese lohnenswerte Tour durchzuführen.

Zugang Von der Bergstation der Steinmähderbahn in Treppenschritten in südliche Richtung in den Mohnensattel (2315 m) aufsteigen.

Abfahrt 1 Vom Mohnensattel nun nordwestseitig, sich immer leicht links haltend, zum schneebedeckten Butzensee (2120 m) abfahren.

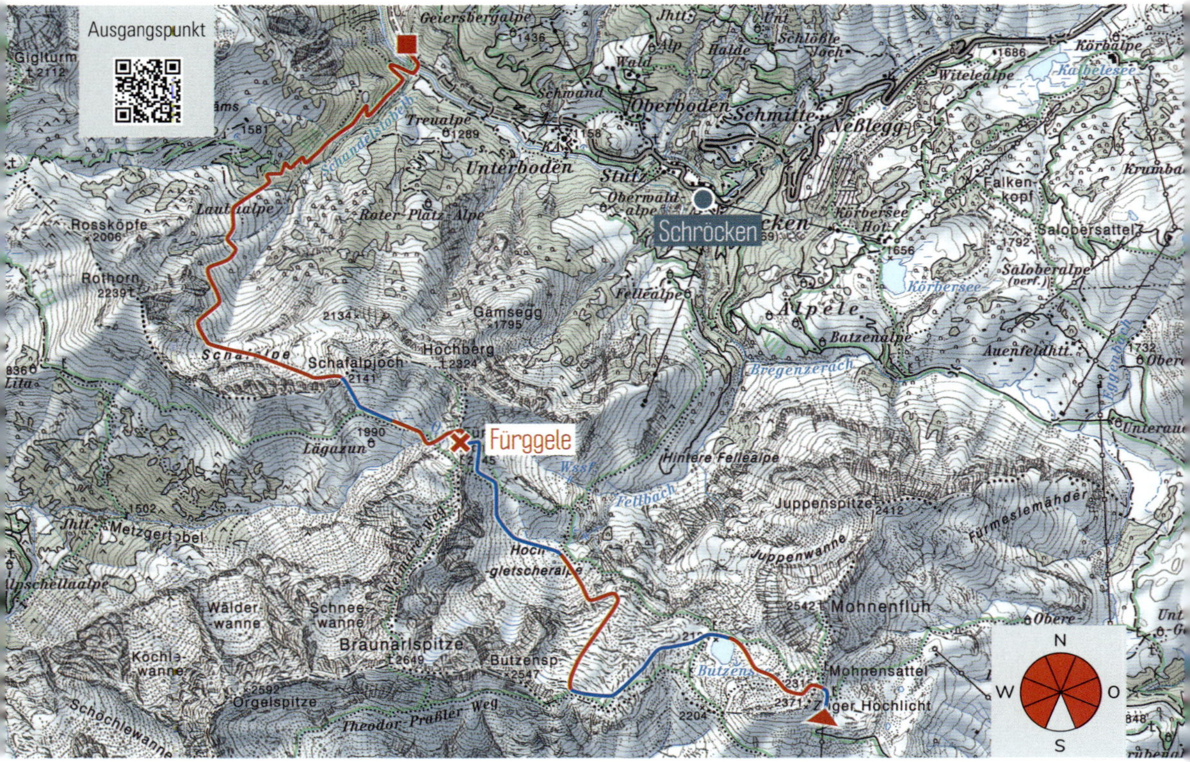

FACTS

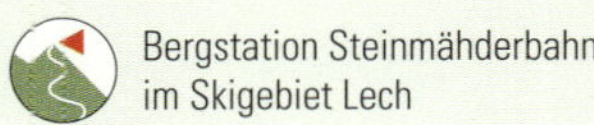
Bergstation Steinmähderbahn im Skigebiet Lech

Abrutschgefahr im Bereich des Schwarzen Lochs, Wechten am Fürggelejoch

↑ 630 m ↓ 1825 m

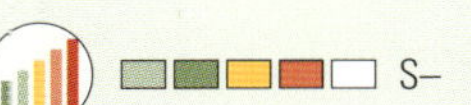
S–

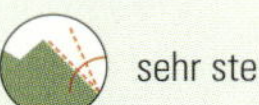
sehr steil

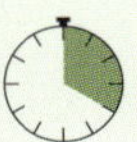
3.45 Std.

Aufstieg 1 Vom Butzensee mit Fellen in südwestliche Richtung über das gestufte Gelände bis auf eine Höhe von ca. 2300 m unterhalb des Butzengrates aufsteigen.

Abfahrt 2 **Schwarzes Loch:** Von hier fährt man über die weiten und schönen Hänge in nordöstliche Richtung, sich ständig leicht rechts haltend, bis vor eine Felsstufe auf einer Höhe von 2100 m ab. (Die große Wanne mit dem traumhaften Skigelände unterhalb der Butzenspitze verleitet, ihr zu folgen. Jedoch führt diese Wanne im unteren Bereich in extremes Steilgelände und es besteht Absturzgefahr. Auch wenn bereits Spuren vorhanden sind, dort nur abfahren, wenn die Linie und aktuellen Verhältnisse bekannt sind!) Ab 2100 m wird es steiler. Man fährt in nordwestliche Richtung, sich an der rechten Geländekante haltend, einen ersten steilen Hang ab. Nach ca. 50 m quert man nach links

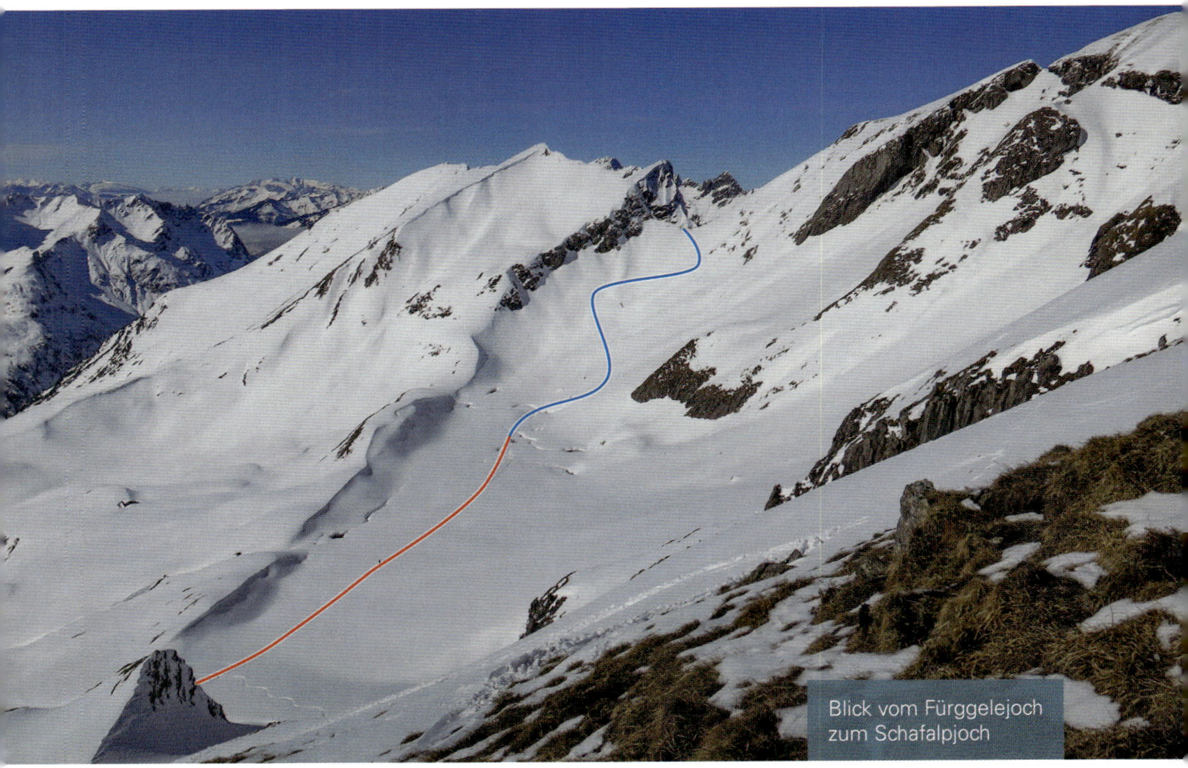

Blick vom Fürggelejoch zum Schafalpjoch

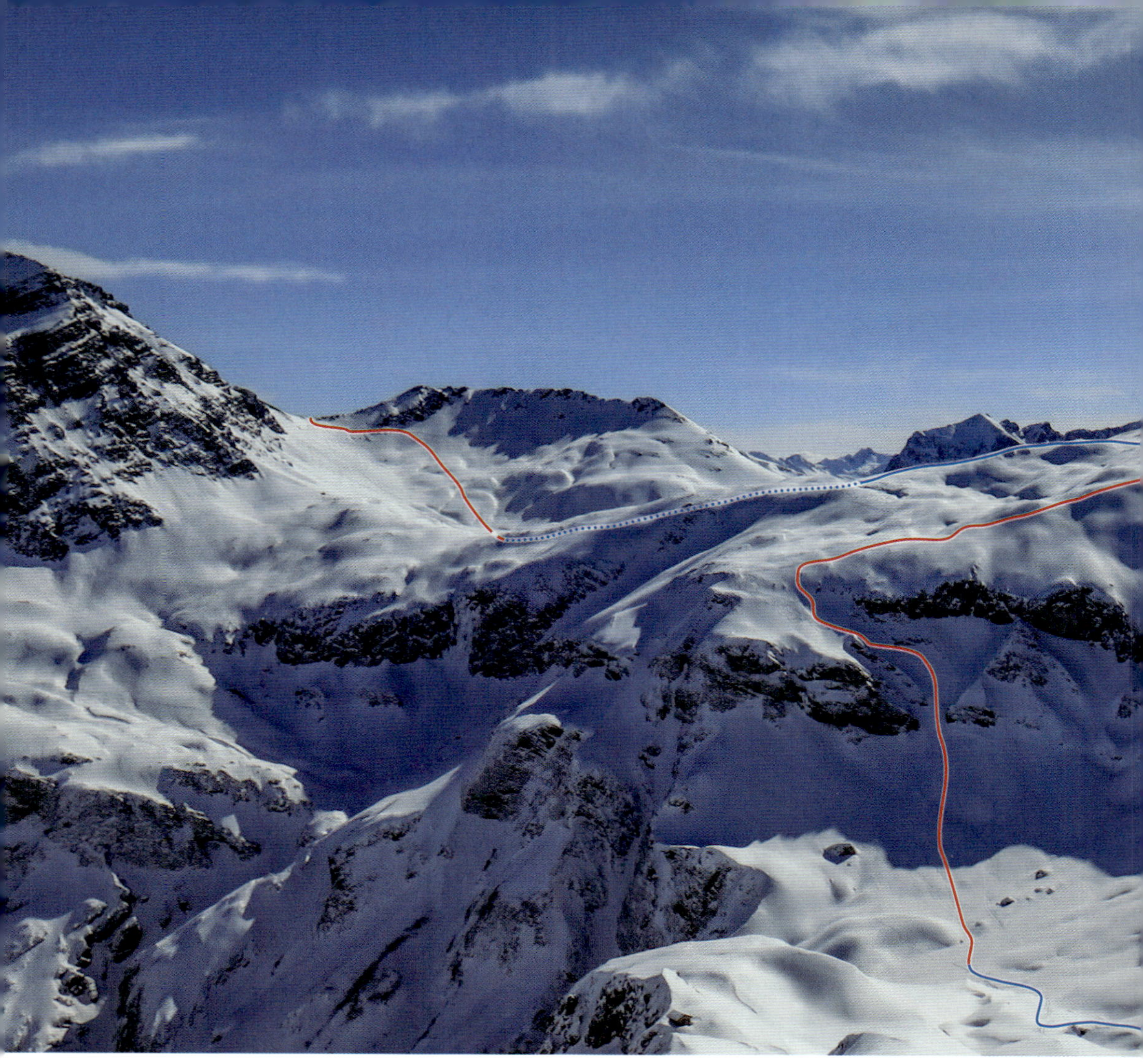

in eine große, steile Wanne und fährt durch diese in die flachen Böden der Hochgletscheralpe ab.

Aufstieg 2 **Fürggelejoch:** Von der Hochgletscheralpe in nördliche Richtung auf das Fürggelejoch aufsteigen. Der Übergang auf das Joch ist oftmals überwechtet, benötigt eine gute Spuranlage und etwas Vorsicht.

Abfahrt 3 Vom Joch einen Westhang abfahren. Nach diesem quert man nach rechts in die flachen Böden (2040 m) unterhalb des Hochbergs zum nächsten Fellanlegeplatz.

Aufstieg 3 **Schafalpjoch:** Von dort wird noch einmal 20 Min. unkompliziert in großen Kehren in das Schafalpjoch (2141 m) aufgestiegen.

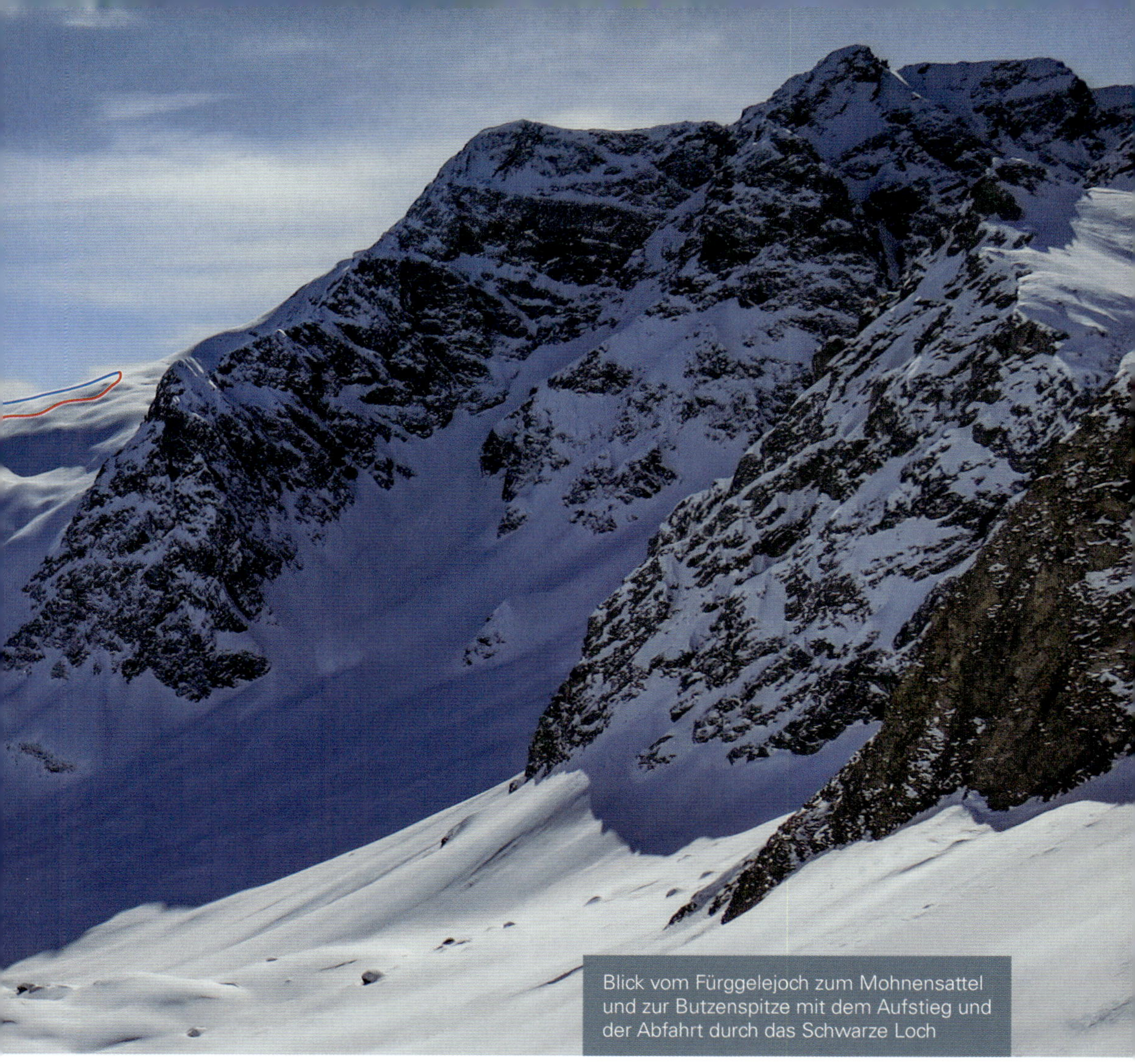

Blick vom Fürggelejoch zum Mohnensattel und zur Butzenspitze mit dem Aufstieg und der Abfahrt durch das Schwarze Loch

Abfahrt 4 **Nach Landsteg:** Vom Schafalpjoch in nordwestliche Richtung über traumhafte Tiefschneehänge und eine breite Wanne hinab. Spätestens in einer Höhe von 1670 m auf die linke Hangseite unterhalb des Rothorns wechseln und direkt über die schönen Nordosthänge abfahren. Gegen Ende der ersten Abfahrt links haltend zur Laubaalpe (1515 m) und an dieser vorbei. Am Ende des Hanges über den schmalen, teils exponierten Forstweg an der linken Talseite talauswärts bis zur Bundesstraße nach Landsteg (1090 m).

Transfer Mit kurzem Gegenanstieg und weiteren 100 m in Richtung Schoppernau entlang der Bundesstraße zur Bushaltestelle Landsteg. Von hier mit dem Bus zurück zum Hochtannbergpass und ins Skigebiet Warth-Schröcken. Über das Skigebiet oder mittels der Touren 20 oder 21 zurück zum Ausgangspunkt.

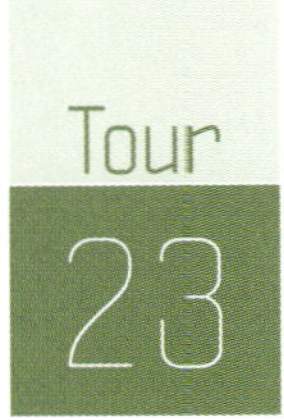

MOHNENSATTEL 2315 m

ABFAHRT KLEMM

Die Mohnenfluh (2542 m) ragt mitten aus dem Skigebiet von Lech und kann mit der beeindruckenden Abfahrt Klemm umrundet werden. Die Schlüsselstelle dieser Abfahrt ist eine sehr steile, nordseitige Rinne. Darum ist diese Rundtour nur erfahrenen und guten Freerider:innen vorbehalten. Die drei Adjektive, die diese Abfahrt am besten beschreiben, sind: steil, exponiert und schön.

Zugang Von der Bergstation der Steinmähderbahn mit Treppenschritten in nördliche Richtung in den Mohnensattel (2315 m) aufsteigen.

Abfahrt Vom Mohnensattel zunächst in nordwestliche Richtung bis kurz oberhalb des Butzensees (2120 m) abfahren. Danach rechts haltend über einen kleinen Rücken hinweg. Es folgen schöne nordseitige Hänge, bevor man nach links über eine große Wanne unterhalb einer Felswand abfährt. Am Ende der Wanne im

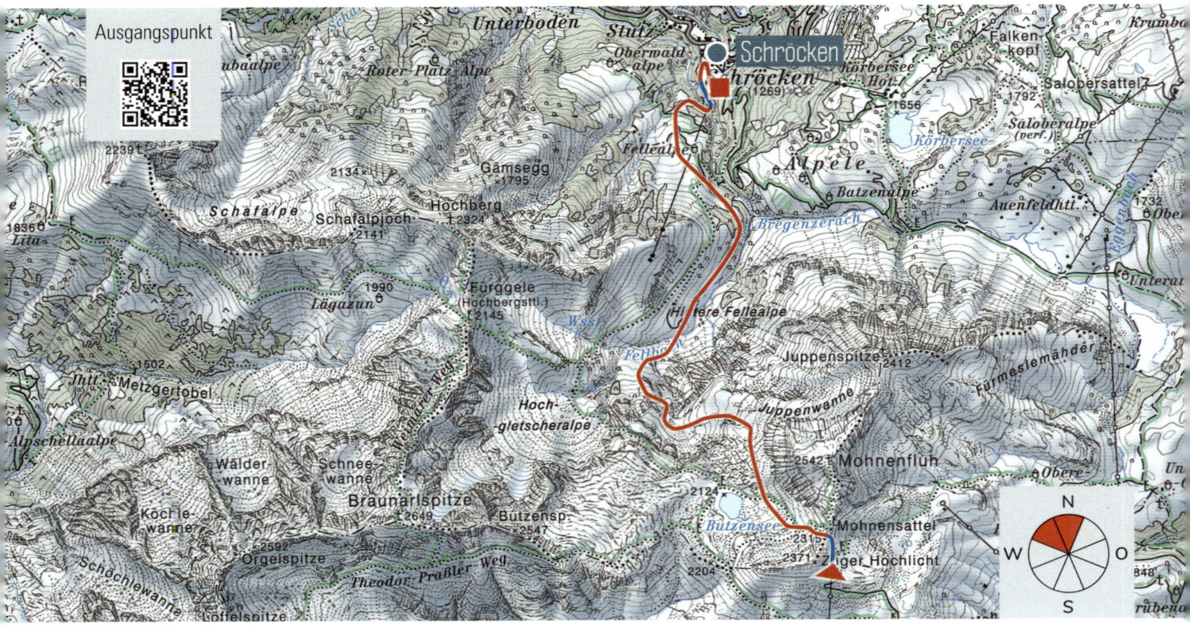

Ausgangspunkt

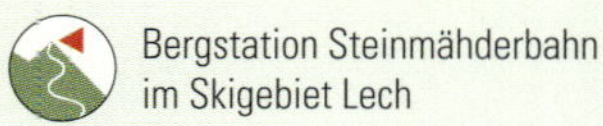
Bergstation Steinmähderbahn im Skigebiet Lech

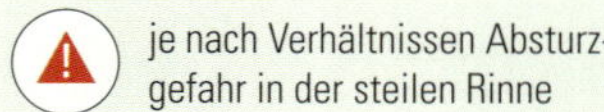
je nach Verhältnissen Absturzgefahr in der steilen Rinne

↑ 40 m ↓ 1060 m

S

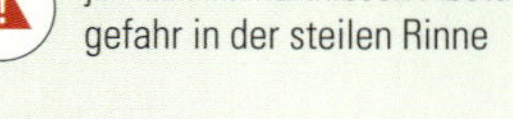
extrem steil

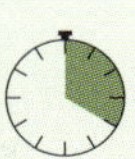
0.45 Std.

sogenannten Butzenloch links haltend weiter über eine steile Rinne hinab. Meistens wird etwa ab der Hälfte der Rinne nach links in einen offenen Hang hinausgequert. In der Rinne besteht insbesondere bei harten oder eisigen Schneeverhältnissen Absturzgefahr. Über den offenen Hang abfahren und je nach Schneelage an einer geeigneten Stelle den Fellbach überqueren und über die linke Talseite talauswärts fahren. Man gelangt zur Fellealpe (1400 m) und fährt in nördliche Richtung über die schönen und sanften Hänge ab. Über einen Güterweg hinab zur Bregenzerach und diese über eine Brücke überqueren. Nach einem kurzen Gegenanstieg kurz über eine Skipiste abfahren zur Bushaltestelle direkt an der Skipiste.

Hinweis Tageszeitliche Erwärmung im Frühjahr bei der Talausfahrt beachten!

Transfer Mit dem Skibus zum Hochtannberg und ins Skigebiet Warth-Schröcken. Zurück nach Lech gelangt man über die Routen Auenfelder Horn (Tour Nr. 20) oder Warther-Horn-Sattel (Tour Nr. 21).

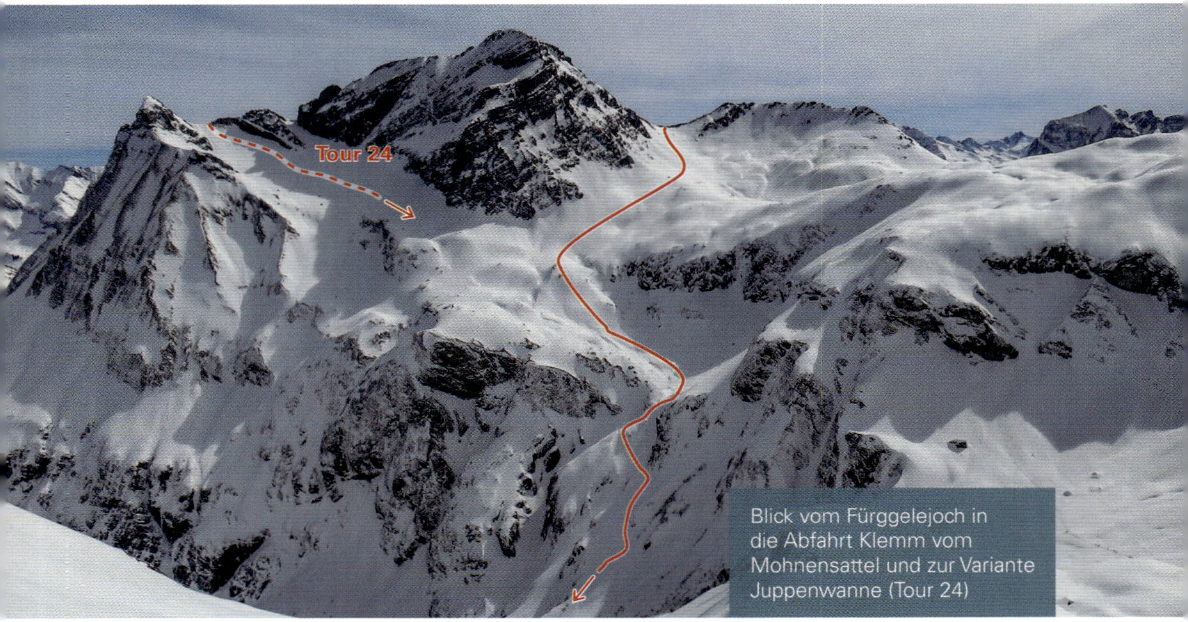

Blick vom Fürggelejoch in die Abfahrt Klemm vom Mohnensattel und zur Variante Juppenwanne (Tour 24)

Tour

24 JUPPENSPITZE 2412 m

Die Tour auf die Juppenspitze verbindet die Gebiete Lech und Warth und verläuft über schöne gestufte und ostexponierte Hänge. Besonders interessant ist die Tour, wenn man sie in einer Rundtour mit einer weiteren Variante kombiniert, die einen zurück zum Startpunkt bringt. Im Gegensatz zu den anspruchsvollen Varianten über den Mohnensattel (Tour 22, Hochberg oder Tour 23, Klemm) handelt es sich hierbei um eine gutmütige Variante, die häufig mit tollem Pulverschnee aufwartet oder im Spätwinter mit schönen Firnverhältnissen.

Aufstieg Vom Ausstieg der Rotschrofenbahn geradeaus zum bereits sichtbaren Fellanlegeplatz kurz abfahren. Von dort eine kurze Steilstufe über einen Rücken in nordöstliche Richtung aufsteigen. Am besten, man orientiert sich zunächst in den Sattel zwischen Mohnenfluh und Juppenspitze. Nach der kurzen Steilstufe geht es nach rechts, unterhalb der steilen Südostflanke der Juppenspitze hinweg, auf den Ostrücken der Juppenspitze hinaus und über den Ostrü-

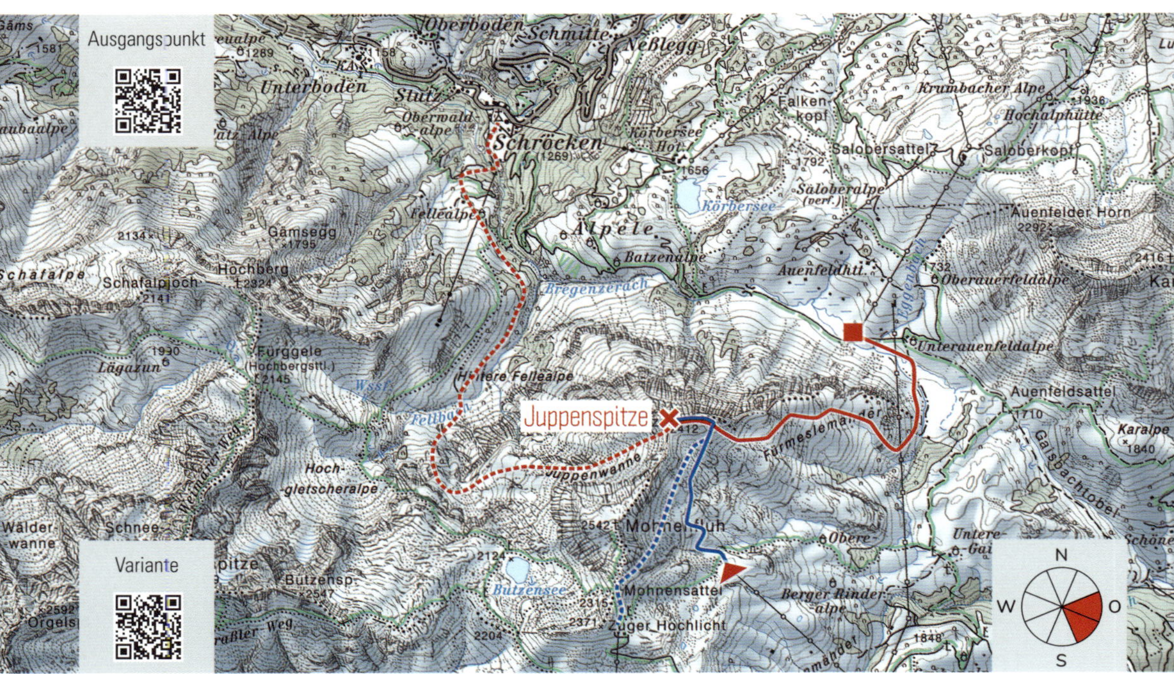

FACTS

 Bergstation Rotschrofenbahn; für die Variante: Steinmähderbahn

 keine

 ↑ 280 m ↓ 760 m

WS

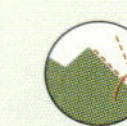 mäßig steil, steil

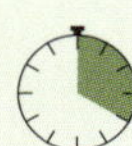 1.15 Std.

cken weiter bis zum Skidepot kurz unterhalb des Gipfels. Wer möchte, kann abschließend in leichter Kletterei auf den Gipfel der Juppenspitze aufsteigen.

Abfahrt Zunächst entlang des Rückens in östliche Richtung abfahren. Es geht über die gestuften Hänge der Fürmeslemähder über tolle Freeride-Hänge, die zu weiten Schwüngen einladen, talwärts. Vorsicht vor den kurzen und teilweise tückischen Steilstufen. Diese umfährt man am besten, indem man sich ständig links hält. Am Ende der Abfahrt auf der rechten Seite über einen Rücken direkt unterhalb des Auenfeldjets abwärts und, bevor es auf die flachen Böden des Auenfeldes geht, nach links zum Skilift Sonnenjet im Skigebiet Warth queren.

Varianten Von der Bergstation der Steinmähderbahn mit Treppenschritten in nördliche Richtung in den Mohnensattel (2315 m) aufsteigen. Vom Sattel noch etwas weiter entlang des Rückens aufsteigen. Danach unterhalb der Felswände der Mohnenfluh in östliche Richtung queren, steil und leicht exponiert um einen

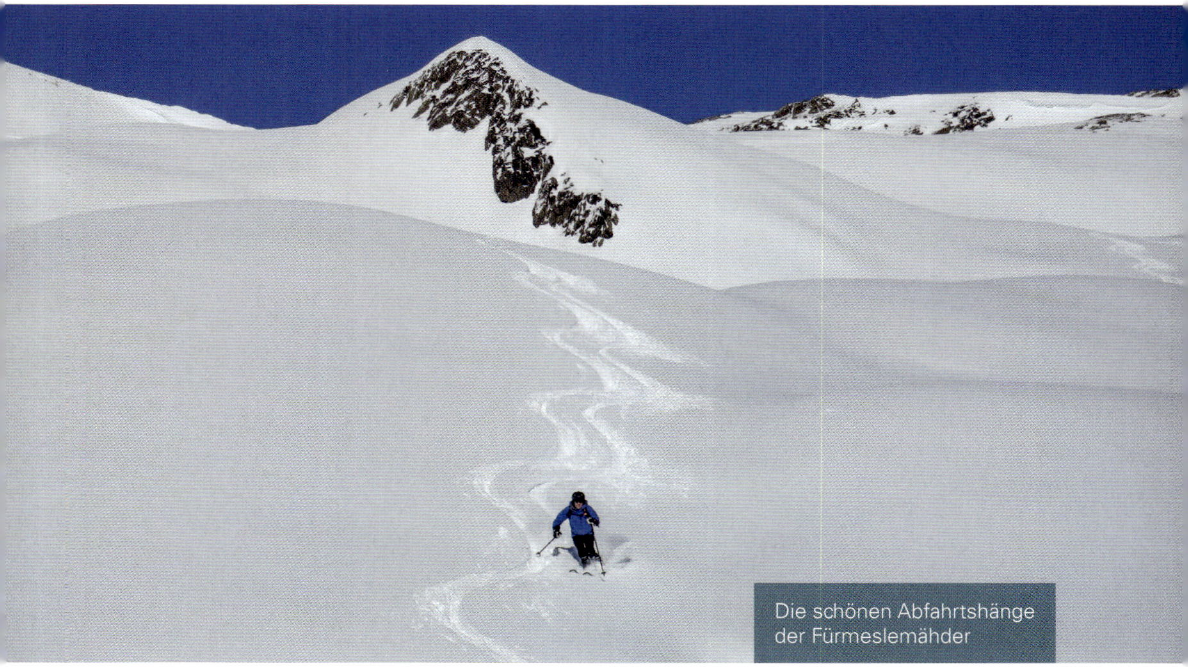

Die schönen Abfahrtshänge der Fürmeslemähder

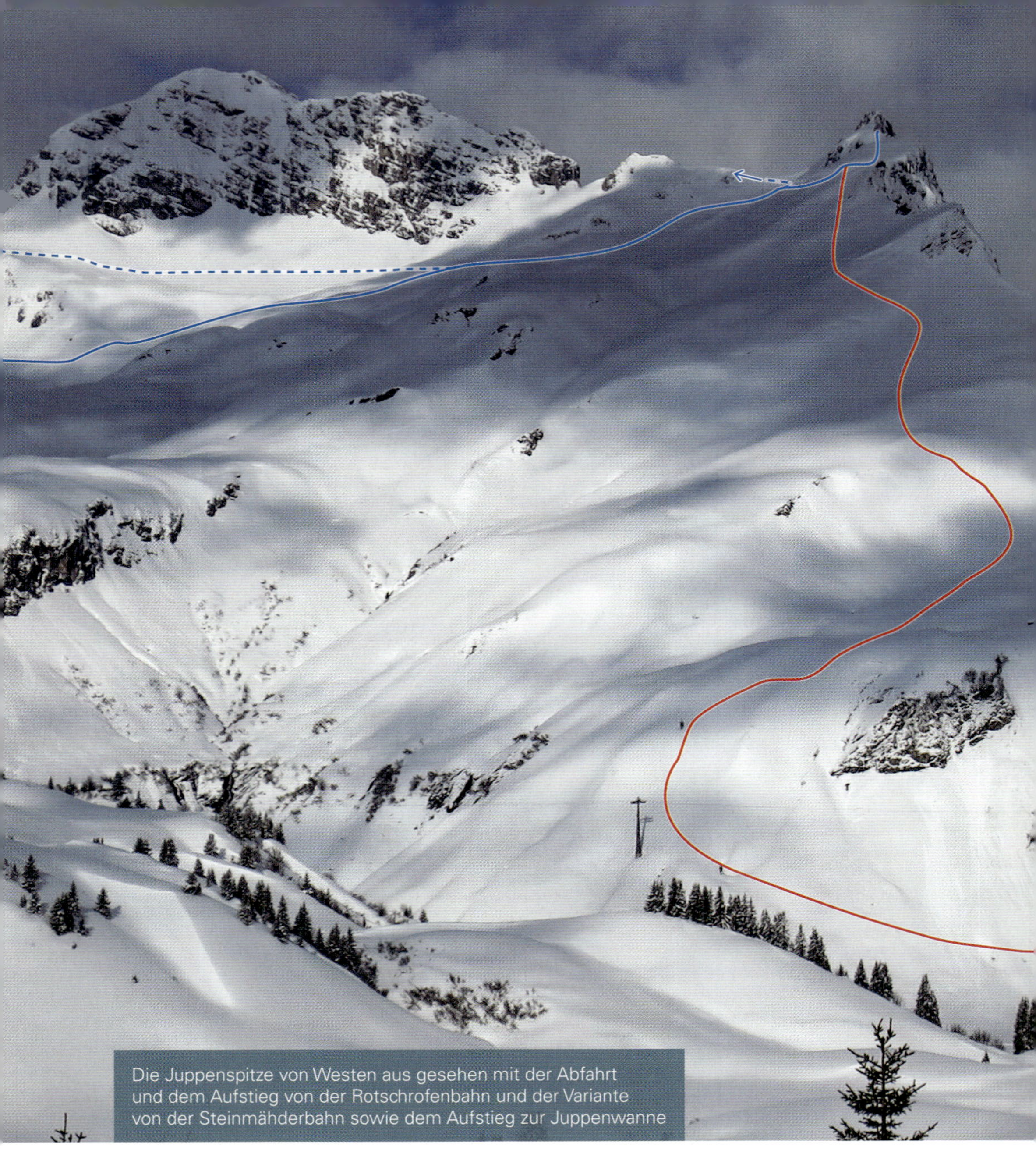

Die Juppenspitze von Westen aus gesehen mit der Abfahrt und dem Aufstieg von der Rotschrofenbahn und der Variante von der Steinmähderbahn sowie dem Aufstieg zur Juppenwanne

Rücken herum und in Richtung Juppenspitze weiterqueren. So gelangt man auf den eingangs beschriebenen Aufstieg. Jetzt gibt es zwei Möglichkeiten: entweder über diesen weiter aufsteigen oder weiter zu den Hängen der Fürmeslemähder queren und über diese abfahren. Diese Variante wird zwar von vielen Skischulgruppen gewählt, ist aber aufgrund der langen Querung und des Aufstieges mit Treppenschritten etwas mühsam.

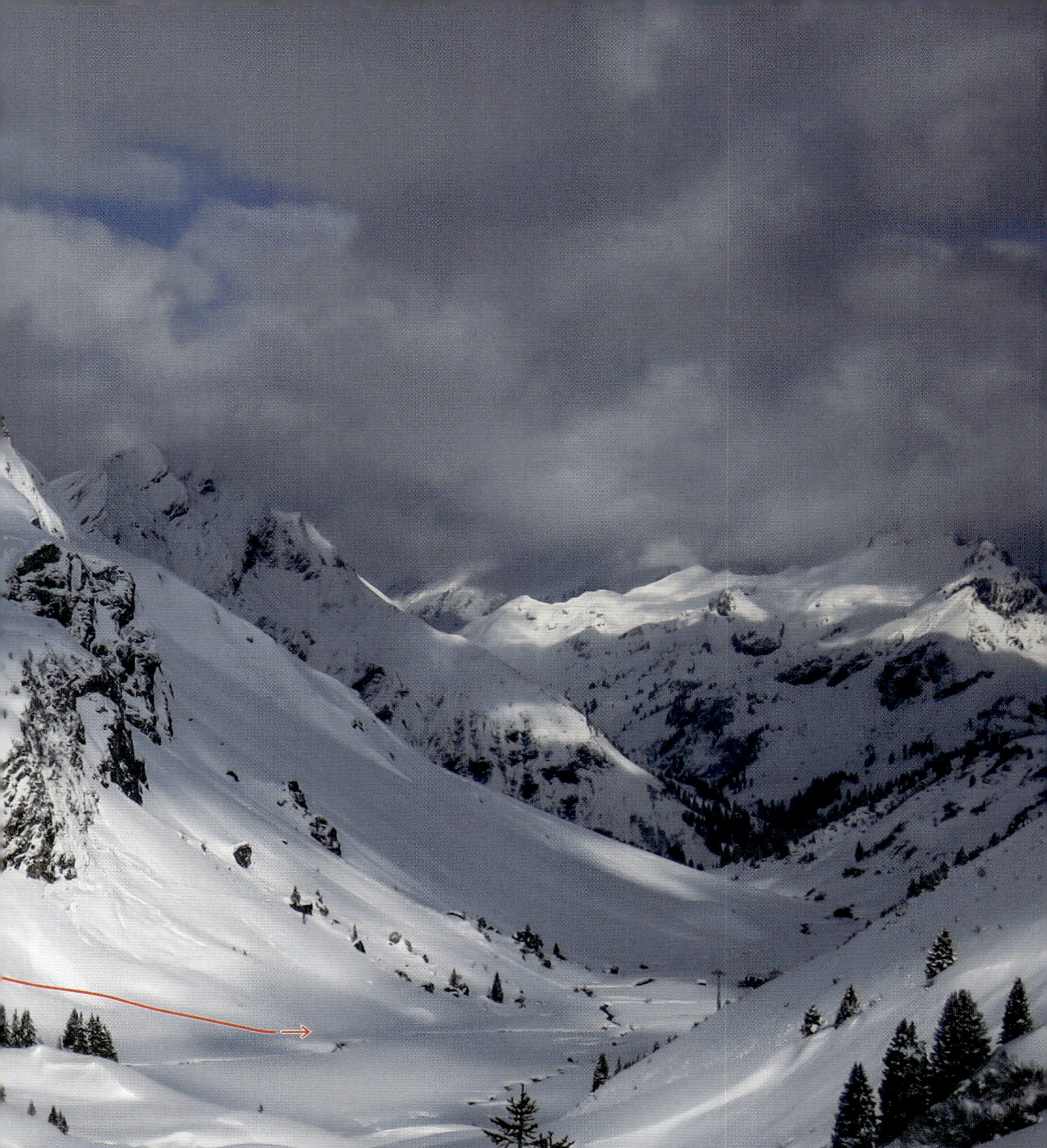

Variante **Juppenwanne:** Es kann auch direkt in den Sattel zwischen Juppenspitze und Mohnenfluh und über den Grat zum Gipfel der Juppenspitze aufgestiegen werden. Dann empfiehlt sich die nordseitige Abfahrt über die Juppenwanne, bis man auf einer Höhe von 2050 m auf die anspruchsvolle Abfahrt über die Klemm trifft (siehe Tour 23, Mohnensattel) und über diese weiter bis nach Schröcken abfährt.

Tour 25

WÖSTER 2360 m

Der Wöster ist ein beeindruckender Gebirgskamm mit drei Spitzen (Südliche Wösterspitze, 2537 m, Mittlere Wösterspitze, 2557 m, Nördliche Wösterspitze, 2558 m).

Bei der hier beschriebenen Tour wird bis auf die Schulter der Südlichen Wösterspitze aufgestiegen und über wunderbare, lange und gestufte Westhänge abgefahren. Im Frühwinter wartet bei rechtzeitigem Start eine tolle Tiefschneeabfahrt, im Frühjahr kann man mit besten Firnverhältnissen rechnen. Der Ausblick auf Lech und in das Zuger Tal ist beeindruckend. Kein Wunder, dass diese Abfahrt zu den Klassikern am Arlberg gehört – und zu meinen Lieblingsabfahrten.

Zugang Von der Bergstation der Rüfikopfbahn (2330 m) der Skipiste unterhalb des Rüfikopfes für ca. 200 m folgen, bis man die Piste mit kurzen Treppenschritten nach links verlässt, um auf den Rücken des Rüfikopfes aufzusteigen (2320 m).

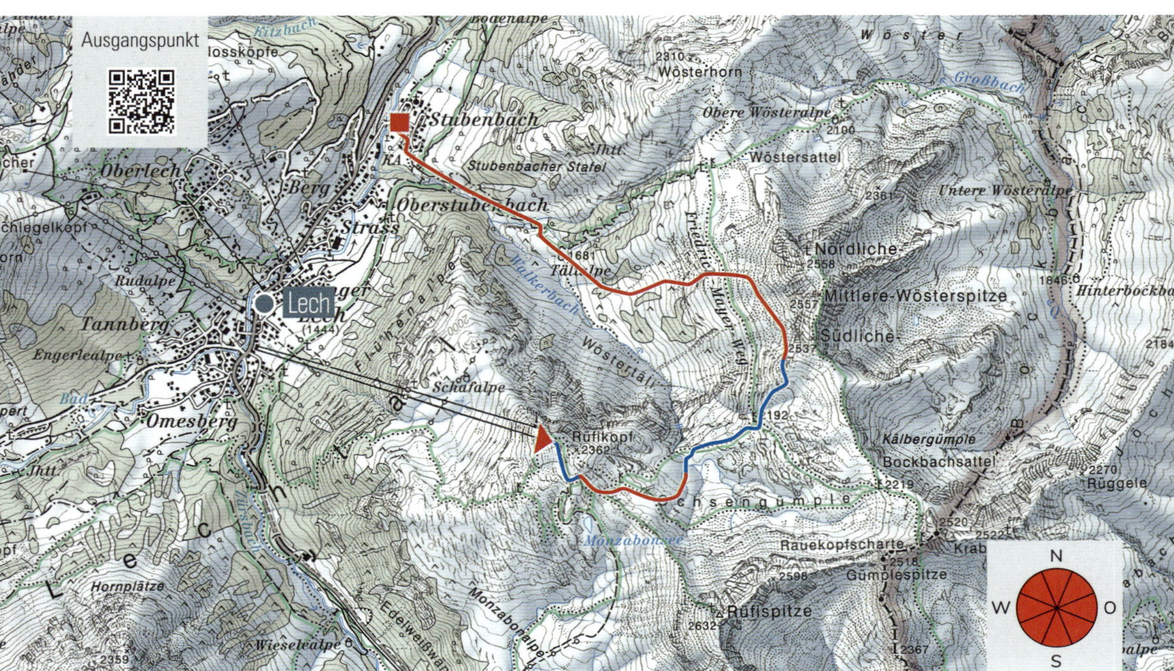

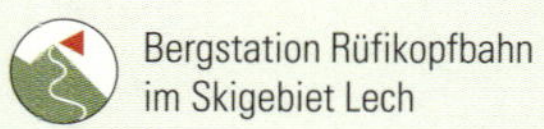

Bergstation Rüfikopfbahn im Skigebiet Lech

Absturzgefahr am Rücken

↑ 250 m ↓ 1150 m

ZS

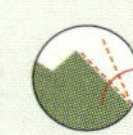

mäßig steil, steil

1.45 Std.

Abfahrt 1 Nun in südöstliche Richtung über eine Mulde in das Monzabonjoch abfahren. Dort auf der linken Seite in die große Wanne queren und über die nordostexponierten Hänge, das sogenannte Ochsengümple, abfahren. Auf den flachen Böden des Ochsengümples (2090 m) heißt es Felle aufziehen.

Aufstieg Der Aufstieg erfolgt entlang des Rückens, der sich zur Südlichen Wösterspitze hinaufzieht, bis auf eine Höhe von 2360 m. Dort schnallt man die Ski ab und quert, die Ski tragend, leicht exponiert nach links auf die Bergschulter hinaus. Hinter der Schulter können die Ski wieder angeschnallt werden.

Abfahrt 2 Nun zuerst unterhalb der Felswände der drei Wösterspitzen in nördliche Richtung traversieren bis unterhalb der Nördlichen Wösterspitze. Von hier kann man direkt über eine weite Mulde 600 Höhenmeter in das Wöstertäli abfahren. Dort trifft man auf die markierte Skipiste „Langer Zug", der man bis nach Lech folgt.

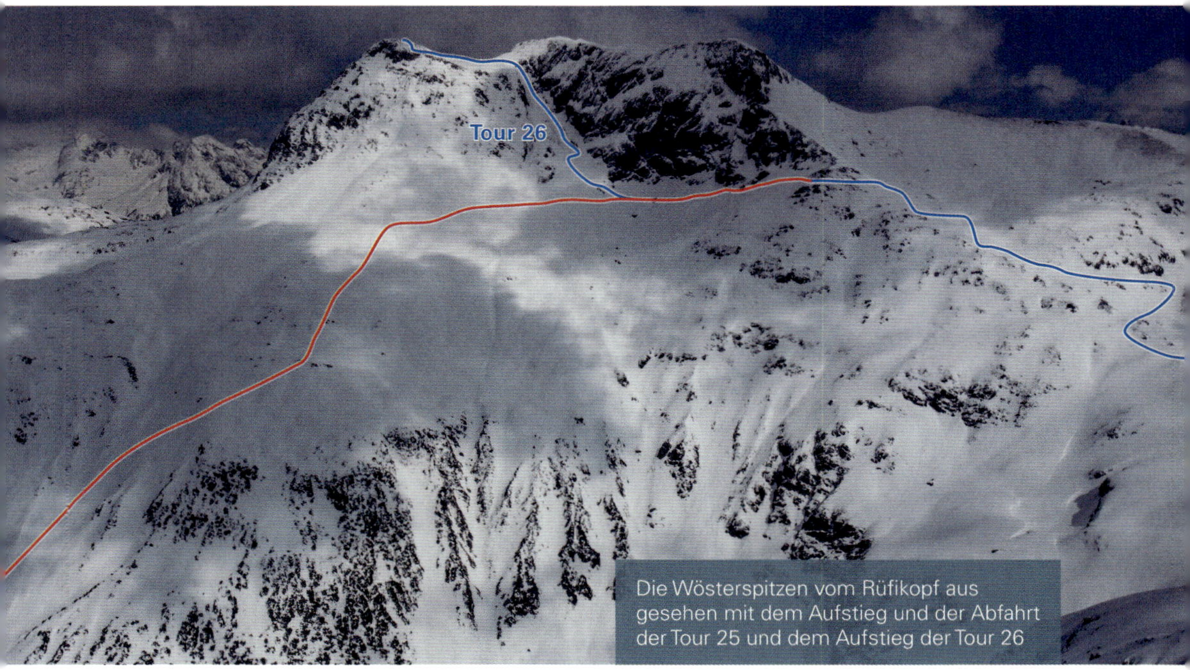

Tour 26

Die Wösterspitzen vom Rüfikopf aus gesehen mit dem Aufstieg und der Abfahrt der Tour 25 und dem Aufstieg der Tour 26

NÖRDLICHE 2558 m und MITTLERE WÖSTERSPITZE 2557 m

Eine klassische Freeride-Tour, die alle Wünsche erfüllt: Am Anfang steht ein steiler Aufstieg, der mit einem beeindruckenden Blick hinab nach Lech und auf die Wösterspitzen belohnt. Es folgt eine kurze Mutprobe in Form eines kleinen Sprungs über eine Wechte in das steile Gipfelkar. Danach warten lange und tolle ostexponierte Tiefschneehänge, bevor es landschaftlich beeindruckend durch das Bockbachtal hinaus nach Steeg geht.

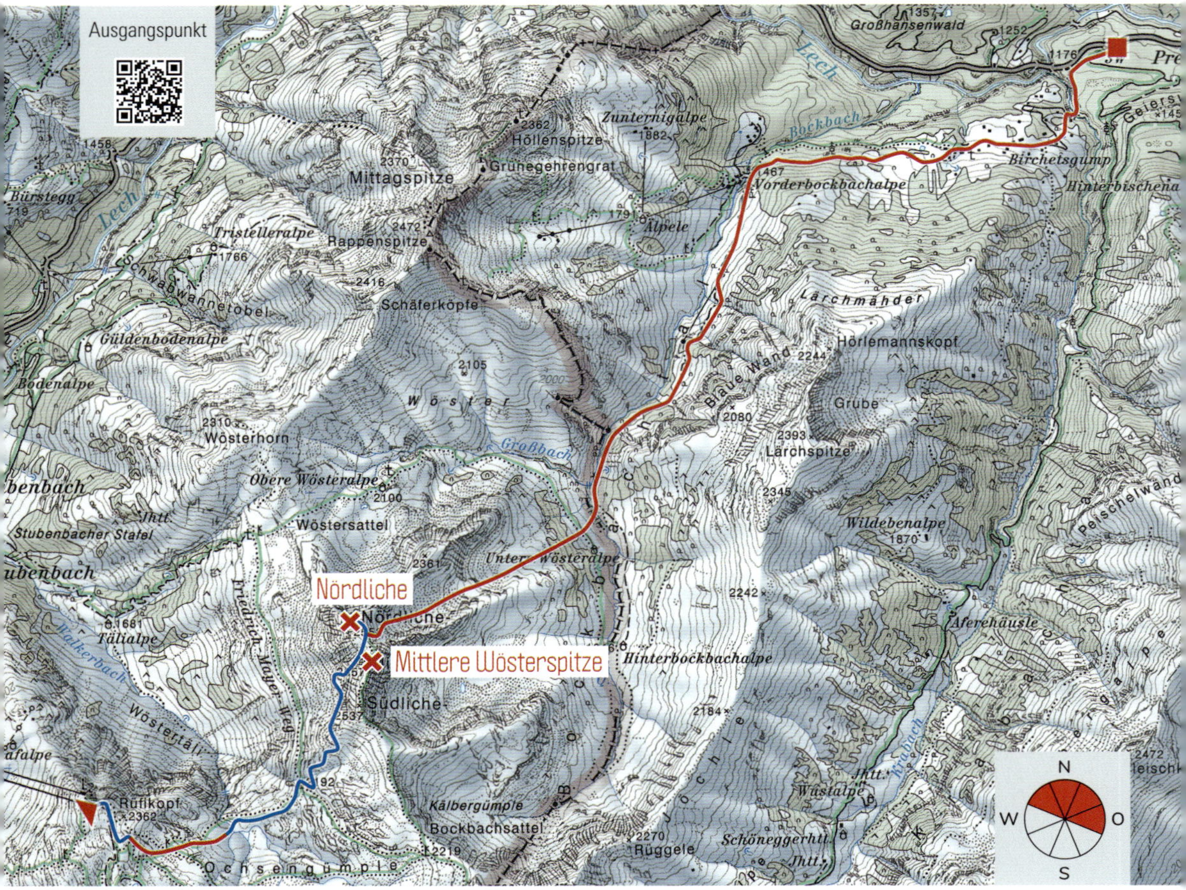

Ausgangspunkt

Nördliche

Mittlere Wösterspitze

FACTS

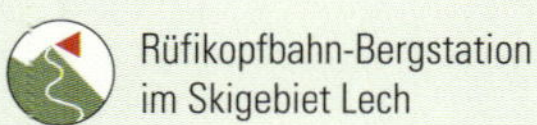
Rüfikopfbahn-Bergstation im Skigebiet Lech

Wechten am Joch

↑ 510 m ↓ 1650 m

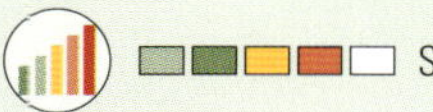
S

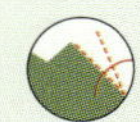
sehr steil

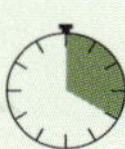
3.00 Std.

Zugang Von der Bergstation der Rüfikopfbahn der Skipiste unterhalb des Rüfikopfes für ca. 200 m folgen, bis man die Piste mit kurzen Treppenschritten nach links verlässt.

Abfahrt 1 Über eine Mulde in das Monzabonjoch abfahren und dort linker Hand in den großen Kessel, das sogenannte Ochsengümple, fahren. Auf den flachen Böden des Ochsengümples heißt es, die Felle aufzuziehen.

Aufstieg Der Aufstieg erfolgt entlang des Rückens, der sich zur Südlichen Wösterspitze hinaufzieht, bis auf eine Höhe von 2330 m. Dort schnallt man die Ski ab und quert, die Ski tragend, leicht exponiert nach links auf die Bergschulter hinaus. Hinter der Schulter können die Ski wieder angeschnallt werden. Man traversiert unterhalb der Südlichen Wösterspitze auf die bereits gut sichtbare,

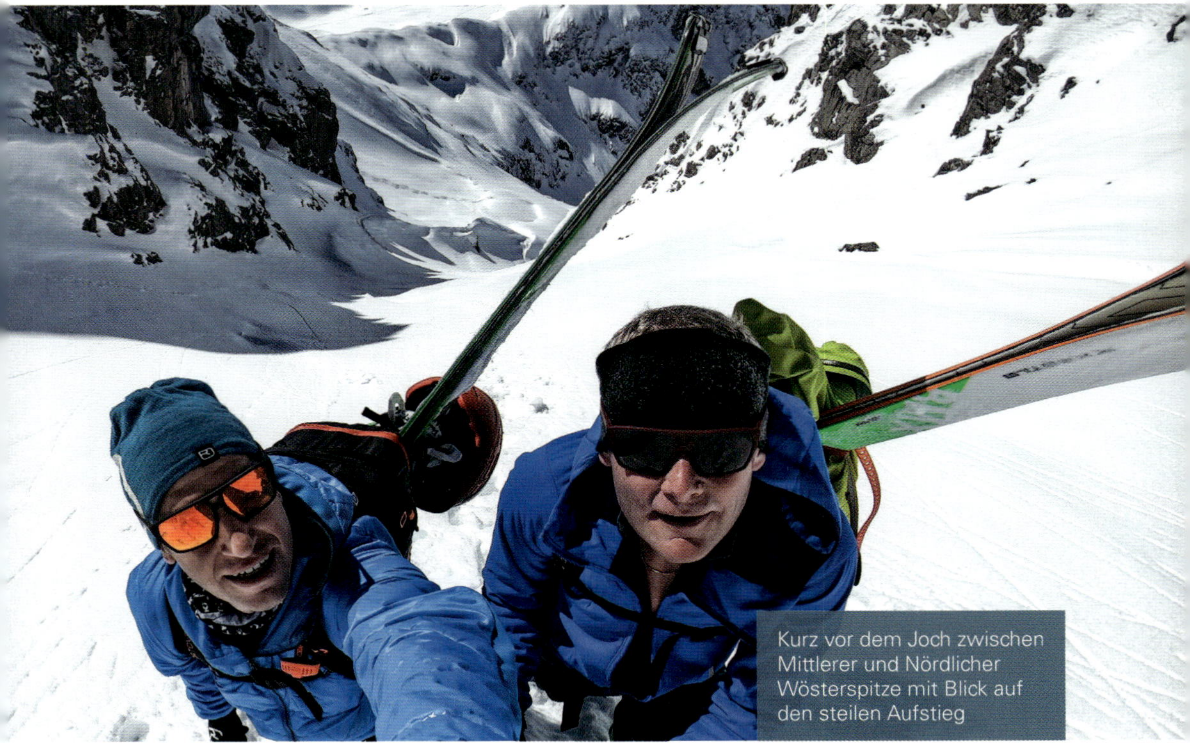

Kurz vor dem Joch zwischen Mittlerer und Nördlicher Wösterspitze mit Blick auf den steilen Aufstieg

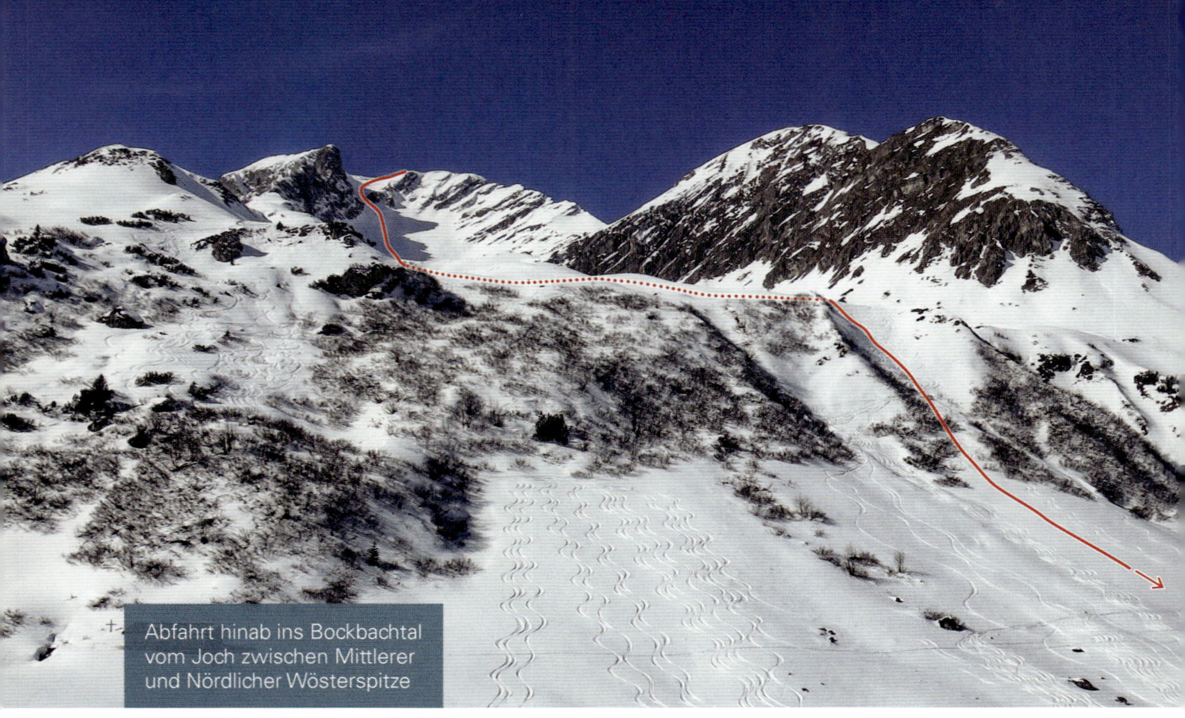
Abfahrt hinab ins Bockbachtal vom Joch zwischen Mittlerer und Nördlicher Wösterspitze

steile Rinne zu, die zum Joch zwischen der Mittleren und Nördlichen Wösterspitze hinaufführt. In dieser Rinne steigt man zunächst noch in steilen Spitzkehren auf, bis das Gelände zu steil wird und der weitere Aufstieg zum Joch (2530 m) stapfend zurückgelegt wird. Vom Joch aus kann die Nördliche und Mittlere Wösterspitze unkompliziert bestiegen werden.

Abfahrt 2 Am Joch ist auf die Gefahr des Wechtenbruchs zu achten. An der tiefsten Stelle der Wechte, meistens auf der linken Seite des Jochs, wird in das ostexponierte, sehr steile Gipfelkar eingefahren. Je nach Verhältnissen kann es sein, dass ein kleiner Sprung notwendig ist. Nach einer kurzen Engstelle öffnen sich wunderschöne ostseitige Schneewannen, durch die direkt bis in den Talboden des Bockbachtals (1745 m) abgefahren wird. Auf der rechten Talseite geht es mit wenig Höhenverlust, teilweise jedoch unangenehm querend, durch das enge Bockbachtal talauswärts. Bei der vorderen Bockbachtalalpe (1470 m) gelangt man auf den Sommerweg, dem man zunächst in Treppenschritten aufsteigend in nordöstliche Richtung für fünf Minuten folgt. Nach dem kurzen Gegenanstieg geht es wieder abwärts, ständig entlang des Sommerweges, bis hinab zur Bushaltestelle Abzweigung Krabach/Bockbachtal.

Transfer Mit dem Lechtalbus (die Benützung ist im Skiticket inkludiert) geht es zurück ins Skigebiet Warth – Schröcken und über das Skigebiet oder mittels der Touren 20 (Auenfelder Horn) oder 21 (Warther-Horn-Sattel) zurück zum Ausgangspunkt.

Tour 27

RÜFISPITZE 2632 m

Alle, die bereits einmal am Arlberg und insbesondere in Lech am Arlberg zum Freeriden oder Skitourengehen waren, kennen die Rüfibahn. Diese Gondelbahn bringt einen vom Dorf Lech über die Schwarze Wand in einer beeindruckenden Gondelfahrt hoch zum Rüfikopf. Oben angekommen sticht sofort die Rüfispitze ins Auge. Für alle alpinangehauchten Freerider:innen verstecken sich auf der Nord- und Westseite dieses imposanten Gipfels ein paar tolle Freeride-Abenteuer.

Zugang Von der Bergstation der Rüfikopfbahn (2330 m) der blauen Skipiste unterhalb des Rüfikopfes für ca. 200 m folgen. Man verlässt die Piste kurz vor einem Felseinschnitt nach links und steigt mit Treppenschritten auf den Rücken des Rüfikopfes auf (2320 m). Nun in südöstliche Richtung über eine Mulde in das Monzabonjoch (2260 m) zum Fellanlegeplatz abfahren.

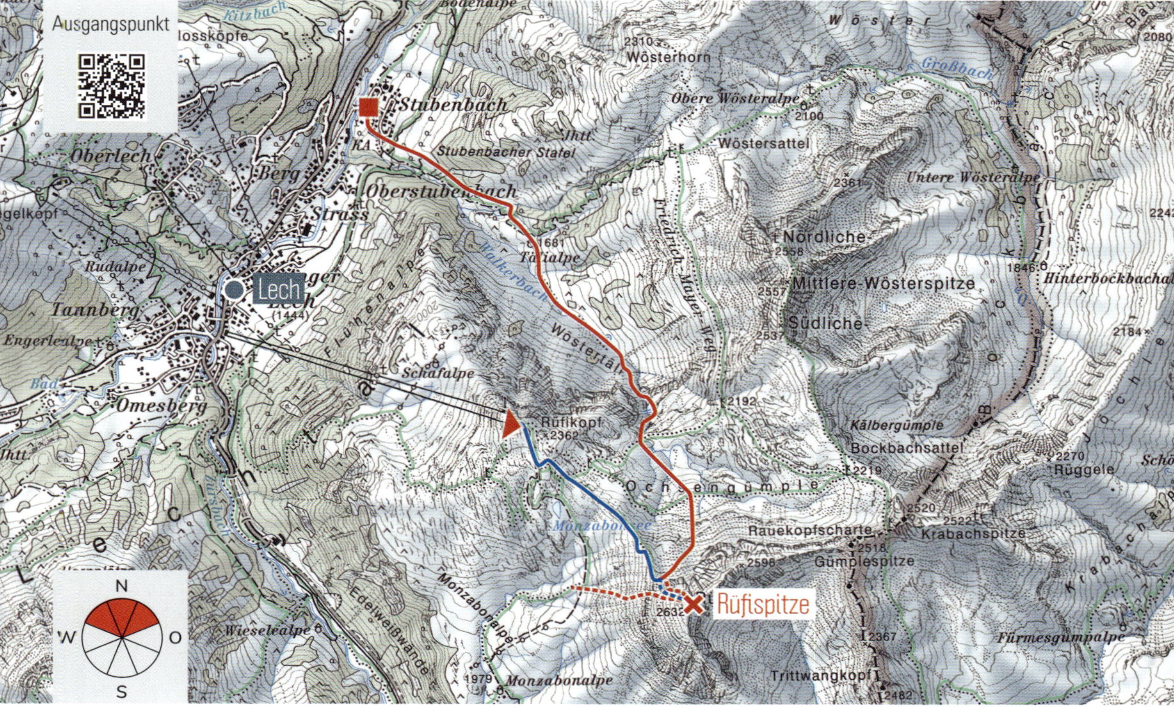

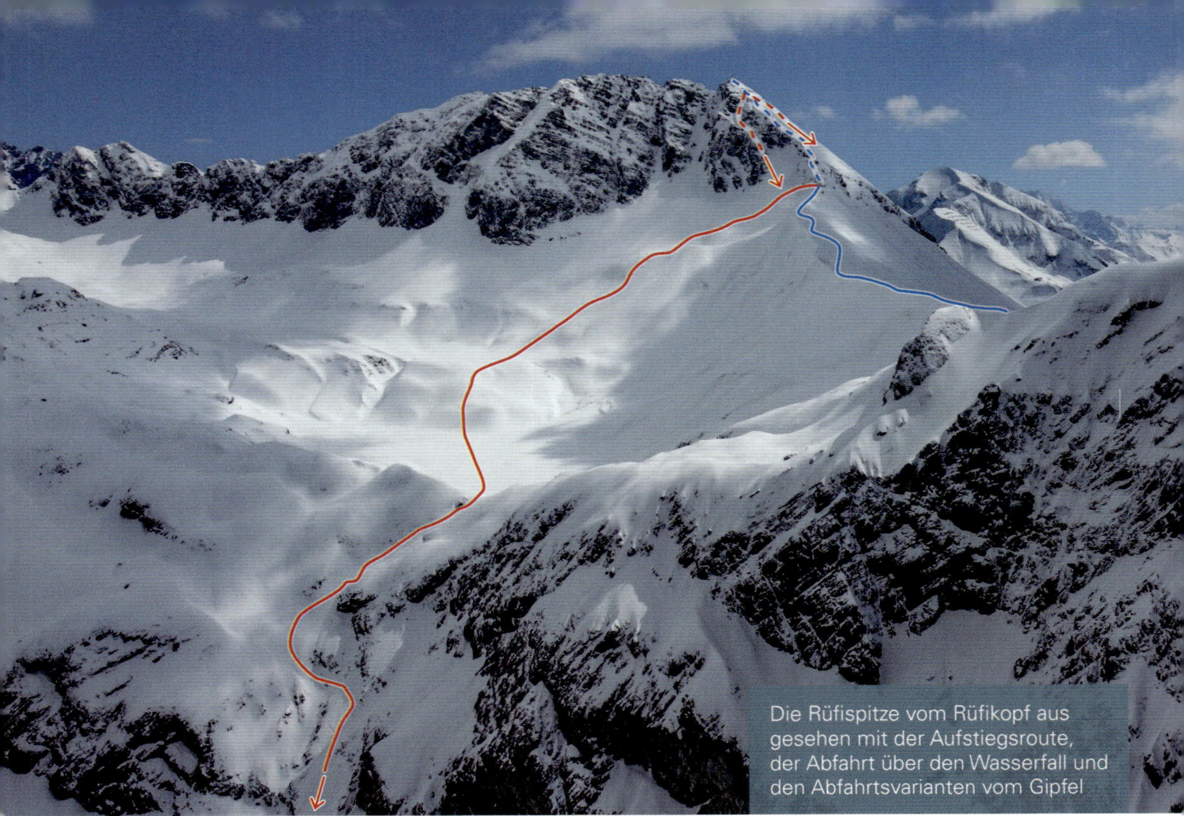

Die Rüfispitze vom Rüfikopf aus gesehen mit der Aufstiegsroute, der Abfahrt über den Wasserfall und den Abfahrtsvarianten vom Gipfel

Aufstieg Vom Monzabonjoch entlang des Grates (Vorsicht: häufig überwechtet) zunächst weiter in südöstliche Richtung aufsteigen bis zu einem ständig sichtbaren Lawinenwächter (2430 m), bei dem die wunderschöne Abfahrt über die Nordhänge der Rüfispitze startet. Der Aufstieg ist zunächst flach, ab der Hälfte aber kurz sehr steil und verlangt meistens unangenehme Spitzkehren.

Abfahrt Vom Lawinenwächter (2430 m) nach links in die schönen, nordexponierten Hänge am Fuße der Rüfispitze einfahren. Direkt hinab bis in die flachen Böden des Ochsengümples (2090 m). In nördliche Richtung, kurz schiebend, weiter in die kleine Einsattelung rechts einer kleinen Hütte. Jetzt geht es steil über eine breite Rinne, in der man sich ständig leicht rechts hält, hinab bis auf eine Höhe von 1940 m oberhalb einer unüberwindbaren Felsstufe. Hier nach links ein gefrorenes Bachbett überqueren. Dieser Teil der Abfahrt wird Wasserfall genannt. Auf der anderen Seite des Bachbettes direkt über einen steilen Hang hinab in das Wöstertäli und über dieses, später über die Skipiste „Langer Zug" zur Schlosskopfbahn oder nach Lech-Stubenbach abfahren.

Variante **Gipfelaufstieg:** Beim Lawinenwächter die Ski auf den Rucksack schnallen und die erste, stahlseilgesicherte Passage kletternd überwinden. Danach geht es ständig am Grat entlang über felsige und fordernde Felsplatten in ein

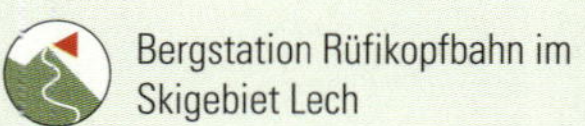 Bergstation Rüfikopfbahn im Skigebiet Lech

 Wechten am Grat

 ↑ 180 m ↓ 1090 m

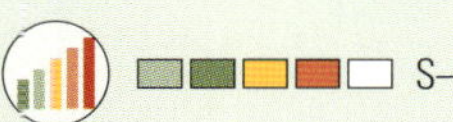 S–

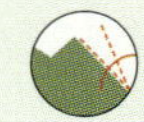 steil

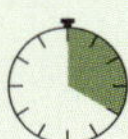 1.30 Std.

kleines Joch. Hier ist ein Ausstieg möglich, und zwar über eine breite nordseitige Rinne, die auf die beschriebene Abfahrt trifft. Vom Joch geht es nach rechts weiter um einen Felspfeiler herum und durch eine steile Schneerinne zum 35° steilen Gipfelhang hinauf. An dessen linker Seite hinauf zum Gipfel der Rüfispitze, wo sich eine wunderbare Rundumsicht eröffnet.

Varianten

Abfahrtsvariante A: Vom Gipfel eine Felsrippe umfahren und unterhalb dieser in nördliche Richtung queren zum Einstieg in eine sehr steile Nordrinne (2610 m). Durch diese kurze, jedoch extrem steile Rinne gelangt man in einer Linksschleife auf die unteren Nordhänge am Fuße der Rüfispitze.

Abfahrtsvariante B: Direkt vom Gipfel über die steile Westflanke der Rüfispitze abfahren. Auf der Höhe, wo die Gratkletterei im Aufstieg begann, gibt es einige Meter weiter südlich eine Rinne, die durchgehend befahren werden kann. Diese Rinne muss aber unbedingt im Aufstieg eingesehen werden. Wählt man die falsche Rinne, besteht Absturzgefahr. Diese Abfahrt ist aufgrund der Lawinengefährdung nur im Frühjahr bei Firnverhältnissen möglich.

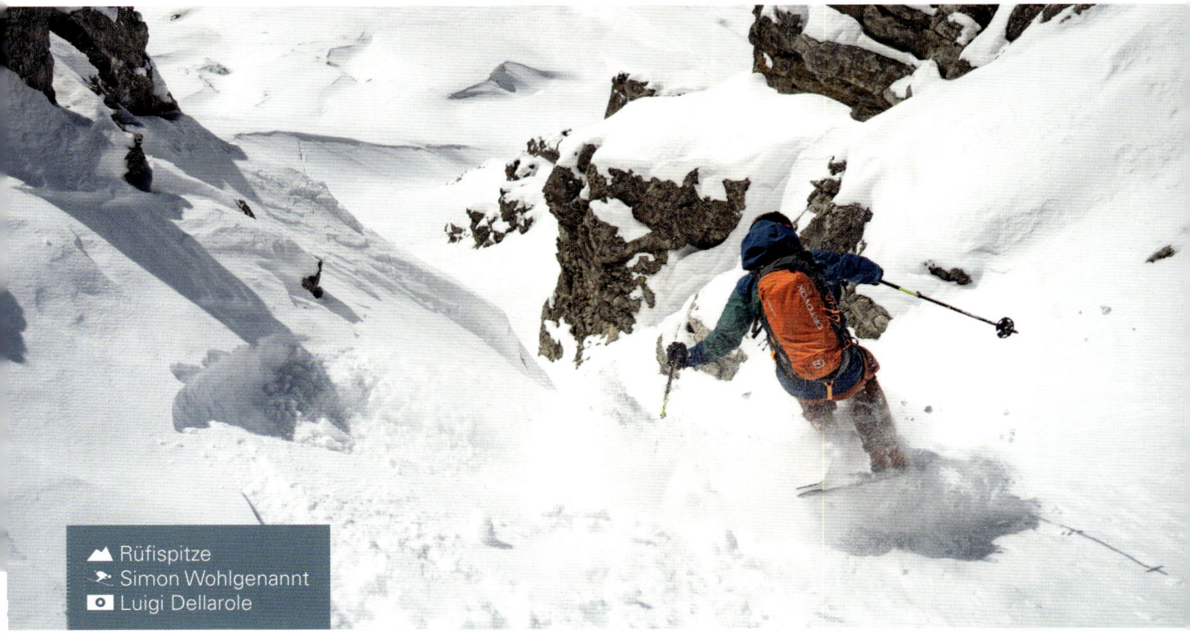

Rüfispitze
Simon Wohlgenannt
Luigi Dellarole

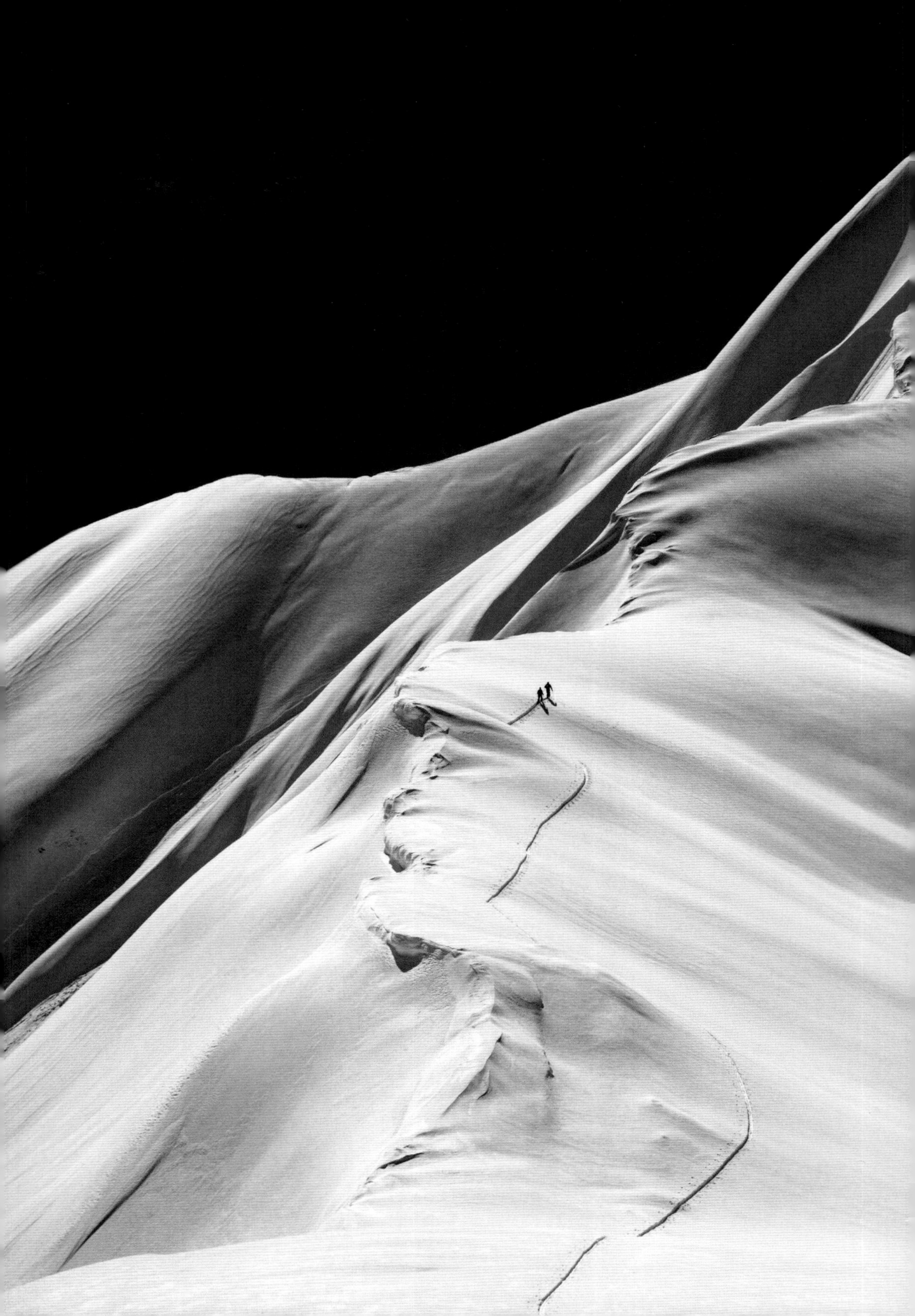

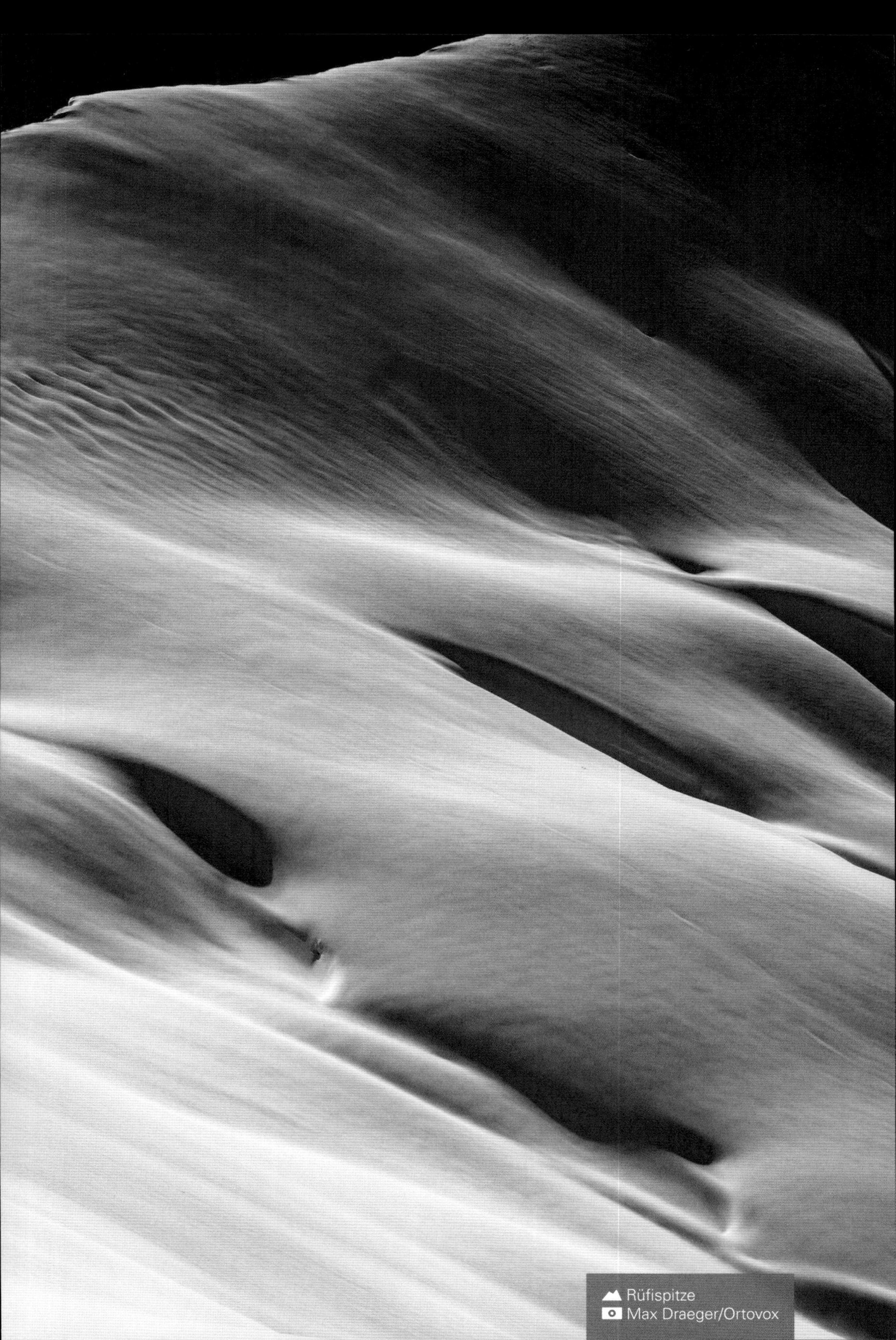

Rüfispitze
Max Draeger/Ortovox

Tour 28 GAMSROUTE

Die Abfahrt Gamsroute in der Westflanke des Omeshornes ist im Skigebiet Zürs optisch allgegenwärtig. Diese 900 Höhenmeter lange Abfahrt über schönstes Skigelände ist einfach über die Skilifte Zürs (Madlochbahn) und mit einer langen Querung erreichbar. Von der meist vorhandenen Querspur und anderen Wintersportler:innen darf man sich aber keinesfalls über das große Gefahrenpotenzial hinwegtäuschen lassen, das in den riesigen Hängen oberhalb dieser Querung in Form von Lawinen lauert. Bei günstigen Verhältnissen ist diese Abfahrt aber ein Traum für geübte Freerider:innen.

Zugang Sofort unterhalb der Bergstation der Madlochbahn (2440 m) mit möglichst wenig Höhenverlust in nordöstliche Richtung auf einen ersten breiten Rücken östlich der Madlochspitze queren. Hier sich nicht vom schönen Skigelände täuschen lassen – es führt in eine Sackgasse. Über eine breite Mulde und in

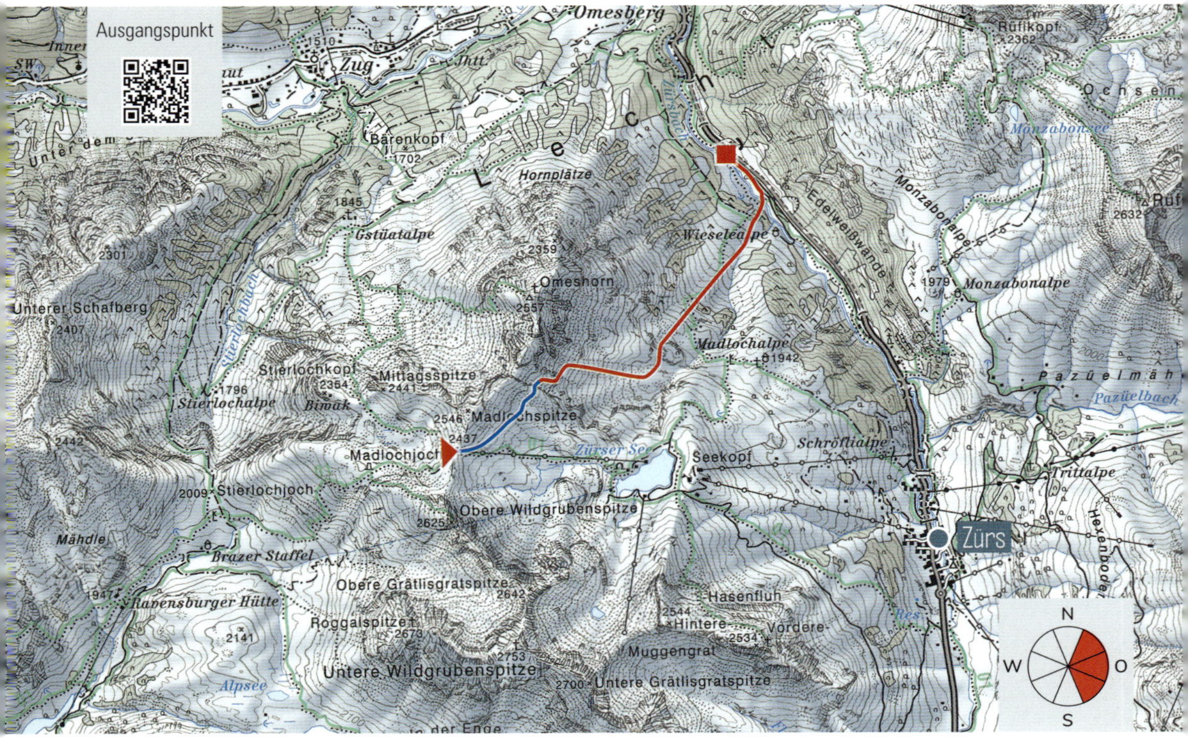

FACTS

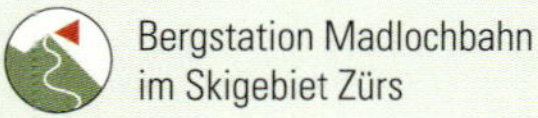
Bergstation Madlochbahn im Skigebiet Zürs

großes Lawineneinzugsgebiet vom Omeshorn

↑ 5 m ↓ 890 m

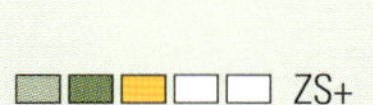
ZS+

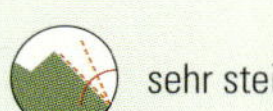
sehr steil

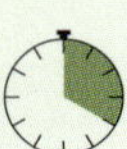
0.30 Std.

Treppenschritten auf den nächsten Rücken queren zum Einstieg in die Abfahrt auf ca. 2400 m.

Abfahrt Vom Rücken an einer geeigneten Stelle in die nordostseitige Mulde einfahren. Die Einfahrt ist sehr steil und teilweise auch überwechtet. Die Mulde queren und gleich wieder auf den nächsten Rücken fahren und über diesen etwas ausgesetzt hinab. Sobald die weiten Osthänge des Omeshorns sichtbar sind, unterhalb eines markanten Felsblockes in diese hinausqueren und direkt über die schönen Südosthänge hinab in die flachen Böden fahren. Kurz in Treppenschritten weiter in nördliche Richtung auf eine kleine Einsattelung. Weiter über eine breite Mulde und einen schönen, offenen Hang in nordöstliche Richtung bis zum Zürserbach abfahren. In Treppenschritten kurz zur Straße aufsteigen und entlang der Galerie zur Bushaltestelle Wiesele.

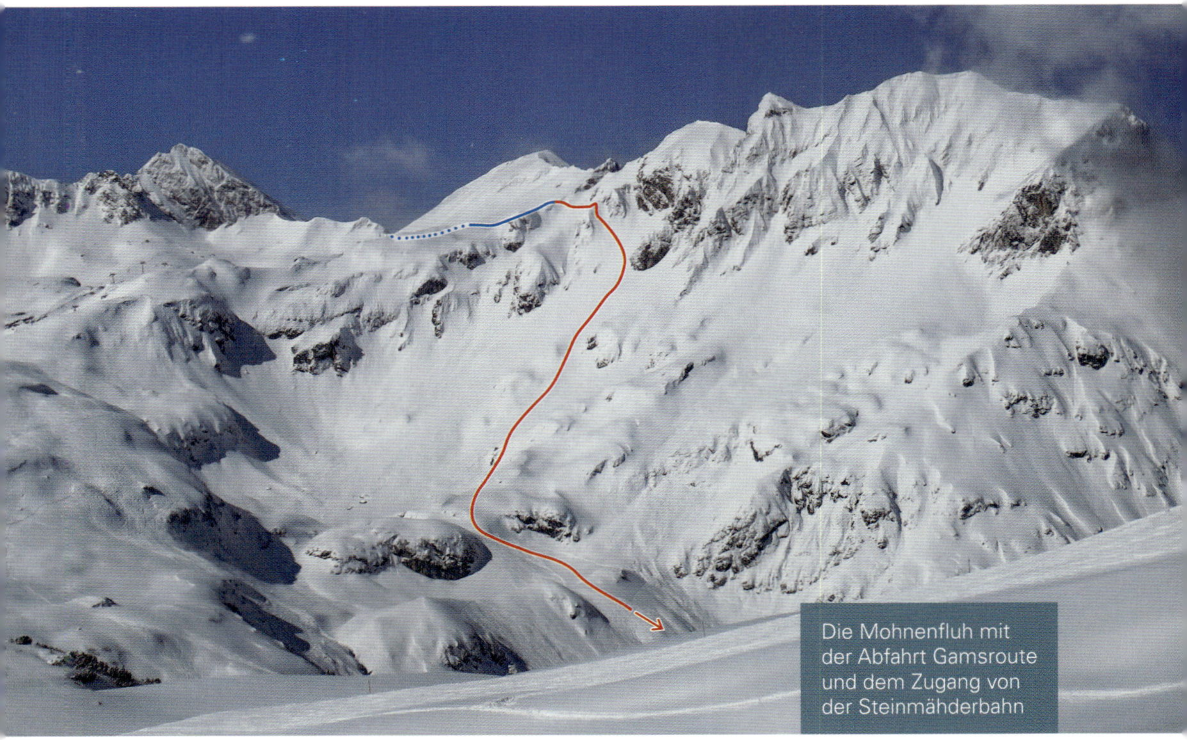

Die Mohnenfluh mit der Abfahrt Gamsroute und dem Zugang von der Steinmähderbahn

Tour 29 ANTENNE 2581 m

Auf topografischen Karten wird die Antenne als Nördlicher Trittkopf bezeichnet. Auf seiner Spitze steht jedoch ein Antennenmast und deshalb ist dieser Abfahrtsklassiker am Arlberg unter dem Begriff Antenne bekannt. Es handelt sich hierbei um eine anspruchsvolle Freeride-Abfahrt hinab ins Pazüeltal. Der kurze, aber steile Aufstieg mit den Ski oder dem Snowboard am Rücken und die ausgesetzten Stellen zu Beginn der Abfahrt am Gratrücken sind nicht für alle geeignet, für alpinistisch angehauchte Freerider:innen ist das Gesamtpaket jedoch ein tolles Erlebnis.

Zugang Von der Bergstation der Trittkopfbahn sofort unterhalb des Gebäudes in nördliche Richtung auf den breiten Rücken queren, der vom Trittkopf herabzieht. Ab hier die Ski tragend in östliche Richtung über den breiten Bergrücken aufsteigen. Der Gipfel ist mit der namensgebenden großen Antenne von Wei-

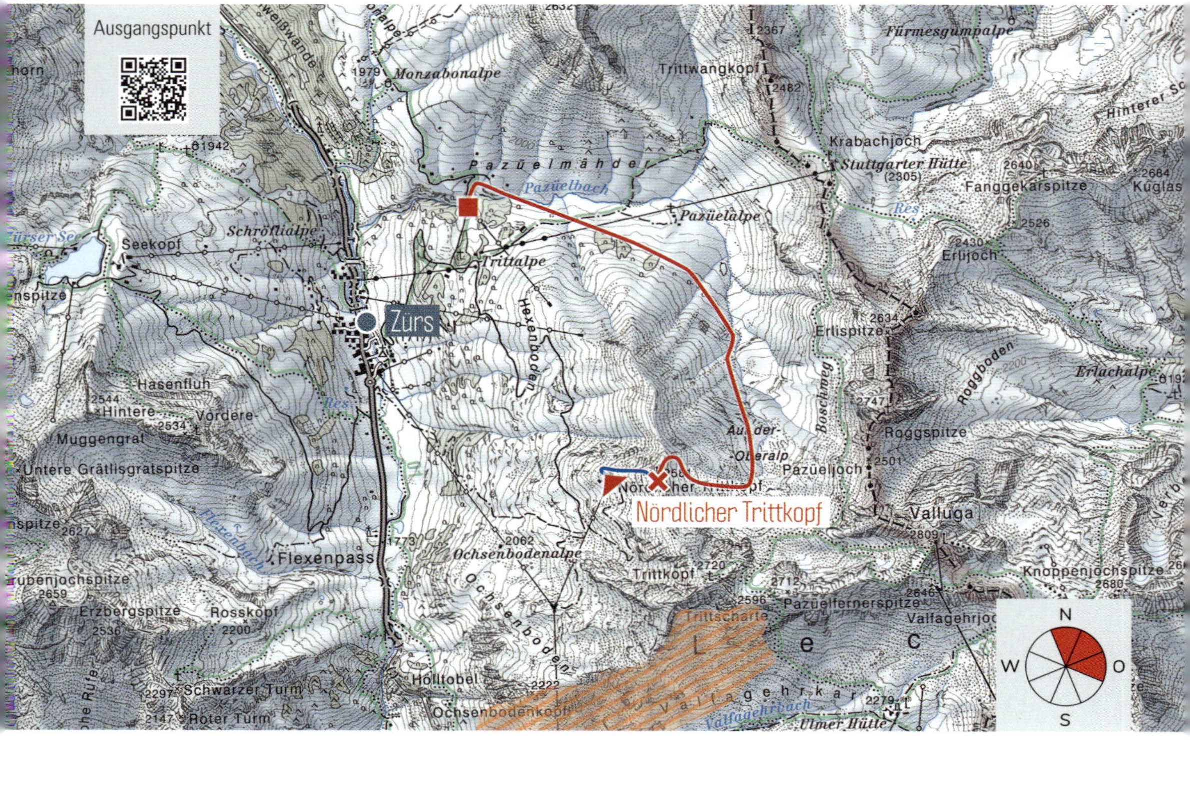

FACTS

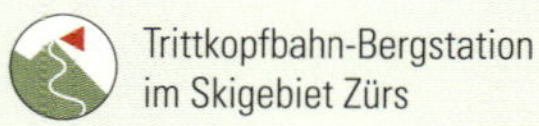
Trittkopfbahn-Bergstation im Skigebiet Zürs

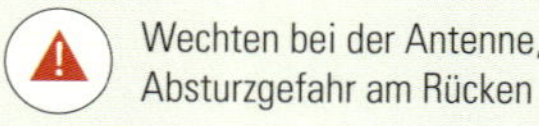
Wechten bei der Antenne, Absturzgefahr am Rücken

↑ 180 m ↓ 720 m

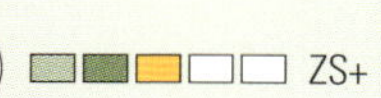
ZS+

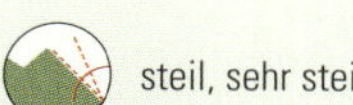
steil, sehr steil

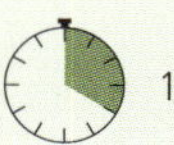
1.15 Std.

tem sichtbar. Am Gipfel ist aufgrund der ständig vorherrschenden starken Überwechtung Vorsicht geboten (nicht an den Rand des Grates gehen).

Abfahrt Von der Antenne in nördliche Richtung zuerst über einen steilen Absatz und dann weiter über einen breiteren, aber ausgesetzten Gratrücken teils seitlich abrutschend bis auf eine Höhe von ca. 2500 m hinab. Den Rücken in einer kurzen Rechtsquerung verlassen und über die steilen Osthänge hinab ins obere Pazüeltal. Über die gestuften Hänge des Pazüeltals talauswärts bis zur Trittalmbahn.

Tipp Zum Schluss wird das Pazüeltal sehr flach. Da empfiehlt es sich, auf der linken Talseite möglichst hoch oben zu bleiben, damit man mit nur wenigen Stockschüben talauswärts hinwegkommt.

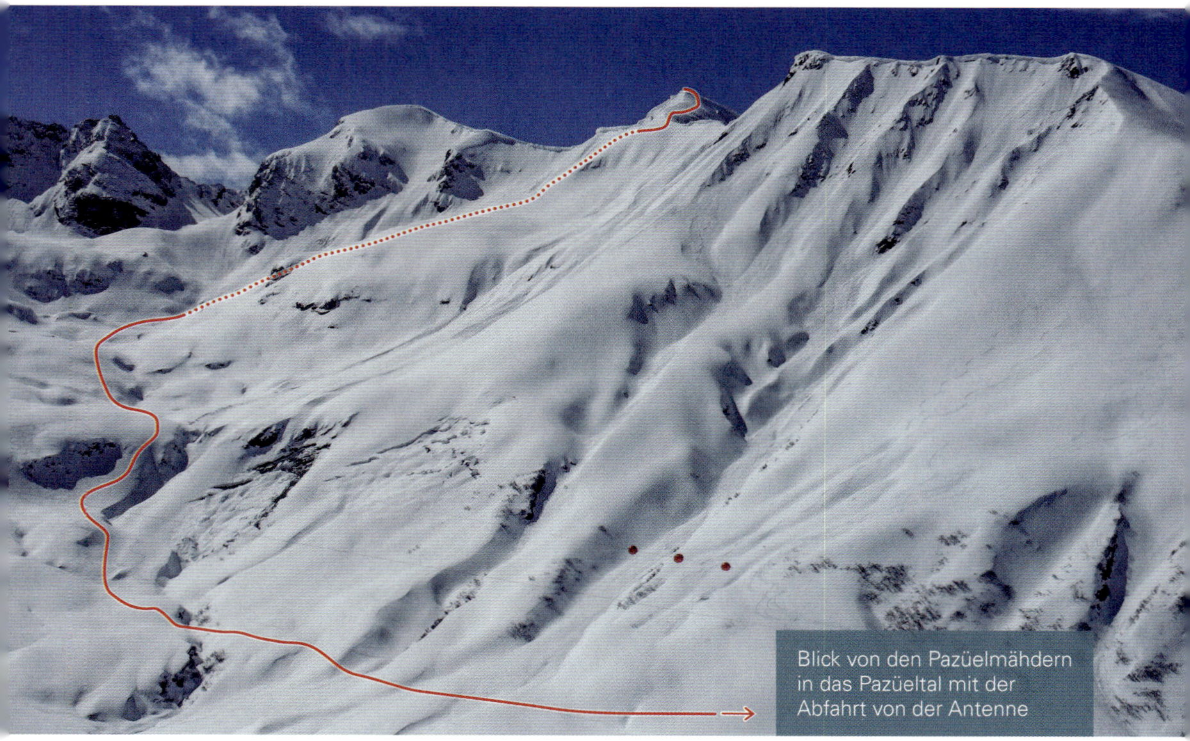

Blick von den Pazüelmähdern in das Pazüeltal mit der Abfahrt von der Antenne

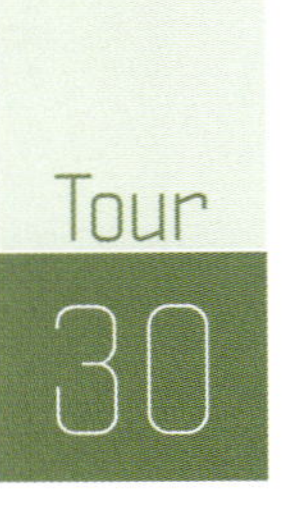

ERZBERG 2280 m

Die Abfahrt Erzberg zählt zu den leichteren Freeride-Abfahrten in Zürs, sie ist einfach aus dem Skigebiet zu erreichen und wird daher dementsprechend schnell angespurt. Eine etwas mühsame Querung und ein kurzer Aufstieg werden belohnt mit weiten und mäßig steilen Tiefschneehängen, die zu schönen Powderschwüngen einladen. Neben diesen schönen Tiefschneehängen trumpft die Abfahrt aber auch mit wunderbaren Ausblicken auf die Flexenpassstraße und nach Stuben auf. Alles in allem ein tolles Erlebnis.

Zugang Von der Bergstation der Muggengratbahn folgt man der Skipiste in Richtung Süden in das Zürser Täli bis zum sich öffnenden Nordosthang. Über diesen entweder auf der Piste oder rechts davon hinab. Unterhalb eines Felspfeilers hoch über der Skipiste die Hänge der Flexenspitze queren und kurz hinab in das Kar des Grubenjoches.

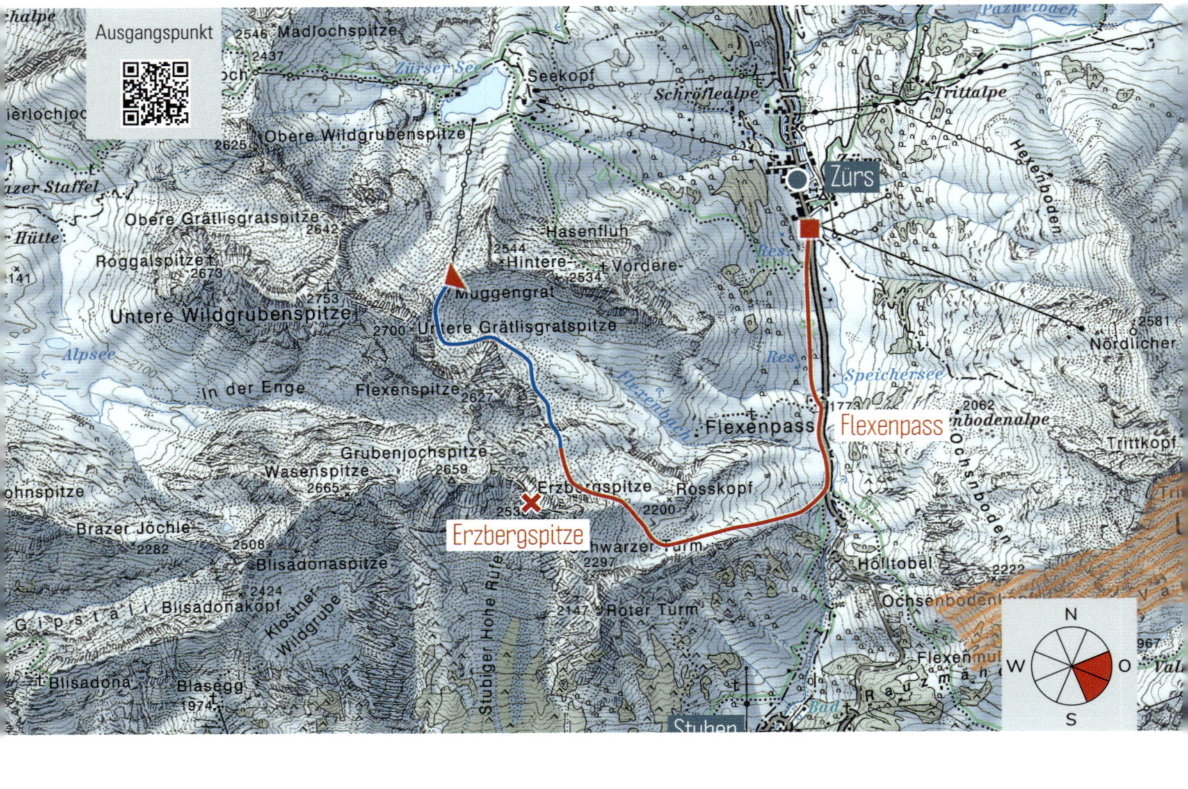

FACTS

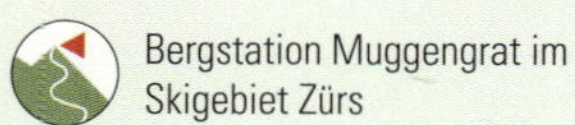
Bergstation Muggengrat im Skigebiet Zürs

keine

↑ 110 m ↓ 763 m

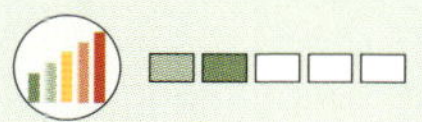
WS

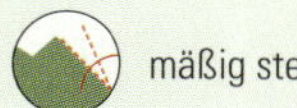
mäßig steil

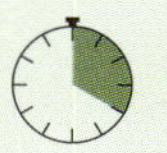
1.30 Std.

Aufstieg Im Kar beginnt ein kurzer Aufstieg (ca. 25 Min.), der entweder mit Fellen oder die Ski am Rucksack tragend überwunden wird. Zuerst in einem Linksbogen über eine Rampe einen steileren Hang querend und danach kurz steil bergauf in die flacheren Böden der Erzbergspitze bis auf eine Höhe von ca. 2230 m. Hier in die große Mulde hinausqueren bis zu einem Sattel zwischen dem Rosskopf und der Erzbergspitze.

Abfahrt Vom Sattel in südöstliche Richtung einer breiten Rinne folgend abfahren. Beim darauffolgenden Flachstück sich eher rechts halten und in weiterer Folge über die breiten und gestuften ostexponierten Hänge hinab zur Flexenpassstraße. Entlang der Straße oder mit einem Taxi zurück nach Zürs.

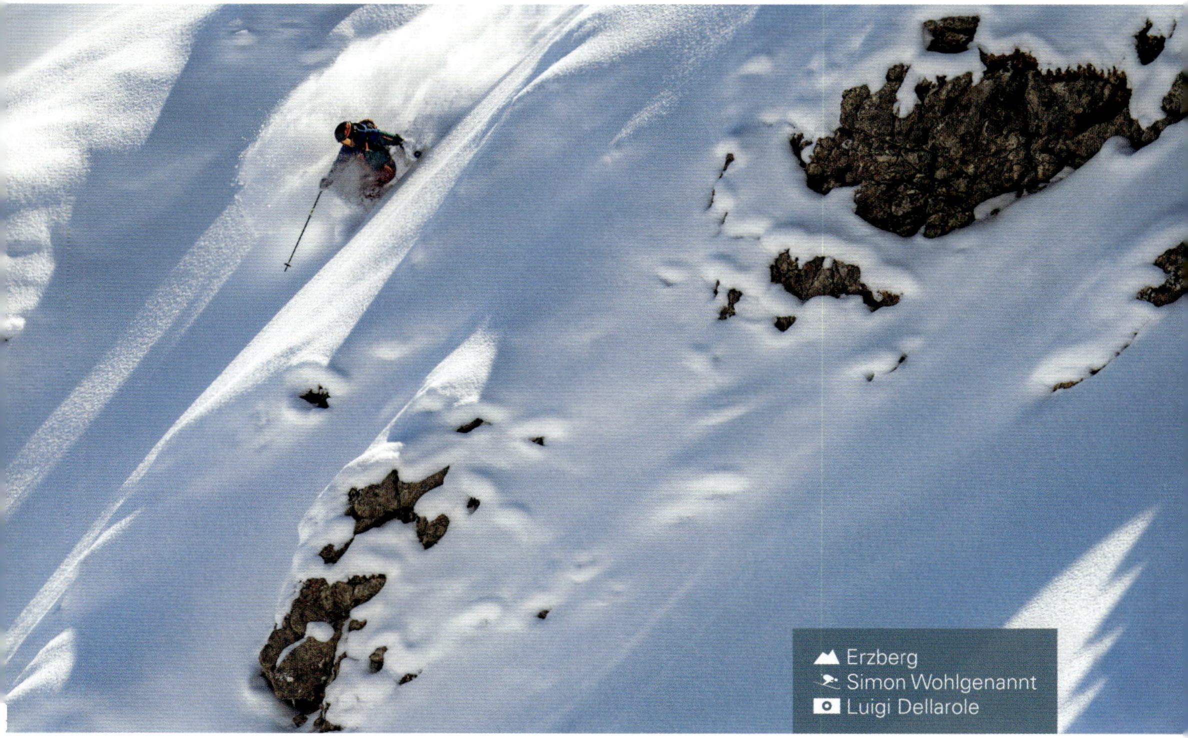

Erzberg
Simon Wohlgenannt
Luigi Dellarole

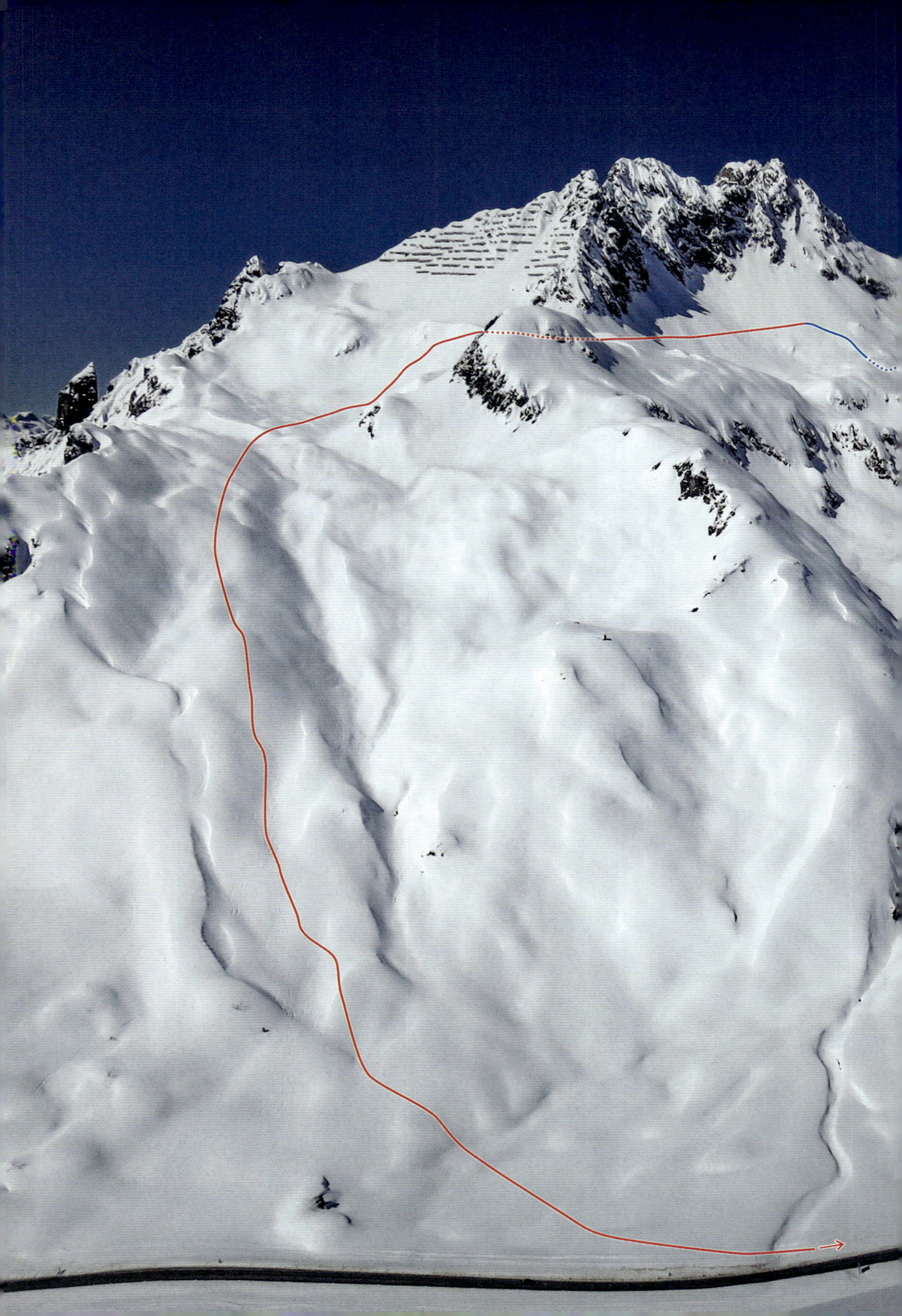

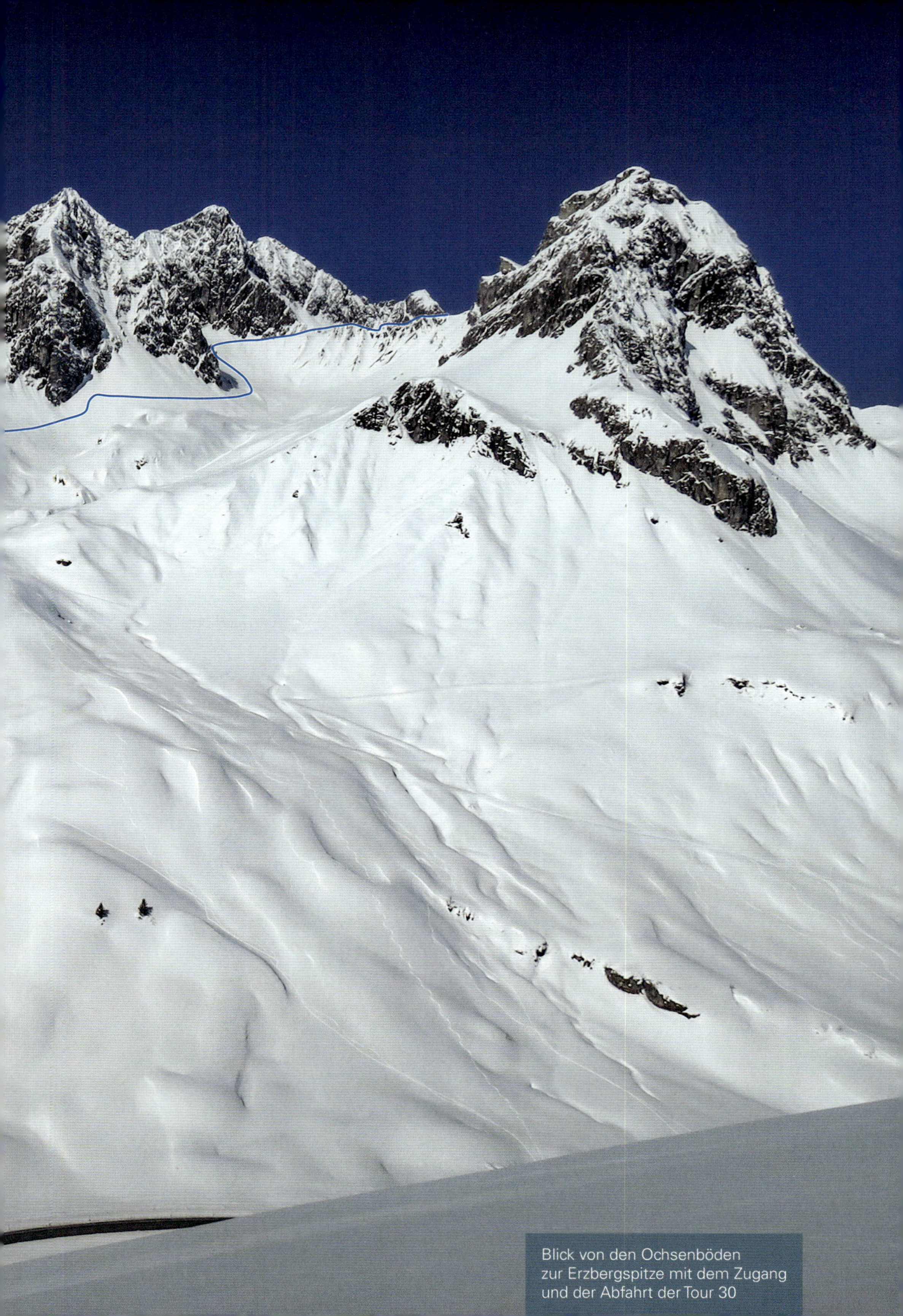

Blick von den Ochsenböden zur Erzbergspitze mit dem Zugang und der Abfahrt der Tour 30

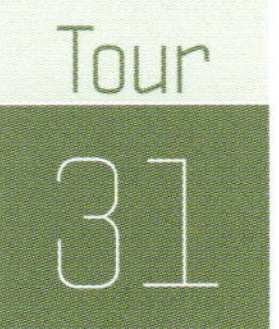

GUGGIS 2200 m

Ein einfacher und schneller Zugang über eine lange Querung, ein atemberaubender Blick von der ostseitigen Schulter der Hasenfluh hinab nach Zürs und dazu noch oft gute Tiefschneeverhältnisse: Das sind die einfachen Zutaten für einen Klassiker!

Zugang Von der Bergstation der Muggengratbahn (2440 m) folgt man der Skipiste in Richtung Süden in das Zürser Täli bis zum sich öffnenden Nordosthang. Über diesen auf der Piste kurz hinab und unterhalb der Felsrippen nach links queren. Es folgt eine lange Querung entlang der Südhänge der Hasenfluh bis zur Ostschulter der Hasenfluh (2190 m).

Hinweis Vorsicht, nicht in die verlockende Mulde vor der Schulter der Hasenfluh abfahren! Dabei handelt es sich um die Abfahrt Flexenmähder. Diese hat leider

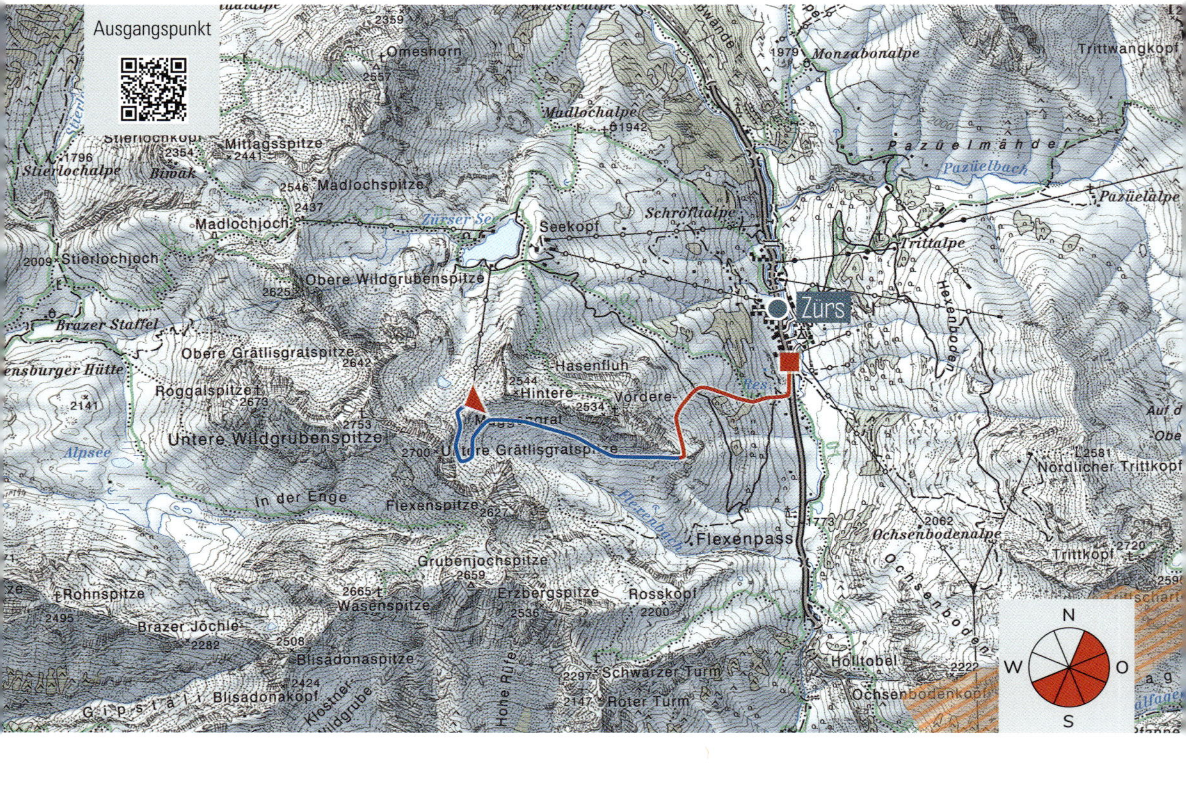

Ausgangspunkt

FACTS

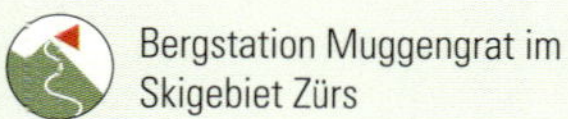
Bergstation Muggengrat im Skigebiet Zürs

tageszeitliche Erwärmung in der Querung beachten

↑ 5 m ↓ 720 m

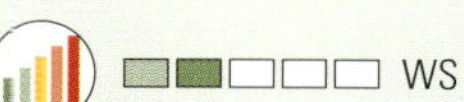
WS

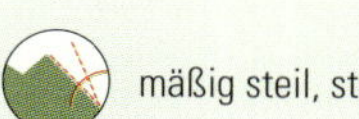
mäßig steil, steil

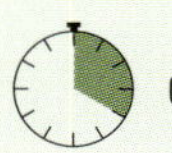
0.20 Std.

nur noch selten genügend Schnee für eine Befahrung. Sollte man die Abfahrt Flexenmähder trotzdem ins Auge fassen, unbedingt Schneelage und Abfahrtsmöglichkeit vorab klären.

Abfahrt Bei guter Schneelage, sicheren Verhältnissen und für erfahrene Freerider:innen ist die direkte Abfahrt vom Sattel durch eine steile Rinne hinab zur Flexenstraße möglich. Wem die Rinne zu verspurt oder zu steil ist, kann unterhalb der Hasenfluh noch kurz weiter in Richtung Norden queren, bis sich eine große nordostseitige Mulde öffnet, über die genussvoll und direkt abgefahren wird.

Auf den flachen Böden (1960 m) hält man sich kurz nach rechts, um zu einer weiteren breiten Mulde zu gelangen. Über diese direkt bis zur Straße und Talstation der Trittkopfbahn abfahren.

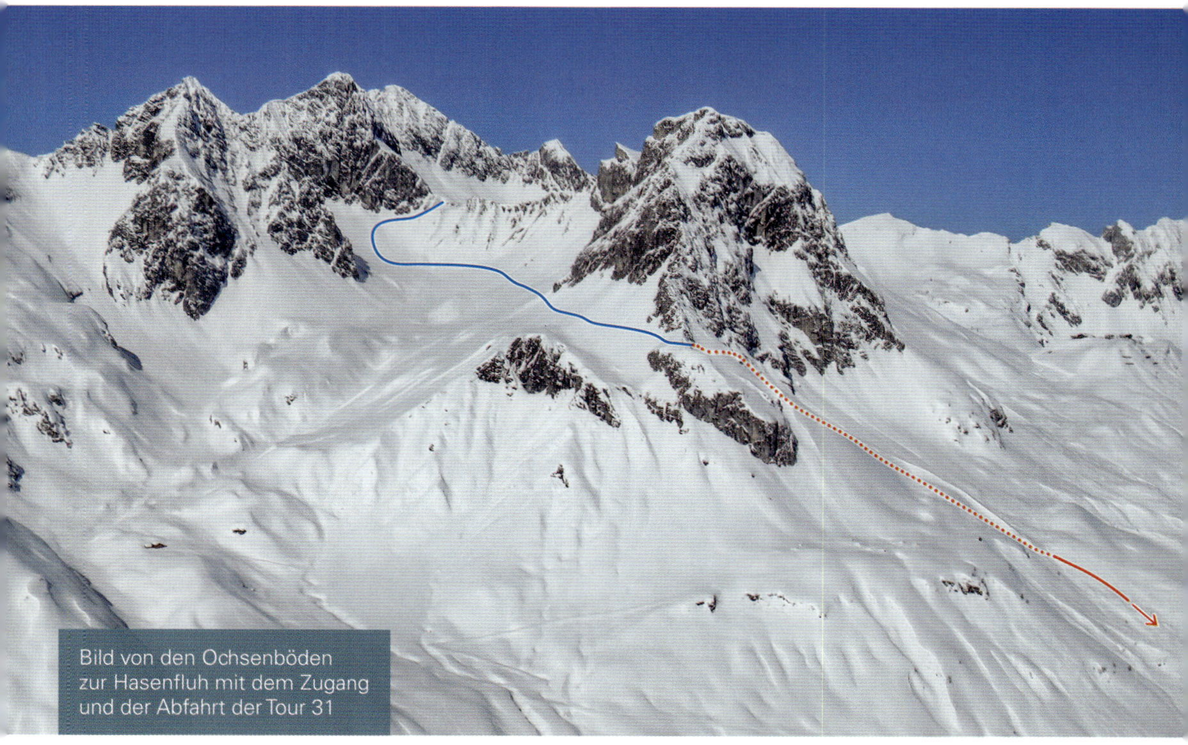

Bild von den Ochsenböden zur Hasenfluh mit dem Zugang und der Abfahrt der Tour 31

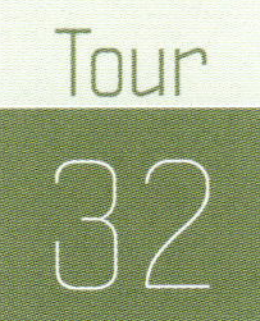

NADEL – STUBEN

Diese landschaftlich und skifahrerisch beeindruckende Abfahrt ist ausschließlich Profis vorbehalten. Eine sehr anspruchsvolle Einfahrt in eine steile Rinne erfordert sichere Verhältnisse und eine gute Skitechnik. Der Ausblick auf die namensgebenden Felsnadeln dieser Abfahrt ist jedoch einzigartig und die Überquerung der Flexengalerie ein weiteres Highlight.

Abfahrt Seit dem Neubau der Trittkopfbahn kann direkt von der Mittelstation (2220 m) gestartet werden. Beim Verlassen des Liftgebäudes kurz nach rechts queren und dann über das schöne, kupierte Gelände, sich ständig links haltend, bis zur Einfahrt in die „Nadel" abfahren. Anfangs extrem steil, am besten an der rechten Kante kurz abrutschen, bis man in der Hälfte des Steilhanges nach links zu einem markanten Felsturm hinausqueren kann. Hinter diesem vorbei und danach unschwierig über den schönen Westhang hinab.

Am Ende des Westhanges nach links einen Tobel queren. Kurz in südwestliche Richtung zu einem markanten Holzstadel (1790 m) abfahren. Hier muss nochmals leicht exponiert und teilweise unangenehm entlang des Sommerweges zur Flexenmulde gequert werden.

Die oftmals windverblasene Flexenmulde abfahren und am besten auf der rechten Seite über die Flexengalerie hinweg. Weiter die Mulde abfahren, an einer geeigneten Stelle den Flexenbach überqueren und unschwierig nach Stuben (1410 m). Zu Fuß durch das Dorf zur Talstation der Albonabahn 1.

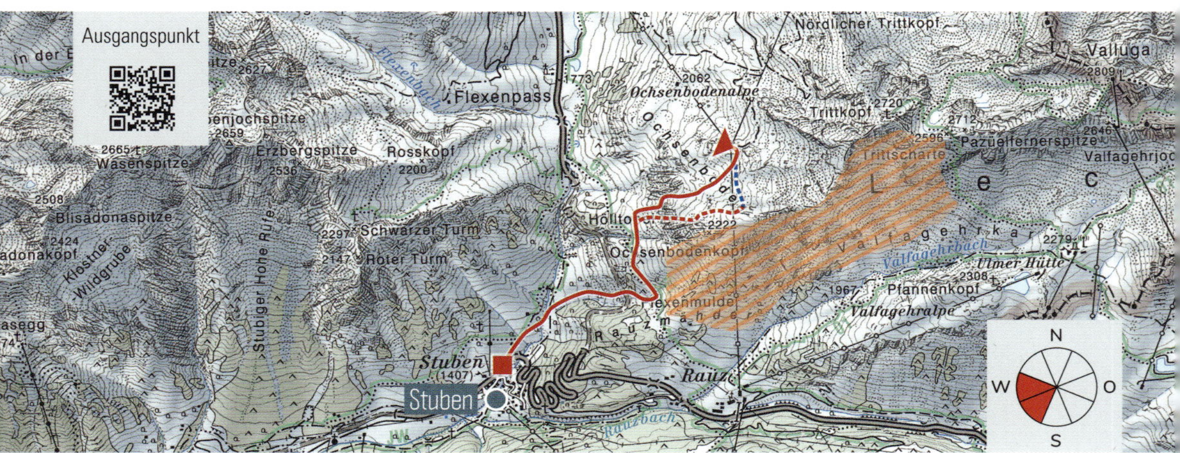

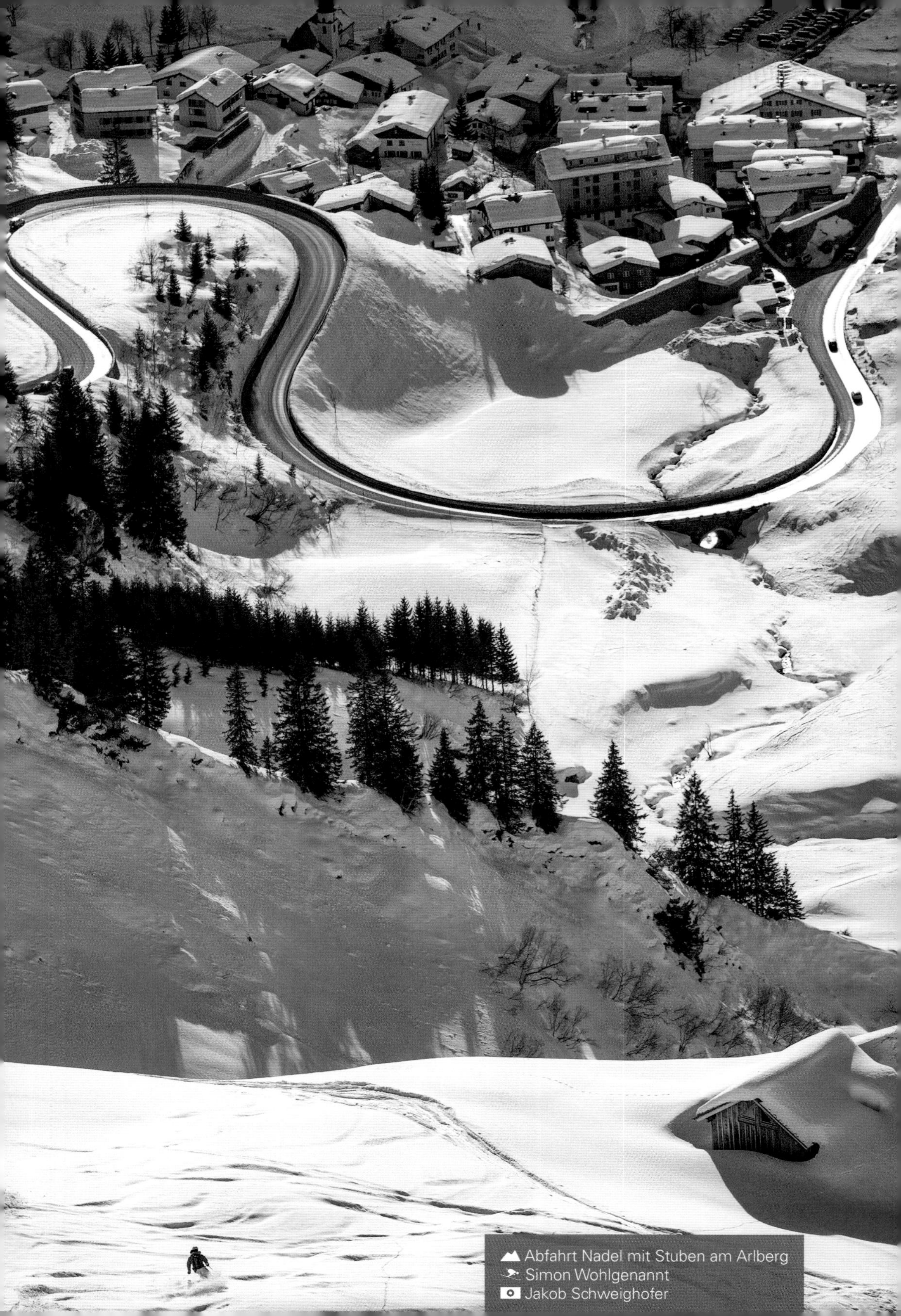

Abfahrt Nadel mit Stuben am Arlberg
Simon Wohlgenannt
Jakob Schweighofer

Variante **Zugang:** Nach dem Verlassen des Stationsgebäudes (2220 m) nach rechts in Treppenschritten leicht ansteigend auf den Geländerücken (2230 m) queren. Der Geländerücken ist leicht zu erkennen, da auf ihm drei Liftstützen der neuen Flexenbahn stehen.

Abfahrt Über diesen Rücken in nordwestliche Richtung in herrlich gestuftem Gelände, sich an der linken Geländekante orientierend, bis auf eine Höhe von 2140 m abfahren. Bei einer steilen Felsplatte an der linken Geländekante befindet sich der Einstieg in eine extrem steile Rinne. An der Felsplatte ist ein Abseilstand angebracht, an dem man sich je nach Schneeverhältnissen wenige Meter in

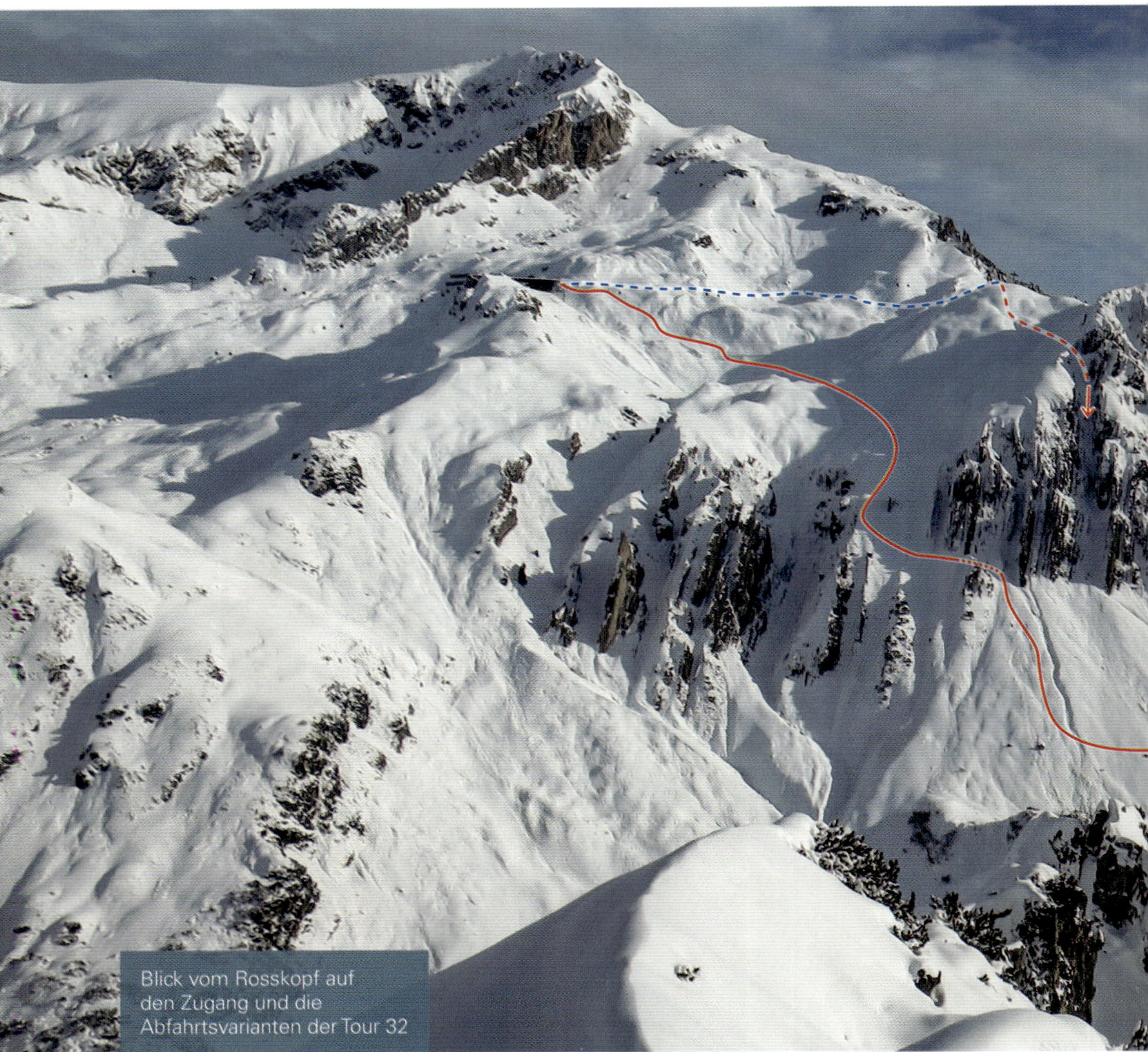

Blick vom Rosskopf auf den Zugang und die Abfahrtsvarianten der Tour 32

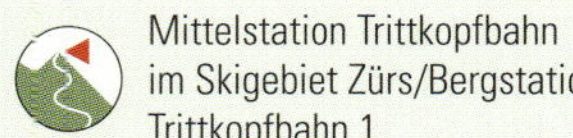
Mittelstation Trittkopfbahn im Skigebiet Zürs/Bergstation Trittkopfbahn 1

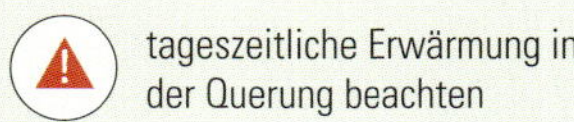
tageszeitliche Erwärmung in der Querung beachten

↑ 0 m ↓ 820 m

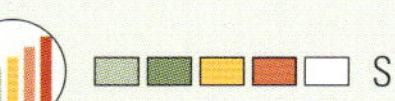
S

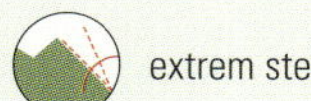
extrem steil

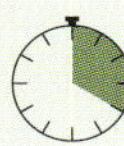
0.30 Std.

die Rinne abseilen kann. Dann die schmale Rinne abfahren. Bald öffnet sich die Rinne und man gelangt auf einen offenen Hang, wo man wieder auf die Hauptroute trifft.

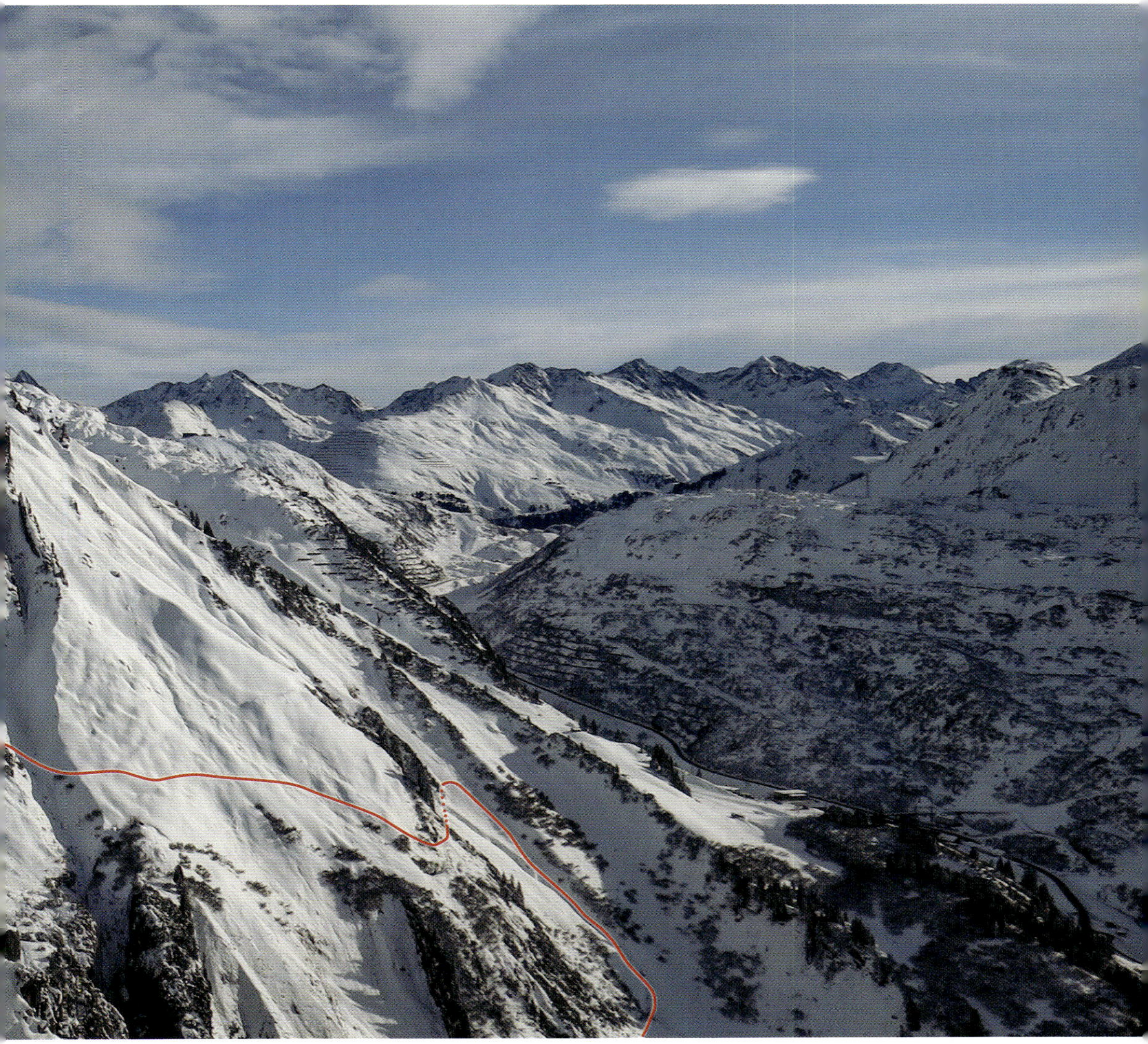

Tour 33

ROGGALSPITZE 2673 m

Die Roggalspitze ist eher bei Kletterinnen und Kletterern als bei Freerider:innen bekannt, denn sie beheimatet mit der Roggalkante eine der schönsten und beliebtesten Klettertouren im Lechquellengebirge. Eigentlich unvorstellbar, dass man an diesem Berg auch eine Ski-Abfahrtsmöglichkeit vorfindet. Beim Anblick der Nordseite springt wahrscheinlich allen erfahrenen Freerider:innen sofort die steile Nordrinne ins Auge, die hier beschrieben wird. Sichere Lawinenverhältnisse, hohes Eigenkönnen sowie eine gesunde Selbsteinschätzung sind für diese sehr schwierige Abfahrt unbedingt notwendig.

Zugang Vom Madlochjoch (2440 m) sofort nach links in einer leicht ansteigenden Querung in die auf der Nordwestseite der Kleinen Wildgrubenspitze gelegene

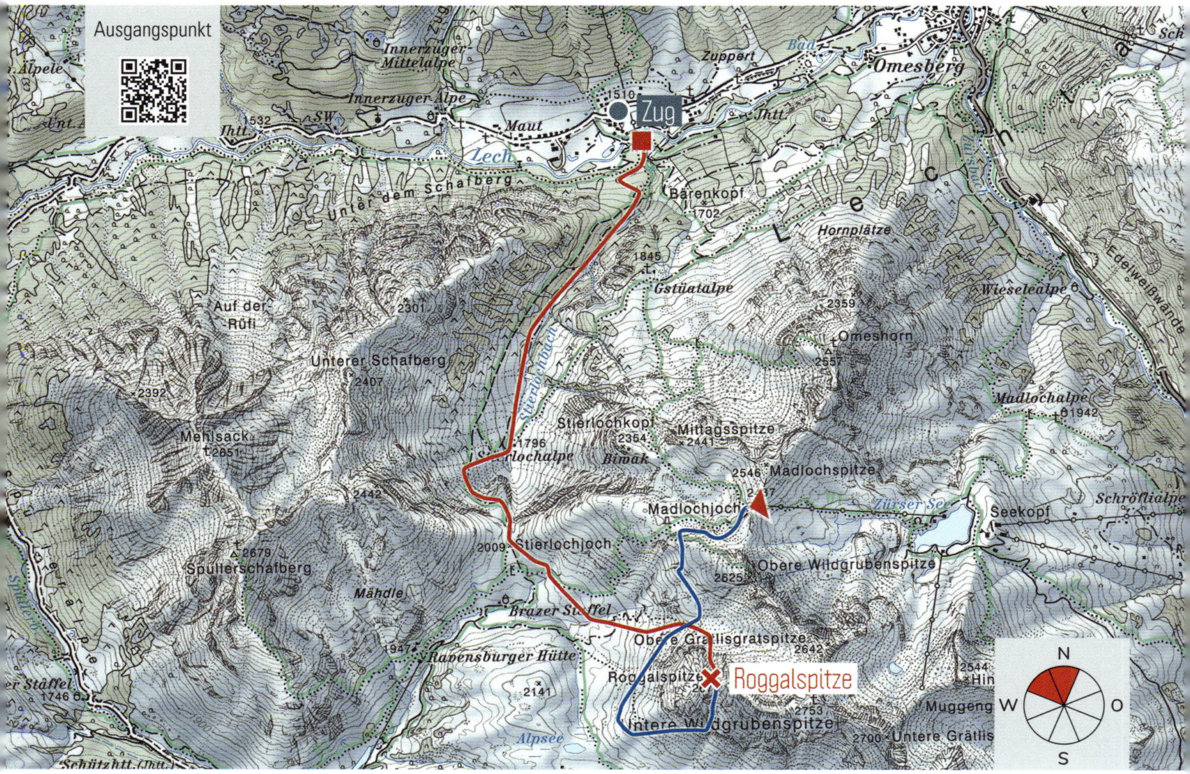

FACTS

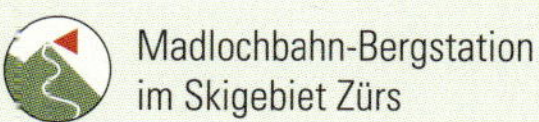
Madlochbahn-Bergstation im Skigebiet Zürs

Wechten, Absturzgefahr, Lawinengefahr durch tageszeitliche Erwärmung

↑ 430 m ↓ 1380 m

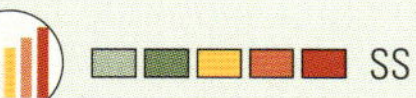
SS

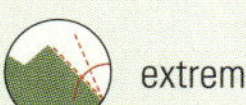
extrem steil

3.00 Std.

Mulde und weiter um den Bergrücken herumqueren. Leicht ansteigend oberhalb einer Steilstufe in südliche Richtung weiterqueren und danach über einen steilen Westhang abrutschend in die breite, nordwestseitige Mulde am Fuße der Roggalspitze queren. Hier hat man einen beeindruckenden Blick auf die bevorstehende Abfahrt. Von hier könnte die Mulde auch direkt, die Ski tragend, erstiegen werden. Schöner ist jedoch die Überschreitung.

Aufstieg Dazu unterhalb der Westwände um die gesamte Roggalspitze auf die Südseite queren. Bis zur Schlüsselstelle – einer je nach Schneelage eingeschneiten Felsplatte, die mit Stahlseilen gesichert ist – zunächst noch mit Fellen aufsteigen. Die Schlüsselstelle wird, die Ski tragend, mit Steigeisen und Pickel überwunden. Der weitere Anstieg folgt dem Sommerweg (je nach Schneelage ist

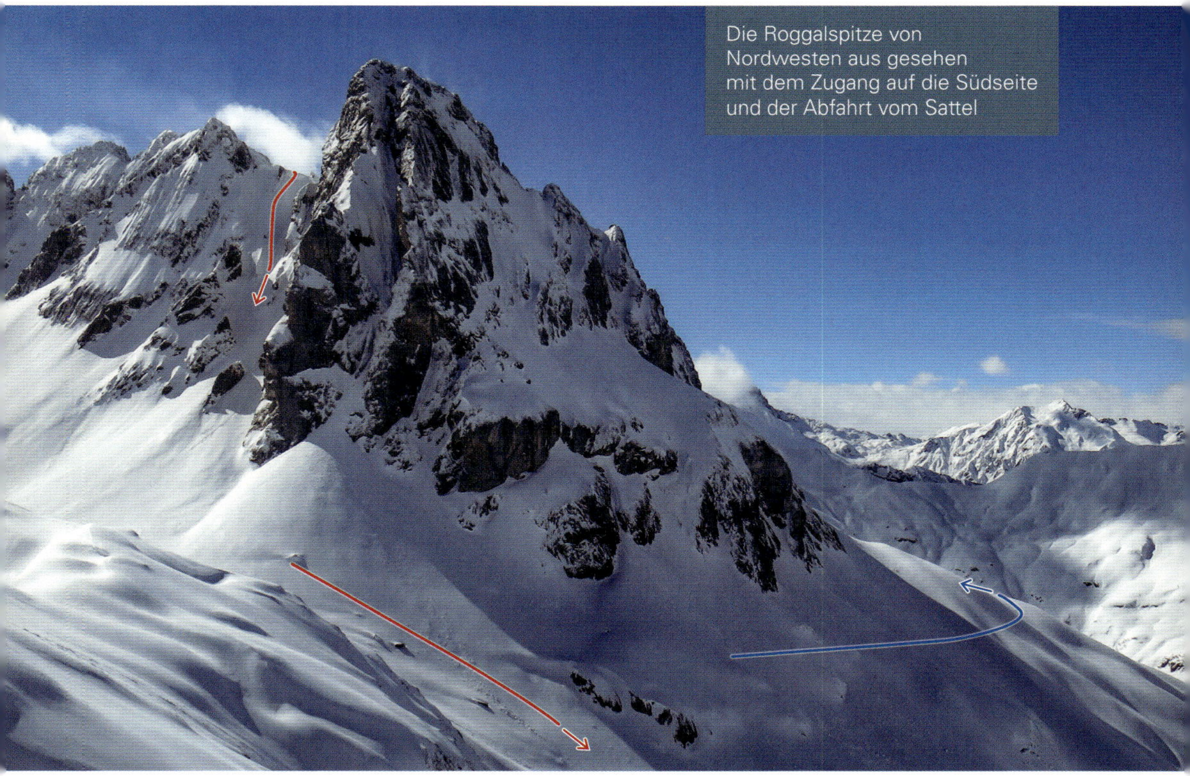

Die Roggalspitze von Nordwesten aus gesehen mit dem Zugang auf die Südseite und der Abfahrt vom Sattel

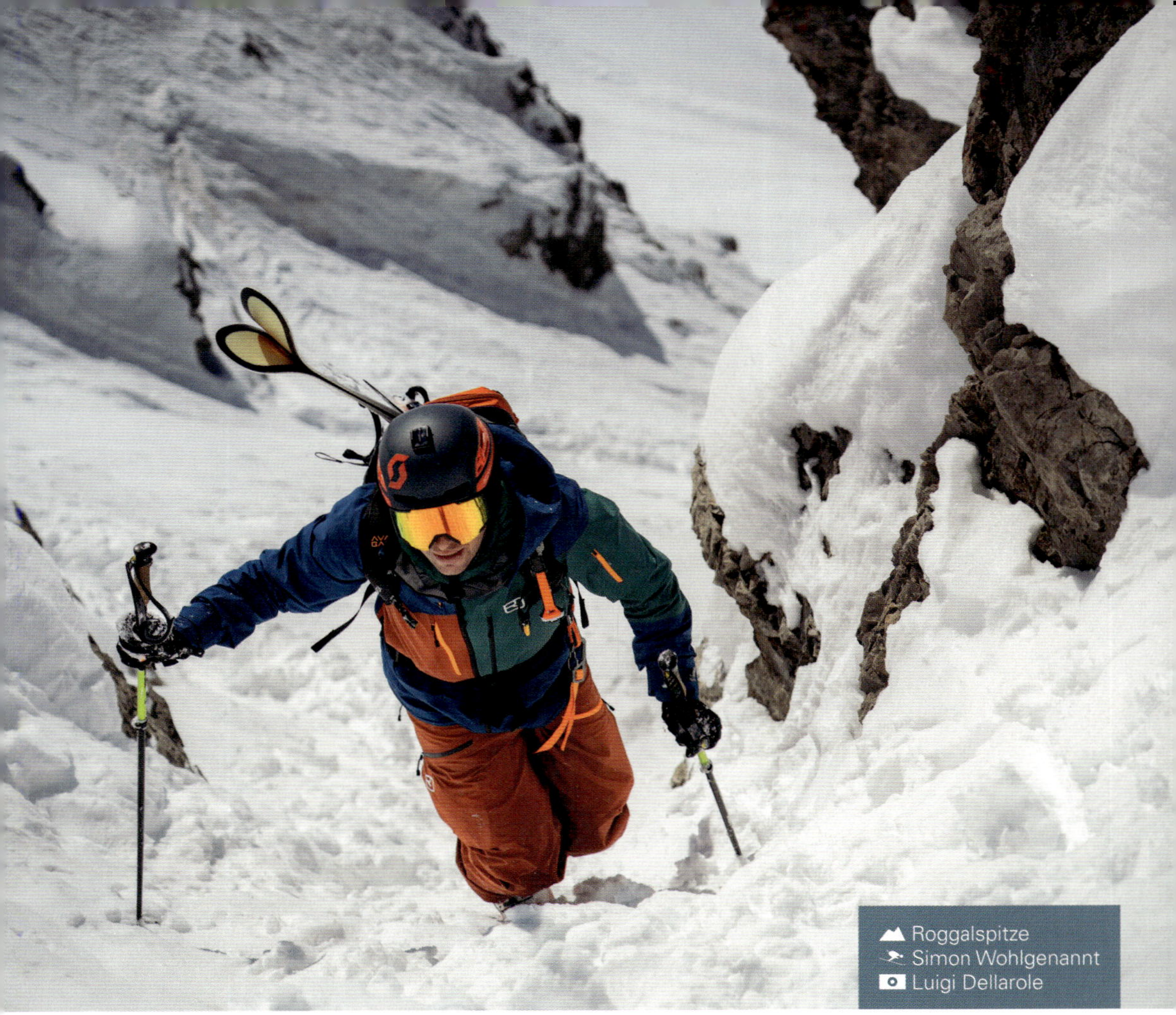

teilweise ein Stahlseil sichtbar). Mit Steigeisen stapfend gelangt man so über die steile Südrinne bis hoch auf den Sattel (2580 m) der Roggalspitze.

Abfahrt Vom Sattel (2580 m) in direkter Linie die ca. 45° und damit extrem steile, 300 Höhenmeter lange Rinne hinab in die große Mulde (2300 m). Je nach Überwechtung am Joch kann anfangs auch ein unangenehmes Querrutschen in die Rinne notwendig sein. Von der Mulde nach links weiter über die schönen Nordwesthänge am Fuße der Roggalspitze und in einer langen Querung hinab in das Stierlochjoch (2009 m). Vom Joch nach links mit wenig Höhenverlust um einen Kopf herum und über die weiten und sanften Osthänge hinab. Ein Ziehweg auf der linken Talseite führt hinaus nach Zug zur Talstation der Zugerbergbahn.

Hinweis Tageszeitliche Erwärmung im Aufstieg beachten. Unbedingt früh starten!

Tour 34

ROHNSPITZE 2495 m

Die Rohnspitze ist ein selten besuchter Gipfel mit beeindruckendem Panorama und ein attraktives Ziel für erfahrene und alpinistisch versierte Freerider:innen. Die steile, direkt vom Gipfel herabführende Nordwestrinne ist sowohl im Aufstieg als auch bei der Abfahrt eine ernste Unternehmung. Die Tour benötigt eine ausreichende Schneelage, damit guter Trittschnee in der Rinne vorhanden ist. Die Durchführung dieser Tour ist daher meist auf ein kleines Zeitfenster im Spätwinter begrenzt. Wenn die Verhältnisse jedoch passen, ist die Rohnspitze-Nordwestrinne eine spektakuläre und unvergessliche Abfahrt.

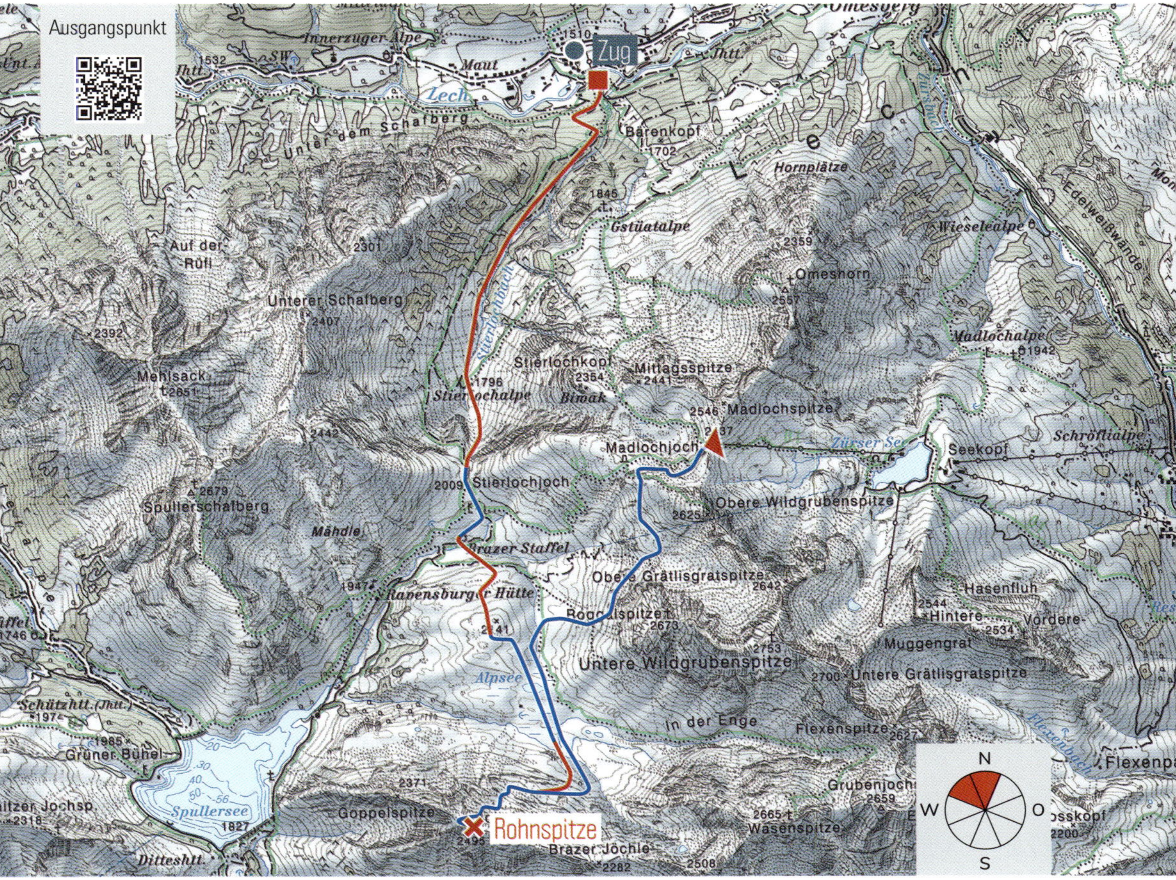

Zugang Vom Madlochjoch (2440 m) sofort nach links in einer leicht ansteigenden Querung in die auf der Nordwestseite der Kleinen Wildgrubenspitze gelegene Mulde und weiter in westliche Richtung um den Bergrücken herumqueren. Leicht ansteigend oberhalb einer Steilstufe in südliche Richtung weiter, über einen steilen Westhang kurz unangenehm hinab und weiter in die breite, nordwestseitige Mulde am Fuße der Roggalspitze queren. Von der Mulde noch kurz weiter in südliche Richtung queren und über die schönen Westhänge am Fuße der Roggalspitze zum Fellanlegeplatz abfahren.

Aufstieg 1 Am Alpsee (2060 m) vorbei in südliche Richtung aufsteigen. Kurze Abfahrt mit Fellen auf einen Boden (2040 m), von dem aus man den weiteren Aufstieg einsieht. In Richtung Brazer Jöchle (2282 m) aufsteigen und oberhalb einer Steilstufe nach rechts über kupiertes Gelände in den Kessel unterhalb der Rohnspitze. Sich rechts haltend über diesen und direkt an den Fuß der steilen Rinne. Durch die Rinne, die Ski tragend, in direkter Linie hinauf auf die Schulter der Rohnspitze und kurz über den Grat weiter zum Gipfel.

Abfahrt 1 Zunächst entlang der Aufstiegsspur über die extrem steile Rinne abfahren. In weiterer Folge über tolles, spielerisches Freeride-Gelände mit vielen kleinen Sprüngen hinab in den flachen Boden am Fuße der Rohnspitze (2040 m).

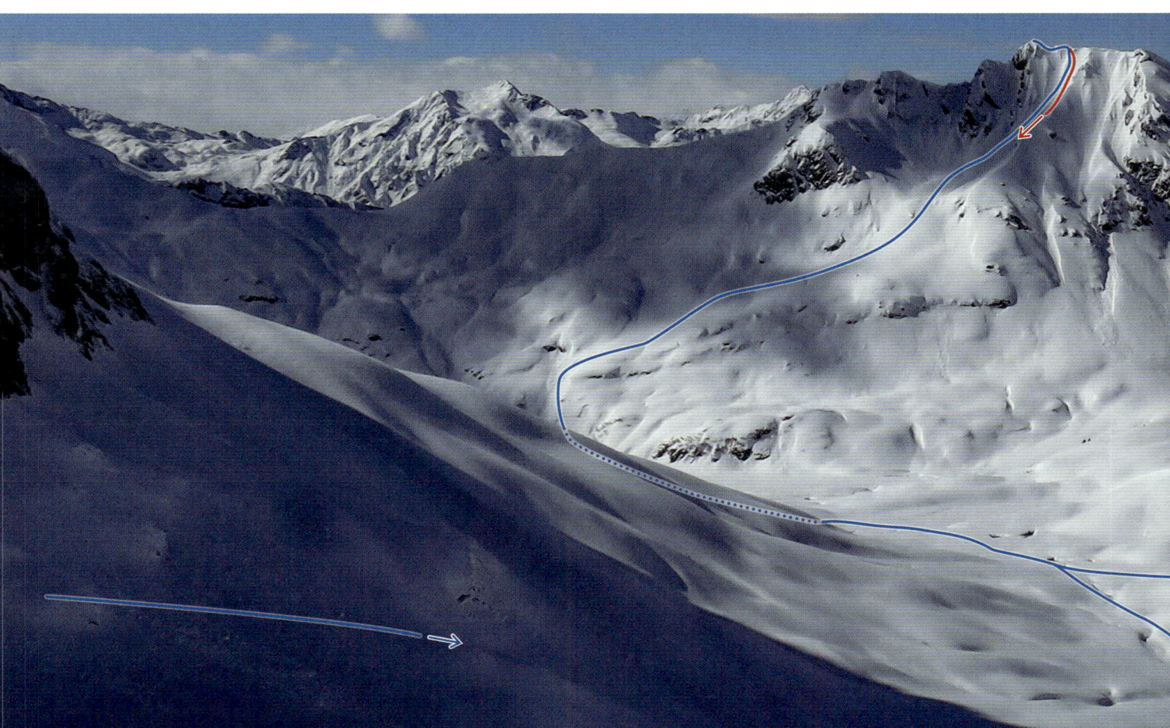

FACTS

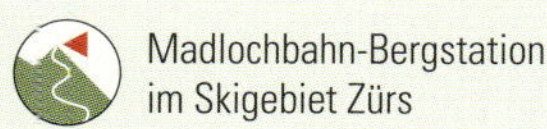
Madlochbahn-Bergstation im Skigebiet Zürs

Absturzgefahr im Gipfelbereich

↑ 625 m ↓ 1580 m

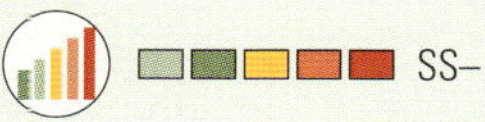
SS–

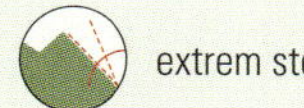
extrem steil

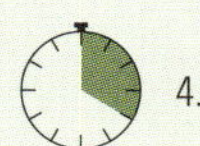
4.00 Std.

Aufstieg 2 Hier mit Fellen in nördliche Richtung auf den 2168 m hohen Hügel aufsteigen.

Abfahrt 2 Es folgt eine kurze Abfahrt über die kupierten Nordhänge hinunter zur Brazer Staffel Alpe (1950 m).

Aufstieg 3 Von der Brazer Staffel Alpe kurz und unkompliziert in das Stierlochjoch (2009 m) aufsteigen.

Abfahrt 3 Vom Joch kurz in nördliche Richtung weiter. Zuerst eine Rinne und eine Steilstufe mit einer leicht exponierten Rechtsquerung überwinden, dann über die weiten und sanften Nordwesthänge hinab zur Stierlochalpe (1796 m). Über einen Ziehweg auf der linken Talseite hinaus nach Zug zur Talstation der Zugerbergbahn (1490 m).

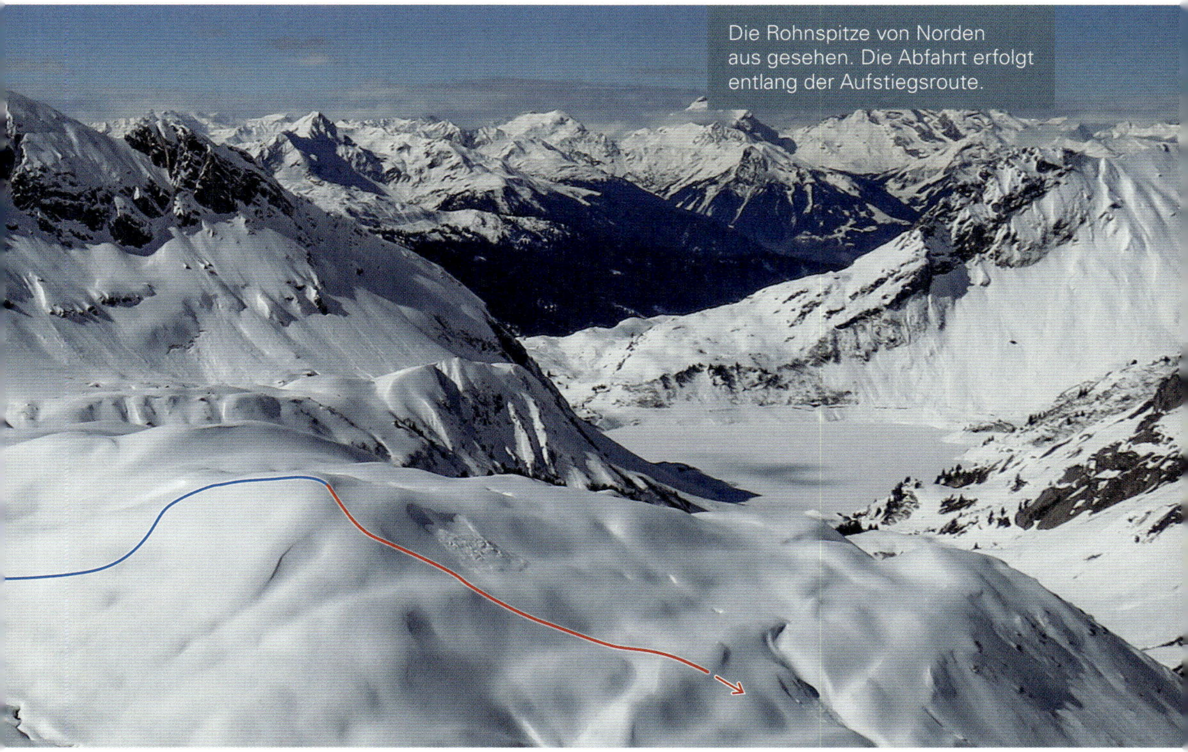

Die Rohnspitze von Norden aus gesehen. Die Abfahrt erfolgt entlang der Aufstiegsroute.

Tour 35

SPULLER SCHAFBERG 2679 m

Der Spuller Schafberg ist ein beeindruckender Skiberg mit einer traumhaften Rundumsicht vom Gipfel. Allen Freerider:innen sticht sofort die lange und steile Südostflanke ins Auge, die zu den tollsten Firnabfahrten in Vorarlberg zählt. Im Gegensatz zu seinem nördlichen Nachbarn, dem Mehlsack, der auch mit Heliskiing erreicht wird, ist der Spuller Schafberg ein eher selten besuchter Skigipfel am Arlberg und aufstiegsfreudigen Freerider:innen vorbehalten.

Zugang Vom Ausstieg der Madlochbahn sofort nach links in einer leicht ansteigenden Querung in die auf der Nordwestseite der Kleinen Wildgrubenspitze gelegene Mulde und weiter in westliche Richtung einen Sattel queren. Von hier hat

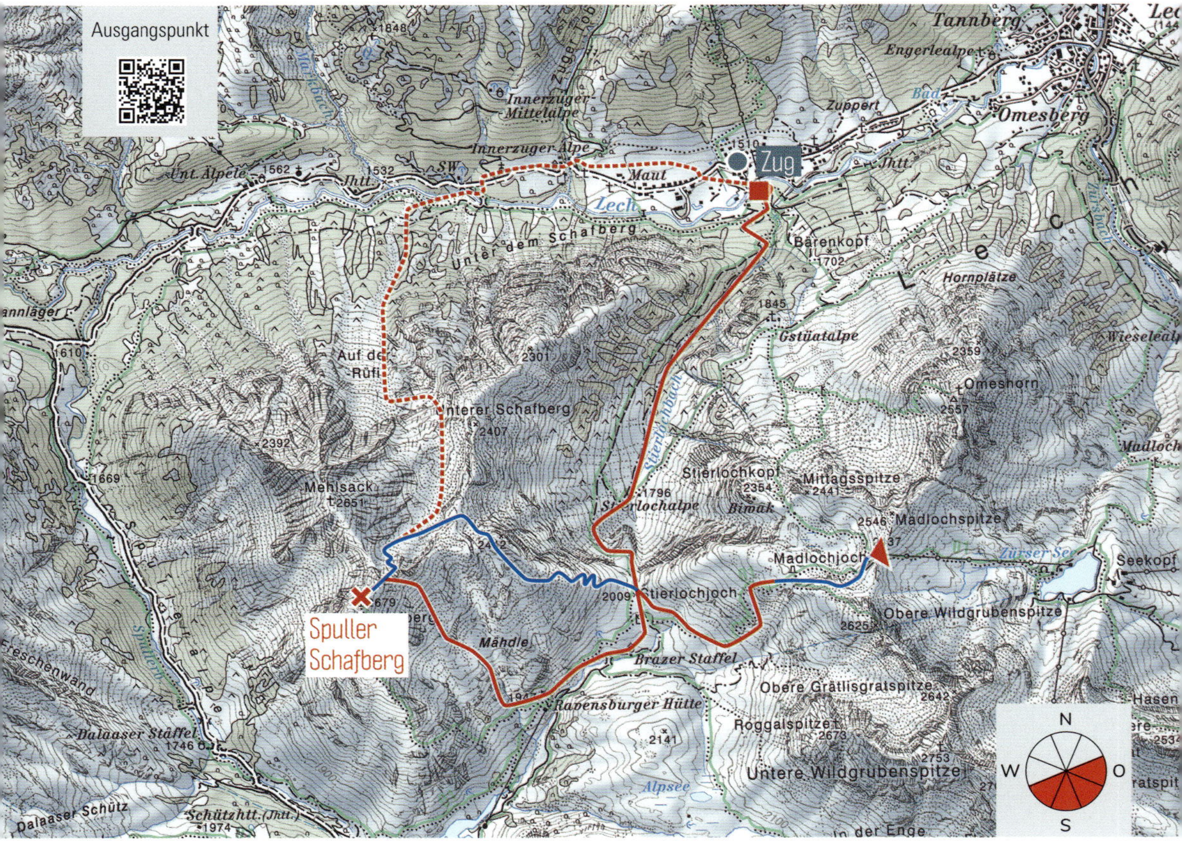

FACTS

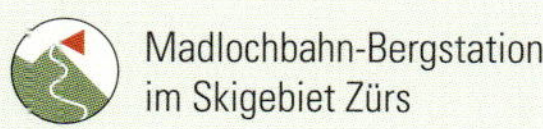
Madlochbahn-Bergstation im Skigebiet Zürs

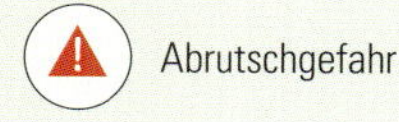
Abrutschgefahr

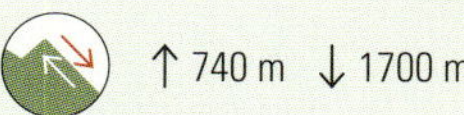
↑ 740 m ↓ 1700 m

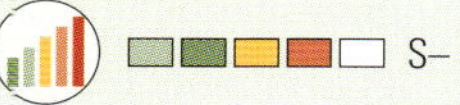
S–

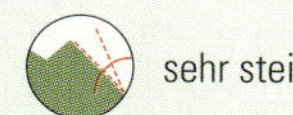
sehr steil

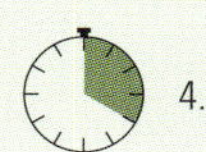
4.15 Std.

man einen ersten herrlichen Blick auf die weiten Hänge des Spuller Schafberges.

Abfahrt 1 Über die südwestexponierten Hänge bis zu einer Steilstufe abfahren. Die Steilstufe nach links über eine mittelsteile Mulde umfahren und am Ende der Mulde nach rechts in einer langen Querung in das Stierlochjoch.

Aufstieg 1 Vom Stierlochjoch in westliche Richtung über den Rücken in steilen und oft unangenehmen Spitzkehren aufsteigen, bis sich das Gelände in einer Höhe von 2230 m zurücklegt. Man hält sich ständig rechts, und es geht über schön

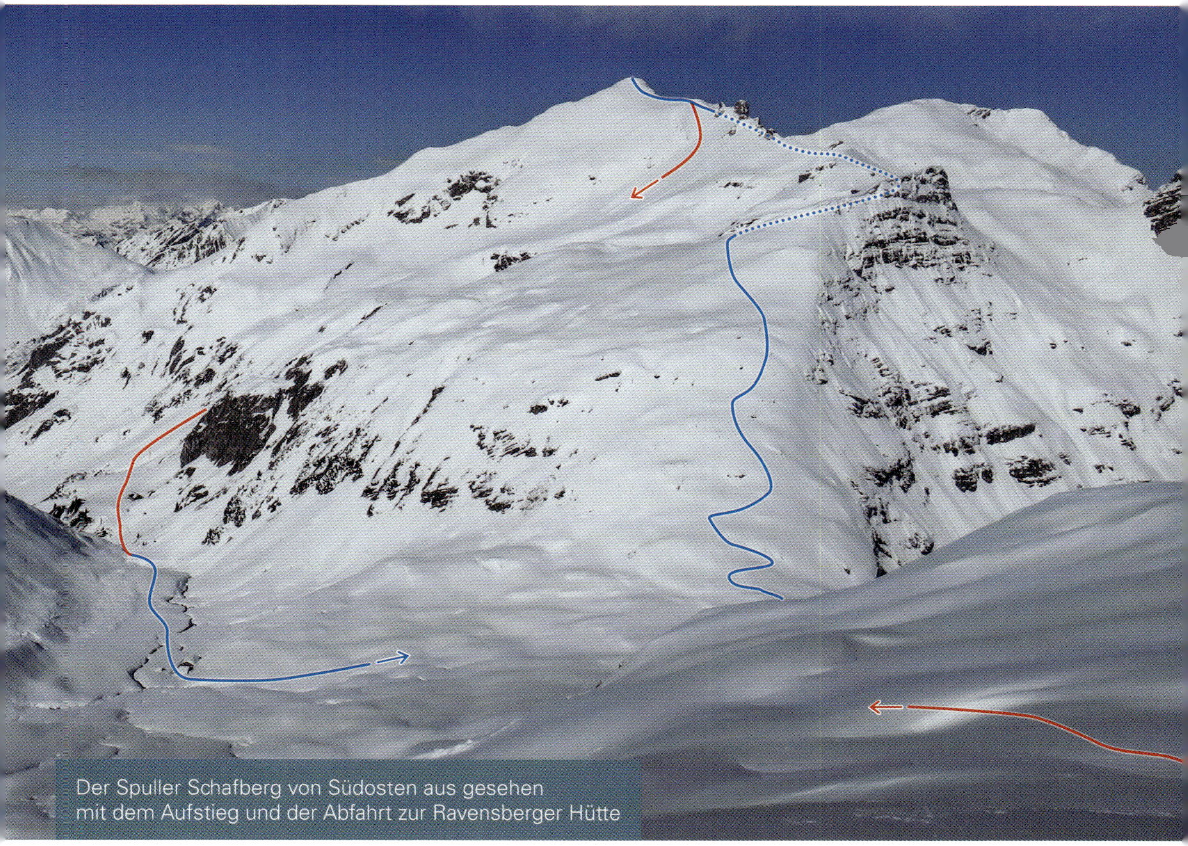

Der Spuller Schafberg von Südosten aus gesehen mit dem Aufstieg und der Abfahrt zur Ravensberger Hütte

kupiertes Gelände weiter bis auf ein Joch in 2410 m Höhe. Vom Joch kurz in das Schneetal absteigen und danach in einer langen Querung in eine Einsattelung zwischen dem Mehlsack und dem Spuller Schafberg aufsteigen.
Jetzt geht es nach links, zunächst mit steilen Spitzkehren und später die Ski tragend, über einen steilen Nordhang hinauf in eine Einsattelung unmittelbar neben einem markanten Felsturm, dem Gendarmen (2600 m). Weiter entlang des Bergrückens bis auf den Gipfel des Spuller Schafberges (2679 m).

Abfahrt 2 Zunächst entlang der Aufstiegsspur zurück zum Gendarmen, dann nach rechts über die südostexponierte Mulde hinab in ein großes Becken und über dieses weiter abfahren. Danach in Falllinie über einen von Gräben durchzogenen, steilen Südhang abfahren. Kurz oberhalb der Ravensburger Hütte (1960 m) nach links und an der Hütte vorbei in den Talgrund queren.

Aufstieg 2 Von hier nochmals entlang des Grabens an der Brazer Staffel Alpe (1960 m) vorbei auf das Stierlochjoch (2009 m) aufsteigen.

Abfahrt 3 Vom Joch nach links mit wenig Höhenverlust um einen Kopf herum und über die weiten und sanften Osthänge hinab. Über einen Ziehweg auf der linken Talseite hinaus nach Zug zur Talstation der Zugerbergbahn (1490 m).

Variante Vom Gipfel entlang der Aufstiegsspur zurück zum Gendarmen. Über den steilen Nordhang hinab in das Schneetal und talauswärts bis auf eine Höhe von 2300 m. Hier eine kurze Felsstufe auf der rechten Seite umfahren und unter dieser nach links in den endlos langen Nordhang queren.
Über diesen 600 Höhenmeter langen Traumhang hinab. Den Lech überqueren und entlang eines Winterwanderweges in ständigem Auf und Ab etwas mühsam nach Zug.

Hinweis Leider wird diese schöne Abfahrtsvariante über das Heliskiing zum Mehlsack unschwer erreicht und ist deshalb schnell verspurt.

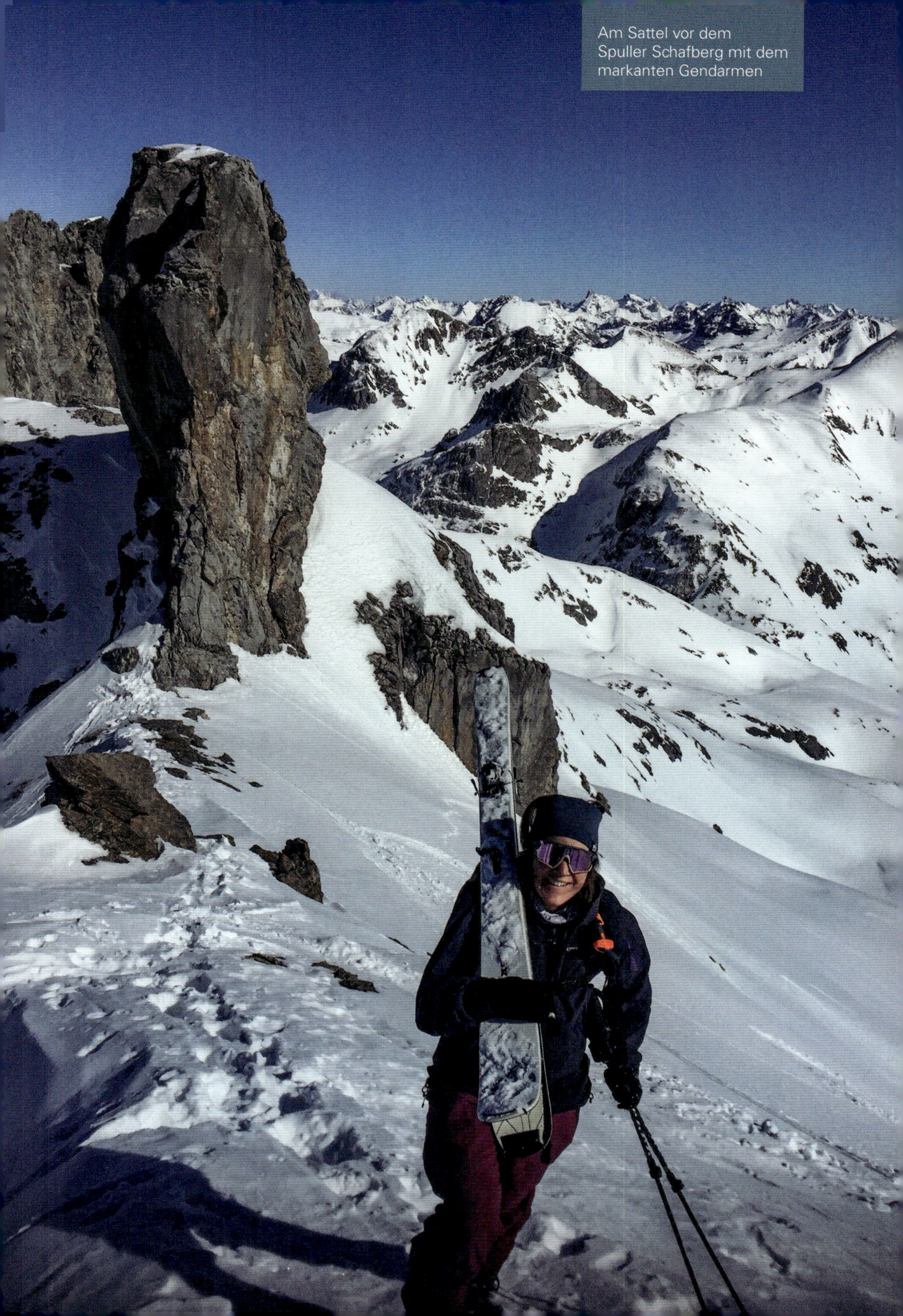

Am Sattel vor dem Spuller Schafberg mit dem markanten Gendarmen

Tour

36 VALLUGA 2809 m

Die imposante Valluga mit ihrer steilen Nordflanke ist der höchste Gipfel im Arlberggebiet, ihr Anblick ist im Skigebiet Zürs allgegenwärtig. Eigentlich unvorstellbar, dass man dort mit Ski abfahren kann.

Die Valluga-Nordabfahrt ist ein Mythos, und der wird unter anderem dadurch gepflegt, dass die Benützung der kleinen Seilbahn Valluga 2 und damit der Zugang zur legendären Skiroute nur mit Ski- und Bergführer möglich ist. Wer aber einmal dort oben am Gipfel stand und die Ausgesetztheit gespürt hat, wird verstehen, weshalb das so ist – die Abfahrt ist definitiv nichts für schwache Nerven. Wer dennoch ohne Guide unterwegs sein will, startet bei der Bergstation Valluga 1.

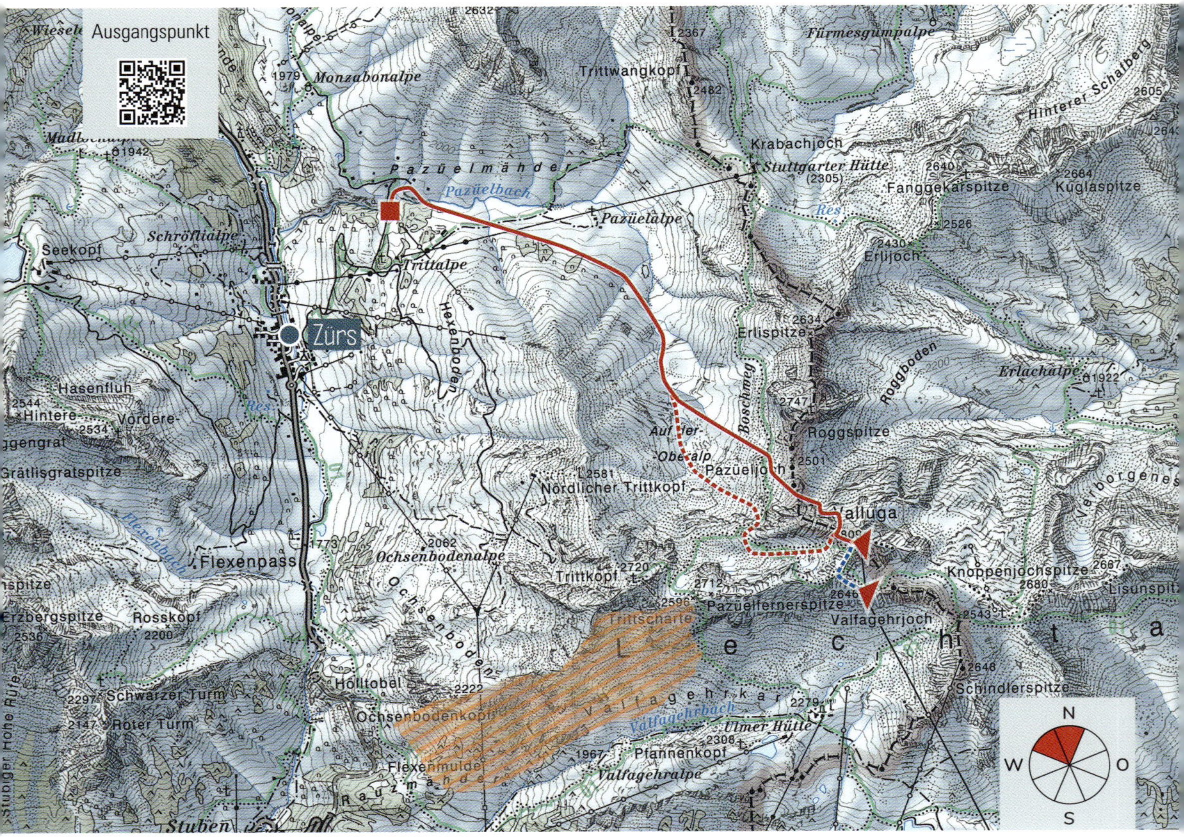

FACTS

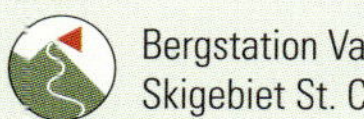
Bergstation Vallugabahn 1 oder 2 im Skigebiet St. Christoph am Arlberg

Absturzgefahr im Gipfelbereich

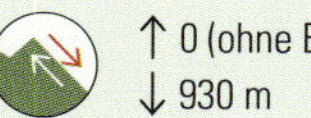
↑ 0 (ohne Bahn: 150 Hm)
↓ 930 m

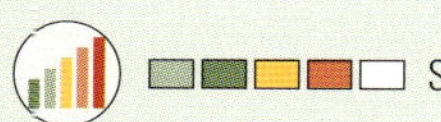
S

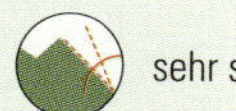
sehr steil

1.00 Std.

Aufstieg Von der Bergstation der Vallugabahn 1 entlang der linken Kante des Südhanges der Valluga, die Ski oder das Snowboard am Rucksack tragend und zu Fuß stapfend, auf den Vallugagrat aufsteigen. Entlang des Grates weiter zur Bergstation der Vallugabahn 2.

Abfahrt **Abfahrt Nord:** Vom Gipfel an der linken Hangbegrenzung, zunächst meist seitlich abrutschend, zu einem kleinen Sattel abfahren. Vom Sattel nach rechts in die Nordflanke hineinqueren und weiter über die Nordflanke abfahren. Die Nordflanke endet an einer großen, unüberwindbaren Felsstufe. Hier nach links in einen nochmals steilen und etwas engeren Hang abfahren. Nach ein

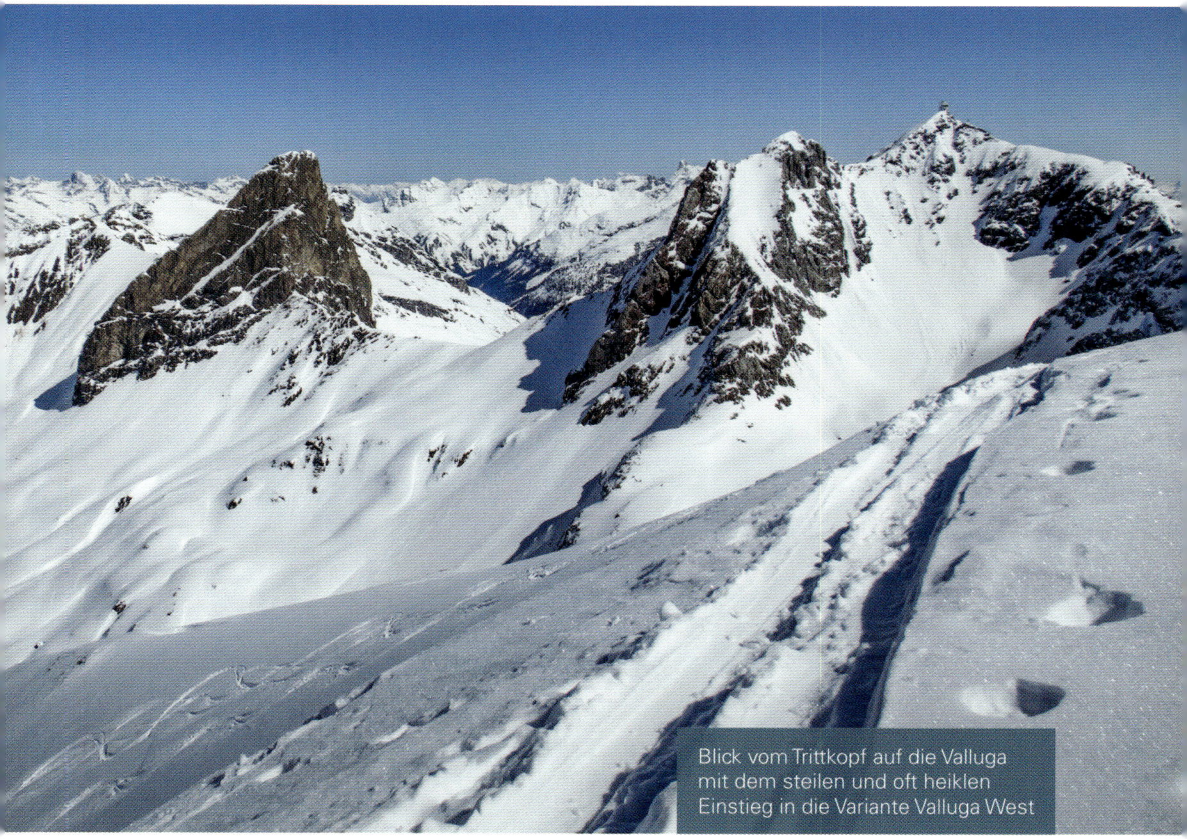

Blick vom Trittkopf auf die Valluga mit dem steilen und oft heiklen Einstieg in die Variante Valluga West

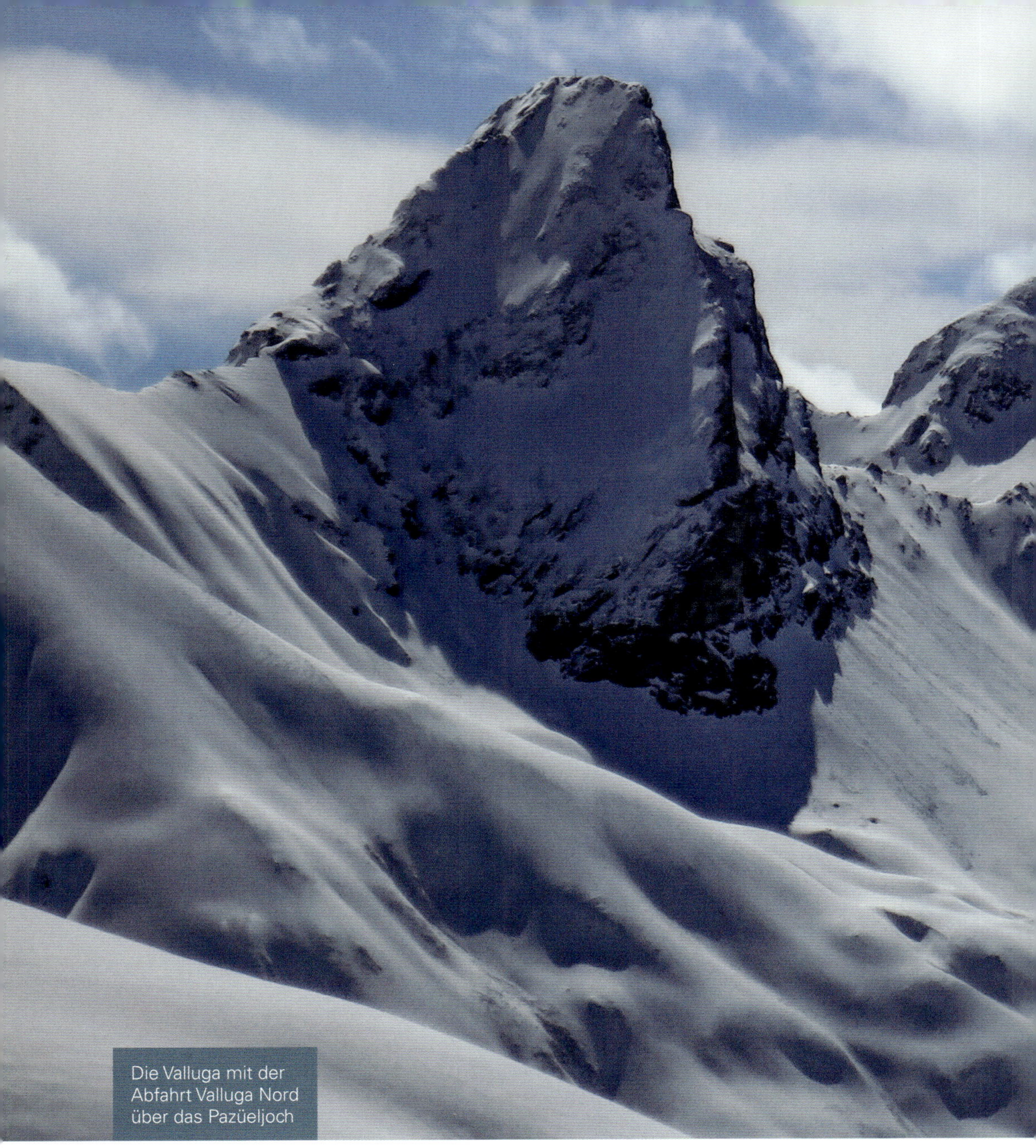
Die Valluga mit der Abfahrt Valluga Nord über das Pazüeljoch

paar Schwüngen quert man nach links hinaus ins Pazüeljoch. Vom Pazüeljoch über weite Hänge in nordwestliche Richtung in den Talboden und über das Pazüeltal hinaus zur Talstation der Trittalpbahn in Zürs.

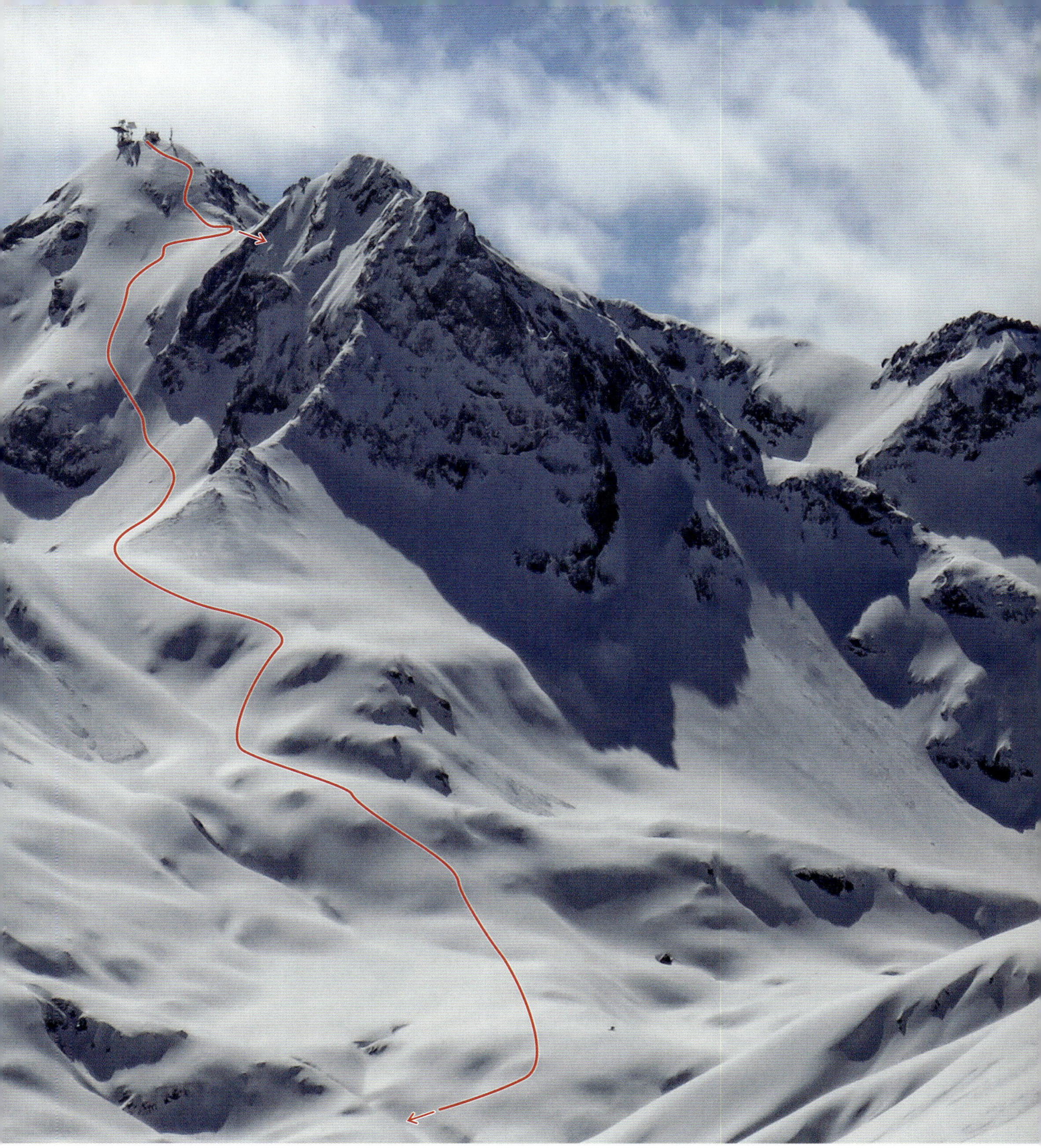

Variante **Valluga West:** Vom Gipfel wie beschrieben in den kleinen Sattel abfahren. Von diesem Sattel in die linksseitig gelegene Mulde an der Westflanke der Valluga abrutschen. Die Einfahrt ist oftmals steinig und nur mit Vorsicht zu genießen. Durch die westseitige Mulde hinab und in weiterer Folge dem Talkessel folgend über die weiten Hänge des Pazüeltales hinab zur Talstation der Trittalpbahn in Zürs.

Tour

37 ERLIJOCH 2430 m

Die Valluga-Nordabfahrt zählt zu den steilsten mit Liften erschlossenen Freeride-Abfahrten im Alpenraum. Für gewöhnlich fährt man nach dem steilen Gipfelhang über das Pazüeltal zurück ins Skigebiet nach Zürs. Die hier beschriebene Tour mit Abfahrt zur Erlachalpe und Aufstieg zum Erlijoch ist eine abenteuerliche Alternative für aufstiegsfreudige Freerider:innen. Die Tour eröffnet weitere tolle Abfahrtshänge, die meist noch lange nach dem letzten Schneefall Raum für Powderschwünge bieten.

Hinweis Die Benützung der Seilbahn Valluga 2 ist nur in Begleitung von Ski- und Bergführern möglich. Wer ohne Guide unterwegs sein will, startet bei der Bergstation Valluga 1 und steigt von dort auf die Valluga auf.

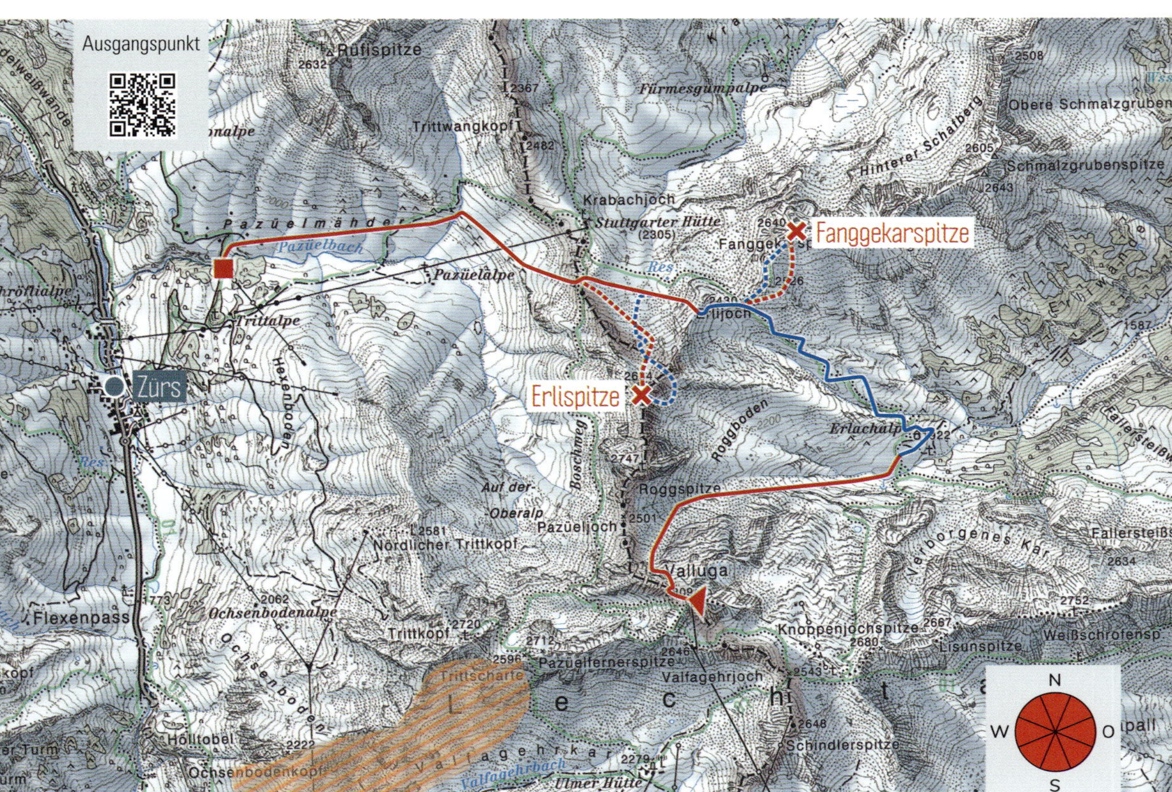

FACTS

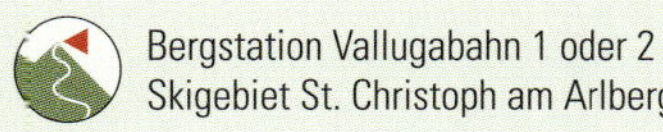

Bergstation Vallugabahn 1 oder 2 im Skigebiet St. Christoph am Arlberg

Absturzgefahr im Gipfelbereich

↑ 580 m ↓ 1520 m

S

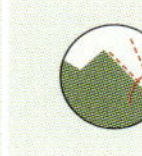

sehr steil

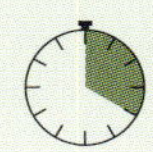

3.00 Std.

Aufstieg 1 Von der Bergstation der Vallugabahn 1 entlang der linken Kante des Südhanges der Valluga, die Ski am Rucksack tragend und zu Fuß stapfend, auf den Vallugagrat aufsteigen. Entlang des Grates weiter zur Bergstation der Vallugabahn 2.

Abfahrt 1 Vom Gipfel an der linken Hangbegrenzung, zunächst meist seitlich abrutschend, zu einem kleinen Sattel abfahren. Vom Sattel nach rechts in die Nordflanke hineinqueren und weiter über die Nordflanke abfahren. Die Nordflanke endet an einer großen, unüberwindbaren Felsstufe. Hier nach links in einen nochmals steilen und etwas engeren Hang abfahren. Nun nicht in das Pazüeljoch queren, sondern ständig in Falllinie weiter durch die große Wanne am Fuße der Valluga abfahren bis zum Fellanlegeplatz bei der Erlachalpe (1922 m).

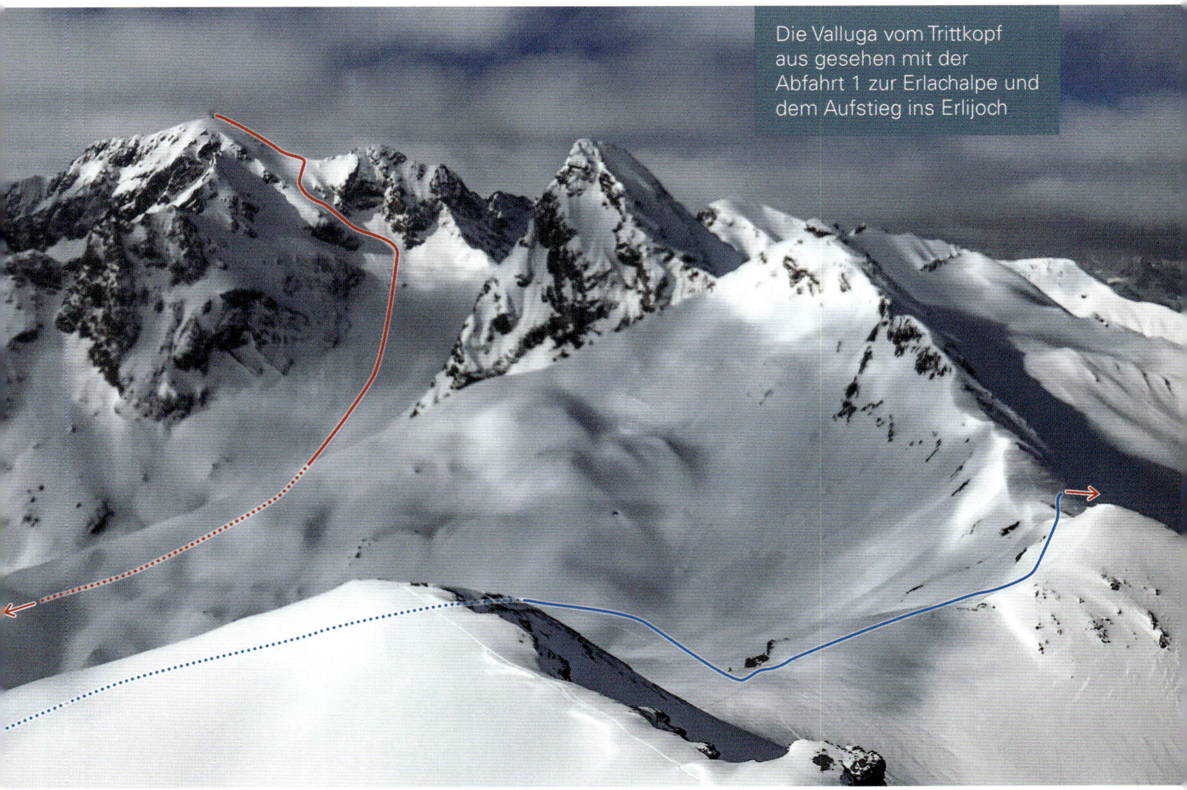

Die Valluga vom Trittkopf aus gesehen mit der Abfahrt 1 zur Erlachalpe und dem Aufstieg ins Erlijoch

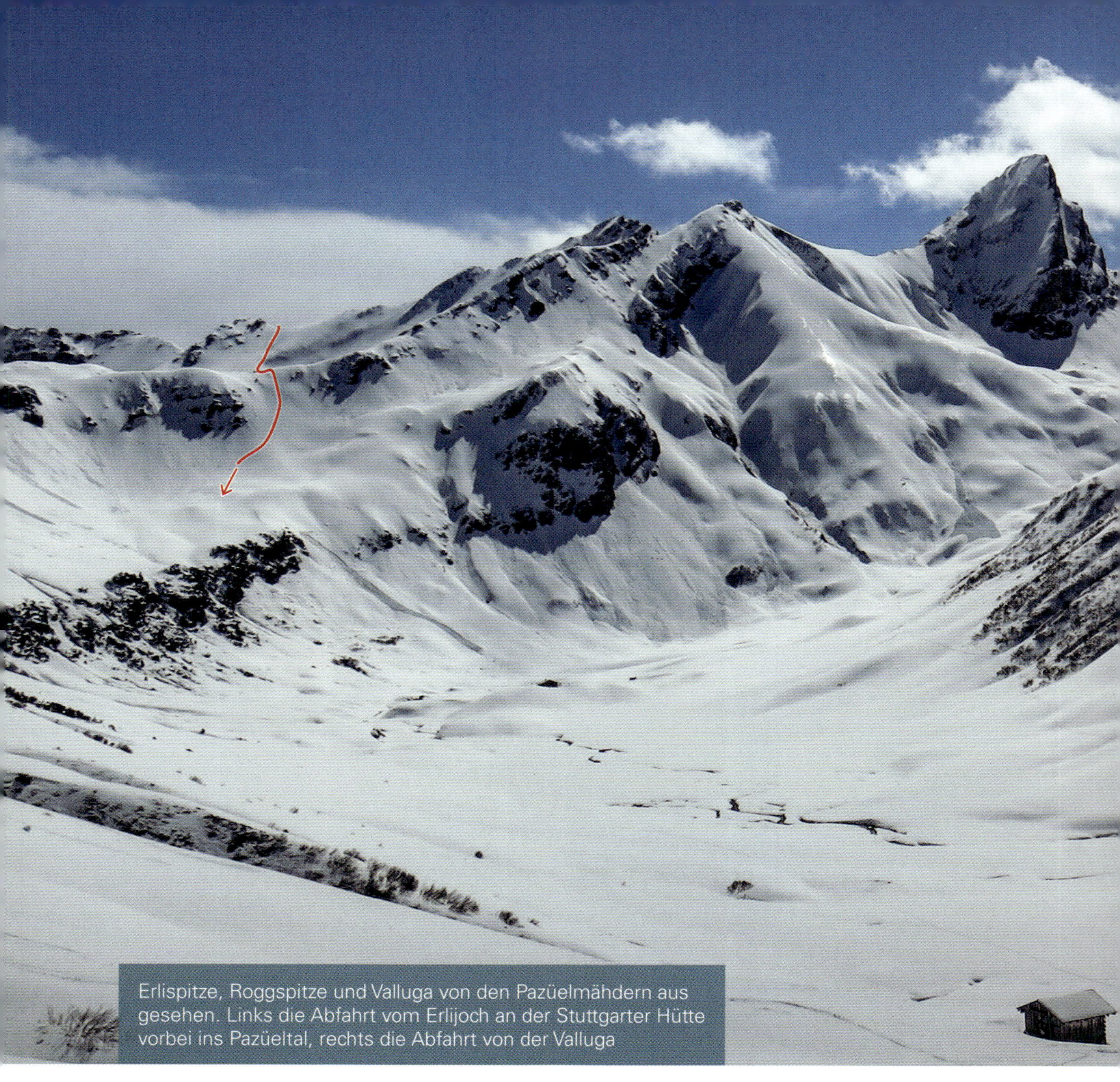

Erlispitze, Roggspitze und Valluga von den Pazüelmähdern aus gesehen. Links die Abfahrt vom Erlijoch an der Stuttgarter Hütte vorbei ins Pazüeltal, rechts die Abfahrt von der Valluga

Aufstieg 2 Von der Erlachalpe zunächst in nordöstliche Richtung um einen steilen Rücken herumqueren. Der weitere Aufstieg führt über kupiertes Gelände, in dem eine gute Spuranlage notwendig ist, in nordwestliche Richtung auf das Erlijoch (2430 m). Vom Erlijoch nach Westen weiter über den Bergrücken der Erlispitze in einen markanten Sattel auf 2480 m Höhe.

Variante Wer noch auf die Erlispitze aufsteigen möchte, tut dies am besten nach einer kurzen Abfahrt vom Sattel in nordwestliche Richtung. Von dort steigt man direkt über die Nordhänge der Erlispitze (2634 m) auf den Gipfel.

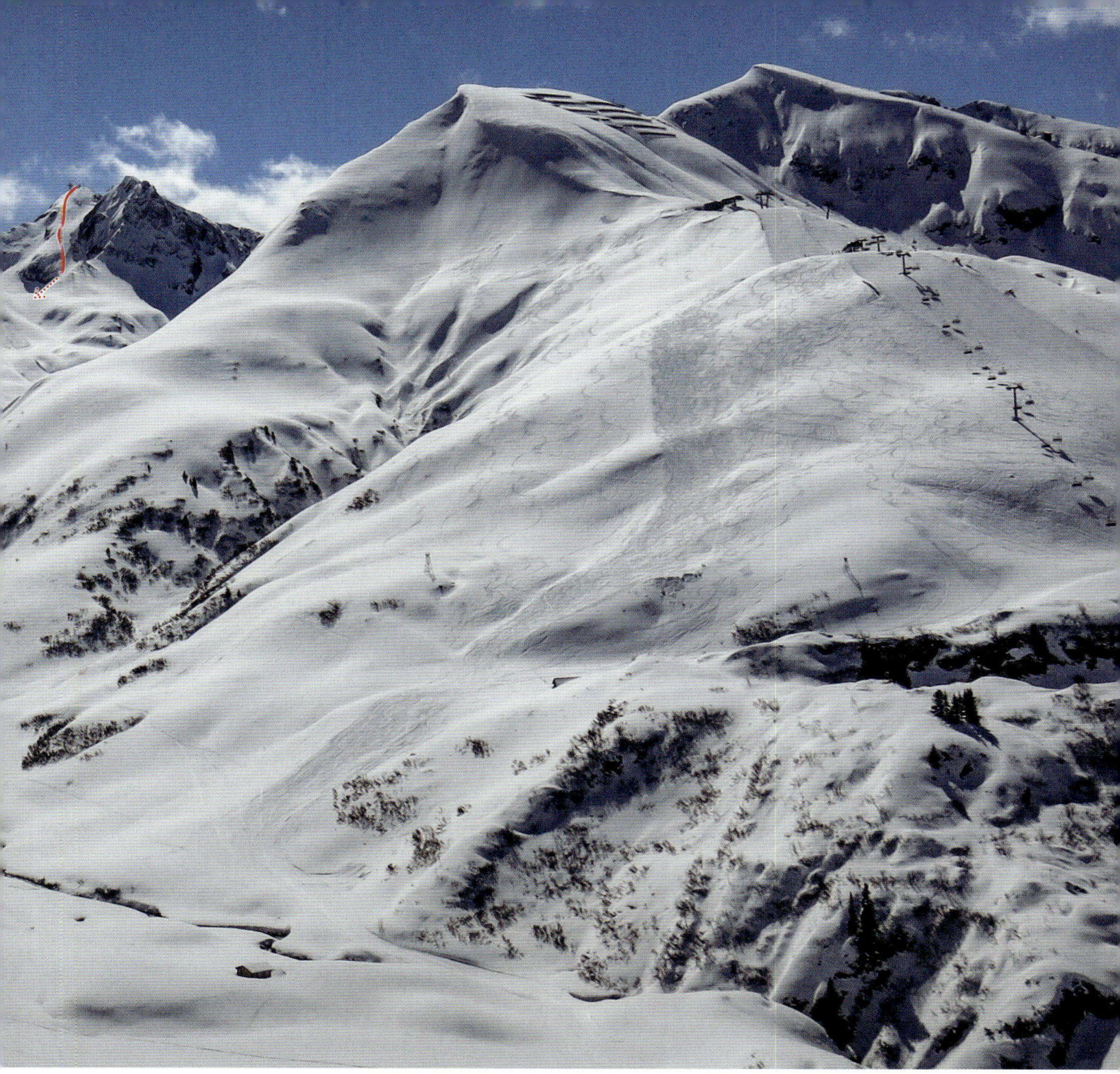

Abfahrt 2 Vom Sattel direkt über den schönen Nordwesthang abfahren und in das Joch, das ca. 300 m südlich der Stuttgarter Hütte liegt. Vom Joch kurz nach links in den weiten Nordwesthang queren und über diesen hinab. Am Ende des Hanges nach rechts queren (dabei nicht zu tief kommen) und das Wangtälibächle auf einer Höhe von 2070 m überqueren. Danach entlang des Sommerweges über die Pazüelmähder in westliche Richtung in das Pazüeltal queren und weiter zur Talstation der Trittalpbahn in Zürs.

Variante **Fanggekarspitze:** Vom Erlijoch nach Osten über den Rücken der Fanggekarspitze zum Gipfel (2640 m) aufsteigen, je nach Schneelage mit Fellen oder teilweise die Ski tragend. Entlang der Aufstiegsspur zurück zum Erlijoch.

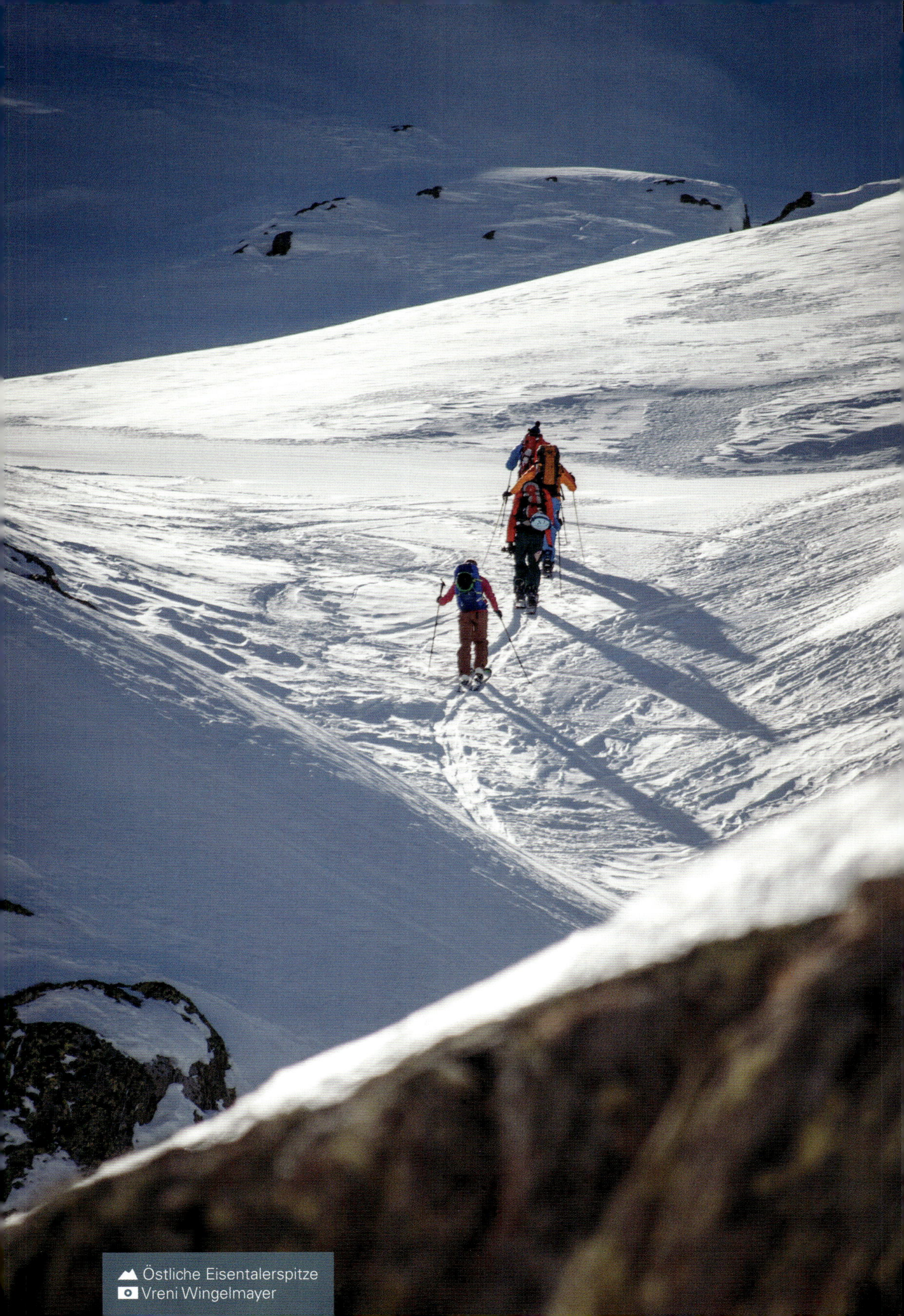

Östliche Eisentalerspitze
Vreni Wingelmayer

REGION KLOSTERTAL

Die Region Klostertal mit den zwei zum Liftverbund Arlberg gehörenden Skigebieten Albona in Stuben am Arlberg und Sonnenkopf in Dalaas ist ein beliebtes Freeride-Gebiet mit alpinem Charakter sowie anspruchsvollen und langen Aufstiegen und Abfahrten. Die Abfahrten von den Eisentalerspitzen und vom Kaltenberg gehören mit 1550 durchgehenden Abfahrtshöhenmetern zu den längsten Skiabfahrten in Vorarlberg. Das Klostertal wird von Freerider:innen zudem wegen seiner Schneesicherheit geschätzt. Umrahmt vom Lechquellengebirge im Norden und vom Verwall im Süden bieten die schroffen Berge des 30 km langen Klostertales somit alles, was man sich als Freerider:in wünschen kann. Aber Achtung: Ist es generell nicht empfehlenswert, unbekannten Spuren zu folgen, gilt dies in dieser Region ganz besonders. Denn hier befindet man sich mitten im Heimatgebiet der zweifachen Freeride-Weltmeisterin Nadine Wallner. Zudem befinden sich die Touren 38 und 42 bis 46 im Europaschutzgebiet Verwall, einem der größten Schutzgebiete Vorarlbergs, und erfordern daher besondere Rücksicht (siehe dazu Naturverträglich unterwegs, S. 12).

Anreise Stuben

Zielbahnhof: Langen am Arlberg oder St. Anton am Arlberg mit Direktverbindungen von Bregenz, Wien, Frankfurt und Zürich. Weiter mit dem Landbus zur direkt beim Skigebiet gelegenen Haltestelle in Stuben oder zur Alpe Rauz.

Anreise Dalaas Sonnenkopfbahn

Zielbahnhof: Bludenz mit Direktverbindungen von Bregenz, Wien, Frankfurt und Zürich.

Vom Bahnhof Bludenz mit dem Landbus zur direkt beim Skigebiet gelegenen Haltestelle Dalaas Sonnenkopfbahn.

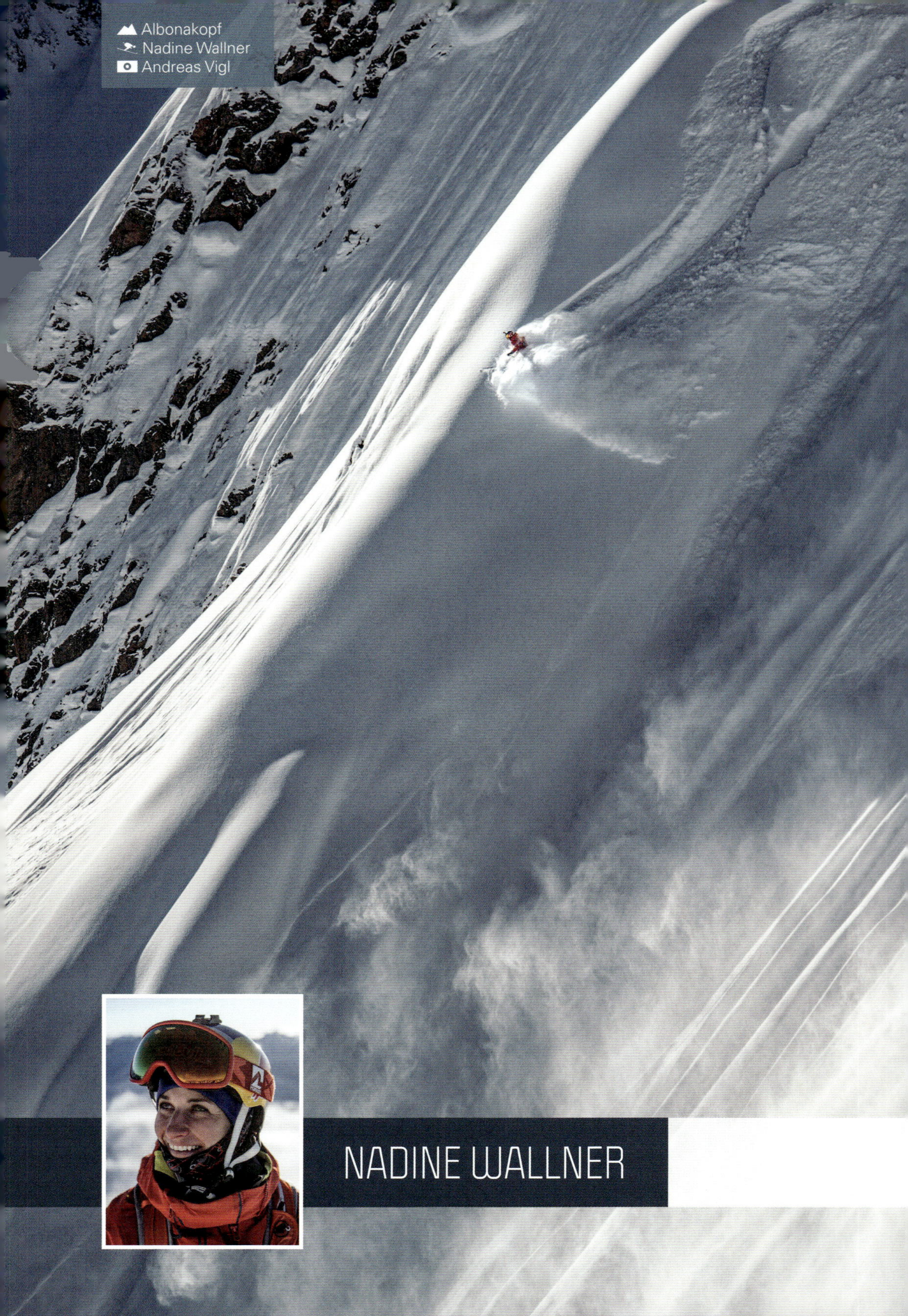

NADINE WALLNER

Die Berge rund um Klösterle am Arlberg sind Nadines Spielplatz, an dem sie sich auch heute noch mehr zu Hause fühlt als sonst irgendwo auf der Welt. Aufgewachsen ist Nadine Wallner mit dem Ziel, Ski-Rennläuferin zu werden. Jedoch lockte sie bald das freie Gelände, vielleicht auch aufgrund der väterlichen Bergführer-Gene, und so testete sie beim Freeriden ihre eigenen Grenzen aus. 2011 nahm Nadine an ihrem ersten Freeride-Wettbewerb teil, bereits zwei Jahre später trug sie den Sieg bei der Freeride World Tour davon (2013) und 2014 krönte sie sich zum zweiten Mal zum Freeride World Tour Champion. Dann musste sie eine schwere Verletzung wegstecken, wovon sie sich aber nicht aus der Bahn werfen ließ. Mittlerweile greift sie beim Klettern genauso an wie beim Skifahren.

Was macht für dich das Freeriden in den Bergen Vorarlbergs so besonders?

Das Gelände ist verspielt, vielfältig und vor allem abfahrtsorientiert. Zudem sind der Arlberg und das Klostertal, meine Heimatregion, durch ihre Lage auch sehr schneereich. Und natürlich schätze ich es sehr, dass die Berge unmittelbar vor meiner Haustüre sind!

Was macht für dich eine coole Freeride-Abfahrt aus?

Die Abwechslung der Geländeformen, wie Spines, Roller, Rinnen, Gullys, offene, freie Flächen, und die variierende Steilheit, zu der Sprünge über Felsen oder über Wechten gehören, oder Side Hits. Das alles am besten bei Powder und stabilen Verhältnissen.

Welchen Freeride-Run muss man unbedingt einmal gemacht haben?

Sei kreativ! Das macht das Freeriden nämlich für mich aus. Die Berge sind da, die Lines und Befahrungen sind jedoch sehr individuell.

Dein Herz schlägt ja nicht nur für das Freeriden, sondern genauso für das Klettern. Auch in diesem Sport hast du in kürzester Zeit ein unglaubliches Niveau erreicht. Gibt es Parallelen zwischen den beiden Sportarten? Was pusht dich, immer neue Ziele zu erreichen?

Das Neue und Unbekannte reizt mich. Ich probiere gerne Verschiedenes aus und möchte mich ständig weiterentwickeln. Freeriden und Klettern könnten tatsächlich nicht unterschiedlicher sein. Beim Freeriden fährt man mit der Schwerkraft, beim Klettern kämpft man gegen sie an.

Ich denke, eine große Parallele ist bei beiden Sportarten allerdings der Kopf: Man benötigt ein gewisses Mindset, um große Lines zu befahren oder schwere Touren zu klettern. Freeriden ist wie Onsight-Klettern, also die Begehung einer unbekannten Route im ersten Versuch. Beim Freeriden gibt es nur einen Versuch. Taktik, Planung und das richtige Timing sind beim Freeriden wie auch beim Klettern sehr wichtig.

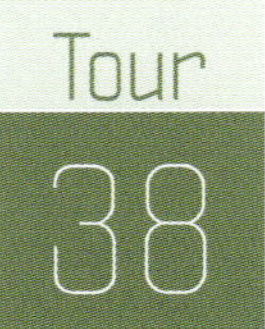

KALTENBERG 2896 m

BETTLERKAR

Der Kaltenberg ist ein markanter Berg mit ein paar letzten Gletscherresten, die es wohl nicht mehr lange geben wird. Trotz des relativ langen Zustiegs ist man hier selten alleine unterwegs. Aufgrund der vielen Abfahrtsmöglichkeiten und der weiten Hänge ist jedoch genügend Platz, um eigene Spuren im Tiefschnee zu hinterlassen. Insbesondere die Abfahrt übers Krachel und später in das Bettlerkar sind anspruchsvolle Unternehmungen und alle Mühe wert. Sie gehören sicherlich zu den schönsten Abfahrtshängen in Vorarlberg.

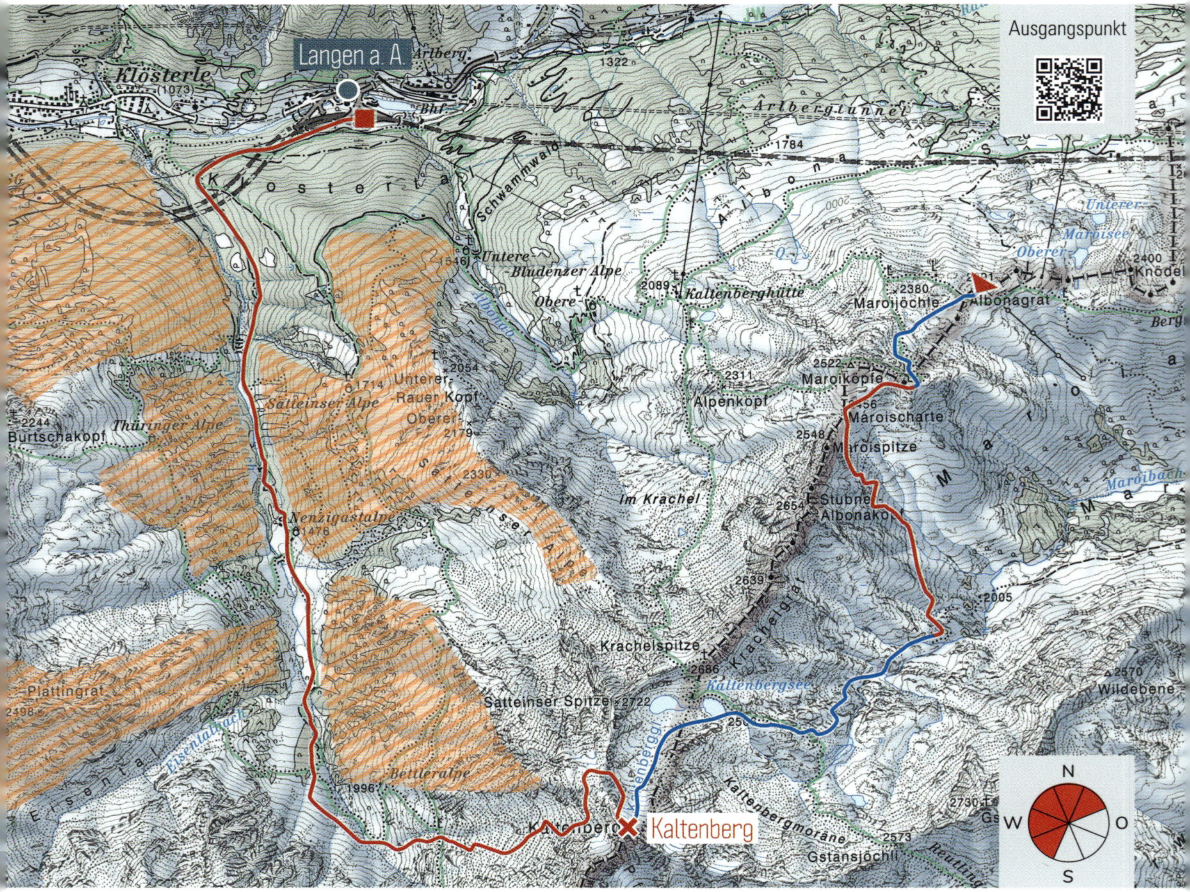

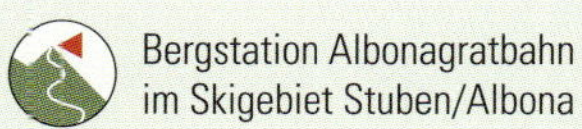
Bergstation Albonagratbahn im Skigebiet Stuben/Albona

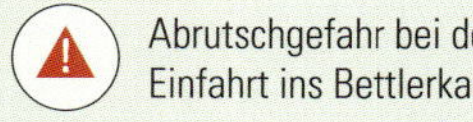
Abrutschgefahr bei der Einfahrt ins Bettlerkar

↑ 1130 m ↓ 2320 m

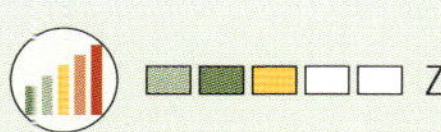
ZS+

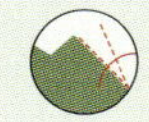
steil, sehr steil

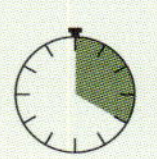
4.30 Std.

Zugang Vom Ausstieg der Albonagratbahn der Piste in Richtung des Albonagrat-Restaurants folgen und vor dem Restaurant links in Treppenschritten und schiebend über das kupierte Gelände bis an den Fuß der Maroiköpfe (2360 m) zum Fellanlegeplatz.

Aufstieg 1 Entweder von hier zu Fuß, die Ski tragend, oder angenehmer mit Fellen weiter in Kehren über die Ostflanke auf den Östlichen Maroikopf (2522 m) aufsteigen.

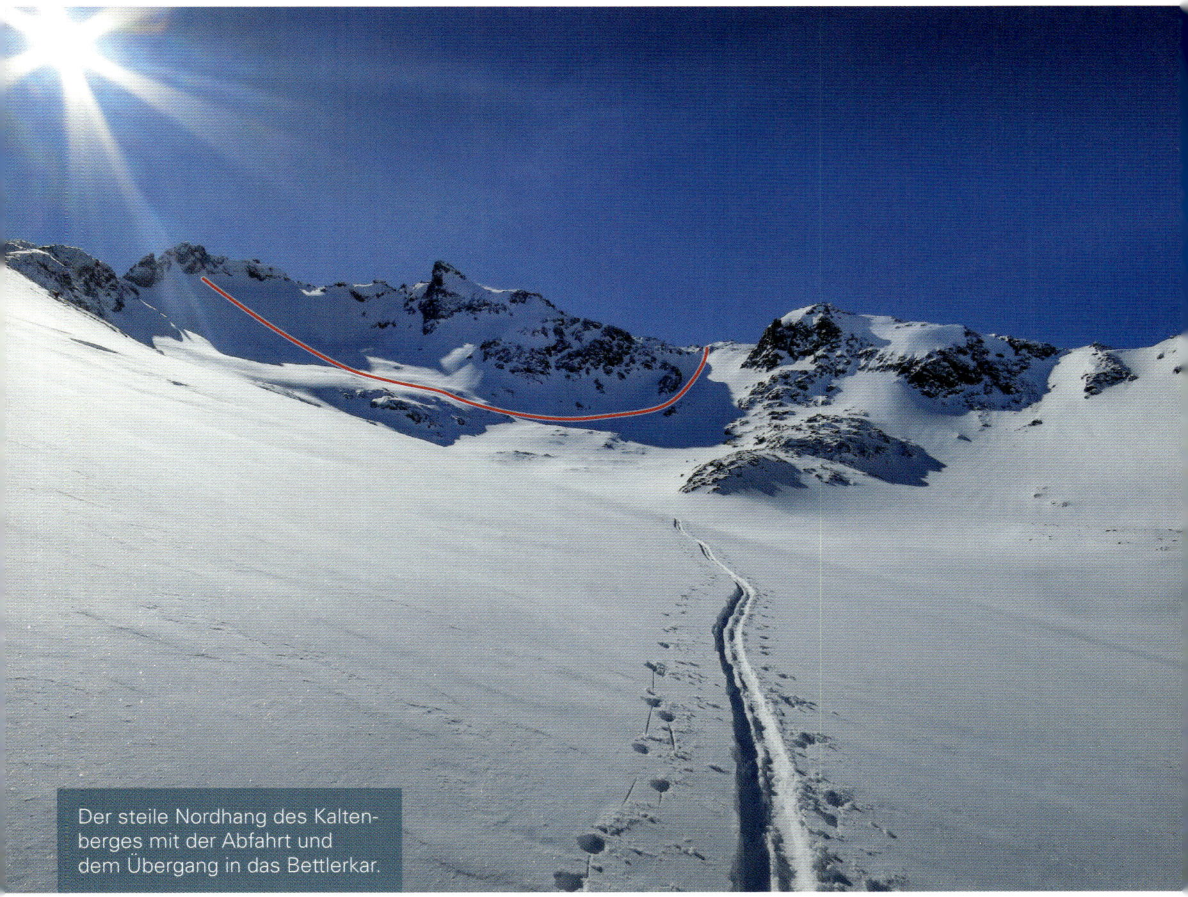

Der steile Nordhang des Kaltenberges mit der Abfahrt und dem Übergang in das Bettlerkar.

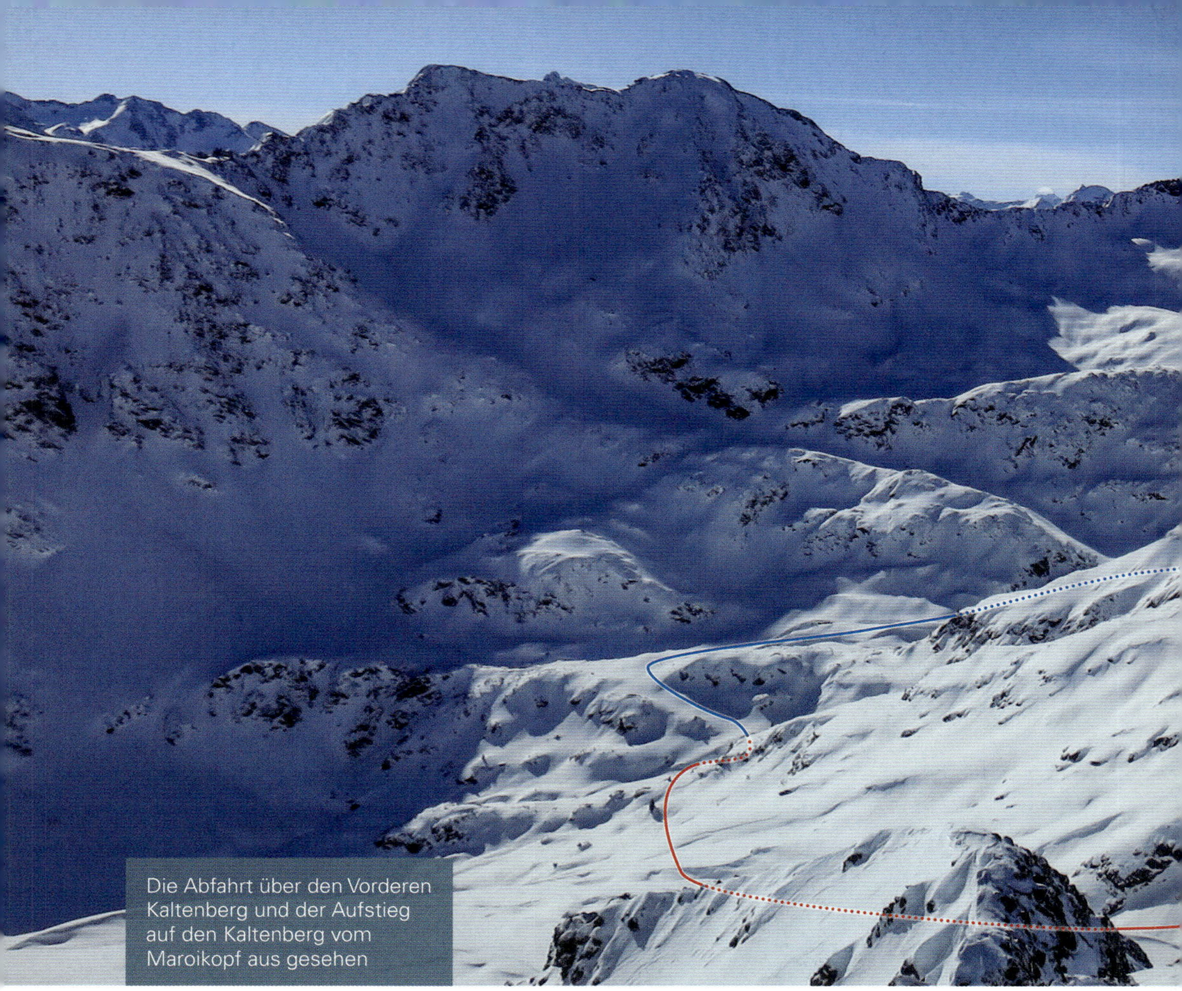

Die Abfahrt über den Vorderen Kaltenberg und der Aufstieg auf den Kaltenberg vom Maroikopf aus gesehen

Abfahrt 1 Vom Maroikopf fährt man zunächst in südwestliche Richtung in die Maroischarte (2456 m) ab. Von der Maroischarte geht es weiter in südwestliche Richtung über die sanften Hänge des Vorderen Kaltenbergs in Richtung Maroital. Gegen Ende der Abfahrt hält man sich rechts und quert in den Talboden des hinteren Maroitales (ca. 2080 m). Hier befindet sich der Fellanlegeplatz.

Aufstieg 2 Man steigt über kupiertes Gelände auf der rechten Talseite in südwestliche Richtung dem sichtbaren Kaltenberg entgegen. Nach einer kurzen Steilstufe erreicht man einen markanten großen, flachen Boden (ca. 2350 m), bei dem sich oftmals Aufstiegsspuren trennen. Der Weiterweg zum Kaltenberg führt über kupiertes Gelände nach Nordwesten zum Kaltenbergsee (2500 m). Über das Flachstück in westliche Richtung bis zum nordexponierten Gipfelhang des Kaltenberges aufsteigen. Auf der linken Seite des Gipfelhanges in Spitzkehren empor bis zum Skidepot. Über eine steile Rinne erreicht man in leichter Kletterei den an seiner Südflanke ausgesetzten Gipfel des Kaltenberges.

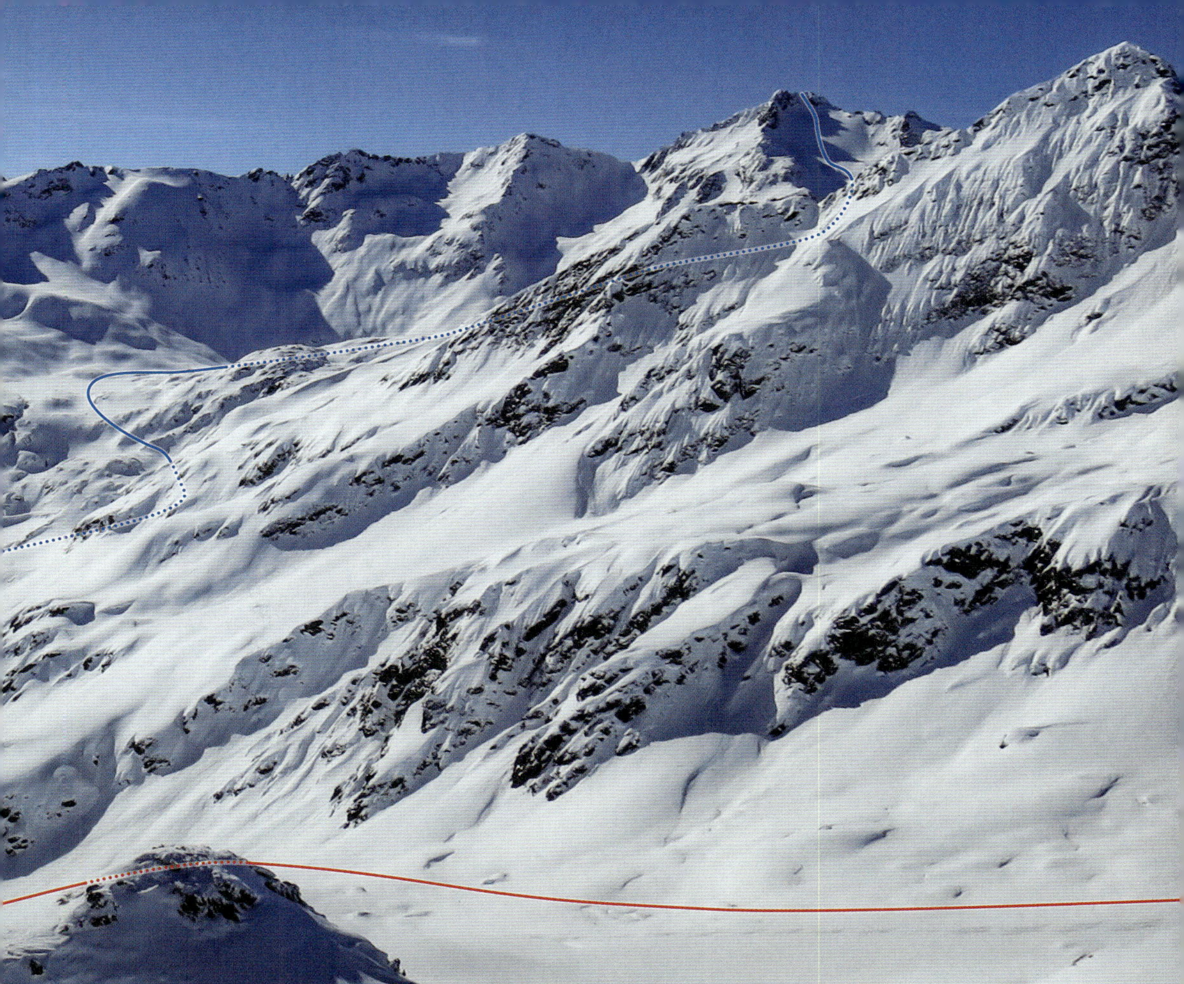

Abfahrt 2 Vom Skidepot zunächst ca. 150 Höhenmeter direkt über den steilen Nordhang abfahren. Unterhalb von markanten Felsen (ca. 2720 m) quert man nach links hinaus und steigt 50 Höhenmeter über eine breite Rinne in einen Sattel auf. Vom Sattel (2770 m) hält man sich links und steigt noch kurz über den Rücken auf, bevor man über einen kurzen, steilen Hang in das Bettlerkar einfahren kann.

Von hier aus in Falllinie über die wunderschönen Nordwesthänge 1300 Höhenmeter an der Bettleralpe (1996 m) vorbei hinabfahren. Kurz vor Erreichen des Talbodens sollte man sich unbedingt links halten, um das steile Gelände unterhalb der Bettleralpe zu meiden und um zu den schönen, nordostexponierten Hängen auf der anderen Talseite zu gelangen. Mit möglichst wenig Höhenverlust in diese Hänge queren und über diese hinab bis zur Nenzigastalpe.

Nun auf dem Güterweg nach Langen zum Bauhof der Asfinag und weiter mit Bus oder Taxi zurück zum Ausgangspunkt.

Tour 39

GEISLEGER

Die nordseitigen Abfahrten von der Albona zählen aufgrund ihrer Länge und Exposition zu den Klassikern am Arlberg. Das kupierte Gelände und die offenen Hänge bieten perfektes Freeride-Gelände, das bereits seit 20 Jahren auch als Strecke für den Snowboard-Kultevent „Longboard Classics" genutzt wird. Die Hänge der Albona sind nach Windereignissen oftmals windgepresst oder es ist dort Triebschnee eingelagert. Sie erfordern daher eine dementsprechend vorsichtige Beurteilung.

Zugang Von der Bergstation zunächst der Piste in Richtung Albonagrat-Bergrestaurant folgen. Das Bergrestaurant südlich passieren und schiebend entlang der nördlichen Begrenzung der Hochfläche über flaches, leicht kupiertes Gelände in westliche Richtung ins Maroijöchle. Ein großes Steinmännchen am Sommerweg markiert den Start der Abfahrt.

Abfahrt Vom Maroijöchle zuerst am Rücken in nordwestliche Richtung halten. Hier ist das Gelände oftmals abgeblasen und steinig und erfordert daher eine voraus-

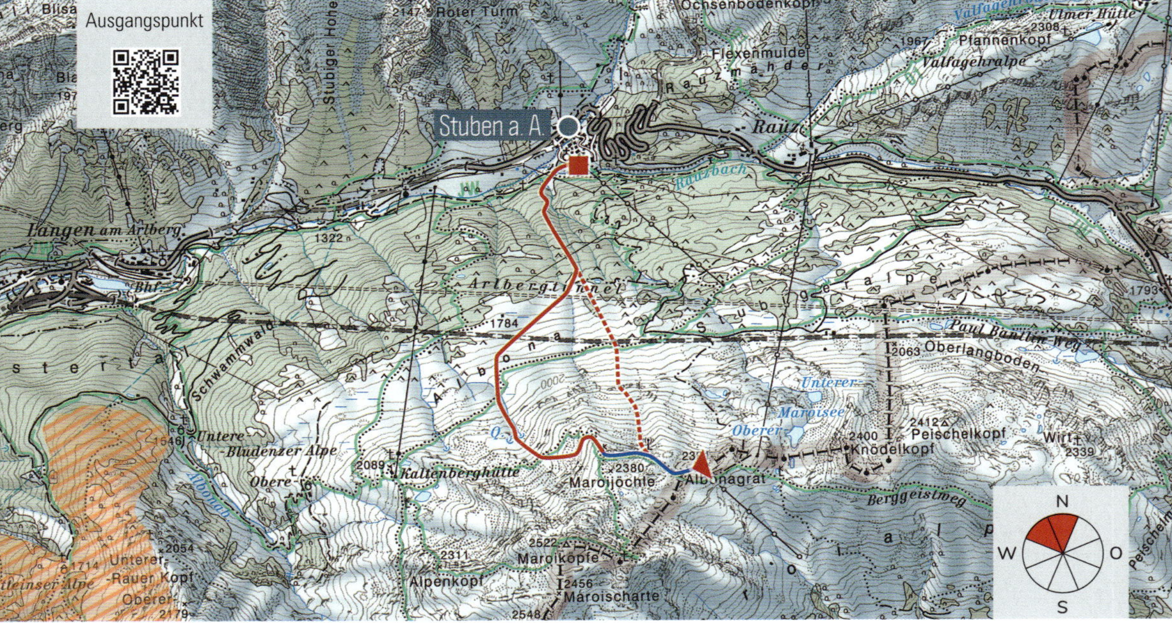

FACTS

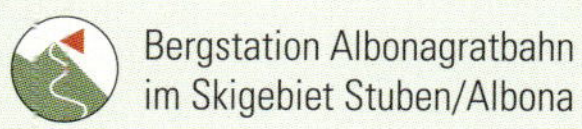
Bergstation Albonagratbahn im Skigebiet Stuben/Albona

keine

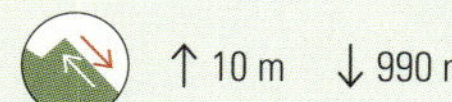
↑ 10 m ↓ 990 m

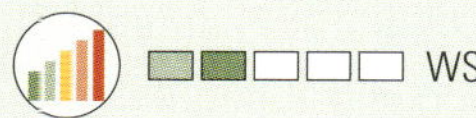
WS

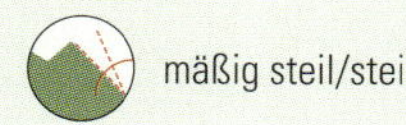
mäßig steil/steil

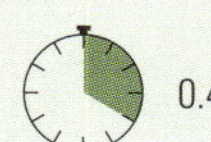
0.40 Std.

schauende Routenwahl. Man gelangt in eine Mulde, fährt diese in direkter Linie hinab und kommt bald in flacheres, kupiertes Gelände mit weiten Hängen. Diesen folgt man zunächst in Falllinie, bevor man nach rechts hinausquert und sich dabei an einem Starkstrommasten (dem zweiten von rechts) orientiert. Von diesem in direkter Linie über einen steilen Rücken, der oftmals wie eine Buckelpiste eingefahren ist, hinab nach Stuben. Kurz vor dem Talboden in einer kurzen Querung nach rechts zur Talstation.

Tipp Bei genügend Schnee und eingeschneiten Latschen kann auch oberhalb des Starkstrommastens auf die Piste (Talabfahrt) gequert und über diese hinab nach Stuben abgefahren werden.

Variante **North Face:** Vom Ausstieg der Albonagratbahn direkt zum Bergrestaurant und von diesem in die nordseitige Mulde der Albona einfahren. Über mittelsteile Hänge gelangt man in direkter Linie hinab zu den weiteren Abfahrten der Albona.

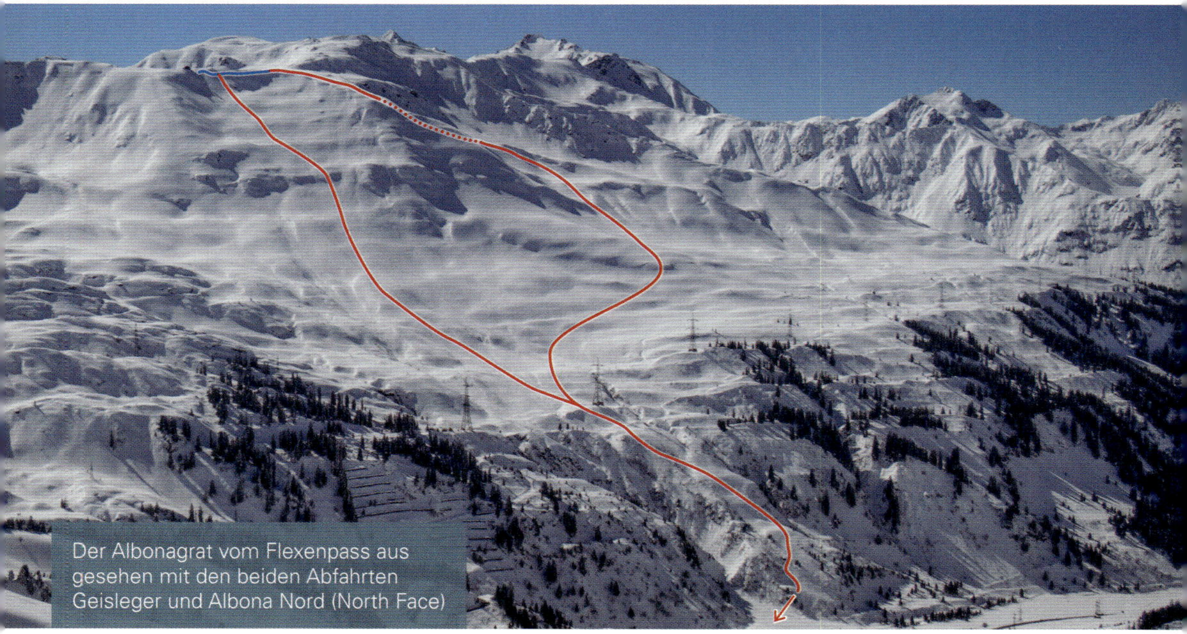

Der Albonagrat vom Flexenpass aus gesehen mit den beiden Abfahrten Geisleger und Albona Nord (North Face)

Tour 40

KNÖDELKOPF 2400 m

Der „Knödel" ist ein unscheinbarer, aber wahnsinnig schöner Freeride-Gipfel oberhalb von Stuben. Wie bei fast allen Varianten in diesem Gebiet ist auch hier der Wind ein ausschlaggebender Faktor für die Schneequalität. Gerade bei vorausgegangenem starkem Westwind ist der untere Teil der Abfahrt oft stark windgepresst – ganz im Gegensatz zur oberen, windgeschützten Mulde. Eine Besonderheit bei dieser Abfahrt ist aber sicher der große Lüftungsschacht des Arlbergtunnels, der irgendwie gar nicht in diese Landschaft passt – oder vielleicht doch? Seinetwegen nennen viele Locals diese Abfahrt „Star Wars".

Zugang Vom Ausstieg der Albonabahn gleich nach links hinab in das untere Maroijöchle (2230 m). In wenigen Treppenschritten über eine kurze Stufe hinauf und schiebend auf einer Ebene (2250 m) weiter an den Südfuß des Knödelkopfes.

Aufstieg Nun entweder zu Fuß, die Ski am Rucksack tragend, oder mit Fellen zunächst über den Südhang und dann über den Rücken auf den Knödelkopf (2400 m) aufsteigen.

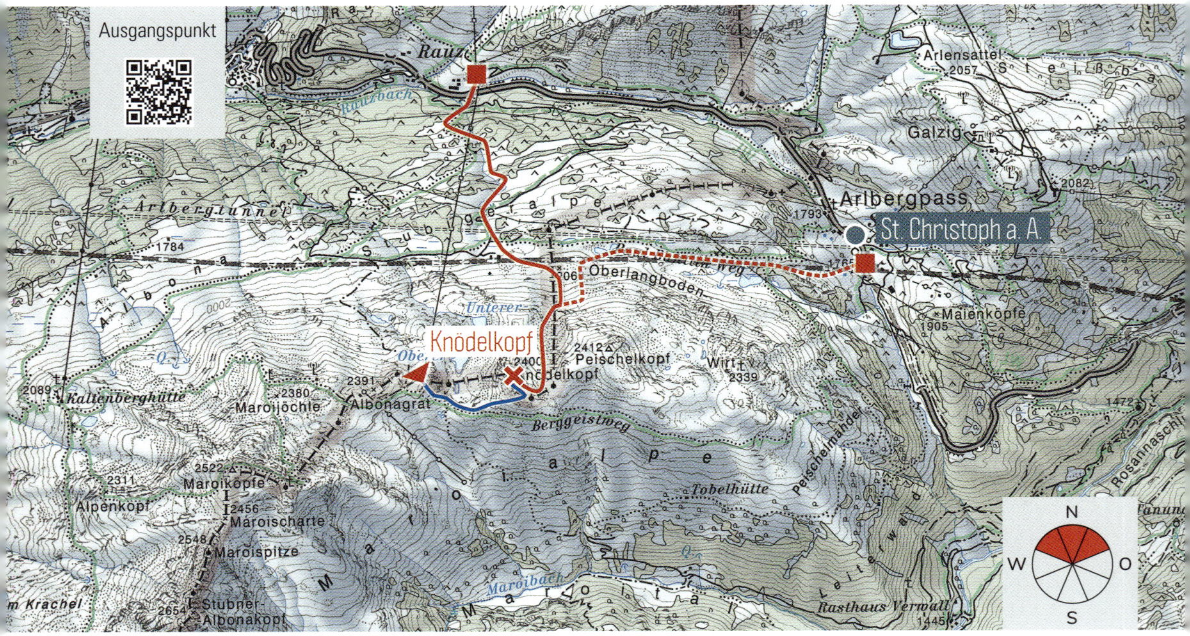

FACTS

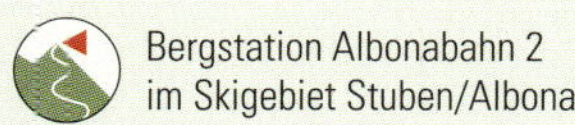
Bergstation Albonabahn 2 im Skigebiet Stuben/Albona

keine

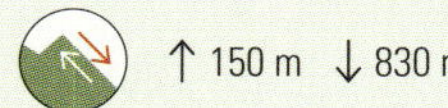
↑ 150 m ↓ 830 m

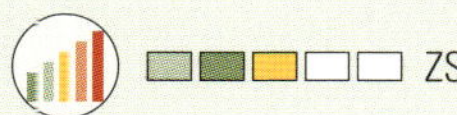
ZS

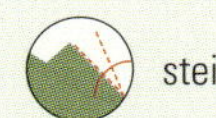
steil

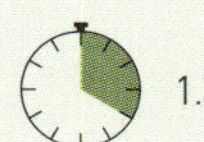
1.30 Std.

Abfahrt Vom Gipfel zunächst kurz entlang der Aufstiegsspur zurück und danach über die nordostseitigen Hänge in das große Becken zwischen Knödel- und Peischelkopf hinab. Es folgt ein steiler Nordhang, über den man zunächst direkt und ab einer Höhe von 2060 m nach links zum erwähnten Lüftungsschacht des Arlbergtunnels abfährt. Über ein Flachstück gelangt man zu einer Einsattelung und steigt dort kurz in Treppenschritten auf. Nun in bestmöglicher Linie durch die schönen, gestuften und latschendurchsetzten Nordhänge hinab zur Talstation der Albonabahn 2 bei der Alpe Rauz.

Variante **Abfahrt nach St. Christoph:** Nach dem großen Becken zwischen Knödel- und Peischelkopf zunächst den steilen Nordhang hinab und ab einer Höhe von ca. 2060 m in einer langen Rechtsquerung nach St. Christoph abfahren.

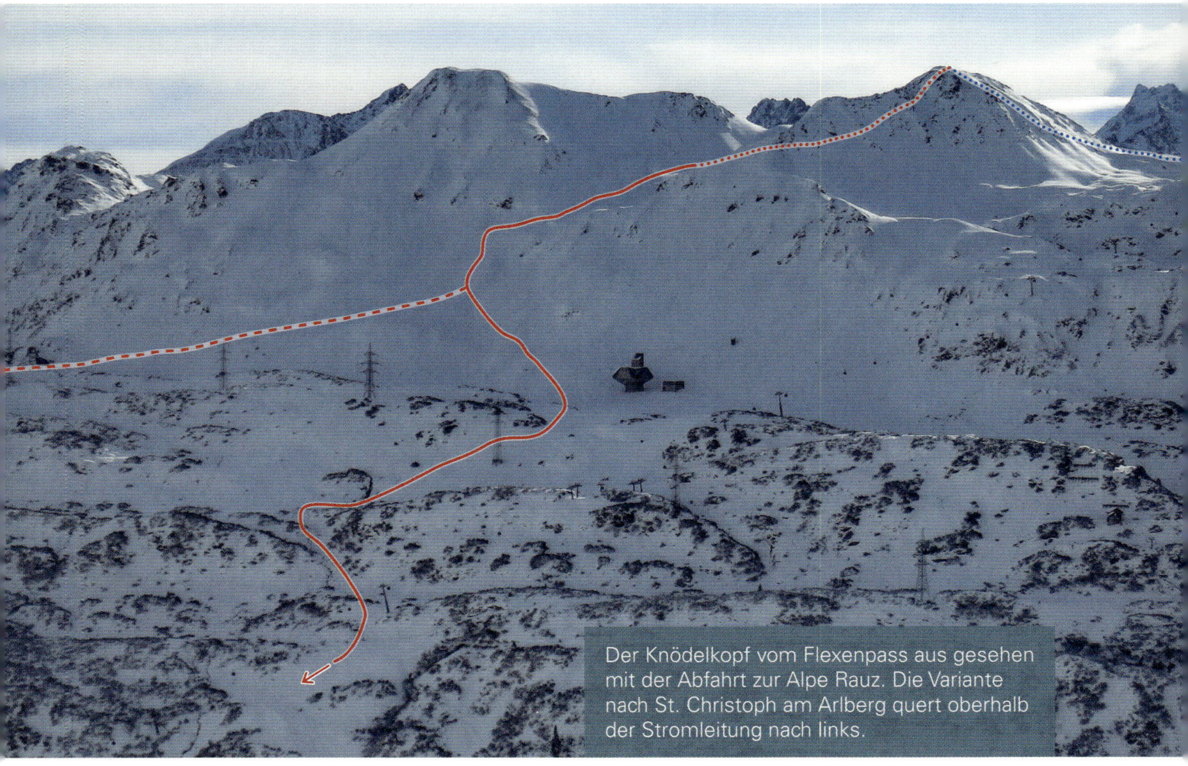

Der Knödelkopf vom Flexenpass aus gesehen mit der Abfahrt zur Alpe Rauz. Die Variante nach St. Christoph am Arlberg quert oberhalb der Stromleitung nach links.

Tour

41 PEISCHELKOPF 2412 m und WIRT 2339 m

Diese Tour am Knödelkopf vorbei auf den Peischelkopf und zum Wirt wird auch oft als Freerider-Menü bezeichnet. Ein Leckerbissen ist sie aber nicht wegen der Namen, sondern aufgrund der rassigen nordseitigen Abfahrten und weil man vom Gipfel des Wirts einen wunderbaren Ausblick auf St. Christoph hat.

Zugang Vom Ausstieg der Albonabahn gleich nach links hinab in das untere Maroijöchle (2230 m). In wenigen Treppenschritten über eine kurze Stufe hinauf und schiebend auf einer Ebene (2270 m) weiter an den Südfuß des Knödelkopfes. Man quert für ca. 200 m mit wenig Höhenverlust in westliche Richtung weiter bis zu einer kleinen, markanten Mulde zwischen Knödelkopf und Peischelkopf. Hier beginnt der Aufstieg.

Aufstieg 1 **Peischelkopf:** Kurz und steil über einen Südhang auf einen kleinen Rücken aufsteigen. Um diesen herum und von da an unschwierig auf der linken Seite der großen Mulde auf den Peischelkopf (2412 m).

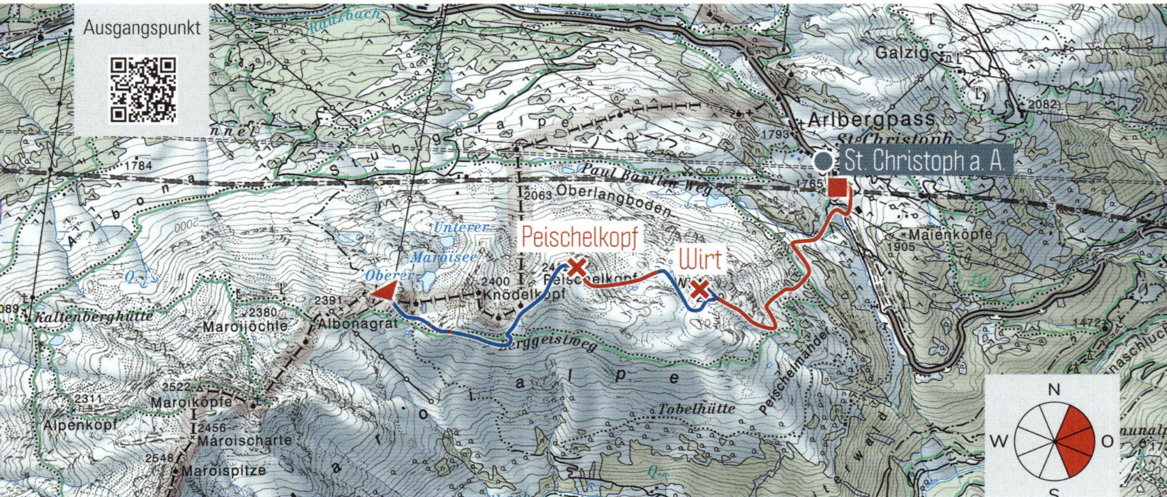

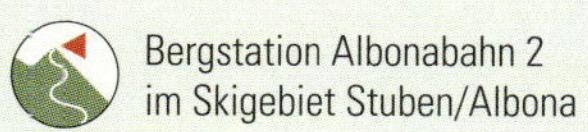
Bergstation Albonabahn 2 im Skigebiet Stuben/Albona

keine

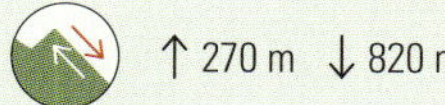
↑ 270 m ↓ 820 m

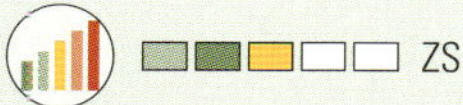
ZS

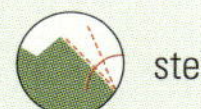
steil

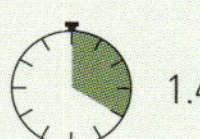
1.45 Std.

Abfahrt 1 Vom Peischelkopf zunächst in südöstliche Richtung über den Rücken abfahren, bis man über eine breite, nordwestexponierte Mulde weiter abfahren kann. Direkt durch diese hinab. Im unteren Teil der Abfahrt hält man sich rechts und gelangt so in das Kar zwischen Peischelkopf und Wirt. In einer Höhe von 2230 m wird zum zweiten Mal angefellt.

Aufstieg 2 **Wirt:** Es wird in südöstliche Richtung über die breite Rampe zwischen Wirt und einer Felsstufe in ein kleines Joch aufgestiegen. Am Joch geht man links in nördliche Richtung und steigt über mehrere Felsstufen, die mit guter Spurwahl umgangen werden können, mit Ski bis auf den Gipfel des Wirts (2339 m).

Abfahrt 2 Man fährt zunächst in südöstliche Richtung über den breiten Bergrücken des Wirtes bis auf eine markante Schulter in einer Höhe von 2120 m ab. An der Schulter nach links und über den steilen Nordhang, der nach St. Christoph führt, hinab. Über diesen kupierten und mit vielen Mulden versehenen Nordhang fährt man bis oberhalb einer Steilstufe in 1850 m Höhe ab. Diese Steilstufe wird mit einer Linksschlaufe umfahren. Mit einem kurzen Gegenanstieg, die Ski tragend, gelangt man zum Biomasse-Heizwerk in St. Christoph am Arlberg und zurück ins Skigebiet.

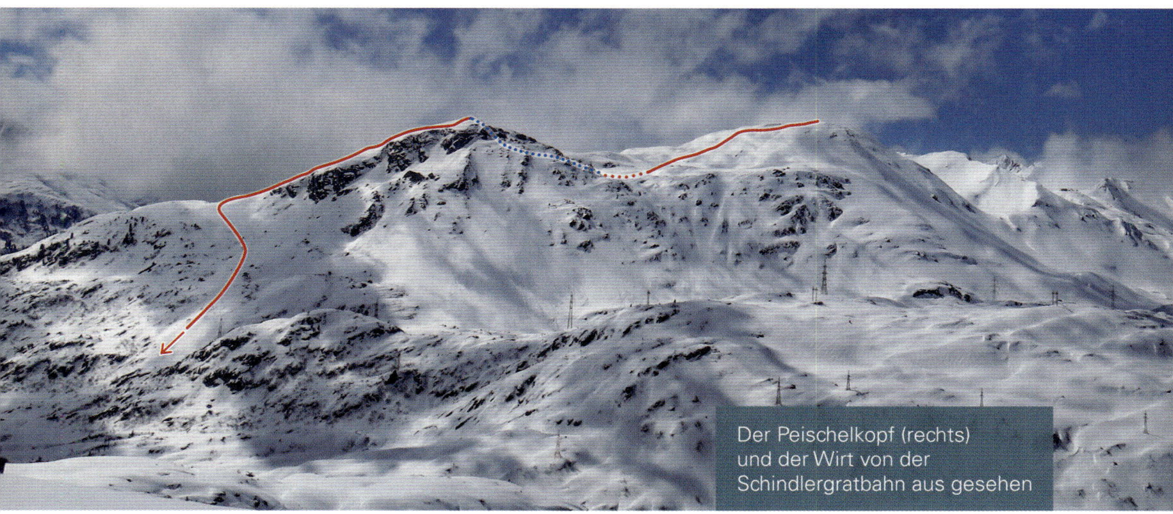
Der Peischelkopf (rechts) und der Wirt von der Schindlergratbahn aus gesehen

Stuben am Arlberg
Simon Wohlgenannt
Miklas Spohr

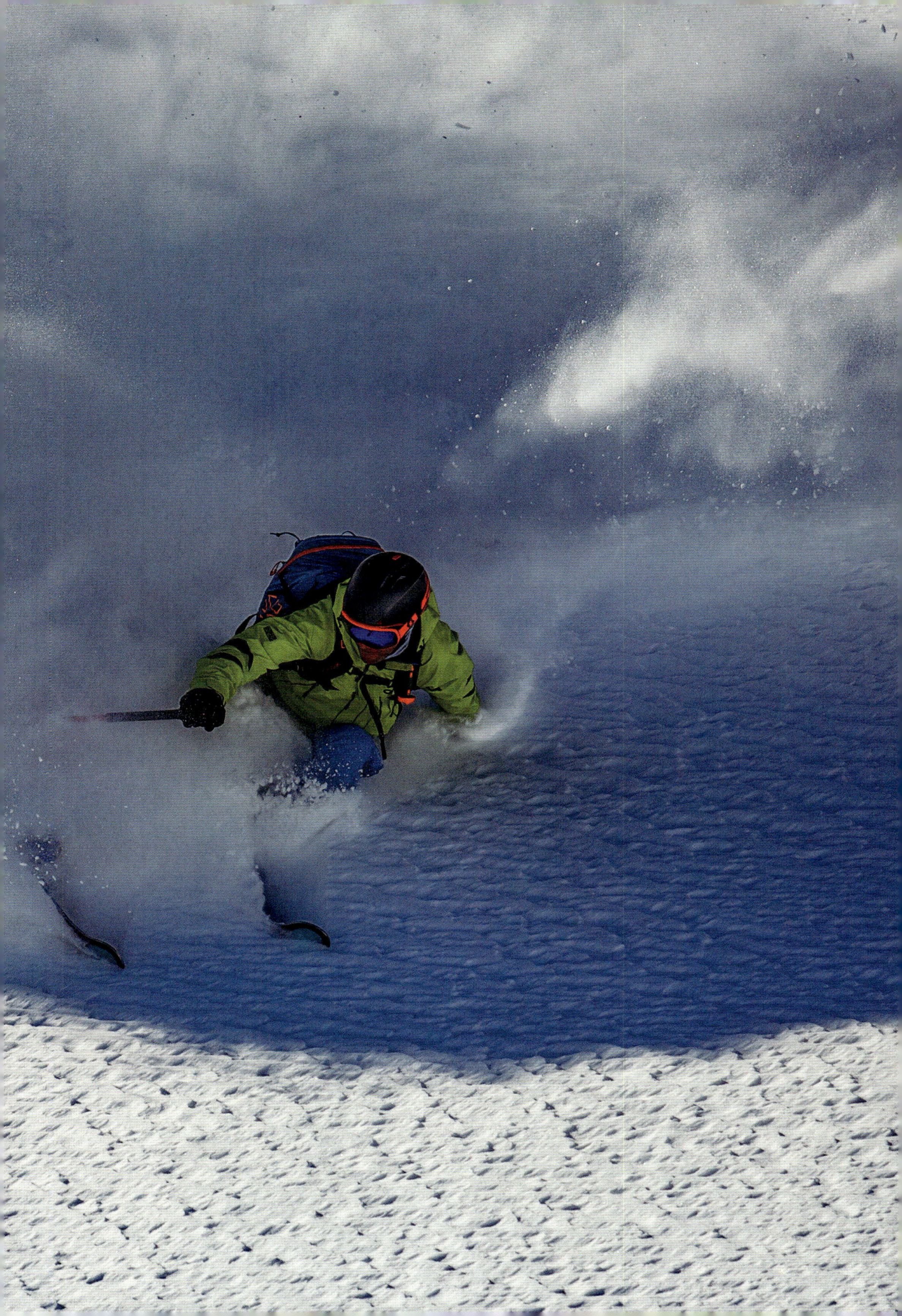

MAROIKOPF 2522 m

Mit dem Maroikopf hat die Natur einen idealen Skiberg geschaffen: Der Aufstieg ist unkompliziert, er bietet schöne Abfahrtsmöglichkeiten in alle Himmelsrichtungen und er bekommt in der Regel viel Niederschlag, sprich Schnee ab. Das alles ist längst kein Geheimnis mehr. Wer ein einsames und ruhiges Ziel sucht, ist am Maroikopf definitiv am falschen Ort. Wahrscheinlich handelt es sich hier sogar um eines der meistbesuchten Freeride- und Skitourenziele in Vorarlberg. Davon sollte man sich jedoch nicht abschrecken lassen, denn der Maroikopf hat wirklich einiges zu bieten und sei es nur ein Zwischenziel für weitere Freeride-Erlebnisse.

Zugang Vom Ausstieg der Albonagratbahn der Piste in Richtung des Albonagrat-Restaurants folgen und vor dem Restaurant links in Treppenschritten und schiebend über das kupierte Gelände bis an den Fuß des Maroikopfes (2360 m) zum Fellanlegeplatz.

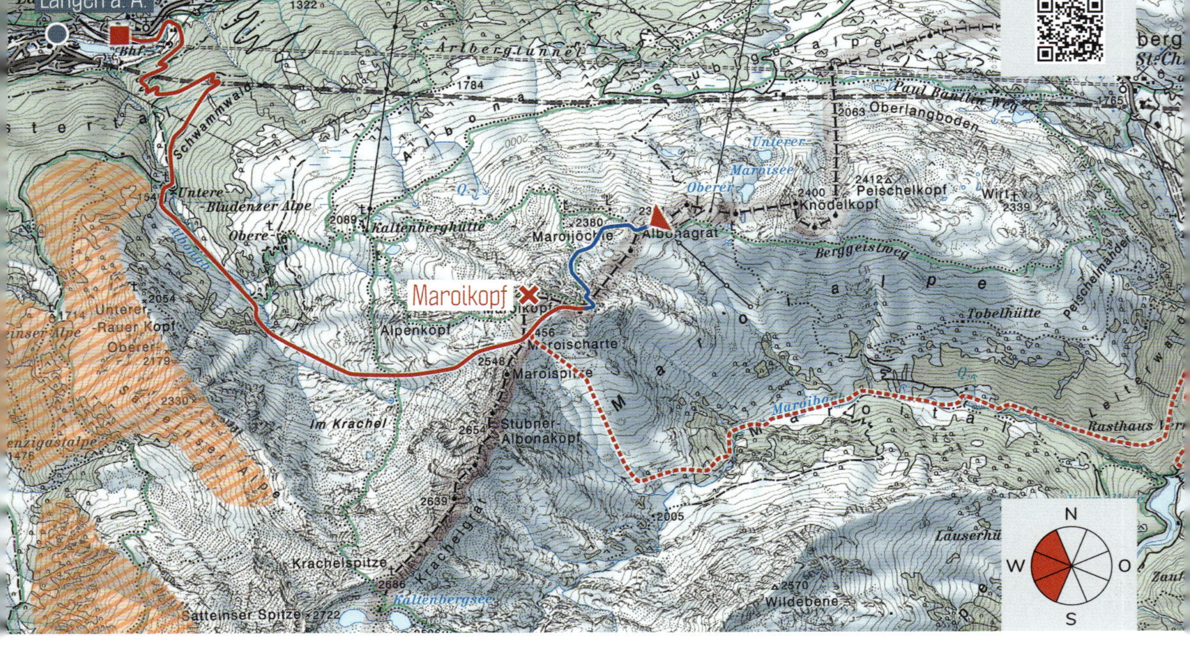

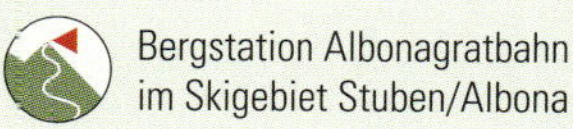
Bergstation Albonagratbahn im Skigebiet Stuben/Albona

Lawinengefahr durch tageszeitliche Erwärmung

↑ 170 m ↓ 1340 m

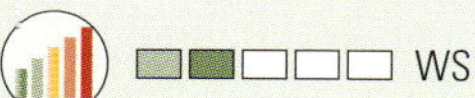
WS

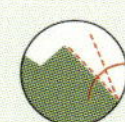
mäßig steil, steil

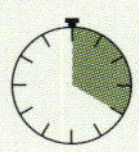
1.30 Std.

Aufstieg 1 Entweder von hier zu Fuß, die Ski tragend, oder angenehmer mit Fellen weiter in Kehren über die Ostflanke auf den Östlichen Maroikopf (2522 m) aufsteigen.

Abfahrt Vom Östlichen Maroikopf zunächst in südwestliche Richtung hinab in die Maroischarte (2456 m). Von der Maroischarte geht es nach rechts in südwestliche Richtung in den großen Kessel unterhalb des Albonakopfes, wobei man sich ständig leicht links hält.

Das Gelände ist gestuft und bietet bis in eine Höhe von 1880 m viele Abfahrtsmöglichkeiten. Dort folgt die Schlüsselstelle: eine oft vereiste Steilstufe entlang des Albonabaches. Am besten auf der linken Seite des Baches abrutschend über diese Steilstufe hinab.

Danach über die Untere Bludenzer Alpe und in weiterer Folge entlang des Güterweges hinab nach Langen.

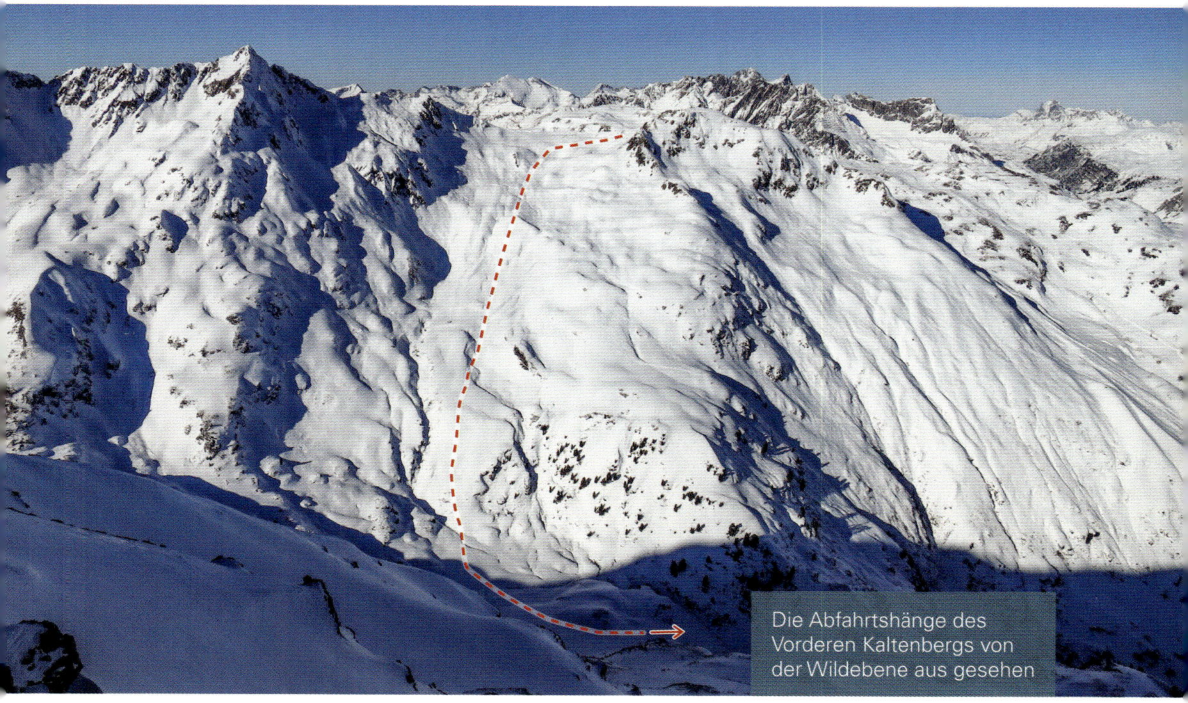

Die Abfahrtshänge des Vorderen Kaltenbergs von der Wildebene aus gesehen

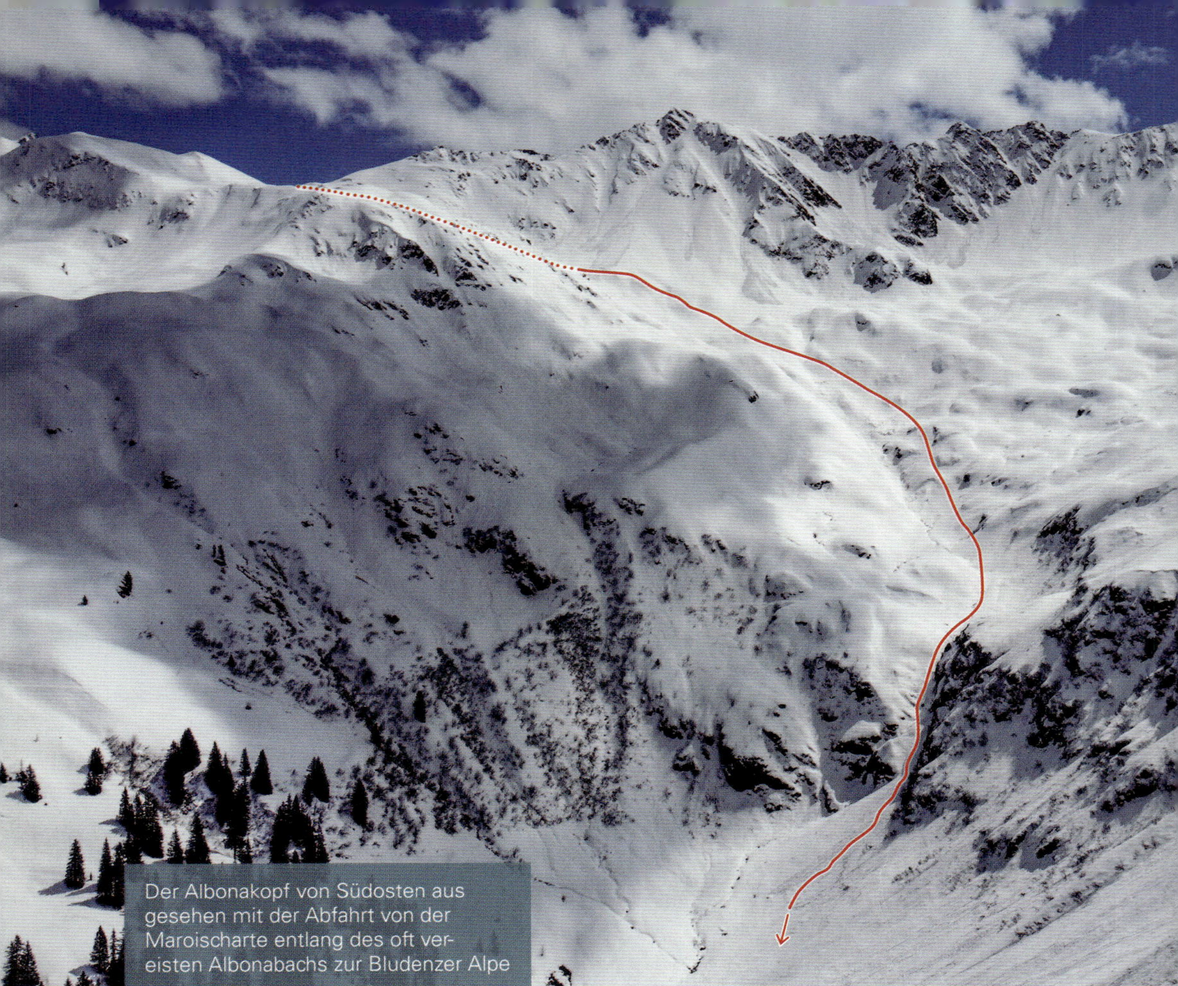

Der Albonakopf von Südosten aus gesehen mit der Abfahrt von der Maroischarte entlang des oft vereisten Albonabachs zur Bludenzer Alpe

Hinweis Tageszeitliche Erwärmung bei der Talausfahrt zur Bludenzer Alpe beachten!

Alternative **Vorderer Kaltenberg:** Von der Maroischarte in südöstliche Richtung über die schönen und gestuften Hänge hinab bis zur Einfahrt in die „Gurgl" (gefrorener Wasserfall in einer Schlucht). Durch die Schlucht hindurch und, bevor sie enger wird, die Schlucht nach rechts verlassen und über einen mit Sträuchern bewachsenen Nordhang mühsam hinab bis zum Talboden des hinteren Maroitals. Erst rechts des Baches weiter, bei der Maroialpe über den Bach hinweg und auf der linken Talseite auf einem Forstweg hinab bis zur Bushaltestelle beim Gasthaus Verwall und mit dem Bus nach St. Anton am Arlberg.

Tipp Alle Abfahrtsvarianten vom Maroikopf enden in der Nähe eines Bahnhofes, entweder in St. Anton am Arlberg oder in Langen am Arlberg. Er ist daher das perfekte Ziel, um einen Freeride-Tag, der mit Öffi- Anreise begann, mit einem Highlight zu beenden.

Tour 43

KUHTÄLI – GLATTINGRAT

Diese Freeride-Tour aus dem Skigebiet Sonnenkopf ermöglicht eine lange und beeindruckende Abfahrt, die man mit nur wenigen Aufstiegs-Höhenmetern erreichen kann. In der großen, nordostexponierten Mulde des Kuhtäli findet man oftmals besten Tiefschnee vor. Die Schlüsselstelle stellt ein unangenehm zu fahrender, mit Latschen bewachsener Steilhang dar, der sogenannte Staudenhang. Die Abfahrt befindet sich im Europaschutzgebiet Verwall, somit gilt es, sich unbedingt an die hier vorgestellte Route zu halten.

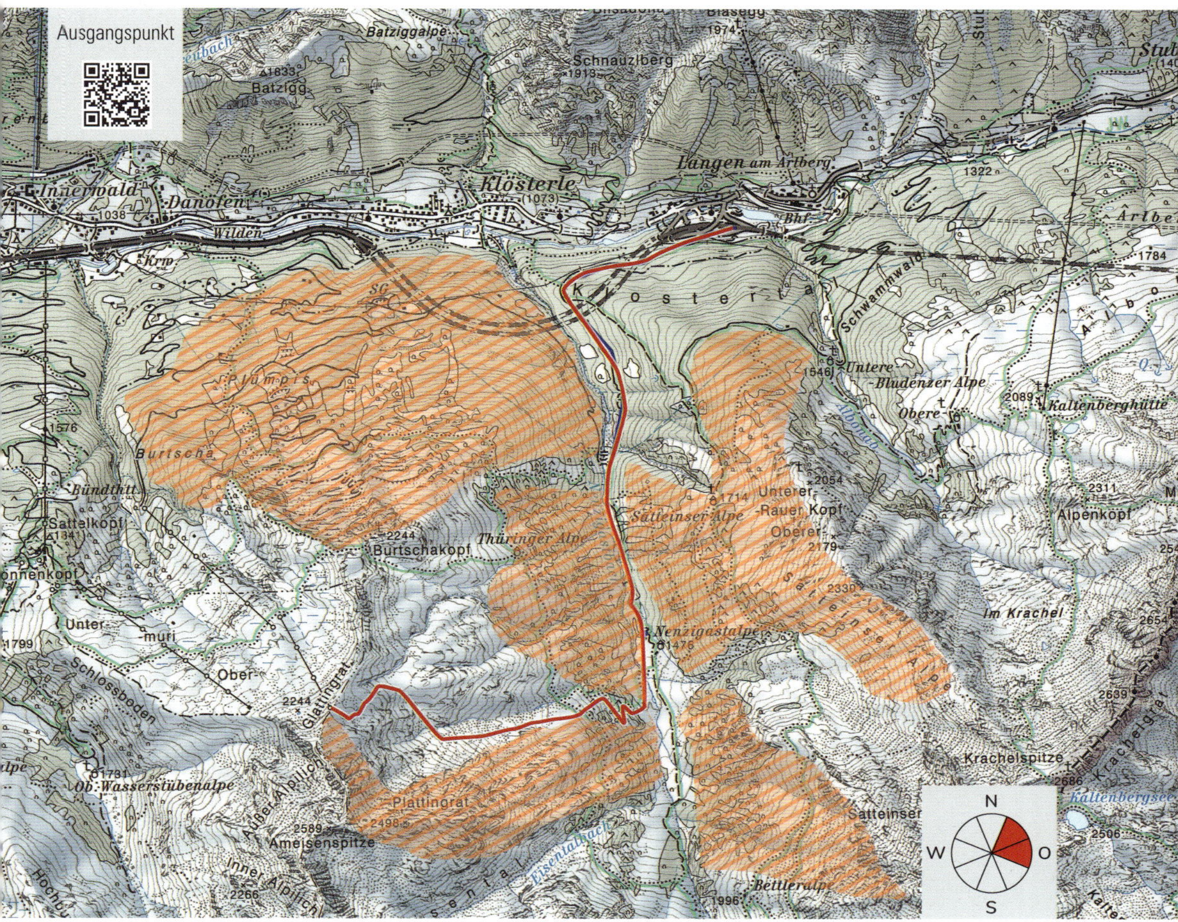

FACTS

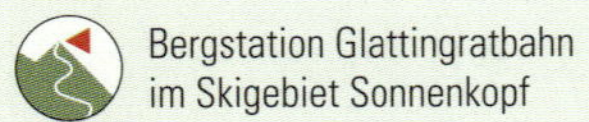
Bergstation Glattingratbahn im Skigebiet Sonnenkopf

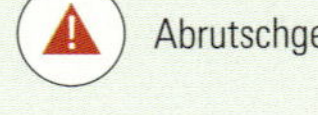
Abrutschgefahr

↑ 30 m ↓ 1130 m

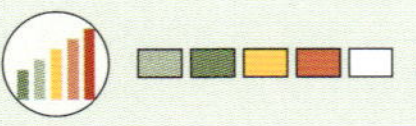
S

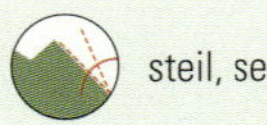
steil, sehr steil

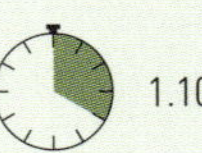
1.10 Std.

Abfahrt Von der Bergstation Glattingratbahn sofort den tollen, sanft geneigten Nordosthang bis auf eine Höhe von 2180 m abfahren. Ab hier hält man sich rechts und fährt kurz über eine südostexponierte Mulde in das untere Kuhtäli ab. Weiter über das schön kupierte Gelände in freier Spur hinab. Zum Ende der Abfahrt hält man sich rechts, bevor auf einer Höhe von 1800 m der unangenehm zu fahrende Staudenhang beginnt. Dort hält man sich zunächst leicht rechts und fährt in weiterer Folge direkt über den mit Sträuchern bewachsenen, steilen Hang ab (oftmals ist dies nur rutschend möglich). Gegen Ende dieses Hanges an dessen rechtes Ende hin zu markanten, großen Bäumen queren und danach hinab in den Talboden. An einer kleinen Holzbrücke wird der Bach überquert, bevor man an der Nenzigastalpe vorbei und auf dem Forstweg das Tal hinaus bis zum Bauhof unterhalb von Langen fährt.

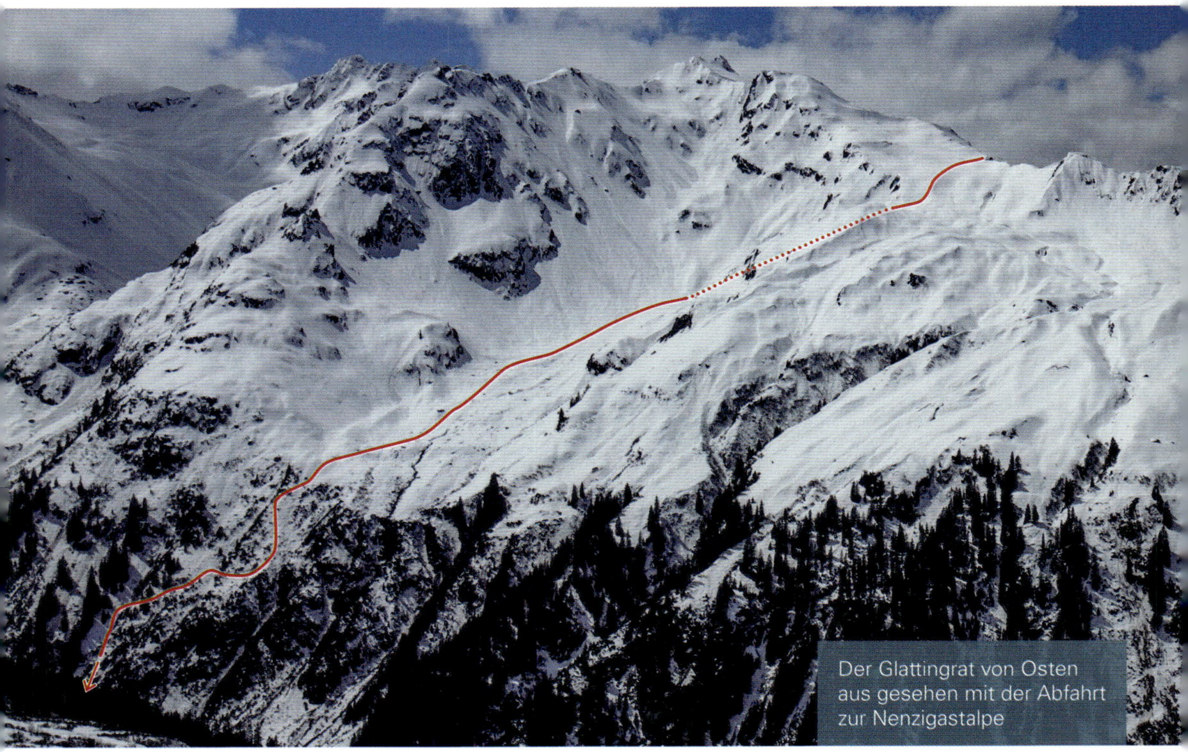

Der Glattingrat von Osten aus gesehen mit der Abfahrt zur Nenzigastalpe

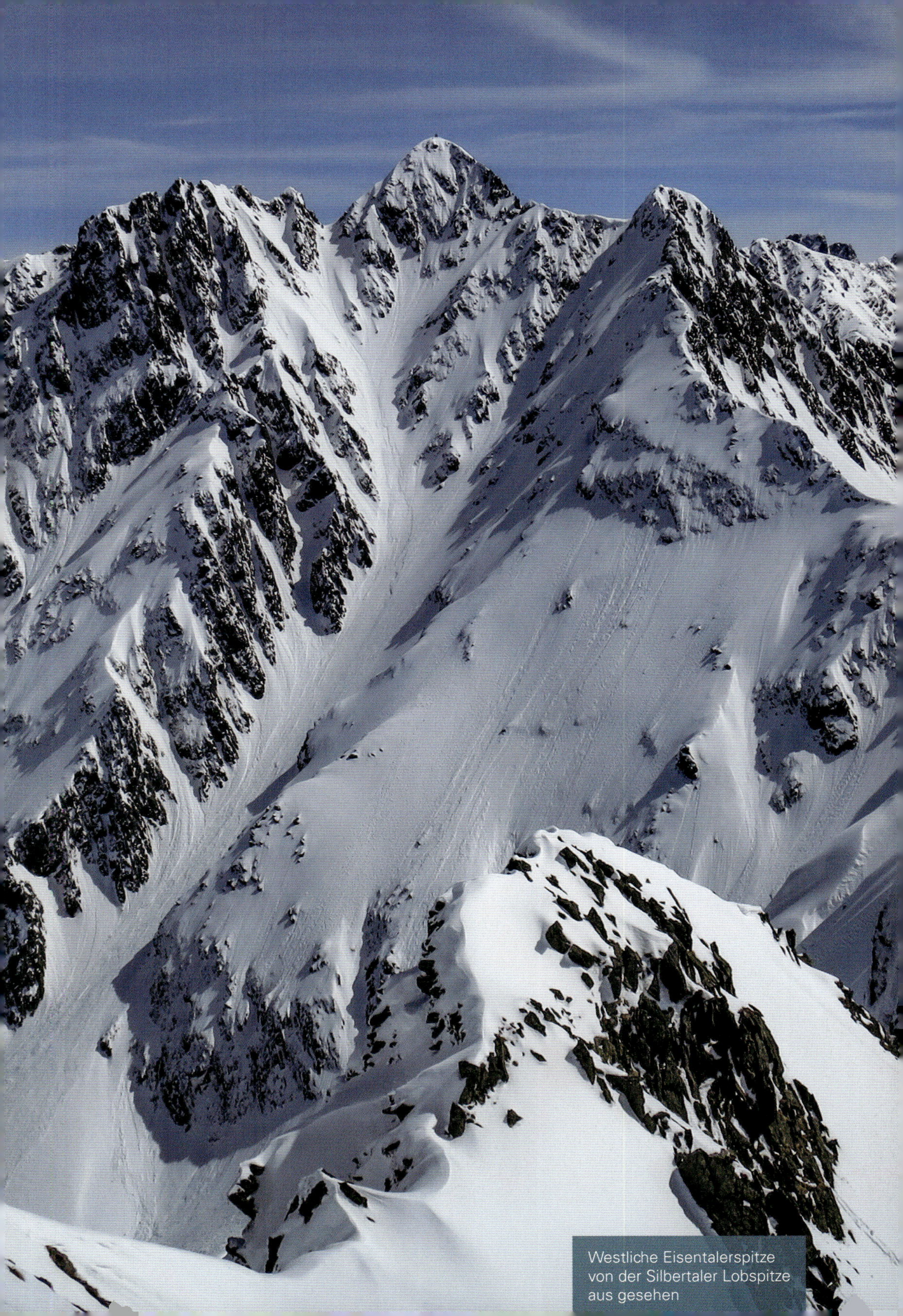

Westliche Eisentalerspitze
von der Silbertaler Lobspitze
aus gesehen

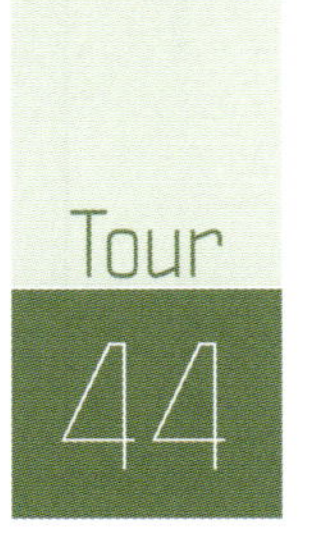

WESTL. EISENTALERSPITZE 2710 m

Die Westliche Eisentalerspitze bietet ein optimales Verhältnis von Aufstiegs- zu Abfahrtsmetern: Durch zwei kurze Aufstiege sowie eine kurze und eine lange Abfahrt hinab nach Langen am Arlberg überwiegen die Abfahrtsmeter deutlich und machen diese Tour zusammen mit der tollen Aussicht vom Gipfel zu einem echten alpinen Freeride-Erlebnis. Im Gegensatz zu den anderen Touren am Sonnenkopf ist diese Tour auch nicht nur für Profis geeignet.

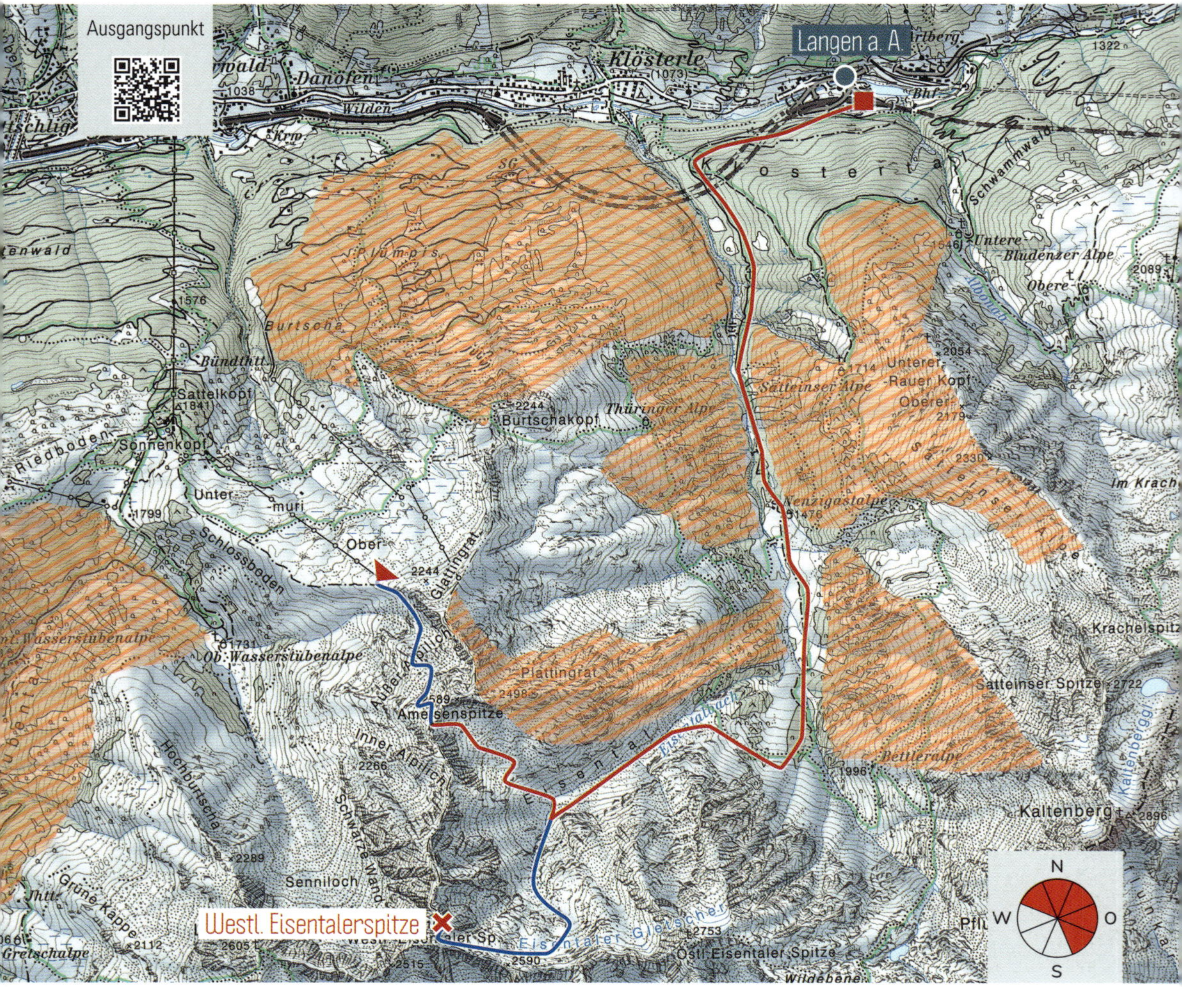

FACTS

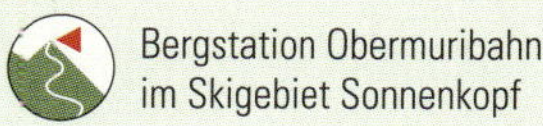

Bergstation Obermuribahn im Skigebiet Sonnenkopf

keine

↑ 960 m ↓ 1950 m

ZS+

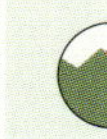

steil

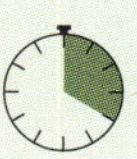

4.00 Std.

Aufstieg 1 Von der Bergstation der Obermuribahn (2160 m) mit möglichst wenig Höhenverlust nach rechts um einen Rücken herum zum Fellanlegeplatz. Zunächst heißt es, den oftmals unangenehm zu gehenden Westhang leicht ansteigend zu queren. Man gelangt in den Kessel unterhalb der Ameisenspitze, steigt weiter nach rechts auf und gelangt über kupiertes Gelände in das Ameisenjoch (2480 m).

Abfahrt 1 Vom Ameisenjoch zunächst über die südostseitige Rinne abfahren. Nach 100 m öffnet sich diese und man gelangt über einen weiten und offenen Südosthang in den Talgrund des Eisentales bis auf etwa 2100 m Höhe hinab. Je nach Schneequalität wird entweder bis in den Talgrund abgefahren oder, um weniger Höhe für den zweiten Anstieg zu verlieren, man quert schon früher nach rechts zum Fellanlegeplatz.

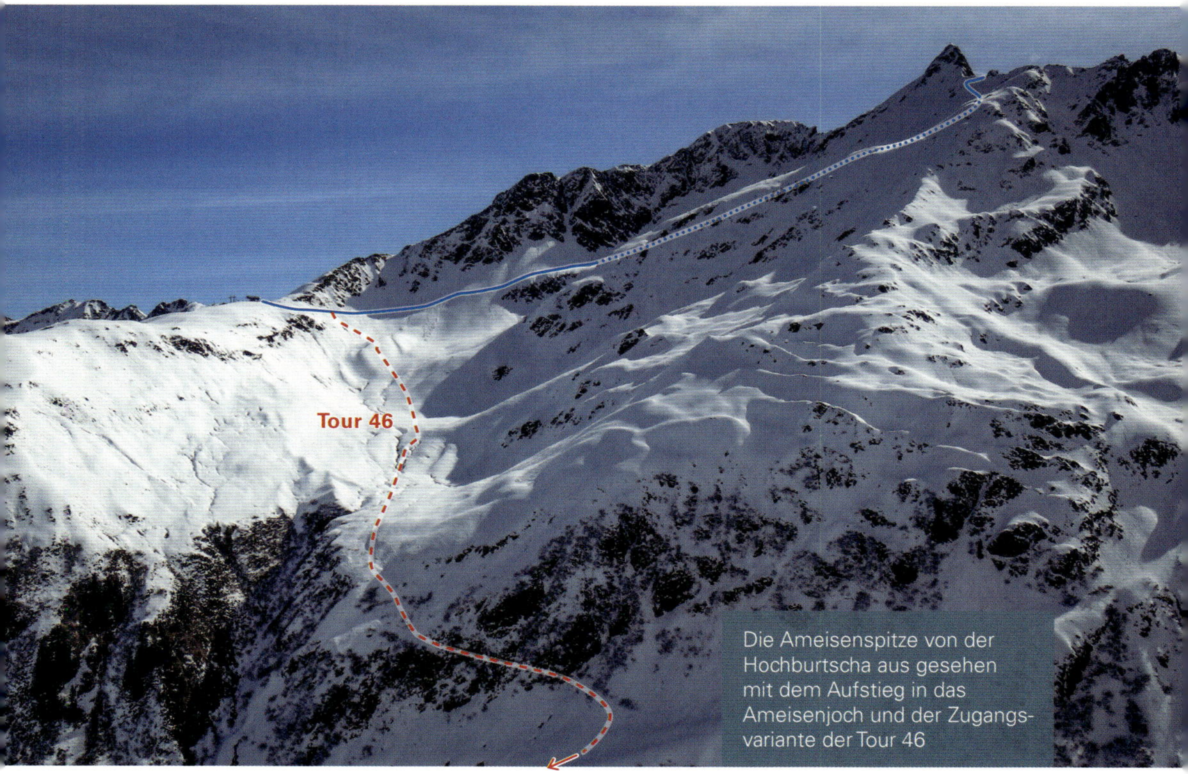

Die Ameisenspitze von der Hochburtscha aus gesehen mit dem Aufstieg in das Ameisenjoch und der Zugangsvariante der Tour 46

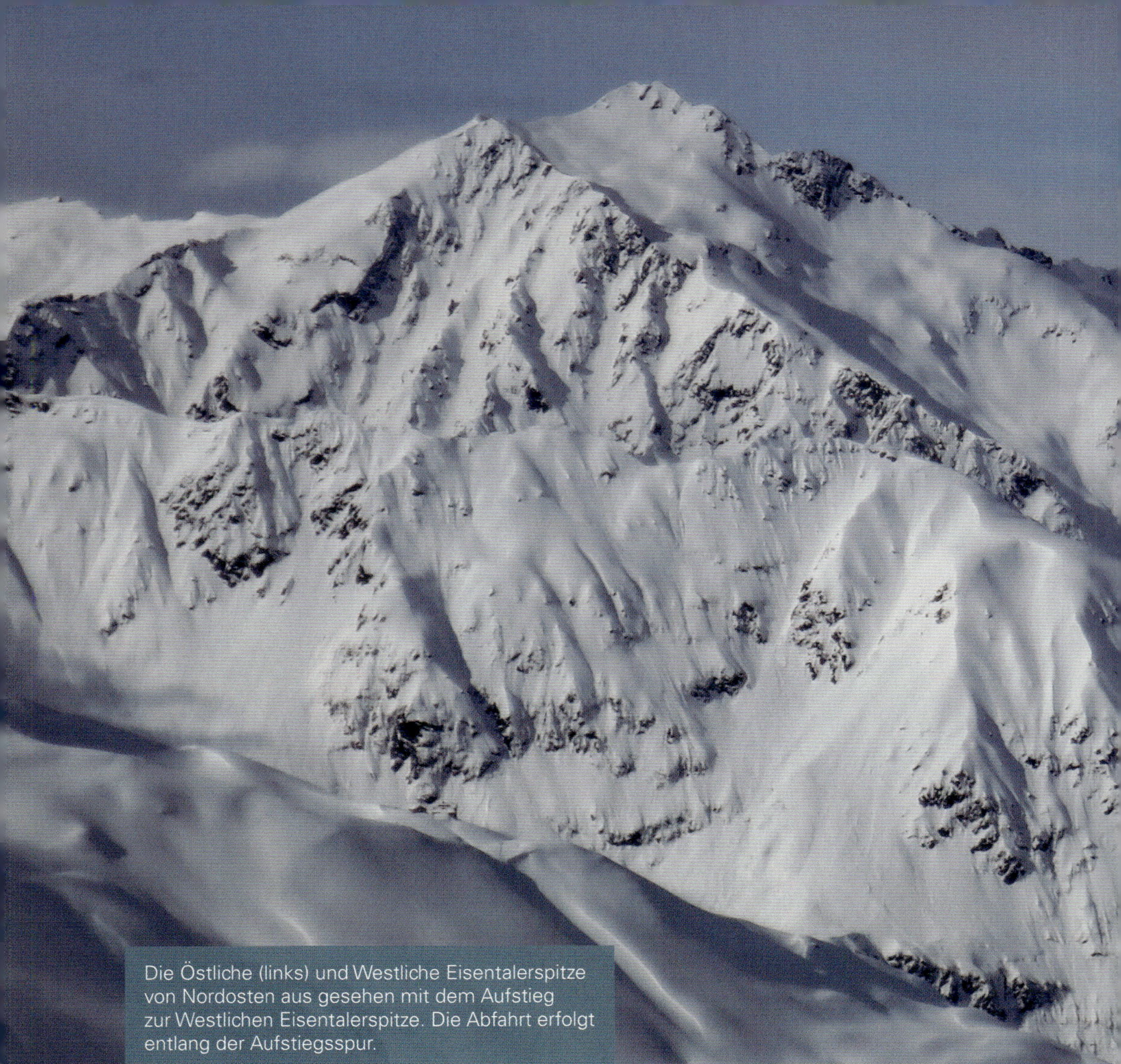

Die Östliche (links) und Westliche Eisentalerspitze von Nordosten aus gesehen mit dem Aufstieg zur Westlichen Eisentalerspitze. Die Abfahrt erfolgt entlang der Aufstiegsspur.

Aufstieg 2 Man steigt nun in südliche Richtung über zwei Steilstufen bis unterhalb der Mittleren Eisentalerspitze auf. Auf etwa 2400 m wendet man sich nach rechts und gelangt über eine Rampe in das südlich des Gipfels gelegene kleine Kar. Vom Kar (Skidepot) geht es meistens ohne Ski steil und teilweise unangenehm weiter zum Gipfel (2710 m).

Abfahrt 2 Vom Skidepot entlang der Aufstiegsspur zurück ins Eisental und weiter das Eisental talauswärts. In den flachen Böden am Ausgang des Eisentales in einer langen Querung (je nach Schneelage kann diese Querung unangenehm sein) so weit wie möglich nach rechts in den weiten und herrlichen Nordosthang hinausqueren und danach über diesen in das hintere Nenzigasttal abfah-

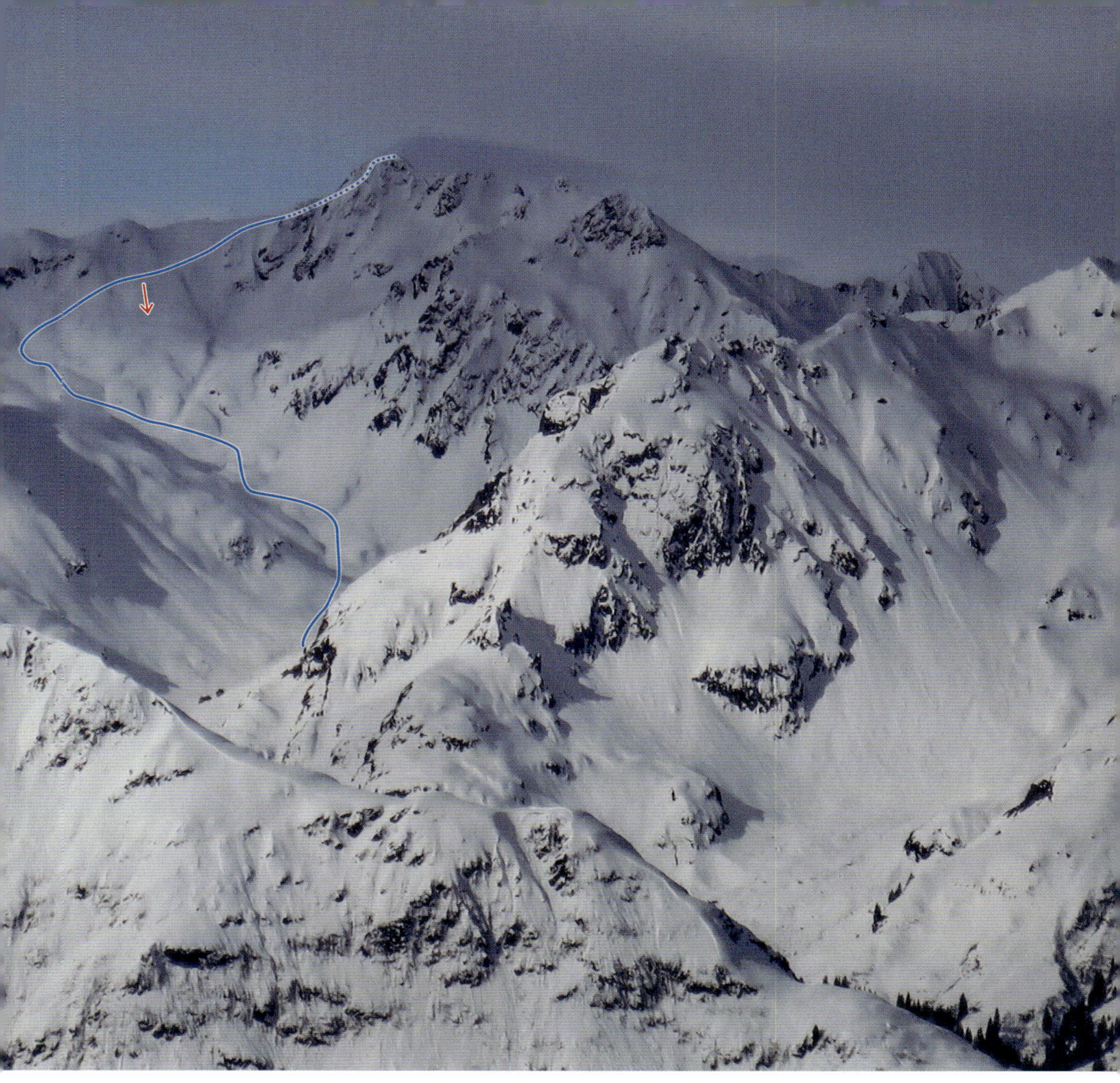

ren. Auf der rechten Talseite hinaus bis zur Nenzigastalpe, an dieser vorbei, auf dem Forstweg talauswärts und mit einem kurzen Gegenanstieg bis zum Bauhof der Straßenmeisterei unterhalb von Langen am Arlberg. Mit dem Bus oder Zug geht es zurück zum Ausgangspunkt.

Tipp Nach dem ersten Aufstieg auf das Ameisenjoch kann wie beschrieben in das Eisental abgefahren werden. Nun kann der nächste Aufstieg (Aufstieg 2) auf die Westliche Eisentalerspitze ausgelassen werden und direkt wie beschrieben zur Nenzigastalpe und weiter bis zum Bauhof der Straßenmeisterei nach Langen am Arlberg abgefahren werden. Dies allein ist bereits eine lohnende Abfahrt, insbesondere bei Neuschnee.

Tour 45

ÖSTL. EISENTALERSPITZE 2752 m

Die Östliche Eisentalerspitze ist ein beeindruckender, freistehender Skiberg mit vielen langen und schönen Abfahrtsmöglichkeiten. Im Gegensatz zur Westlichen Eisentalerspitze sorgt die stolze 1550 Höhenmeter lange Abfahrt von der Östlichen Eisentalerspitze mit ihrer nordseitigen Exposition lange für gute Schneequalität, aber Achtung: In Kombination mit dem steilen Gelände erfordert sie auch eine günstige Lawinensituation.

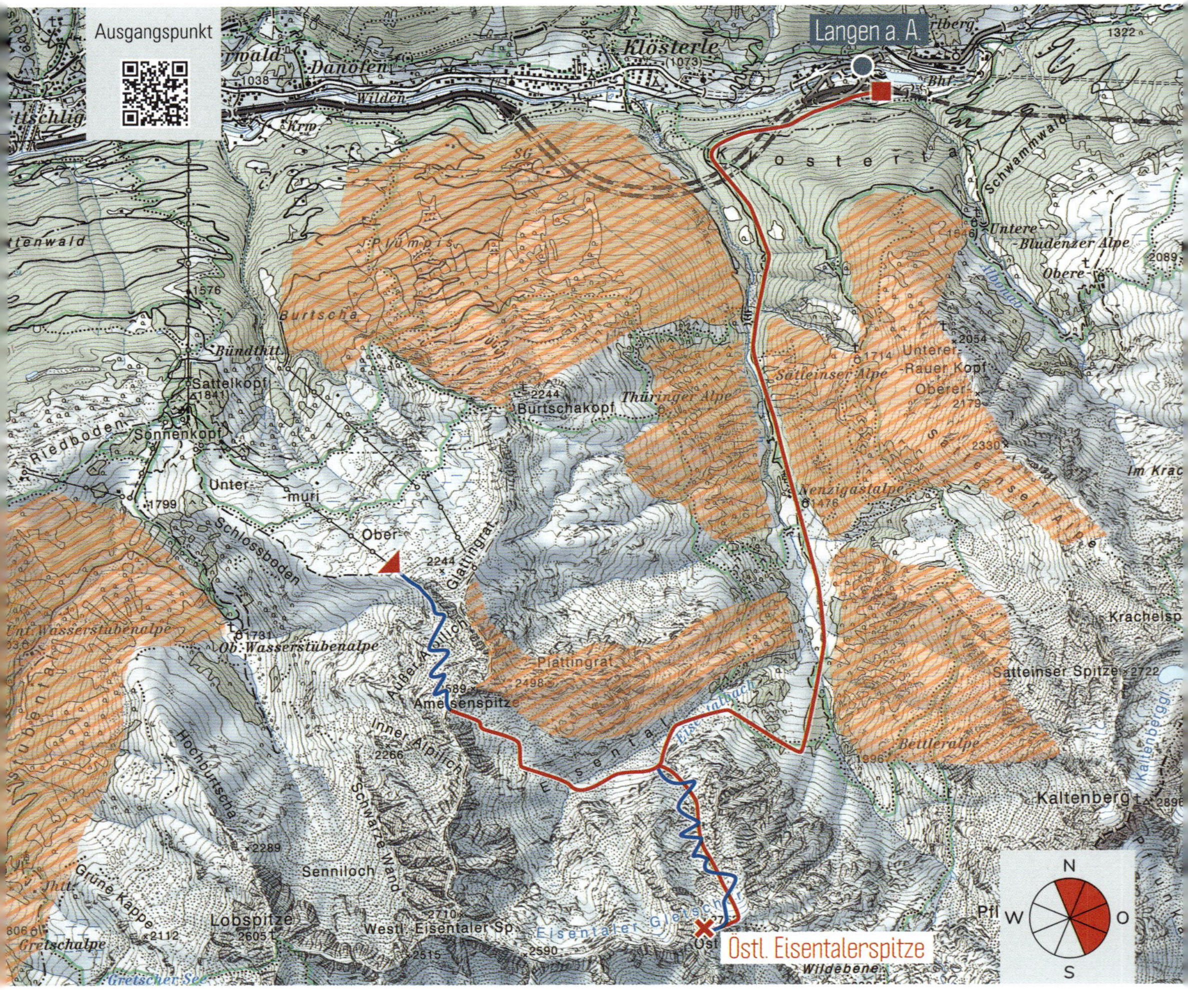

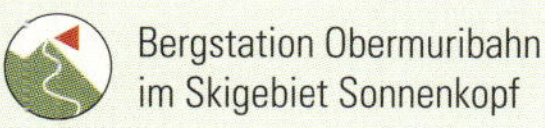
Bergstation Obermuribahn im Skigebiet Sonnenkopf

keine

↑ 1100 m ↓ 2085 m

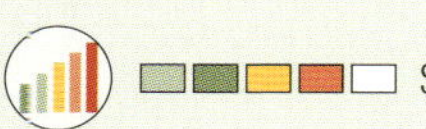
S

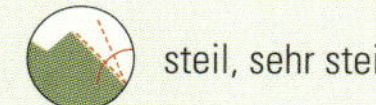
steil, sehr steil

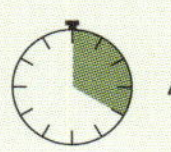
4.30 Std.

Aufstieg 1 Von der Bergstation der Obermuribahn (2160 m) nach rechts und mit möglichst wenig Höhenverlust um einen Rücken herum zum Fellanlegeplatz. Zunächst den oftmals unangenehm zu gehenden Westhang leicht ansteigend queren. Man gelangt in den Kessel unterhalb der Ameisenspitze, steigt weiter in südliche Richtung auf und gelangt über kupiertes Gelände in das Ameisenjoch (2480 m).

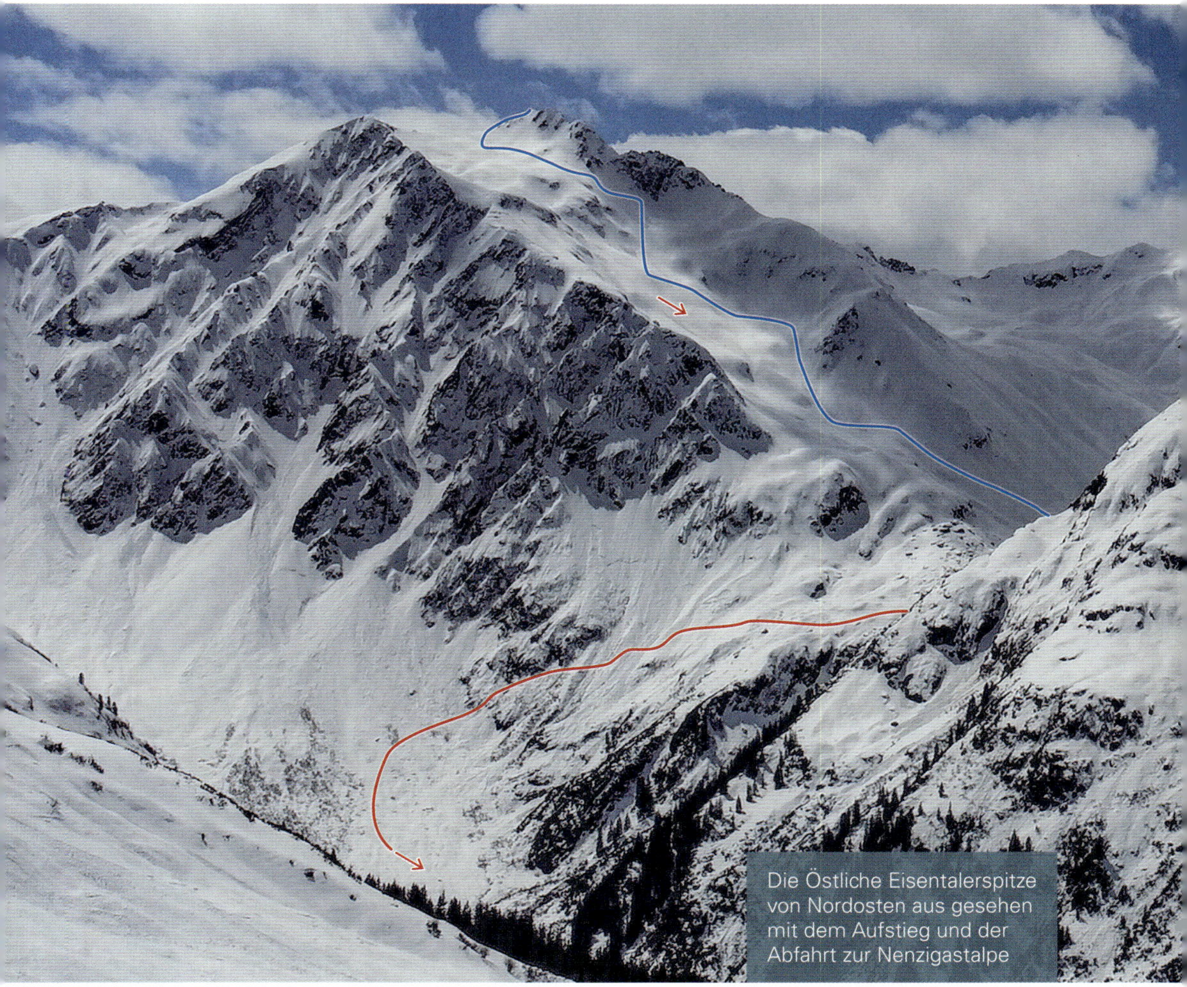

Die Östliche Eisentalerspitze von Nordosten aus gesehen mit dem Aufstieg und der Abfahrt zur Nenzigastalpe

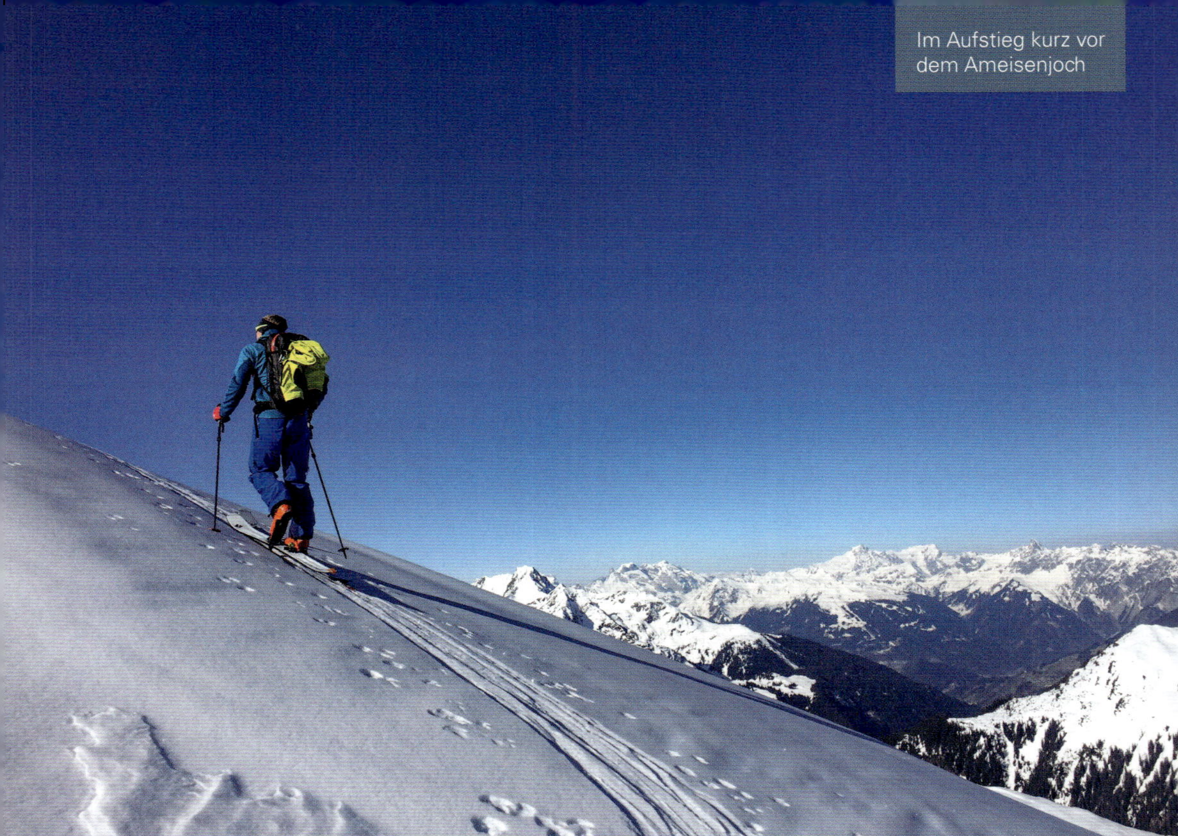

Im Aufstieg kurz vor dem Ameisenjoch

Abfahrt 1 Vom Ameisenjoch zunächst über die südostseitige Rinne abfahren. Nach 100 m öffnet sich diese und man gelangt über einen weiten und offenen Südosthang in den Talgrund des Eisentales. Noch weiter talauswärts abfahren bis zu den markanten Steinblöcken unterhalb der Nordflanke der Östlichen Eisentalerspitze. Dort anfellen.

Aufstieg 2 Über die gestufte Nordflanke mit einigen Spitzkehren 700 Höhenmeter empor bis zum Gipfel der Östlichen Eisentalerspitze (2752 m).

Abfahrt 2 Vom Gipfel fährt man über den wunderschönen Nordhang der Aufstiegsroute entlang direkt hinab in das Eisental. Kurz vor dem Erreichen des Talgrundes quert man so weit wie möglich nach rechts (je nach Schneelage kann diese Querung unangenehm sein) in den weiten und herrlichen Nordosthang hinaus und fährt danach über diesen in das hintere Nenzigasttal ab. Auf der rechten Talseite hinaus bis zur Nenzigastalpe, an dieser vorbei, auf dem Forstweg das Tal hinaus und mit einem kurzen Gegenanstieg bis zum Bauhof der Straßenmeisterei unterhalb von Langen am Arlberg. Mit dem Bus oder Zug geht es zurück zum Ausgangspunkt.

SILBERTALER LOBSPITZE 2605 m

Blickt man aus dem Skigebiet Sonnenkopf auf die spektakuläre Nordostseite der markanten Silbertaler Lobspitze, ist es kaum vorstellbar, dass man von diesem Gipfel abfahren kann. Mit der Lobspitzrinne, die knapp unterhalb des Gipfels startet, ergibt sich jedoch eine einzigartige Möglichkeit – und eines der spektakulärsten Freeride-Ziele in diesem Guidebook. Als Überschreitung mit dem Aufstieg über die steile und exponierte Westseite und der Abfahrt über die Lobspitzrinne ist diese Tour ein absolutes Highlight: For experts only!

Zugang Da die Tour zur Silbertaler Lobspitze nur im Frühjahr zu empfehlen ist, ist es meist am angenehmsten, von der schönen Schäferhütte kurz oberhalb der Talstation der Riedkopf Sesselbahn über den Forstweg zur Oberen Wasserstubenalpe (1731 m) abzufahren.

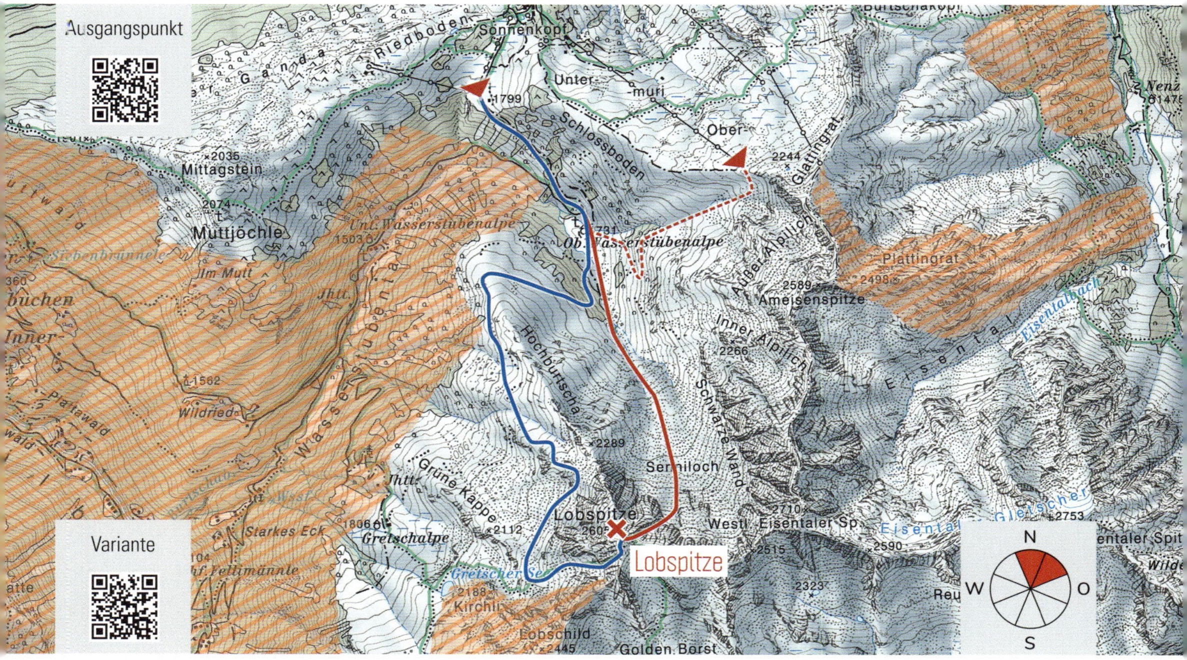

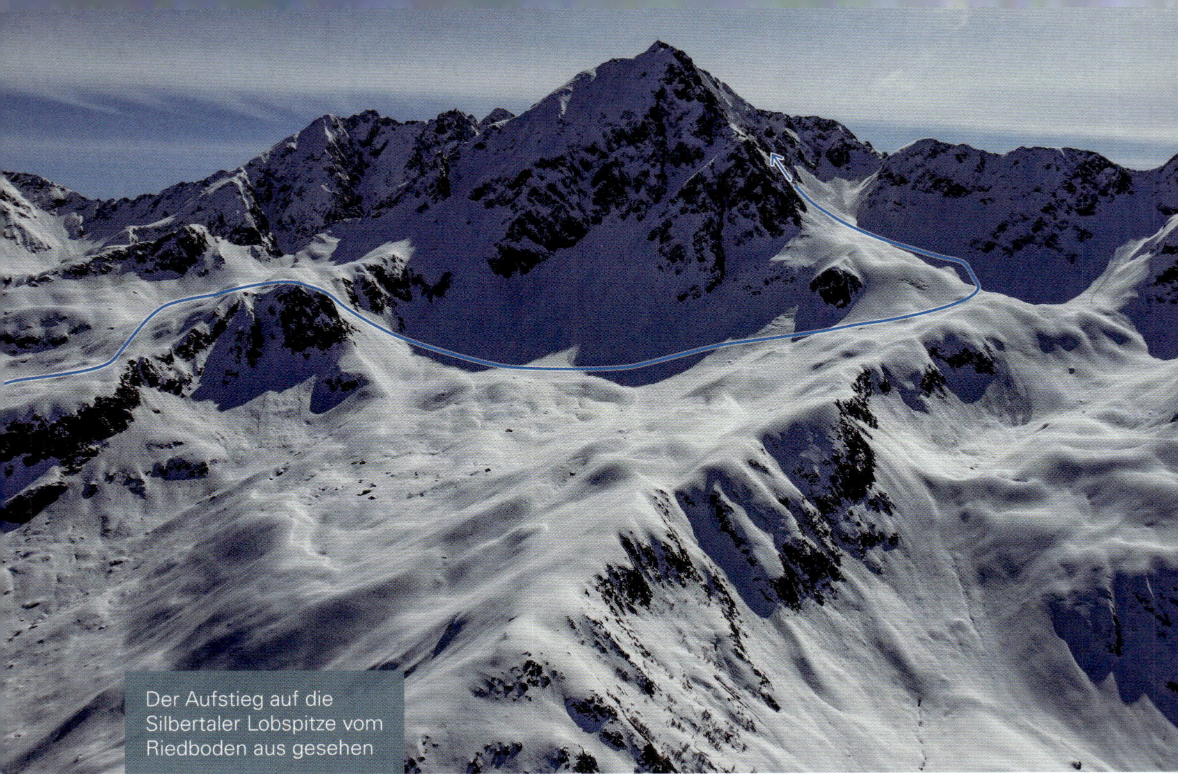

Der Aufstieg auf die Silbertaler Lobspitze vom Riedboden aus gesehen

Variante Wenn es die Verhältnisse zulassen, kann auch von der Obermuribahn nach rechts um den Rücken gequert werden und über den weiten, westexponierten Kessel abgefahren werden. Am Ende des Kessels sich unbedingt rechts halten und eine Steilstufe über den sichtbaren, leicht exponierten Wanderweg umfahren (meist unangenehm). Danach unkompliziert zur bereits sichtbaren Oberen Wasserstubenalpe abfahren.

Aufstieg Von der Oberen Wasserstubenalpe über mittelsteiles Gelände auf den breiten Rücken des Hochburtscha aufsteigen. Auf 2000 m Höhe rechts haltend um den Rücken herumqueren und einen sehr steilen Westhang zu weiteren gestuften Hängen unterhalb der Lobspitze weiterqueren. Über diese gestuften Hänge bergwärts bis zu einem Durchgang auf einer Höhe von ca. 2250 m am Fuß der Lobspitze. Nun in südliche Richtung unterhalb der Lobspitze mit möglichst wenig Höhenverlust in das Kar zwischen Lobspitze und Lobschild hinausqueren. Durch dieses Kar in Kehren bis zum Fuß der Westflanke der Lobspitze, die von markanten Rinnen durchzogen wird, weiter aufsteigen. Nun mit Steigeisen und Pickel, die Ski tragend, durch die rechte durchgehende Schneerinne empor. Nach dem Verlassen der Rinne geht es nochmals steil und exponiert über den Südgrat höher. Kurz vor dem bereits sichtbaren Gipfel vom Südgrat in das Joch im Ostgrat queren, das den Einstieg in die Abfahrt ermöglicht. Dort Ski deponieren und über den Ostgrat zum Gipfel (2605 m).

FACTS

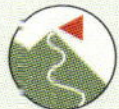

Schäferhütte bei der Talstation der Riedkopfbahn bzw. Bergstation Obermuribahn im Skigebiet Sonnenkopf (Variante)

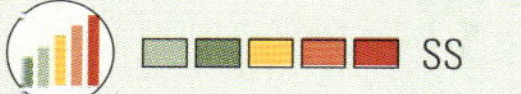

SS

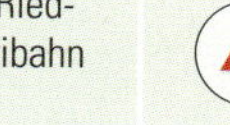

Nassschneerutsche aus der Westflanke, Absturzgefahr

extrem steil

↑ 1045 m ↓ 1045 m
↓ 1445 m Variante

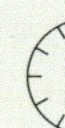

3.30 Std.

Abfahrt Vom Skidepot die nordwestexponierte und ca. 40° steile Lobspitzrinne hinab ins Senniloch. Vom Senniloch die herrlichen Nordhänge direkt zur Oberen Nenzigastalpe (1731 m) abfahren. Von der Oberen Nenzigastalpe über den Güterweg zurück ins Skigebiet Sonnenkopf und zur Talstation des Riedkopf-Liftes (1790 m) aufsteigen.

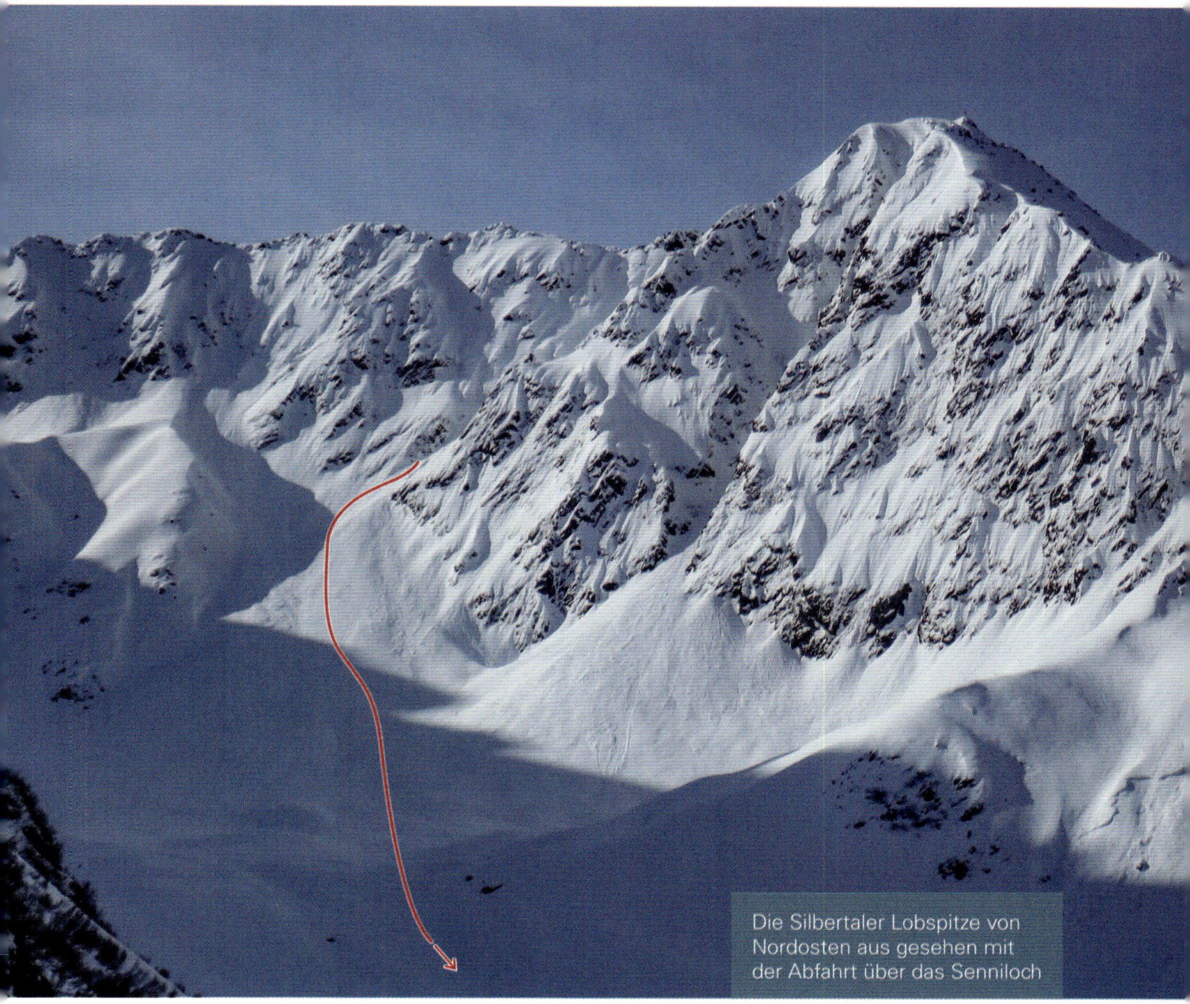

Die Silbertaler Lobspitze von Nordosten aus gesehen mit der Abfahrt über das Senniloch

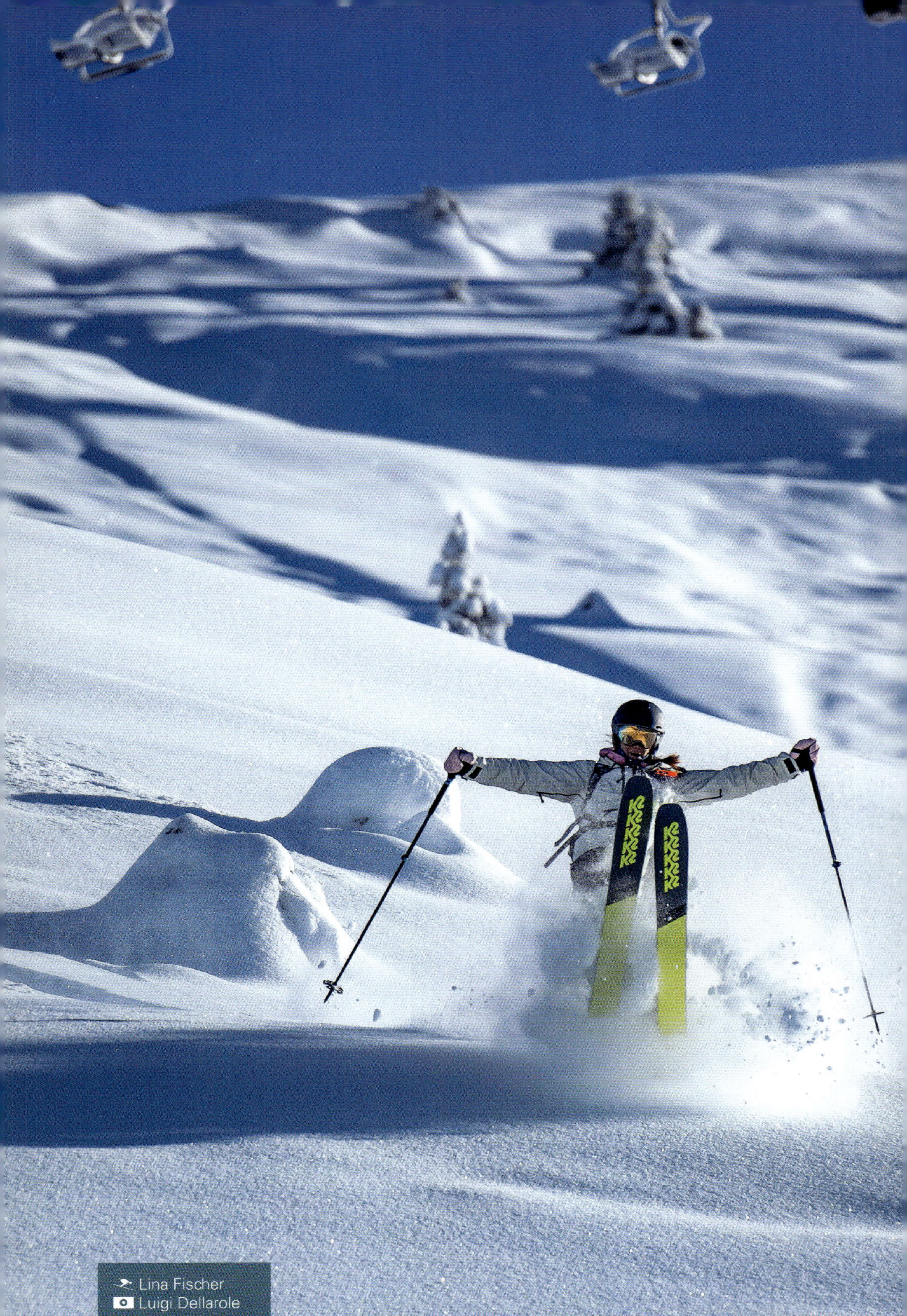

Lina Fischer
Luigi Dellarole

REGION KLEINWALSERTAL

Das Kleinwalsertal wirkt fast wie eine abgeschiedene Siedlung: Mitten in den Allgäuer Alpen gelegen, umgeben von den Walsertaler Bergen im Norden und Süden, den Lechtaler Alpen im Osten und dem Bregenzerwald im Westen, führt die einzige Verkehrsverbindung von Oberstdorf in Bayern in das 16 km lange Kerbtal hinein – und auf demselben Wege wieder hinaus. Das Kleinwalsertal ist also nicht direkt auf dem Verkehrsweg von Vorarlberg aus erreichbar, sondern nur von Deutschland aus, obwohl es zu Österreich gehört. Deswegen wird es als „funktionale Enklave" bezeichnet. Aber genau diese spezielle topografische Lage macht das Kleinwalsertal für Freerider:innen interessant. Es ist nämlich nicht nur von tollen Bergen umgeben, sondern wird aufgrund seiner Lage bei den im Winter häufigen Nordstau-Wetterlagen reichlich mit Schnee versorgt. Zudem gibt es hier einige kleine, feine Skigebiete, die alle mit dem Walserbus perfekt verbunden sind und so schöne Freeride-Abfahrten möglich machen.

Anreise Kleinwalsertal

Zielbahnhof: Oberstdorf in Bayern mit Direktverbindungen ab Dortmund (Essen, Duisburg, Düsseldorf, Köln, Bonn), Hamburg, München, Augsburg und Nürnberg. Aus Dornbirn mit dem Zug nach Lindau und über Immenstadt nach Oberstdorf.

Von Oberstdorf mit dem Walserbus (Terminal direkt beim Bahnhof) zur Hochsaison im 10- bzw. 20-Minuten-Takt zur jeweiligen Ausstiegsstelle (Kanzelwandbahn, Ifen oder Mittelberg-Walmendingerhorn).

Tipp Die bequemste und schönste Anreise für Freerider aus Vorarlberg erfolgt mit Ski über das Skigebiet Diedamskopf, siehe Tour 18 Hoher Ifen, Freeride-Runde. Idealerweise verbindet man einen Freeride-Ausflug ins Kleinwalsertal mit einem verlängerten Wochenende.

Tour 47 GEHRENSPITZE 1857 m

Die Gehrenspitze ist *der* Freeride-Klassiker im Kleinwalsertal. Kein Wunder, bietet sie doch eine schöne Freeride-Abfahrt, die mit einem nur kurzen und einfachen Aufstieg zu haben ist. Zwei lange, ostexponierte Hänge bieten 900 Höhenmeter Abfahrtsgenuss bis hinab nach Riezlern. Mehr kann man sich als Freerider:in gar nicht wünschen.

Aufstieg Beim Verlassen der Kanzelwandbahn-Bergstation sofort nach links, am Bergstationsgebäude in nördliche Richtung vorbei und dann immer am Grat entlang, kurz die Ski tragend oder in Treppenschritten, bis zum höchsten Punkt aufsteigen. Oben am Grat angekommen, schnallt man die Ski wieder an und fährt dem Grat entlang, leicht exponiert in Richtung Gehrenspitze.

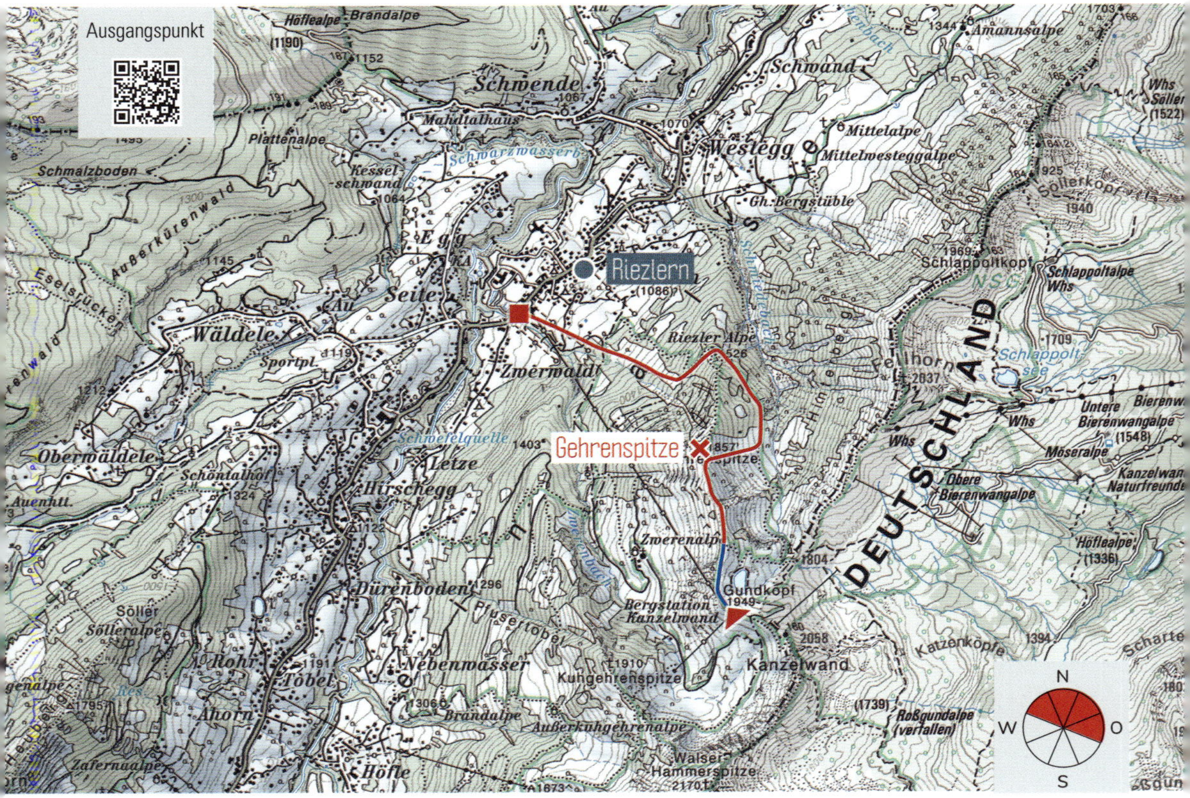

Ausgangspunkt

FACTS

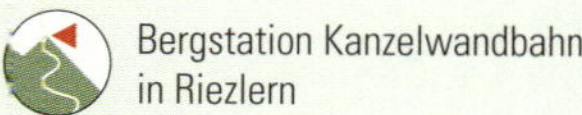
Bergstation Kanzelwandbahn in Riezlern

Wechten am Grat

↑ 15 m ↓ 905 m

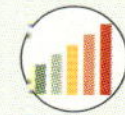
ZS

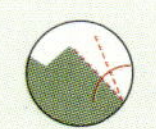
steil

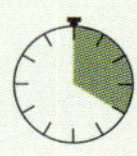
0.30 Std.

Abfahrt Die Einfahrt in den steilen Osthang kann entweder vor oder nach dem Gipfelkreuz der Gehrenspitze (1857 m) erfolgen. Je früher man einfährt, desto steiler ist das Gelände. Vorsicht, im vorderen Bereich befinden sich auch einige Felsabbrüche.

Sobald man über den ersten wunderbaren Osthang abgefahren ist, geht es nach links entlang eines Forstweges (ca. 1600 m) durch den Wald bis zur Riezler Alpe (1526 m).

Direkt nach der Riezler Alpe links haltend in südwestliche Richtung durch den Wald (ca. 200 m) weiter zum Gehrenhang abfahren. Über diesen Nordosthang direkt hinab auf die Talabfahrt und über diese zurück zur Kanzelwandbahn-Talstation (1080 m).

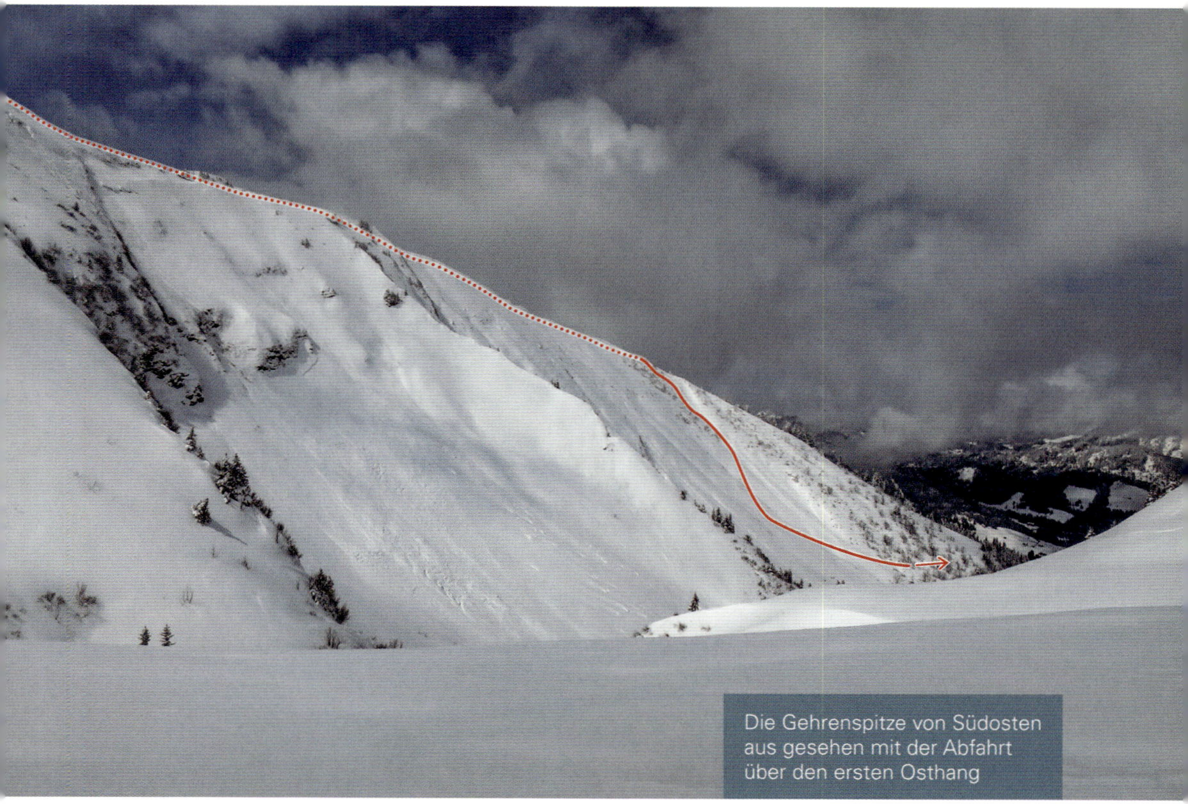

Die Gehrenspitze von Südosten aus gesehen mit der Abfahrt über den ersten Osthang

KANZELWAND 2059 m und FIDEREPASS-HÜTTE 2067 m

Der Fiderepass ist ein schöner Übergang, der zu beiden Seiten hin schöne Abfahrten bereithält. Abfahrtsorientierten Freerider:innen bietet die hier beschriebene Variante aus dem Skigebiet Kanzelwand eine sehr lohnende Runde mit zwei Abfahrten über schönes Abfahrtsgelände. Dabei ist unbedingt das Naturschutzgebiet zu berücksichtigen.

Aufstieg 1 **Kanzelwandscharte:** Von der Bergstation der Zweiländerbahn (1940 m) in südöstliche Richtung unterhalb des Gipfels der Kanzelwand in die Scharte südlich des Gipfels (2030 m) aufsteigen.

Abfahrt 1 Aus der Scharte über die traumhaften Osthänge, sich ständig leicht rechts haltend, bis auf eine Höhe von ca. 1550 m zum unterhalb der Kuhgündalpe gelegenen Fellanlegeplatz abfahren.

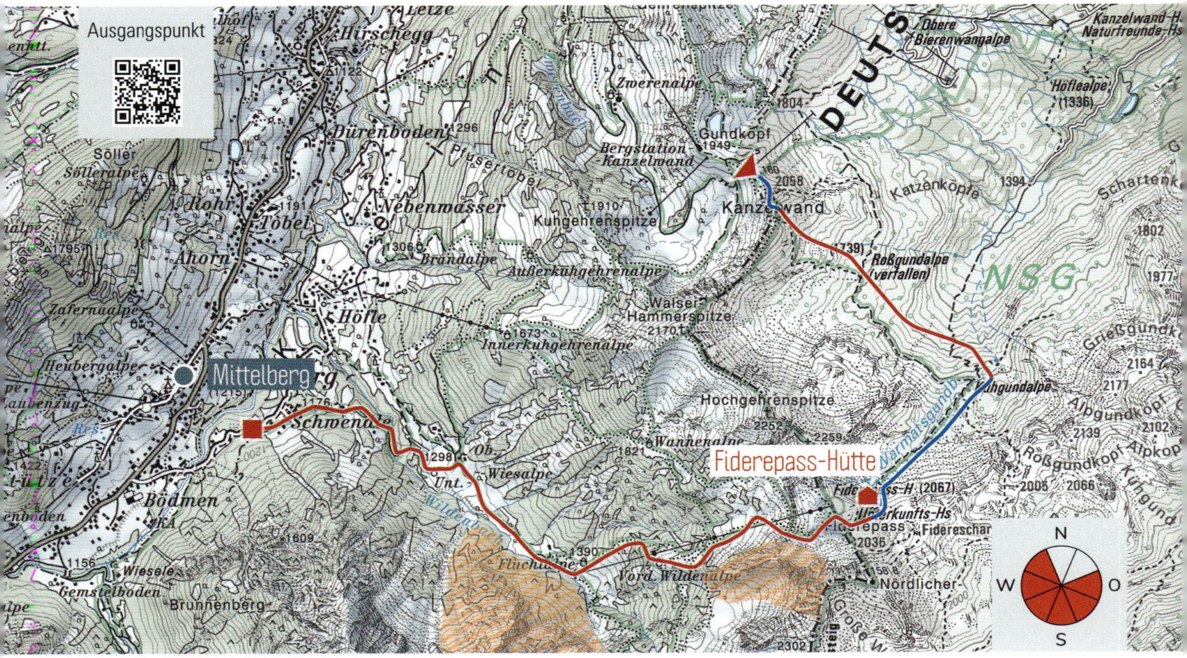

FACTS

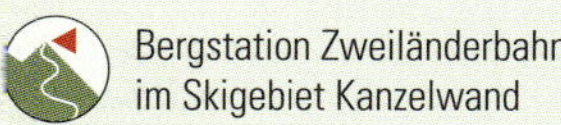
Bergstation Zweiländerbahn im Skigebiet Kanzelwand

keine

↑ 570 m

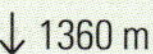
↓ 1360 m

ZS

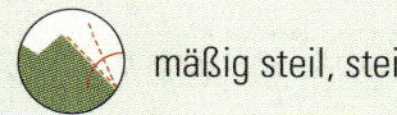
mäßig steil, steil

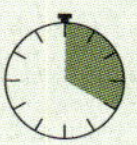
2.00 Std.

Aufstieg 2 **Fiderepass-Hütte:** In südwestliche Richtung über mäßig steile Hänge an der Kuhgündalpe vorbei aufsteigen. Durch das große Kar, sich ständig auf der linken Seite des Kares haltend, hinauf bis zur Fiderepass-Hütte (2067 m). Das letzte Stück zum Pass ist steil.

Abfahrt 2 Von der Fiderepass-Hütte nach Westen durch ein Kar bis zu einer kurzen Steilstufe abfahren. Über die Steilstufe hinab und für 100 Höhenmeter entlang der Materialseilbahn weiter. Danach auf die linke Seite der Materialseilbahn und auf einen breiten Rücken wechseln und über diesen zur Vorderen Wildenalpe (1670 m) abfahren. Von der Vorderen Wildenalpe in Richtung Norden entlang des Sommerweges und zum Ende hin über einen offenen Südwesthang an der Fluchtalpe (1390 m) vorbei zur Talstation der Materialseilbahn. Nun entlang des Güterweges an der Inneren (Oberen) Wiesalpe vorbei und dem Winterwanderweg „Wildental" talauswärts bis zur Bushaltestelle Schwendle folgen. Mit dem Bus zurück zum Ausgangspunkt.

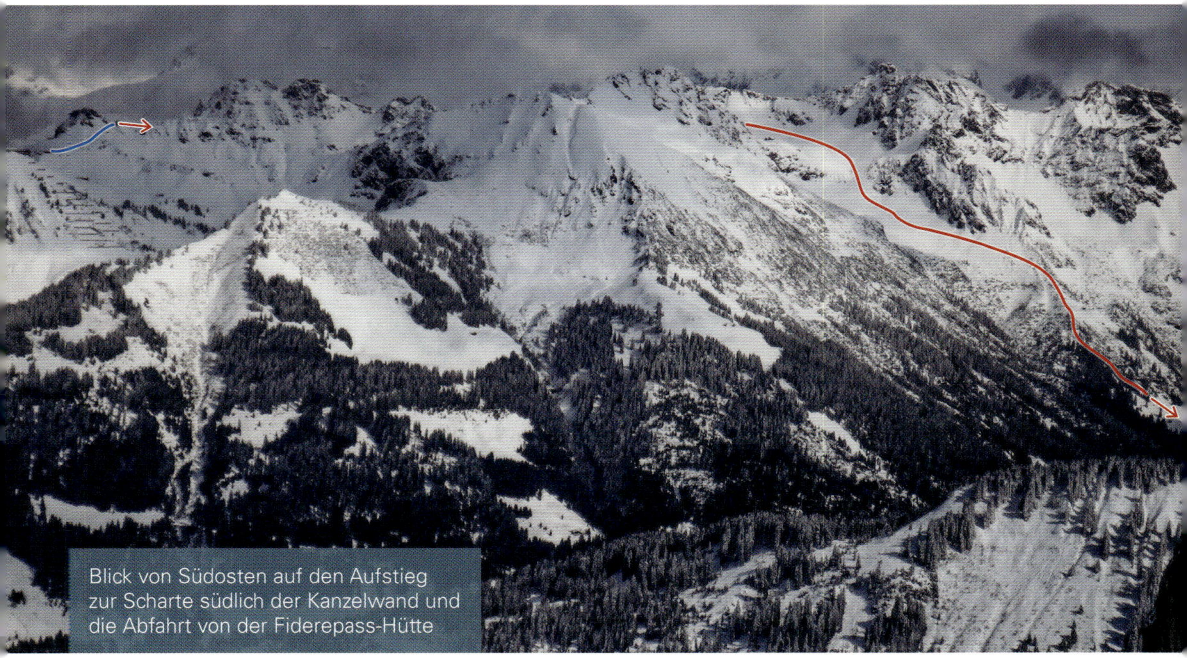

Blick von Südosten auf den Aufstieg zur Scharte südlich der Kanzelwand und die Abfahrt von der Fiderepass-Hütte

OCHSENHÖFER KÖPFE 1950 m

Diese Tour aus dem Skigebiet Walmendinger Horn zu den Ochsenhöfer Köpfen führt größtenteils über sanfte, nordexponierte Abfahrtshänge, die lange eine gute Schneequalität bieten. Es lohnt sich, diese schöne Freeride-Variante mit einer weiteren Tour im Ifengebiet, wie zum Beispiel der zum Hohen Ifen (Tour 50), zu kombinieren.

Zugang Von der Bergstation der Muttelbergbahn (1900 m) nach links und zunächst in südöstliche Richtung bis kurz oberhalb der Oberen Lüchlealpe (1780 m) abfahren. Danach in westliche Richtung unterhalb eines steilen Bergrückens zur Äußeren Stierhofalpe und noch weiter bis zu einem Wegweiser auf einem flachen Boden vor der Inneren Stierhofalpe (1690 m) queren.

Aufstieg Von diesem flachen Boden vor der Inneren Stierhofalpe in nordwestliche Richtung in die Scharte (1880 m) östlich von Punkt 1950 m aufsteigen. Wer möchte, kann von der Scharte noch beliebig nach rechts oder links auf einen Gipfel der Ochsenhöfer Köpfe aufsteigen.

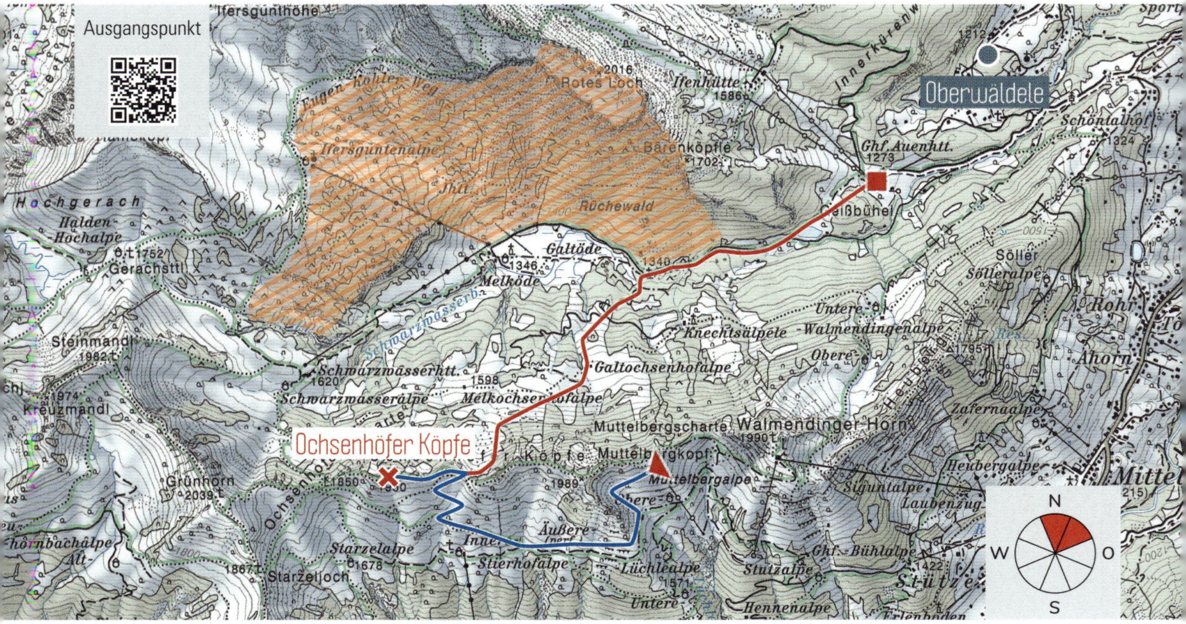

Ausgangspunkt

Oberwäldele

Ochsenhöfer Köpfe

FACTS

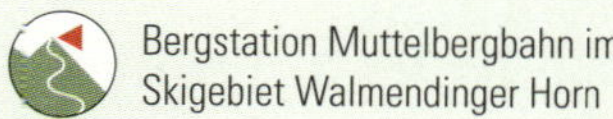
Bergstation Muttelbergbahn im Skigebiet Walmendinger Horn

keine

↑ 250 m ↓ 870 m

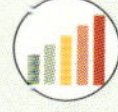
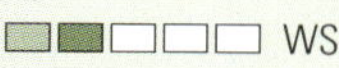
WS

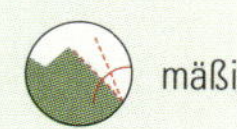
mäßig steil, steil

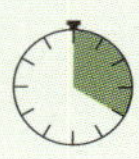
1.30 Std.

Abfahrt Aus der Scharte (1880 m) in nordöstliche Richtung über schöne Hänge hinab und gegen Ende der Abfahrt nach rechts zur Galtochsenhofalpe (1540 m). Nun weiter über eine breite, nordexponierte Waldschneise zur Melköde (1340 m). Von der Melköde auf dem meist gewalzten Weg durch das Schwarzwassertal talauswärts bis zur Talstation der Ifenbahn (1270 m) abfahren. Mit dem Bus zurück zum Ausgangspunkt.

Tipp Bei geringer Schneelage kann von der Galtochsenhofalpe auch entlang des Sommerweges bis zur Melköde abgefahren werden.

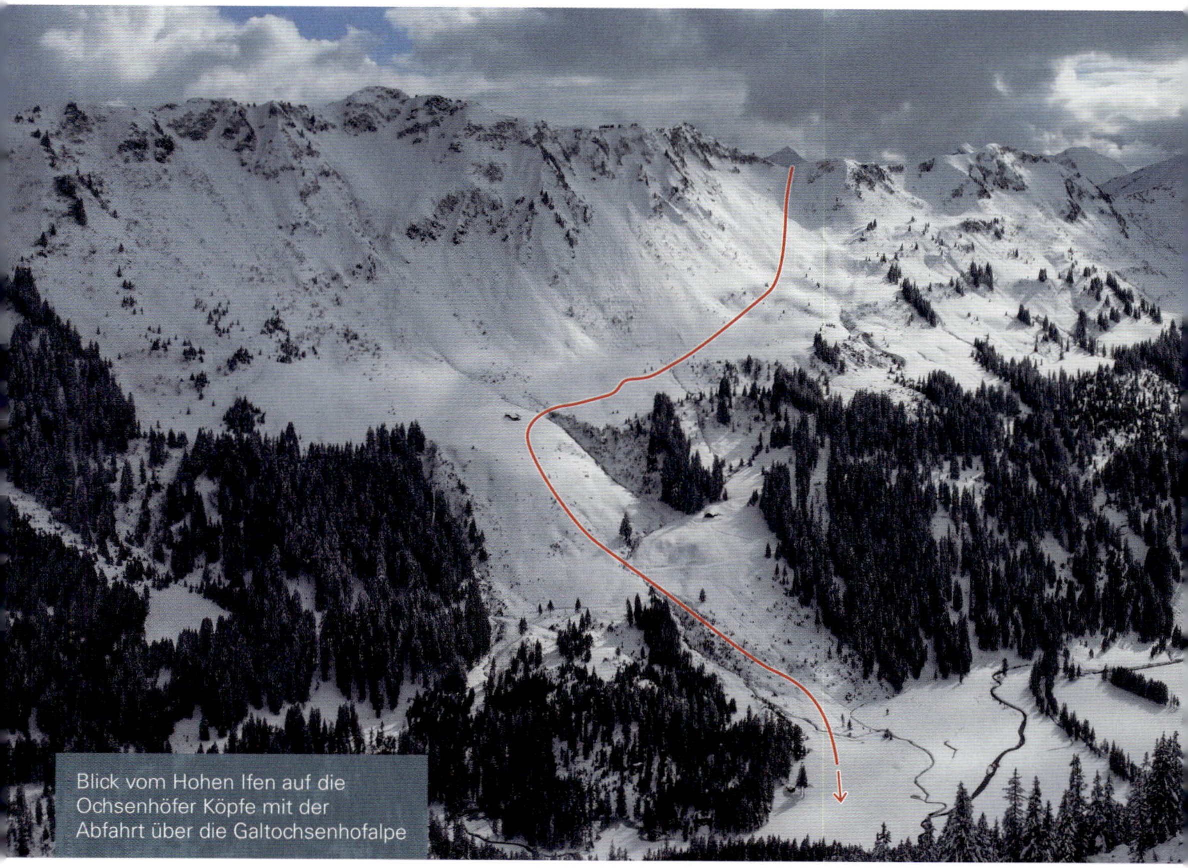

Blick vom Hohen Ifen auf die Ochsenhöfer Köpfe mit der Abfahrt über die Galtochsenhofalpe

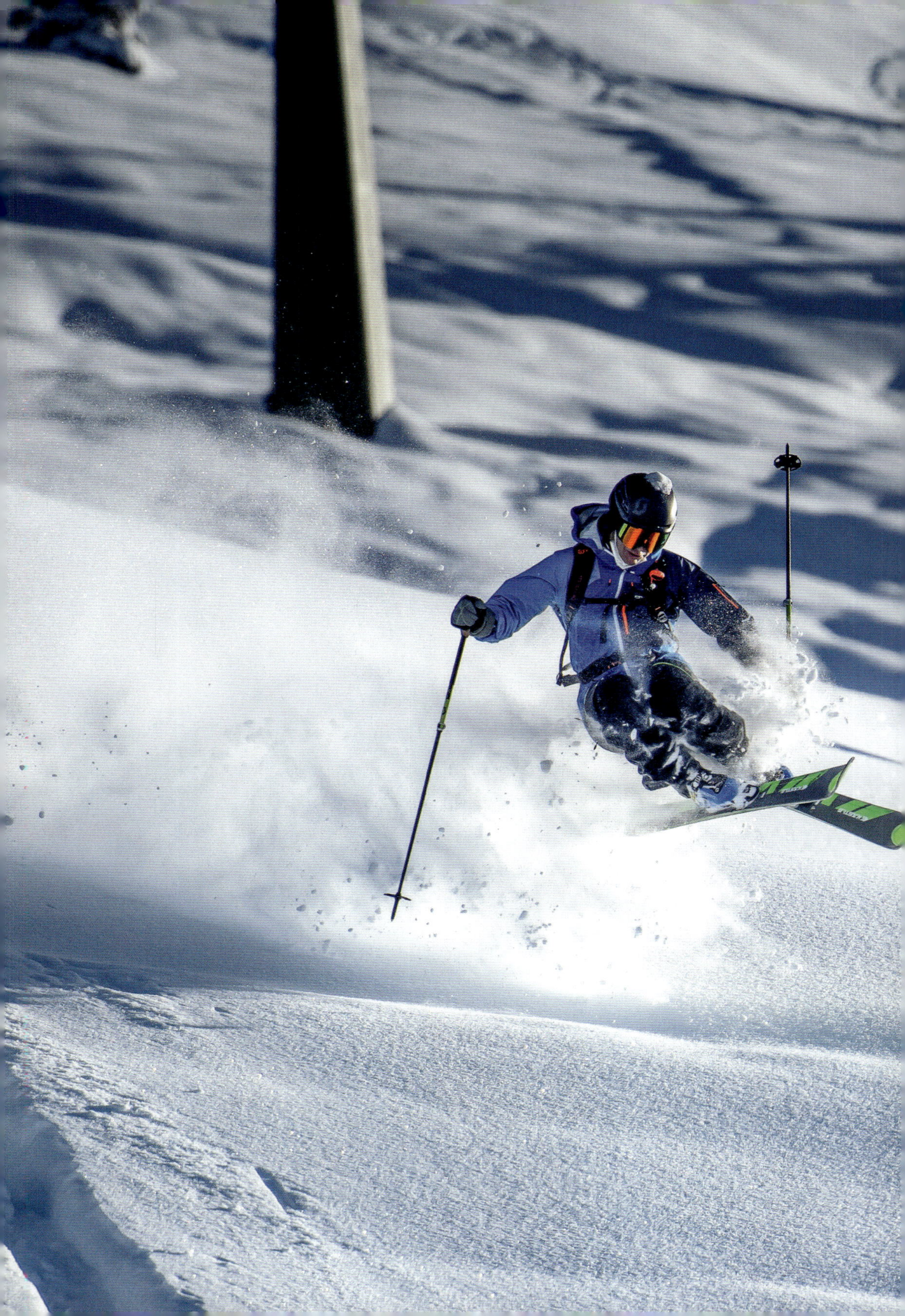

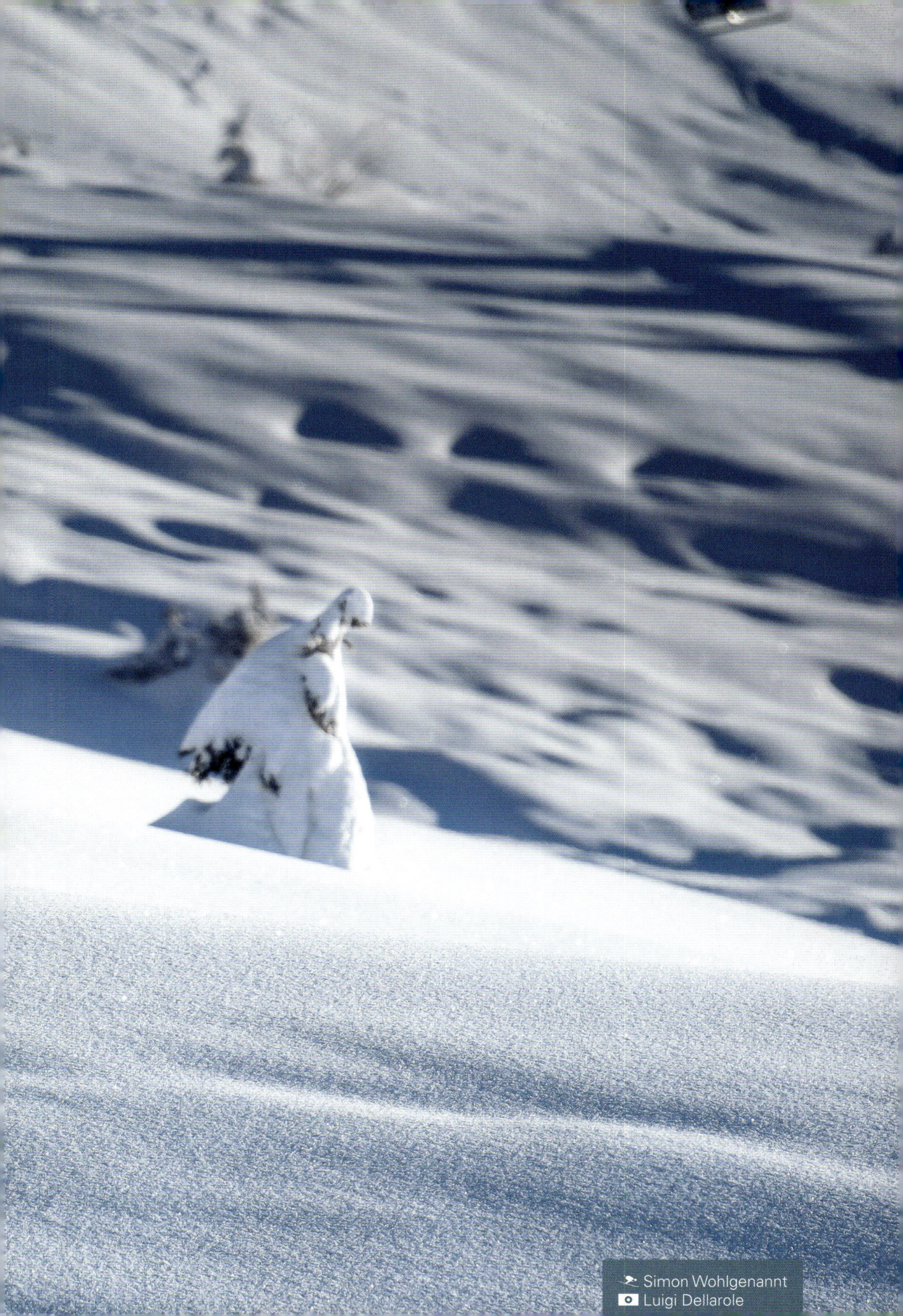
Simon Wohlgenannt
Luigi Dellarole

HOHER IFEN 2230 m

Der Hohe Ifen ist einer der wenigen Tafelberge in den Alpen und ein einzigartiges Naturjuwel. Für Freerider:innen ist er nicht nur deshalb ein besonderes Ziel. Der kurzweilige und steile Aufstieg über die Nordseite mit seiner kurzen Kletterstelle und die lange Abfahrt nach Süden sind etwas ganz Spezielles. Bei dieser Tour muss einem aber unbedingt klar sein, dass man sich in einem sehr sensiblen Ökosystem befindet. Daher gilt es unbedingt, die ausgeschilderte Route und die Wildruhezonen zu beachten.

Aufstieg Vom Ausstieg der Ifenbahn (2020 m) in Richtung Nordwesten und in etwa 2000 m Höhe in einem großen Linksbogen unter der Nordwand des Ifens entlangqueren. Durch eine steile Rinne, zum Ende hin die Ski tragend und zu Fuß stapfend, auf das Gipfeldach aufsteigen. Im oberen Abschnitt der Rinne muss je nach Schneelage meistens ein kleiner Felsabsatz in leichter Kletterei überwunden werden. Nun weiter in nordwestliche Richtung auf den Gipfel des Hohen Ifens.

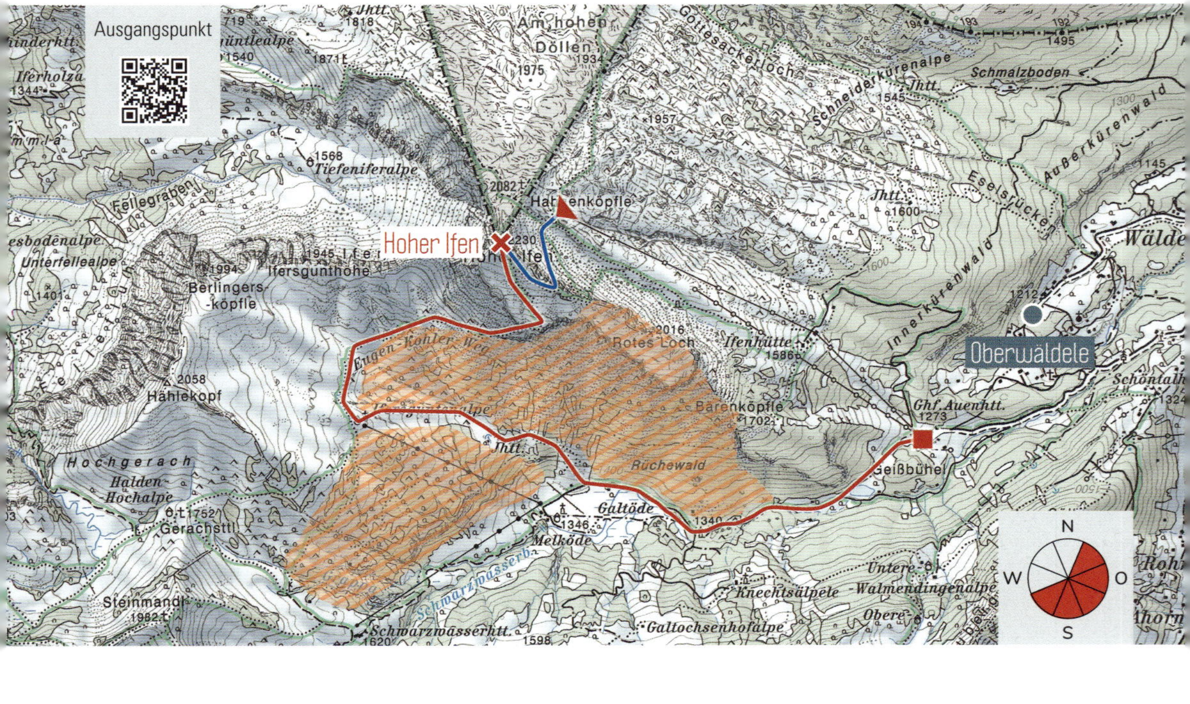

FACTS

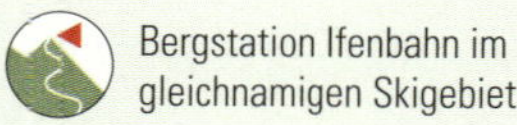
Bergstation Ifenbahn im gleichnamigen Skigebiet

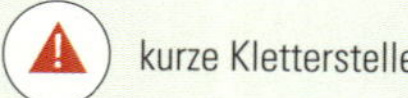
kurze Kletterstelle

↑ 235 m ↓ 975 m

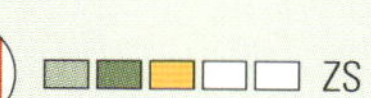
ZS

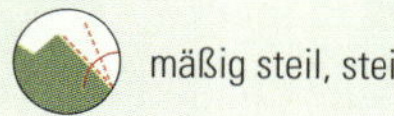
mäßig steil, steil

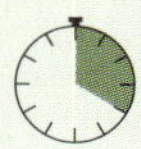
1.30 Std.

Abfahrt Zunächst über die sanften Südhänge des Gipfeldaches in südöstliche Richtung abfahren. Dann über einen kurz sehr steilen Südhang hinab und sofort unter den Südwänden des Ifen nach rechts queren. Es gilt hier, nicht tiefer als 1800 m Höhe zu kommen, ehe man direkt zur Ifersguntenalpe (1751 m) abfährt. Von der Ifersguntenalpe ausschließlich entlang der markierten Route abfahren und die Sperrgebiete bitte unbedingt beachten! Zunächst über den kurzen, offenen Osthang hinab. Weiter entlang der beschilderten Route durch den Wald zu einer Jagdhütte und von dieser nach links zu einem freien Südhang queren. Über diesen Südhang hinab zur Melköde (1340 m). Auf dem meist gewalzten Winterwanderweg durch das Schwarzwassertal auswärts bis zur Talstation der Ifenbahn (1270 m).

Hinweis Das Sperrgebiet wird während der Entstehungszeit dieses Buches evaluiert und eventuell der Korridor geändert. Daher unbedingt die aktuelle Beschilderung und Situation vor Ort beachten!

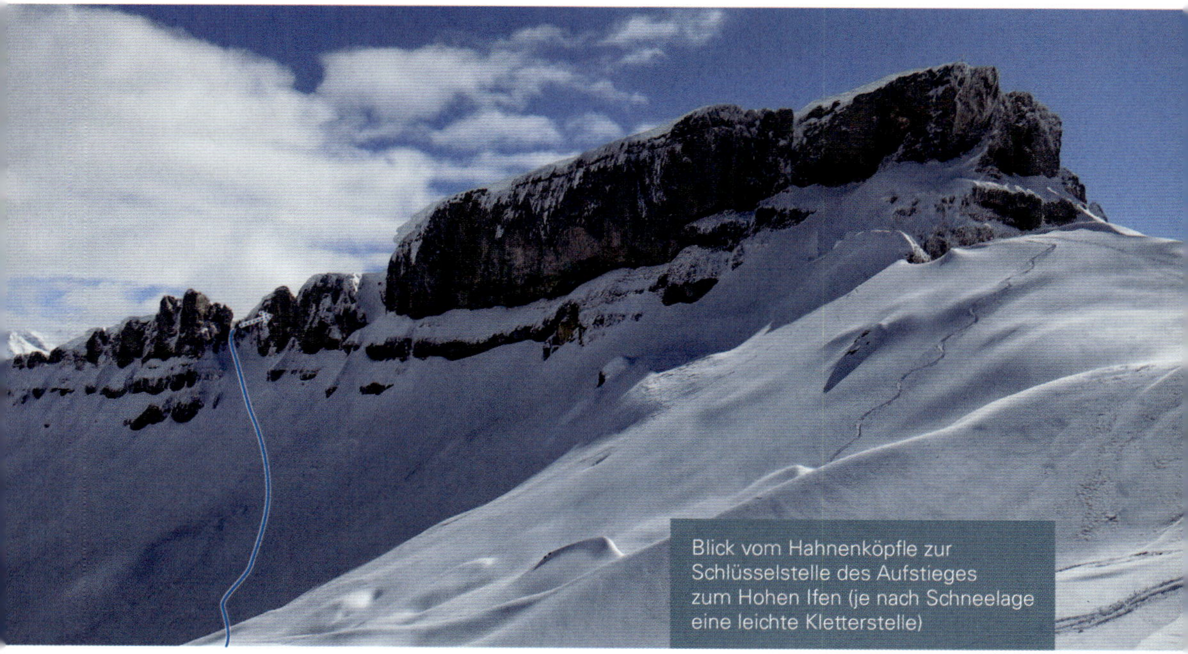

Blick vom Hahnenköpfle zur Schlüsselstelle des Aufstieges zum Hohen Ifen (je nach Schneelage eine leichte Kletterstelle)

JEDE PUBLIKATION IST TEAMARBEIT

Den meisten Dingen, die man tagtäglich in der Hand hält, sieht man nicht an, wie viel Arbeit, wie viele unterschiedliche Kompetenzen, wie viel Herzblut und Schweiß in ihnen stecken. So ist es auch bei diesem Buch.

Jede Publikation ist Teamarbeit. Von der Idee bis zum fertigen Buch vergingen Jahre, und diese Zeit wurde von den verschiedensten Personen beeinflusst und begleitet. Deswegen möchte ich mich an dieser Stelle bei all den lieben Menschen bedanken, die zur Entstehung dieses Buches beigetragen haben: Ich schätze euren Input, eure Gedanken, eure Hilfe und Unterstützung sehr!

Aber von Anfang an: Nicht jeder hat das Glück, seine Leidenschaft entwickeln und die Welt mit Ski bereisen zu dürfen. Deshalb möchte ich mich zuallererst bei meinen Eltern Martha und Georg bedanken, die mir das ermöglicht haben. In unserer Familie wurde Sport und Bewegung immer gefördert, und meine drei „kleinen" Brüder Thomas, Ulrich und Stefan und ich hatten immer viel Spaß dabei.

Ganz besonders großer Dank gilt meiner Familie. Dass meine Leidenschaft fürs Skifahren (und für dieses Buch) viel Zeit in Anspruch nimmt, ist wohl niemand besser bekannt als ihnen: Regina, Vinzent und Klara. Ich hoffe sehr, dass wir in den nächsten Jahren einige der Freeride-Touren aus dem Buch gemeinsam fahren können! Danke auch Katharina, die mit ihrer Zeit für die Enkel ebenfalls beträchtlich zum Buch beigetragen hat.

Großer Dank gebührt meinen Sponsoren, die mich teilweise schon fast 20 Jahre lang unterstützen und mir viele schöne Erlebnisse mit großartigen Produkten ermöglicht haben. Dafür möchte ich Clemens Tinzl stellvertretend für das gesamte Team von Kästle, Hannes Wille stellvertretend für das gesamte Team von Scott Österreich und Hendrik Reschke stellvertretend für das gesamte Team von Ortovox danken.

Auch meinen Gästen möchte ich an dieser Stelle danken, denn mit ihnen habe ich viele erlebnisreiche und unvergessliche Tage in den Bergen verbracht und dabei Inspirationen für diese „Bucket List" gesammelt.

Keinen geringen Anteil an der Umsetzung meiner Ideen und der Fertigstellung dieses Buches hat der Tyrolia-Verlag, dem ich ebenfalls nicht genug danken kann. Anette Köhler hat mich als Lektorin von Anfang bis zum Schluss begleitet und unterstützt, Hansjörg Magerle hat alles grafisch perfekt gestaltet. Danke!

Bedanken möchte ich mich auch bei der Initiative „Respektiere deine Grenzen", die mich mit Sachinformationen tatkräftig unterstützt hat.

Dank gilt meinem Freund Cornelius: Snowboarder, Splitboarder, Surfer sowie Sport- und Geografielehrer und seit unserer gemeinsamen Schulzeit immer ein verlässlicher Beglei-

ter bei vielen gemeinsamen Abenteuern. Seine Heimatkenntnis, insbesondere des Bregenzerwaldes, und sein geographisches Fachwissen haben zum Gelingen dieses Buches beigetragen.
Last but not least möchte ich mich bei allen Fotografen bedanken, die dazu beigetragen haben, dass dieses Buch auch für das Auge ein Genuss ist. Sie sind selbst leidenschaftliche und begnadete Bergsportler, auf die ich mich immer verlassen konnte. Nur so ist es möglich, besondere Freeride-Momente in solch schönen Bildern festzuhalten. Danke, Jungs: Luigi Dellarole (www.highland-production.com), Max Draeger (www.maxdraeger.com) und Andreas Vigl (www.andreasvigl.com).

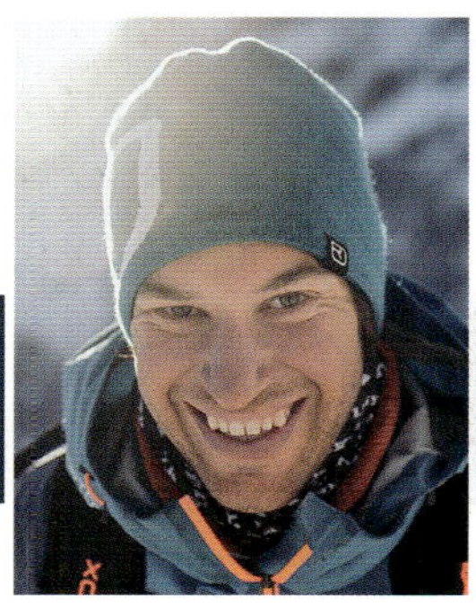

ZUM AUTOR

Simon Wohlgenannt (geb. 1984) ist leidenschaftlicher Skifahrer, Freeride-Coach sowie staatlich geprüfter Skilehrer und Skiführer. Er liebt es, sein Gespür für Schnee an andere weiterzugeben. Der gebürtige Vorarlberger studierte Sport und Biologie in Innsbruck, war bei nationalen und internationalen Freeride-Wettbewerben erfolgreich und hat auf seinen Skiabenteuern die ganze Welt bereist. Er lebt in Schruns im Montafon und hat dort mit dem SC Montafon das erste Freeride-Team in Vorarlberg gegründet. www.guidesimon.at

Die Ausarbeitung der in diesem Buch beschriebenen Routen entstand nach bestem Wissen und Gewissen des Autors. Trotzdem erfolgen alle Angaben ohne Gewähr, da diese sich vor Ort je nach Verhältnissen grundlegend ändern können. Die Benützung dieses Buchs und die Begehung der darin vorgestellten Routen geschieht auf eigenes Risiko. Haftung für etwaige Unfälle und Schäden jeder Art wird aus keinem Rechtsgrund übernommen.
Der Autor weist darauf hin, dass die Technik für die Durchführung der beschriebenen Touren sowie die Aneignung von lawinenkundlichem Basiswissen unter fachkundiger Anleitung erlernt werden sollte. Für die Routenauswahl sowie die Einschätzung der eigenen Erfahrung, Leistungsfähigkeit und der alpinen Gefahren ist jeder selbst verantwortlich.

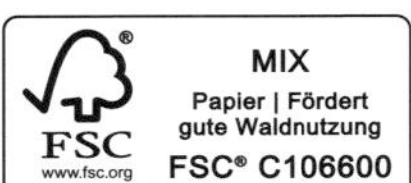

Nachhaltige Produktion ist uns ein Anliegen; wir möchten die Belastung unserer Mitwelt so gering wie möglich halten. Über unsere Druckereien garantieren wir ein hohes Maß an Umweltverträglichkeit: Wir lassen ausschließlich auf FSC®-Papieren aus verantwortungsvollen Quellen drucken, verwenden Farben auf Pflanzenölbasis und Klebestoffe ohne Lösungsmittel.
Wir produzieren in Österreich und im nahen europäischen Ausland, auf Produktionen in Fernost verzichten wir ganz.

Umschlagentwurf: Studio HM, Hall in Tirol, unter Verwendung eines Fotos von Andreas Vigl
Titelbild: Der Autor beim Freeriden im Montafon, Foto: Andreas Vigl
Layout und digitale Gestaltung: Grafikstudio HM, Hall in Tirol
Bildnachweis: Soweit nicht anders angegeben, stammen alle Fotos von Simon Wohlgenannt.
Karten: Kartenausschnitte im Maßstab 1:50.000 und Übersichtskarte – BEV – Bundesamt für Eich- und Vermessungswesen, Wien, bev.gv.at; Routeneintragungen: Studio HM, Hall in Tirol, nach Vorlagen des Autors
Bildbearbeitung: Martin Zak, Scharnitz
Druck und Bindung: DZS Grafik, Slowenien
ISBN 978-3-7022-4056-1
E-Mail: buchverlag@tyrolia.at
Internet: www.tyrolia-verlag.at

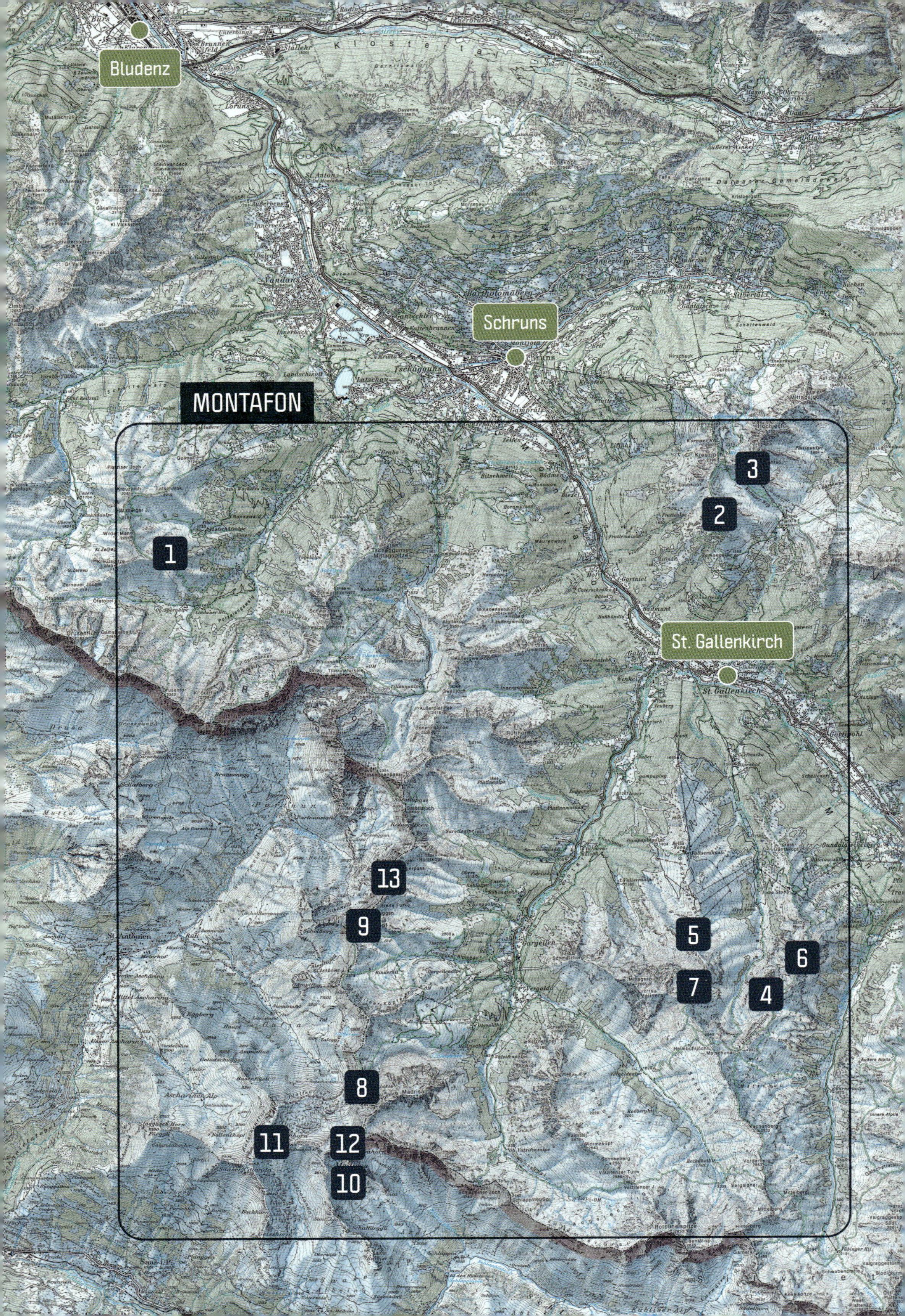
Bludenz
Schruns
MONTAFON
St. Gallenkirch
1
2
3
4
5
6
7
8
9
10
11
12
13